Finnland

Richtig Reisen

Ulrich Quack

DUMONT

Inhalt

Land der tausend Seen

Annäherung an Finnland   8

Landeskunde im Schnelldurchgang   10

Landschaft und Menschen   12
     Ein Flickenteppich aus Land und Seen   12
     Elche und Moltebeeren   12

Thema   Die anderen Sprachen der Finnen   16

     Mitternachtssonne, Polarnacht
     und die Zeit dazwischen   17
     Die Finnen an sich   19

Thema   Der Urlaub vor dem Urlaub –
     Mit der Fähre nach Finnland   22

Geschichte und Gegenwart   24
     Zwischen West und Ost –
     Der Überlebenskampf der finnischen Nation   24
     Im Dunkel der Vorgeschichte   25
     Unter schwedischer Herrschaft   27

Thema   Gustav Vasas Söhne – Große Politik
     und tiefer Bruderhaß   28

     Das autonome russische Großfürstentum   31
     Die unabhängige Republik   33

Thema   Die finnische Frauenpower   34

     Zeittafel   38
     Das finnische Wirtschaftswunder   41

Thema   Finnland als Gateway der EU   44

Finnischer Kulturquerschnitt   47
     Architektur   48
     Literatur   51

Thema   Finnisch – eine exotische Sprache   54

     Von Sibelius zu den
     Leningrad Cowboys – Musik   56
     Theater und Film   59
     Von ›fliegenden‹ Finnen und Wunderläufern   61
     Kulinarischer Streifzug durch Finnland   63

Reisen in Finnland

Der Süden

Helsinki – Die Tochter der Ostsee 70
Stadtrundgang im Zentrum 71

Tip Estland liegt so nah 78

Zentrumsnahe Sehenswürdigkeiten 83
Die Inseln vor Helsinki 91

Tip Suomenlinna – Von der Seefestung
zum Kulturerbe der Menschheit 93

Die Nachbargemeinden Espoo und Vantaa 95

Tip Heureka: Wissenschaft –
ein Kinderspiel 103

Turku – Wiege der finnischen Kultur 104
Zwischen Burg und Dom –
Stadtbesichtigung 106
Ausflug nach Naantali 115

Thema Schären ohne Grenzen –
Die Inselwelt im Herzen der Ostsee 116

**Auf dem Königsweg von Turku
bis zur russischen Grenze** 121
Über Parainen nach Karppoo 121
Über Dragsfjärd zur ›Blauen Muschel‹
und nach Hanko 123

Thema Deckname ›Doktor Müller‹ 125

Von Tammisaari nach Helsinki 127
Von Helsinki zur russischen Grenze 128

Tip Die Residenz der Zaren –
Ausflug nach St. Petersburg 134

**Vom Seengebiet nach Westen:
Quer durch Südfinnland** 138
Entlang der russischen Grenze 138

Tip Retretti – Kunstschätze im
unterirdischen Tresor 145

Savonlinna 146

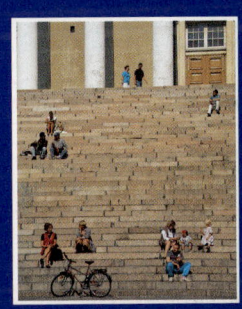

Über Mikkeli nach Lahti 149
Von Lahti nach Tampere 155

Tip Die Heilig-Kreuz-Kirche von Hattula 158

Industriestadt zwischen den Seen: Tampere 159

Der Westen

Entlang der Küste von Turku nach Tornio 170
Von Turku nach Pori 170
Nach Vaasa 178
Nach Oulu 183
Von Oulu nach Tornio 187

Kreuz und quer über die Åland-Inseln 191
Das åländische Wirtschaftswunder 191
Ein Paradies für… 193
Die Stadt der tausend Linden: Mariehamn 194

Thema Zwischen Finnland und Schweden:
Die ›Selbständigkeit‹ der Ålands 196

Über das ›Feste Åland‹ und
die benachbarten Inseln 199

Thema Gustaf Erikson und der Klub
der Kap Horn-Fahrer 200

Die entfernteren Trabanten 207

Mittelfinnland

Entlang der Ostgrenze nach Lappland 212
Von Karvio nach Kuhmo 212

Thema Die orthodoxe Kirche und die Finnen 214

Von Kuhmo nach Kemijärvi 221

Thema Finnland in drei Kriegen 222

Durch Finnlands Mitte:
Von Helsinki bis Kajaani 227
Von Helsinki bis Jyväskylä 227

Thema Die Sauna – Schwitzen wie die Finnen 230

Von Jyväskylä nach Kajaani 233

Thema Großmeister der klassisch-modernen
Architektur – Alvar Aalto   234

Der Norden

Zwei Routen durch Lappland   244
   Von Rovaniemi entlang dem Ounasjoki   247

Tip Wintervergnügen einmal anders   248

   Von Kemijärvi nach Nuorgam   254

Thema Volk im Hohen Norden – Die Sámi   258

Verzeichnis der Karten und Pläne
Helsinki – Innenstadt   72
Helsinki – Abseits des Zentrums   84/85
Die Umgebung von Helsinki   92
Turku   108/109
Von Turku bis zur russischen Grenze   122/123
Vom Seengebiet quer durch Südfinnland   138
Tampere   160/161
Entlang der Küste von Turku nach Tornio   171
Mariehamn   194
Åland-Inseln   203
Entlang der Ostgrenze nach Lappland   213
Durch Finnlands Mitte: Von Helsinki bis Kajaani   228
Lappland   245

Serviceteil

Adressen und Tips von Ort zu Ort   266
Reiseinformationen von A bis Z   304
Abbildungsnachweis   334
Register   334

Land der
tausend Seen

Annäherung an Finnland

Vielleicht ist es nordisches Understatement, vielleicht aber auch nur die Suche nach einem möglichst griffigen Attribut, daß sich der siebtgrößte europäische Staat als ›Land der tausend Seen‹ präsentiert. Zweifellos wäre es weniger eingängig, wenn die Zahl der finnischen Gewässer korrekt mit 187 888 angegeben würde. Aber selbst die weit untertriebene Mengenangabe ist immerhin so erfolgreich, daß Jahr für Jahr mehr ausländische Touristen zu einem Besuch animiert werden. Über 3,5 Mio. waren es Mitte der 90er Jahre – eine Zahl, deren wirtschaftliche Bedeutung sich erst durch die Relation zu den nur 5 Mio. Einwohnern des Landes erschließt. Mehr als die Hälfte der Reisenden geben als Hauptgrund für den Besuch die ›Schönheit der Natur‹ an. Und nicht wenige sind darunter, die diese Schönheit früher schon kennengelernt haben: Hinsichtlich der ›Wiederholer‹ nimmt Suomi, wie die Republik in der Landessprache heißt, einen statistischen Spitzenplatz ein. Die Chancen stehen also gut, daß aus jedem Finnland-Neuling ein Finnland-Süchtiger wird.

Dabei setzt sich die Landschaft noch nicht einmal übermäßig spektakulär in Szene. Wollte man sie durch einen globalen Vergleich charakterisieren, könnte Finnland am ehesten als das ›europäische Kanada‹ bezeichnet werden (dann wäre Norwegen das ›Alaska Europas‹). Ihr Reiz, der eindeutig im Zusammenspiel von Wasser und Land, von Seen und Wäldern liegt, wird durch die guten Klimadaten noch gesteigert. Im Sommer, wenn sich am blauen Himmel mit seinen weißen Gut-Wetter-Wölkchen oder in den blitzsauberen Seen mit ihren Yachten die Farben der Landesfahne widerspiegeln, ermöglichen die höchsten Durchschnittstemperaturen Skandinaviens alle Arten von Wassersport und sonstige Outdoor-Aktivitäten. Blau-weißes Vergnügen ist aber auch der steigenden Zahl der Winterurlauber garantiert, vor allem im März und April, wenn sich zumeist ein wolkenloser Himmel über die tiefverschneite Märchenlandschaft spannt.

Man würde Suomi jedoch nicht gerecht, wollte man seine Qualitäten nur auf die Natur reduzieren. Obwohl die Republik erst 1917 unabhängig wurde und im Konzert der Nationalstaaten noch nicht allzulange mitspielt, ist ihre reiche kulturelle Szene durchaus den Versuch einer Annäherung wert. Die Lage an einer Nahtstelle zwischen Ost und West, die Finnlands politische Geschichte in vielerlei Hinsicht und oft genug auch leidvoll prägte, brachte auch einen für das Geistesleben fruchtbaren Dialog mit sich. Ohne ihn wäre die spezifisch finnische Kultur nicht zu verstehen, der es gelang, gegensätzliche Lebensweisen und Ideologien zu vereinen und umzuformen. Helsinki beispielsweise ist eben nicht, wie manchmal geschrieben steht, »halb Stockholm, halb St. Petersburg«, sondern unverwechselbar Helsinki. Mit Sicherheit ist der europäische Nordosten für Bildungsurlauber kein weißer Fleck auf der Landkarte. Wer sich für Musik, Bildende Kunst und Architektur begeistern kann, sollte angesichts der vielen Highlights genügend Zeit im Reisegepäck mitbringen. Finnland ist ein ausgesprochenes Festival-Land, wobei die Opernfestspiele von Savonlinna, die Kammer-

Der blau-weiße Himmel spiegelt die Landesfarben wider: Yachthafen auf den Åland-Inseln

musikfestspiele von Kuhmo oder das Pori Jazz Festival nur die bekanntesten sind. Mit über 800 Museen dürfte Suomi vermutlich europäischer Rekordhalter sein. Außerdem wollen unzählige Mittelalterkirchen aus Stein oder Holz, eindrucksvolle Festungen, gut erhaltene Holzhausviertel und beeindruckende neoklassizistische Stadtanlagen besichtigt sein. Den großen Namen der modernen Architektur, allen voran Alvar Aalto, begegnet man vor Ort in vielen kühn entworfenen Gebäuden. Und wo könnte man das weltberühmte finnische Design besser kennenlernen als in seinem Heimatland?

Das überraschend vielseitige Kulturangebot des eigentlichen Finnland wird ergänzt durch die eigenständige Sámi-Gesellschaft, und, nicht zu vergessen, durch benachbarte Kunstmetropolen wie Tallinn und St. Petersburg, die schnell zu erreichen sind. Viele werden auch überrascht sein von der Kneipenszene, den Restaurants und der Lebhaftigkeit der finnischen Städte, die in den warmen, hellen Sommertagen jedem Klischee von nordischer Zurückhaltung widersprechen. Auf größeren Marktplätzen und in den Häfen geht es hier ausgesprochen turbulent zu, findet man bei aller Modernität genügend Lokalkolorit.

Ein gleichermaßen spannendes und entspannendes Land also, das jeder auf seine persönliche, ihm angemessene Weise kennenlernen kann. Es gibt genug Wildmark-Areale, um den Traum vom rustikalen Abenteuerurlaub Wirklichkeit werden zu lassen, in dem man durch menschenleere Weiten wandert, tagelang mit dem Kanu unterwegs ist, selbstgefangenen Fisch am Lagerfeuer grillt und im Zelt fernab der Zivilisation nächtigt. Aber Finnland bietet auch jederzeit die Möglichkeit, das karge Lager mit dem gemachten Bett in einem modernen First-Class-Hotel zu vertauschen: Die touristische Infrastruktur ist vorzüglich, und auf Gäste ist man gut vorbereitet. Für die wohl typischste Urlaubsform stehen allein 5000 Ferienhäuschen in den Katalogen, abgesehen von 350 Campingplätzen mit Hüttenvermietung, 730 Hotels von ausgesprochen hohem Standard und 420 anderen Unterkünften. Einer Annäherung an das Land unter blau-weißer Flagge steht also nichts im Wege, zumal das Preisniveau für ausländische Touristen in den letzten Jahren deutlich gesunken ist.

Landeskunde im Schnelldurchgang

Landesname: Suomen Tasavalta, Kurz-
form Suomi
Fläche: 338 145 km^2; davon 10 % Wasser, 65 % Wald, 8 % Kulturland, 17 %
sonstiges Land. Maximale Längsaus-
dehnung: 1160 km, maximale Breite:
540 km. Die Küstenlänge beträgt 4600
km, ohne Buchten 1100 km.
Lage: Zwischen 59°30' und 70°5' nördlicher Breite sowie 19°7' und 31°35' östlicher Länge. Die westliche Landesgrenze

nach Schweden ist 586 km lang, die östliche nach Rußland 1269 km und die nördliche
nach Norwegen 716 km.
Einwohner: 5,1 Mio., Einwohnerdichte durchschnittlich 15 Ew./km^2, aber: Helsinki
130 Ew./km^2, Lappland 2,2 Ew./km^2.
Bevölkerung: 93, 5 % Finnen, 5,9 % Finnland-Schweden sowie ca. 17000 Samen
Hauptstadt: Helsinki/Helsingfors: 510 000 Einwohner
Amtssprachen: Finnisch und Schwedisch. In Lappland ist Sámi als Minoritätenspra-
che anerkannt.
Währung: Markka (Finnmark = FIM), die 100 Penni (p) umfaßt.
Zeit: MEZ bzw. MESZ plus eine Stunde.

Landschaften, Verwaltungsbezirke und Städte

Ähnlich wie in Frankreich, Schweden und anderen europäischen Ländern gibt es in
Finnland historisch gewachsene Provinzen wie z. B. Karelien, die für die politische Ad-
ministration jedoch keine Rolle mehr spielen. Statt dessen ist das Land in Verwaltungsbezirke *(lääni)* eingeteilt – entsprechend den französischen Départements oder
den schwedischen Län – die jeweils ihre eigene Provinzhauptstadt und rein administrative Funktionen haben. Die Verwaltungsreform von 1997 reduzierte die Zahl der
lääni von zwölf auf fünf. Im einzelnen sind dies (von Süden nach Norden): Südfinnland (Etelä-Suomen lääni) mit der Hauptstadt Hämeenlinna/Tavastehus; Westfinnland
(Länsi-Suomen lääni) mit der Hauptstadt Turku/Åbo; Ostfinnland (Itä-Suomen lääni)
mit der Hauptstadt Mikkeli/St. Michel; Oulun lääni mit der Hauptstadt Oulu/Uleåborg
und Lappland (Lappin lääni) mit der Hauptstadt Rovaniemi. Hinzu kommt der autonome, schwedischsprachige Landesteil der Åland-Inseln (Ahvenanmaan lääni) mit
der Hauptstadt Mariehamn.

Etwa 78 % der Bevölkerung leben in Städten oder stadtähnlichen Gemeinschaften.
Das mit Abstand größte Ballungszentrum ist der Großraum Helsinki. Die Hauptstadt
selbst hat 510 000 Einwohner, die Nachbargemeinden Espoo 194 000 und Vantaa
166 000. Tampere, die einzige Großstadt im Binnenland, nimmt mit 183 000 Einwohnern den dritten Rang ein. An fünfter Stelle folgt die ehemalige Hauptstadt Turku
(165 000 Ew.) und an sechster Oulu (110 000 Ew.) im Nordwesten des Landes.

Politik

Die Republik Finnland wurde im Jahr 1917 unabhängig. Ihr Oberhaupt ist der Staatspräsident, der für eine sechsjährige Amtszeit direkt vom Volk gewählt wird. Die Verfassung gibt ihm sehr große Machtbefugnisse. U. a. hat er das Vetorecht bei der Gesetzgebung, ist Oberbefehlshaber der Streitkräfte, leitet die Außenpolitik und ernennt die wichtigsten Beamten und Richter. Seit 1994 hat der Sozialdemokrat Martti Ahtisaari dieses Amt inne.

Die oberste gesetzgebende Gewalt geht in Finnland vom 200köpfigen Parlament (Reichstag) aus, über dessen Zusammensetzung die Wähler alle vier Jahre nach dem Verhältniswahlrecht entscheiden. In den meisten Parlamenten seit der Unabhängigkeit hatten die konservativen Kräfte die Mehrheit, wenn auch oft die Sozialdemokratie (Suomen Sosialidemokraatinen Pulue; SSDP) als Einzelpartei die meisten Abgeordneten stellte. Der übliche Links-Rechts-Gegensatz fand in Finnland immer auch seine Entsprechung in der Kontroverse zwischen Stadt- und Landbevölkerung. Dabei vertrat die Sozialdemokratie das urbane Element, während das ländliche seine Heimat in der Zentrumspartei (früher: Finnische Landunion) hatte. Die Parlamentswahlen von 1995 brachten den größten sozialdemokratischen Wahlsieg nach dem Krieg. Sie führen unter Premierminister Paavo Lipponen auch die Regierung an (die 66. seit der Unabhängigkeit), in der noch vier weitere Parteien vertreten sind. Der größte Partner innerhalb dieser ›Regenbogenkoalition‹ ist die konservative Nationale Sammlungspartei (Kansallinen Kokoomus; KKOK), deren Wählerschaft sich hauptsächlich aus Angestellten rekrutiert. Ihr steht innerhalb der Regierung die Linke Union (Vasemmistoliitto; VAS) gegenüber, die 1990 als Bündnis von Kräften links der Sozialdemokratie gegründet wurde. Auch die seit 1983 im Parlament vertretenen Grünen (Vihreä Liitto; VIHR) sowie die Schwedische Volkspartei (Svenska Folkpartiet; SFP) gehören der Koalition an. Auf der Oppositionsbank sitzen außer der Zentrumspartei (Suomen Keskusta; KESK) vier weitere Gruppierungen.

Religion

Seit 1923 besteht in Finnland volle Glaubensfreiheit. Die größte Glaubensgemeinschaft ist die evangelisch-lutherische Kirche, zu der sich etwa 88 % der Bevölkerung bekennen. Weniger als 1 % gehören der orthodoxen Kirche an, beide haben den Status einer Staatskirche.

Klima und Reisezeit

Das Klima ist durch kalte Winter und warme Sommer gekennzeichnet, aber dank des Einflusses der Ostsee und der vom Golfstrom erwärmten Winde vom Atlantik herrschen deutlich mildere Temperaturen als in anderen Regionen dieser nördlichen Breite. Die mittlere Jahrestemperatur in Helsinki beträgt 5,3 °C. An den wärmsten Tagen kann es im Sommer schon einmal über 30 °C heiß sein, im Winter, vor allem im Februar, sind Temperaturen um −20 °C nichts Ungewöhnliches.

In Finnland gelten trotz der stark anwachsenden Besucherströme im Winter die warmen Sommermonate von Ende Juni bis Mitte August als Hauptreisezeit. Die Wintersportsaison hat ihren ersten Höhepunkt in den Weihnachtsferien, doch bevorzugen mitteleuropäische Touristen die helleren Tage Anfang Februar bis Mitte April bzw. bis Anfang Mai im hohen Norden.

Landschaft und Menschen

Ein Flickenteppich aus Land und Seen

Selbst wenn man sich nie besonders für Finnland interessiert hat, wird sich doch bei den meisten das Bild vom ›Land der tausend Seen‹ festgesetzt haben. Falls Reisende versuchen sollten, diese Mengenangabe vor Ort zu überprüfen, werden sie schnell an die Grenzen ihres privaten Zählvorhabens stoßen. Die Mühe wäre ohnehin überflüssig, denn wozu gibt es Statistiker? Diese berichten uns von genau 187 888 finnischen Seen, wobei sie nur eine Wasserfläche von mehr als 500 m^2 in ihrer Definition berücksichtigt haben. Klar, daß damit Suomi proportional zur Landesfläche als seenreichstes Land der Erde gilt. Das mit Abstand größte Gewässer ist dabei der Saimaa (4380 km^2), doch auch der Päijänne in Mittelfinnland und der Inari in Lappland bringen es auf über 1000 km^2. Das Urgestein – Granit und Gneis des baltischen Schildes – wurde von den Eiszeiten zu flachen Mulden ausgehobelt, weshalb die Seen in der Regel nur eine geringe Tiefe haben: Der Durchschnittswert beträgt 7 m. Nicht nur wegen seiner ausgedehnten Wasserflächen stellt sich der siebtgrößte Staat Europas (nach Rußland, der Ukraine, Frankreich, Spanien, Schweden und Deutschland) eher amphibisch denn als kompakte Landmasse dar: Dafür sorgen wasserreiche Flüsse, von denen der Kemijoki mit 550 km am längsten ist, sowie rund 5100 Wasserfälle und Stromschnellen.

Der Flickenteppich aus Land und Seen, in denen übrigens rund 98 000 (!) Inselchen liegen, findet sich auch in der Ostsee, die im finnischen Teil mit 81 530 größeren und ungezählten kleinen Inseln durchsetzt ist. Vor der Südwestküste erstreckt sich Europas größter Archipel, zu dem auch die Åland-Inseln gehören. Bei einem Flug von Finnland nach Schweden kann aus der Vogelperspektive oft gar nicht unterschieden werden, ob das blau-grüne Labyrinth am Boden nun im Süß- oder Salzwasserbereich liegt.

Das Verhältnis zwischen festem und nassem Element verändert sich stetig zugunsten des ersteren: In der Eiszeit wurde die Erdscholle von kilometerdicken Gletschern tief nach unten gedrückt. Seit ihrem Abschmelzen hebt sie sich in einem langsamen Prozeß, um 30 cm pro Jahrhundert im Süden und um bis zu 90 cm am Ende des Bottnischen Meerbusens. Finnland wurde und wird also im Lauf der Zeit größer, der alljährliche Zugewinn beträgt immerhin 7 km^2!

Es ist das Zusammenspiel von Wasser und Land, das den Reiz Finnlands ausmacht, weniger die Höhenunterschiede. Die Topographie verzeichnet nur wenige Erhebungen, die 1000 m ü. d. M. überschreiten; und diese sind auf die Region um das finnisch-schwedisch-norwegische Dreiländereck beschränkt. Abgesehen von der weiten österbottnischen Küstenebene charakterisieren moderate Hügel, Schmelzwassermoränen und eine insgesamt leicht gewellte Struktur das Land.

Elche und Moltebeeren

Aus klimatischen Gründen ist die **Tierwelt** des Landes nicht so artenreich wie in Mitteleuropa und läßt sich am ehe-

Auf den Straßen ist höchste Aufmerksamkeit geboten, denn auch Rentiere benutzen sie

sten vergleichen mit der paläarktischen Faunaregion Nordschwedens, Nordnorwegens und Sibiriens: Insgesamt gibt es nur 60 Säugetierarten. Immerhin sind dank der Aufklärungsarbeit von Naturschutzorganisationen und gesetzlicher Maßnahmen einige Großraubtiere im Bestand gesichert. Dazu gehört auch der Braunbär, der in den östlichen Wildmarken heimisch ist und ausgewachsen gut vier Zentner wiegen kann. Etwa 400 Exemplare des Einzelgängers, der zu Beginn des Frühjahrs aus seinem Winterschlaf erwacht, leben in Finnland, andere wandern regelmäßig über die Grenze aus Rußland ein, wo die Bärenpopulation erheblich höher ist. Gleiches gilt auch für die Wölfe, deren heimischer Bestand bei rund 160 Exemplaren liegen dürfte. Daneben trifft man vereinzelt auf Spuren von Luchs und Vielfraß.

Dem Menschen droht von solchen Raubtieren in der Regel keine Gefahr: Begegnungen in freier Wildbahn sind äußerst selten, und Zwischenfälle kommen so gut wie nie vor. Weitaus blutrünstiger ist da schon eine andere finnlandtypische Spezies, die ihre geringe Größe durch um so größeren Appetit wettmacht: die Mücke. Diese Plage tritt zwar nur während weniger Wochen auf, was aber niemanden trösten kann, der gerade in dieser Zeit auf Wandertour ist. Mücken gibt es in ganz Finnland, besonders aber in den Sumpf- und Moorgebieten Lapplands, wo sie Anfang Juli in dichten Schwärmen stehen und den Aufenthalt für Mensch und Tier unerträglich machen. Betroffene Wanderer sollten dem Beispiel der Rentiere folgen, die vor den Plagegeistern auf die baumlosen Fjälls und Hochplateaus flüchten. Oft helfen weder Moskitonetze, Mükkenöl oder das Zeitungspapier, das man unter dünner Kleidung trägt. Am besten macht man also im Juli um solche Gebiete einen weiten Bogen!

Der Elch, von Touristen aufgrund der ständig präsenten Warnschilder zum Symboltier des Landes erhoben, ist im

Seengebiet sehr zahlreich vertreten. Die Forst- und Jagdbehörden halten seinen Bestand wegen des Fleischwertes auf konstant hohem Niveau, was sich auch an der Zahl von 55 000 Abschußlizenzen erkennen läßt, die jährlich erteilt werden. Die meisten Reisenden werden jedoch das Land verlassen, ohne jemals eines der scheuen Tiere in freier Wildbahn gesehen zu haben. Im Gegensatz dazu sind Rentiere weitaus zugänglicher. Der Ausdruck ›Haustier‹ trifft auf Rene nur bedingt zu, da sie frei zu ihren Weidegebieten wandern und nur saisonal bei der Rentierscheidung eingefangen werden. Daneben gibt es auch völlig wilde Waldrene, die in Naturschutzgebieten des Nordostens vorkommen, ebenso wie Weißschwanzhirsch, Marder und Biber (vor allem im Petkäljärvi-Nationalpark).

Die endlosen Nadelwälder Süd- und Mittelfinnlands werden von Feldhasen, Eichhörnchen und Füchsen bevölkert, weit verbreitet sind aber auch die Kreuzotter und Federwildarten wie Birkhahn und Auerhahn. Die meisten der etwa 350 Vogelarten stellen die Zugvögel. Heimisch sind u. a. die Schwarzdrossel, die auch den Winter in Südfinnland verbringt, Schneehuhn und Schneeule, die für Lappland charakteristisch sind, und Stein-, See- und Fischadler als große Greifvögel. Unter den gut 70 Fischarten gibt es in Seen, Flüssen und der Ostsee viele schmackhafte Speisefische, darunter Äsche, Barsch, Forelle, Hecht, Maräne, Lachs, Renke, Strömling (Ostseehering) und Zander.

Neben den Rentieren sind vor allem Rinder als Nutztiere vorherrschend, die man selbst noch in Polarkreisnähe antrifft. Diese nördlichen Breitengrade zwingen die Bauern jedoch, die Tiere fast ein halbes Jahr in warmen Ställen unterzubringen. Anders als in Norwegen sind Schaf- und Ziegenhaltung in Finnland bedeutungslos.

Die finnische **Flora** wird überwiegend vom Waldbaum bestimmt, wobei nur die Südwestküste und der Schärengarten zur mitteleuropäischen Laub- und Mischwaldzone zu zählen sind. Ihren typischen Vertretern – Ahorn, Eiche, Linde und Esche – setzt das kalte Winterklima jedoch unweit der Küste eine klare Grenze. Der größte Teil des Landes gehört daher zur nördlichen Nadelwaldzone, in der auf den trockeneren Sand- und Moränenböden die Kiefer und in feuchteren Gebieten die Fichte vorherrschen. Überall sieht man daneben auch die Birke, die selbst dort noch wächst, wo die Nadelbäume ihren Existenzkampf längst schon aufgegeben haben. In den kältesten Regionen wie den hochgelegenen Lappland-Fjälls kann aber auch sie nur als Zwerg- oder Polarbirke überleben. Maximal 50 cm hoch, duckt sie sich dort zwischen Steinen und Moosen der arktisch-alpinen Tundra, die sonst hauptsächlich von der gelb-grünen Rentierflechte bewachsen wird. Flechten (über 1000 Arten) und Moose (ca. 800) sind jedoch die wahren Charakterpflanzen des Landes, die sich bis hinunter zur Südküste als dickes Polster unter dem lichten Nadelwald ausbreiten. Über einen solchen natürlichen Teppich gehen Wanderer, um die begehrten Schätze des Waldes zu bergen: Pilze und Beeren, die in einer Vielzahl das Angebot der Märkte und der Gastronomie bereichern. Um eine gute Ausbeute an Wacholder-, Honig-, Johannis-, Blau-, Erd- und Preiselbeeren erzielen zu können, muß man nicht lange suchen, und die vitaminreiche, überaus schmackhafte Moltebeere (*rubus chamaemorus;* finn.: *lakka*), die wie eine gelbliche Himbeere aussieht, wächst auf sumpfigem Boden in ganz Finnland.

Die anderen Sprachen der Finnen

Bei einem Ausländeranteil von unter 1 % ist die Bevölkerung Finnlands homogener strukturiert als jede andere Nation in Europa. Trotzdem ist das Land durch das Sprachgesetz von 1922 zweisprachig, steht gleichberechtigt neben Suomi auch Finland in den Karten. **Schwedisch** war auch über die Jahrhunderte, in denen Finnland unter der Herrschaft des benachbarten Königreichs stand, die einzige offizielle Schriftsprache des Landes – selbst noch in der russischen Ära. Wer als Finne in Kultur, Wirtschaft, Politik und Verwaltung etwas werden oder bewirken wollte, mußte des Schwedischen mächtig sein. Daneben gab es seit dem Mittelalter auch eine beträchtliche Anzahl von schwedischen Einwanderern, die sich natürlich in ihrem heimatlichen Idiom verständigten. Die lange Tradition des Schwedischen in Finnland führte allerdings auch zu einer graduell unterschiedlichen Entwicklung, die sich heute in einer anderen Phonetik und einem etwas anderen Vokabular äußert. Ein Schwede wird einen Finnland-Schweden also leicht erkennen: Dieser benutzt nicht den typischen, etwas hochnäsig klingenden Singsang der ›Reichsschweden‹, kennt einige altertümliche Worte, die es im Königreich heute nicht mehr gibt und läßt manchmal auch Entlehnungen aus dem Finnischen einfließen.

Die Zahl der Schwedischsprachigen geht deutlich zurück: Um 1700 lag sie noch bei 17 %, 1880 bei über 14 % und heute unter 6 %! Trotzdem war und ist der Einfluß dieser Gruppe größer, als es die Zahlen vermuten lassen. Darauf deuten Präsidentennamen wie Stålberg, Svinhufvud oder Mannerheim genauso hin wie Lönnrot, Runeberg, Snellman oder andere Heroen der Kulturgeschichte. Auch in der derzeitigen Politik ist die Partei der Finnland-Schweden (Svenska Folkpartiet) immerhin als Koalitionspartner in der 1995 gewählten Regierung vertreten.

Die Zweisprachigkeit betrifft nicht das ganze Land, sondern nur die historischen Siedlungsgebiete der Finnland-Schweden. Komplett schwedischsprachig ist z. B. die autonome Provinz Åland, daneben gibt es aber eine ganze Reihe von Gemeinden an der Süd-, Südwest- und an der Westküste (darunter auch Helsinki und Turku!), die entweder eine finnische oder schwedische

Bevölkerungsmehrheit und eine starke Minorität haben. In diesen Regionen werden auch Touristen mit der Sprachenfrage unmittelbar konfrontiert, etwa beim Kartenstudium oder beim Lesen von Orts- und Straßenschildern. Zwischen Vaasa/Vasa und Kokkola/Karleby beispielsweise tauchen Städtchen mit einer schwedischsprachigen Mehrheit oft nur unter ihrem schwedischen Namen im Kartenmaterial auf, so daß der Reisende schon wissen sollte, daß Jakobstad auf Finnisch Pietarsaari heißt. Und bei der Suche nach einer bestimmten Adresse muß der Kopilot ein scharfes Auge haben: Auf den Straßenschildern steht manchmal der schwedische, manchmal auch der finnische Name an erster Stelle, manchmal aber auch nur der finnische oder nur der schwedische – und das gleiche Verwirrspiel findet seine Entsprechung in den Stadtplänen …

Einem ähnlichen Phänomen kann man im Norden begegnen, zumindest auf Ortsschildern und Detailkarten. Denn auch die Sprache der **Sámi,** die zwar keine staatlich akzeptierte Landes-, aber als Minoritätensprache anerkannt ist, darf in ausgesprochenen Sámi-Gemeinden wie z. B. Inari, Ivalo, Utsjoki oder Nuorgam ganz offiziell benutzt werden – wie übrigens auch in der norwegischen Provinz Finnmark.

Wenn man es genau nimmt, ist Finnland sogar viersprachig. Denn neben Finnen, Finnland-Schweden und Sámi haben auch die etwa 6000 im Lande lebenden **Roma** ihr eigenes Vokabular und ihre eigene Grammatik. Die Roma, von denen Finnen oft *Mustalaiset* (Die Schwarzen) genannt, leben hauptsächlich in den südlichen Landesteilen, wo sie wegen ihrer charakteristischen Kleidung leicht im Straßenbild auszumachen sind.

Mitternachtssonne, Polarnacht und die Zeit dazwischen

Die Jahreszeiten in Finnland werden in starkem Maße vom eurasischen Kontinentalklima bestimmt, das bei östlichen Windströmungen im Sommer ausgesprochene Hitzeperioden und im Winter bittere Kälteeinbrüche mit sich bringt. Die vom Golfstrom erwärmten Westwinde mildern allerdings die Klimagegensätze etwas ab, so daß die Jahresdurchschnittstemperatur um 6 °C höher liegt als das weltweite Mittel in diesen nördlichen Breitengraden. Die durchschnittlichen Niederschlagsmengen sind mit 600 mm im Süden und 400 mm im Norden relativ gering, zumal 30–40 % der Gesamtmenge als Schnee niedergeht. Genauso wie Temperatur und Niederschlag prägen aber auch Lichtflut respektive Lichtarmut den Rhythmus allen Lebens.

Innerhalb des Landes gibt es aufgrund der großen Nord-Süd-Ausdehnung erhebliche jahreszeitliche Unterschiede. Der oft besungene finnische Sommer z. B. dauert in Inari statistisch nur 51 Tage, in Helsinki aber 115! Im umgekehrten Fall kommt die Hauptstadt mit 135 Wintertagen recht günstig davon, während sich in Lappland diese Periode auf über 200 Tage ausdehnt. Die dazwischenliegenden Jahreszeiten sind im ganzen Land etwa gleich lang, doch ist z. B. der Beginn des **Frühlings** um so später anzusetzen, je weiter man nach Norden kommt. Unmittelbar nach der oder sogar parallel zur Schneeschmelze durchbricht er je nach Standort zwischen Ende März und Anfang Juni wie eine Urgewalt die Herrschaft des Winters und überzieht in unglaublicher Schnelle das Land mit einem Blütenmeer.

Mittsommernacht am Inari-See

Das Mittsommernachtsfest läutet im Süden dann den **Sommer** ein, der für all das entschädigt, was man in der kalten Jahreszeit entbehren mußte. Die berühmten ›weißen Nächte‹ von St. Petersburg haben durchaus ihre Entsprechung in Helsinki, wo die Sonne auch nur kurz unter dem Horizont verschwindet und einem diffusen Dämmerlicht weicht. Mehr noch sind Besucher der nördlichen Landesteile von der Mitternachtssonne *(keskiyön aurinko)* fasziniert, wenn also die Sonne noch um Mitternacht über dem Horizont steht, nicht untergeht, sondern auf ihrer scheinbaren Umlaufbahn um die Erde wieder langsam höher steigt. Dieser 24-Stunden-Tag fällt am Polarkreis (66°33' nördliche Breite) mit dem 21. Juni zusammen, während weiter nördlich in Utsjoki die Mitternachtssonne vom 17. Mai bis zum 27. Juli zu sehen ist. Am norwegischen Nordkap kann dieses Naturphänomen zweieinhalb Monate lang beobachtet werden, sofern Wolken die Sonne nicht verbergen. Trotz mancher Regenschauer ist der finnische Sommer außerdem über weite Strecken trocken und überrascht Touristen oft mit ausgesprochenen Hitzeperioden, die in Lappland schon Spitzenwerte von 35 °C erreichten.

Bereits im August werden die Tage aber bereits schnell wieder kürzer, die ersten Nachtfröste suchen Lappland heim, und der **Herbst** kündigt sich an. An seiner Schwelle steht die sogenannte *ruska,* fast schon eine fünfte Jahreszeit, mit der die Finnen die kurze Zeit der frühherbstlichen Laubfärbung bezeichnen. Jetzt, wo es tagsüber noch recht warm, nachts aber bereits empfindlich kühl ist, zieht es viele hinaus in die grandiose Farbenpracht der Wälder: Beerenzeit, Pilzzeit und Wanderzeit ohne Mückenplage.

Bald wird es dann aber rapide dunkler und kälter. Erste Schneefälle kommen bereits im September vor, und spätestens ab Dezember herrscht tiefster **Winter,** und das Land liegt unter einer geschlossenen Schneedecke, die im Süden durchschnittlich 40 cm und im Norden 70 cm dick ist. Seen, Flüsse, selbst Wasserfälle und das Meer sind zugefroren. Für die Gebiete nördlich des Polarkreises beginnt nun *kaamos,* die Zeit der Dunkelheit. Die Polarnacht hat die gleiche Ursache wie die Mittsommernacht und die Jahreszeiten: Die Erdachse steht nicht senkrecht zur Ebene der Umlaufbahn, sondern ist geneigt. Im nördlichen Sommer beleuchtet das Sonnenlicht die Nordhalbkugel, da aufgrund der Kugelgestalt der Erde die Sonne immer die ihr zugeneigte Erdseite erreicht, während das Südpolargebiet kein Licht erhält – Lichtverhältnisse, die im Winter umgekehrt gelten.

Dank der weißen Schneedecke wird es allerdings auch in den nördlichsten Gebieten nie rabenschwarz. Hinzu kommt das Polarlicht, das sich als flatternder Vorhang, als Strahlenbündel oder als ruhender Bogen in gelbgrünen bis roten Farben am Himmelsgewölbe ausbreitet. Die wissenschaftliche Erklärung für diese eindrucksvollen Feuerwerke ist, daß von der Sonne ausgesandte elektrisch geladene Teilchen durch unser Magnetfeld zu den (elektrischen) Polen geleitet werden. Das Polarlicht entsteht, wenn sie beim Eintritt in die Atmosphäre millionenfach mit den Atomen unserer Luft zusammentreffen.

Die Finnen an sich

Die *fenni* der römischen Geschichtsschreibung, die in den Urwäldern Nordosteuropas hausten, dürften kaum mehr als 100 000 gewesen sein. Noch im 17. Jh. lebten nur etwa 400 000, zu Beginn der russischen Zeit Anfang des 19. Jh. etwa 1 Mio. 1950 überschritt die Einwohnerzahl 4 Mio. und durch den Baby-Boom schon 1991 die 5-Millionen-Marke, danach war die Zunahme nur sehr bescheiden. Bei einem Ausländeranteil von unter 1 % ist die Gesellschaft übrigens monoethnisch strukturiert wie keine andere in Europa. Im globalen Maßstab fallen die Finnen kaum ins Gewicht: Ihr Anteil an der Weltbevölkerung beträgt gerade einmal 0,05 %! Andererseits ist mehr als jeder dritte Mensch, der nördlich des 60. Breitengrades lebt, ein Finne!

Als der amerikanische Schriftsteller D. S. Connery dieses Land einmal als den »Exzentriker Europas« bezeichnete, meinte er damit Geographie, Sprache und Geschichte der Finnen, die in einer östlich-westlichen Randzone angesiedelt und mit einer merkwürdigen Sprache ausgestattet seien. Vielleicht ist die periphere Lage ja dafür verantwortlich, daß lange Zeit Klischees über Land und Leute kursierten, die sich als ebenso hartnäckig wie widersprüchlich erwiesen haben. Selbst das Aussehen des Finnen an sich bleibt dabei mysteriös: Ist es nun ein östlicher oder westlicher Menschenschlag, groß oder klein, häßlich oder schön? Für alle Vermutungen solcher Art lassen sich in Länderkunden, Reiseliteratur oder Reportagen mühelos Beispiele finden. Da fallen dem einen Journalisten vor Ort die »slawischen Gesichter mit ihren hohen Backenknochen« auf, während ein anderer konstatiert, daß es äußerlich keinen Unterschied zwischen Schweden und Finnen gebe. Behauptungen, die Landeskinder seien nicht unbedingt die hübschesten, haben eine lange Tradition – von Tacitus, der den *fenni* »Tierähnlichkeit« beschied

(s. u.), über Carl von Linné, der im 18. Jh. das Land bereiste, bis hin zu abwertenden Äußerungen in jüngerer Zeit. Demgegenüber rühmen manche Autoren des 20. Jh. die »außerordentlich edlen Menschen« und verweisen auf die Zahl der Schönheitsköniginnen, die das Land der tausend Seen hervorgebracht habe. Ähnlich dubios die charakterlichen Einordnungsversuche: Den schwedischen Herren waren die Finnen immer suspekt, die Russen sahen sie als Querulanten und Starrköpfe, manche Deutsche feierten sie in den 40er Jahren als »tapferes Heldenvolk«, um sie dann in den 70er Jahren als russenhörig und politisch unzuverlässig abzuqualifizieren.

Selbst in der aufgeklärten Jetztzeit wissen viele Zeitgenossen nur Mysteriöses über Herkunft und Wesen der Finnen zu berichten. Bei vielen Reisenden gelten sie als exotisches Völkchen; dazu trägt natürlich auch ihre Sprache bei, die – wie man es oft in jugendlichen Interrail-Kreisen hört – »irgendwie mit den Ungarischen zu tun hat«. Im übrigen sah man sich auch im Lande selbst durchaus in einer Sonderrolle: Es ist noch nicht so lange her, daß man im Urlaub »nach Europa« fuhr, ähnlich wie die Briten »auf den Kontinent« reisten. Die Zwangslage einer Zuordnung macht auch ein Satz aus der Phase der nationalen Identitätssuche deutlich: »Schweden sind wir nicht. Russen werden wir nicht. Laßt uns also Finnen sein.«

Vor allem bei der Frage, *wie* die Finnen sind, gehen die Meinungen weit auseinander – auch, wenn man die Landeskinder selbst befragt. Beim ohnehin fragwürdigen Geschäft einer Volkscharakterisierung tauchen als häufige Stereotypen auf: Die Finnen sind emotional kühl, fatalistisch, schweigsam, gastfreundlich, hilfsbereit, ruhig, zurückhaltend, unauffällig und naturverbunden.

Sie haben einen starken Familiensinn, aber auch eine der höchsten Selbstmordraten der Welt, Alkoholprobleme und überdurchschnittlich viele depressive Erkrankungen. Manchmal liest man abenteuerliche Formulierungen, die den Finnen einen »Hang zum skeptischen Optimismus« bescheinigen, oder als Quintessenz zur Gefühlslage des Volkes: »Der Finne an sich bleibt ein Rätsel – Fremden und oft auch sich selbst«. Fast scheint es, als würden solche Klischees von den Betroffenen selbst kultiviert. Ein bekannter einheimischer Comic illustriert z. B. unter der Überschrift »Das Gerede von der emotionalen Kühle der Finnen ist Unsinn« sechs Beispiele leidenschaftlicher Gefühle. Doch der dargestellte Kopf zeigt in jeder Szene die gleichen gelangweilten und teilnahmslosen Gesichtszüge, egal ob der Mann nun »höchstes Vergnügen«, »enorme Zufriedenheit«, »tiefe Trauer« oder »bittersten Zorn« empfindet.

Die angebliche Schweigsamkeit der Finnen ist inzwischen sogar schon zum Gegenstand kommunikationstheoretischer Untersuchungen geworden. In Anspielung auf die Finnland-Schweden sprach Bertolt Brecht von einem »Volk, das nicht nur in einer, sondern gleich in zwei Sprachen schweigen kann.« Wenn aber die Finnen so schweigsam sind, wozu brauchen sie dann ihre vielen Handys? Es ist wohl kaum anzunehmen, daß alle mobilen Telefonierer nur auf Anrufe warten, ohne jemals selbst eine Nummer zu wählen. Nach einer Statistik der EU-Kommission von 1997 kann keine Nation der finnischen Handy-Sucht das Wasser reichen: Mit 30 Teilnehmern pro 100 Einwohner schlägt das Land alle Rekorde. Auf den nächsten Plätzen folgen übrigens die nördlichen Nachbarn, die Schweden, Norweger und Dänen, die ebenfalls landläufig

nicht als Schwätzer bekannt sind (zum Vergleich: Deutschland ist mit 8 % im unteren Mittelfeld angesiedelt, und das Schlußlicht ist Frankreich mit 5 %).

Das Beispiel zeigt einmal mehr die Fragwürdigkeit von volkspsychologischen Pauschalaussagen. Um einige Klischees aufzugreifen, könnte man jedoch – natürlich bei aller gebotenen Vorsicht – behaupten, daß der Alltag der meisten Finnen von höflicher Zurückhaltung geprägt ist, daß sie sich in der privaten Umgebung und im kleinen Kreis wohler fühlen als in der anonymen Öffentlichkeit und daß sie keinen Hang zu übertriebener Selbstdarstellung und Extrovertiertheit haben.

Zu den längst überholten Klischees gehört auch das Bild vom Volk der Bauern und Holzfäller. So wichtig das Vorbild des urigen Landarbeiters für die Selbstfindung in der Zeit der Nationalromantik auch war, so wichtig der Wald auch heute noch für die ›finnische Seele‹ sein mag – für die überwältigende Mehrheit ist der alltägliche Lebensraum heute die Stadt. In einem rasanten Strukturwandel stieg der Urbanisierungsgrad während des 20. Jh. enorm an: Noch 1960 lag er bei 38,4 %, 1970 war er schon auf knapp 51 % gestiegen, und heute wohnen rund 77 % aller Landeskinder in einer Stadt oder stadtähnlicher Umgebung. Und sie sind, das sei hinzugefügt, als Städter und als Landbewohner ausgestattet mit allen Segnungen eines modernen Wohlfahrtsstaates, einem eng geknüpften sozialen Netz, einer vorzüglichen medizinischen Versorgung und einem Bildungsangebot, das keine Wünsche offenläßt. Die Finnen an sich sind also keine Exoten, sondern moderne Europäer, die sich weder im Geschäftsleben, noch im Alltag oder im Freizeitverhalten sonderlich von anderen Menschen unterscheiden.

Der Urlaub vor dem Urlaub –
Mit der Fähre nach Finnland

Fähren

22

Sicher: man kann Finnland auch auf dem Landweg erreichen. Dabei verläuft die kürzere Strecke durch Polen, Litauen, Lettland, Estland und Rußland – eine inzwischen durchaus praktikable Route, trotz einiger aufwendiger Formalitäten. Völlig problemlos ist der Landweg über Schweden, auf dem man immer der gut ausgebauten Europastraße 4 zu folgen hat. Das ist aber eher etwas für Leute, die liebend gerne Auto fahren und vor allem jede Menge Zeit haben. Die überwiegende Mehrheit aller Finnland-Touristen aber wird aus gutem Grund eine Fähre benutzen.

Marktführer im Fährgeschäft sind die beiden Gesellschaften Viking Line und Silja Line. Ihrem Konkurrenzkampf ist es u. a. zu verdanken, daß der Standard der Ostseefähren inzwischen weltweit führendes Niveau erreicht hat. Dies betrifft nicht nur die Größe, Technik, Schnelligkeit und Kapazität der Schiffe, sondern auch deren Ausstattung und Bordprogramm. Unversehens wird hier ein Reisender, der eigentlich nichts weiter als eine Passage von Punkt A nach B gebucht hat, mit schwimmenden Hotels konfrontiert, die durchaus Kreuzfahrer-Format besitzen und mit einer Riesenauswahl an Restaurants und Cafeterien, Shops und Boutiquen, Kleinkunstbühnen und Livemusik, Varietés und Kino, Shows und Casino auffallend den ›Fun Ships‹ amerikanischer Karibik-Kreuzfahrten ähneln. Bei dem Vergleich

haben die finnischen Fähren hinsichtlich der Geschwindigkeit und Dimensionen sogar die Nase vorn: Bereits seit 1977 hält die ›Finnjet‹ mit ihrem Gasturbinenantrieb den Schnelligkeitsrekord und legt die 1100 Ostsee-Kilometer zwischen Travemünde und Helsinki in nur 24 Stunden zurück. Das Innere der neueren Schiffsgeneration ist wie ein amerikanisches Luxushotel mit Atrien, verglasten Aufzügen und viel Grün gestaltet. Auf der ›Serenade‹ der Reederei Silja Line beispielsweise gibt es eine 140 m lange Einkaufszeile, die sich über alle Stockwerke erstreckt und die im Erdgeschoß 14 Geschäfte und Restaurants beherbergt. Mit dem Erlebniswert solcher Riesenschiffe spekulieren die Reeder weniger auf die ›Normalurlauber‹, als vielmehr auf den immer wichtiger werdenden Konferenz-Tourismus. Für Finnen und Schweden ist ja eine Seefahrt an sich nichts Besonderes, doch angesichts der Duty-Free-Preise und des guten Essens, des Entertainments und der mit modernster Technik gespikten Konferenzsäle sind immer mehr Firmenchefs, Verbände und Institutionen bereit, ihre Arbeitsausflüge oder Betriebsversammlungen auf die Ostsee zu verlagern.

Natürlich werden nicht alle Finnland-Urlauber von dieser Entwicklung begeistert sein und jenen Zeiten nachtrauern, als die Fähren einfacher, dafür aber auch überschaubarer und intimer waren. An diese Klientel richten sich seit neuestem die Frachtschiffe der Finncarriers, die die Route Lübeck – Helsinki in 36 Stunden zurücklegen und nur Platz für rund 100 Passagiere samt Fahrzeugen haben. Auf Komfort braucht man auf diesen Frachtern ebenfalls nicht zu verzichten, im Gegenteil: Die Kabinen sind geräumiger als

auf so manchem Kreuzfahrtschiff, es gibt Saunas, Shops und vorzügliche Restaurants.

Kaum einer der Passagiere, die sich auf dem windgeschützten Sonnendeck die erste Urlaubsbräune zulegen, verschwendet einen Gedanken daran, wie diese Seereise wohl im Winter verlaufen würde. Da die Ostsee häufig zufriert, kam der Schiffsverkehr von und nach Finnland bis weit in die zweite Hälfte des 19. Jh. hinein alljährlich zwischen Dezember und Anfang April vollständig zum Erliegen. Davon betroffen war nicht nur der Personentransfer, sondern, viel schlimmer noch, der gesamte Warenaustausch über das Mare Balticum. Die Finnen mußten sich also etwas einfallen lassen, wollten sie die Konkurrenzfähigkeit ihrer Papierfabriken und anderer Wirtschaftsunternehmen erhalten. Aus der Not machten sie deshalb eine Tugend und entwickelten ab 1877 leistungsstarke Eisbrecher – bis heute ist Finnland mit seinem Knowhow auf diesem Gebiet führend. Es lag auf der Hand, solche Erfahrungen in den Bau der Fähren einfließen zu lassen und diese für den Ganzjahresverkehr fit zu machen. So sind alle modernen finnischen Fähren in der höchsten Eisklasse (1 A Super) gebaut und haben einen speziell geformten Bug, der sie selbst zu einem Eisbrecher macht. Solcherart ausgestattet, wird die Fährpassage durch ein zugefrorenes Meer für Mitteleuropäer zu einem exotischen Erlebnis, dessen Reiz allemal mit dem einer beschaulichen Anreise im Sommer konkurrieren kann. Mitten durchs Eis und ungebremst ziehen die Stahlkolosse ungerührt ihre Bahn, zerteilen selbst kapitale Eisschollen wie Butter und brechen sich ihre Schneise durch eine ›Land‹-schaft von bezaubernder Schönheit. Manchmal, wenn eine andere Riesenfähre entgegenkommt und man ins dickere Eis ausweichen muß, kracht und rumpelt es, daß manche Passagiere schon das Schicksal der ›Titanic‹ vor Augen haben mögen. Trotz solcher gelegentlicher Angstmomente kann ein solcher Ausflug ins Eis nur nachdrücklich empfohlen werden, und sei es nur für einen Kurztrip in die finnische Hauptstadt oder auf der Stockholm–Turku–Route. Ein guter Zeitpunkt dafür wäre der März, wenn die Tage schon wieder länger werden; Interessierte sollten sich vorher aber über die Eisverhältnisse auf der geplanten Route informieren.

Geschichte und Gegenwart

Zwischen West und Ost – Der Überlebenskampf der finnischen Nation

Als die Finnen aus dem Dunkel der Vorgeschichte in Nordosteuropa auftauchten, hatten sie schon Jahrhunderte der Wanderungen durchlebt und gelernt, sich in einer feindlichen Natur zu behaupten. Nach und nach nahmen sie Besitz von dem Siedlungsraum der Sámi (Lappen) und verdrängten diese nach Norden. Ihre Familien und Stämme mußten von dem leben, was der Boden und die Seen hergaben. Vielleicht waren die Finnen in diesem Land voller Sümpfe, Stromschnellen, weiter Tundren, endloser Wälder mit gefährlichen Raubtieren, mit arktischer Kälte im Winter und Hitze im Sommer so mit ihrem Überlebenskampf beschäftigt, daß sie einfach keine Zeit fanden, sich in irgendeiner Art staatlich zu organisieren.

Den benachbarten Völkern, die einen solchen Schritt im frühen Mittelalter vollzogen hatten, präsentierte sich ein Machtvakuum, dessen Verfügbarkeit nicht von seinen Bewohnern abhing, sondern von der Stärke der Konkurrenten, die sich ebenfalls für das riesige Gebiet interessierten: Schweden im Westen und Nowgorod im Osten. Das kleine Volk der Finnen, das weder ethnisch noch sprachlich dem slawischen oder dem germanischen Lager angehörte, saß also von Anfang an zwischen zwei großen Mächten in Ost und West, und war immer in Gefahr, vollständig vereinnahmt zu werden.

Bis ins 20. Jh. hinein war die schwierige Grenzlage immer eher Fluch als Glücksfall. Sicher profitierte man auch von der jeweils herrschenden Macht, konnte Ideen und kulturelle Strömungen adaptieren, konnte Handel betreiben und sich weiter entwickeln. Doch seit dem Mittelalter verlief die Grenze zwischen Ost und West durch das Land hindurch und spaltete den östlichen Teil der Finnen von ihren Verwandten ab, setzte die beiden Landesteile unterschiedlichen Einflüssen, Gesellschaftssystemen und Religionen aus. Diese Grenze wurde außerdem über Jahrhunderte hinweg in einer unablässigen Abfolge von Kriegen immer wieder verschoben. Viele Finnen, die sich weder als ›Schweden‹ noch als ›Russen‹ bezeichnet hätten, verloren dabei ihr Leben.

Lange Zeit war nicht abzusehen, ob dem finnischen Volk der Balanceakt zwischen Ost und West glücken oder ob es seinen Überlebenskampf verlieren würde. Doch das kleine Land schaffte es immer wieder, sich dem Zugriff der Großmächte zu widersetzen und trotz aller restriktiven Maßnahmen seine Identität zu wahren, seine Sprache zu behalten – sie wären nicht das einzige Volk gewesen, das in der Weltgeschichte an einer solchen Situation zerbrochen und ausradiert worden wäre. Diese erstaunliche Tatsache läßt sich vielleicht auf eine Charaktereigenschaft zurückführen, die im Finnischen *sisu* heißt und soviel wie ›zähes Ringen‹, ›nicht aufgeben‹, ›immer wieder aufstehen‹ und ›rechtschaffenes Handeln‹ bedeutet.

Gerade in der jüngeren Vergangenheit hätte man sich in Europa kaum einen ungemütlicheren Platz vorstellen können als gerade auf der Nahtstelle der Machtblöcke. Doch die Finnen haben sich behauptet, und zwar in einer Art und Weise, die im Ausland oft auf Bewunderung oder Verachtung stieß, ohne daß die Beobachter immer wirklich wußten, worum es ging. Im deutschen Sprachraum wurde beispielsweise in den 40er Jahren gerne vom »Heldenvolk« gesprochen, nach dem Krieg dann von der »Finnlandisierung«, wobei weder die Legendenbildung noch die Verteufelung der finnischen Außenpolitik sonderlich hilfreich waren. Immerhin schafften es Politiker wie Urho Kekkonen nicht nur, ihr eigenes Land geschickt durch alle Klippen der internationalen Konflikte zu navigieren und davon übrigens auch wirtschaftlich ganz handfest zu profitieren, sondern auch, tatkräftig auf einen Ausgleich zwischen Ost und West hinzuarbeiten. Zur politischen Großwetterlage, wie sie seit Ende der 80er Jahre in Europa herrscht, haben die Finnen entscheidend beigetragen, und sie sind es vielleicht auch, die den größten Nutzen davon haben werden. Denn im »Haus Europa«, um ein Wort Gorbatschows aufzugreifen, ist Finnland allein schon wegen seiner besonderen geographischen Situation ein wichtiges architektonisches Detail. Die Lage zwischen West und Ost, die so lange einen finnischen Überlebenskampf notwendig machte, erweist sich nun wahrscheinlich als Glücksfall. Denn welches Land wäre besser geeignet, einem zusammenrückenden Europa als natürliche Brücke zu dienen, als ›Gateway‹ der Europäischen Union zu den osteuropäischen Märkten?

Am 6. Dezember 1998 feiert die Republik ihren 80. Geburtstag und ist damit kein wirklich junger Staat mehr. Wie in jedem Jahr werden auch dann das blaue Kreuz auf weißem Grund an jeder

Die Samen wurden von den Finnen im Lauf der Geschichte nach Norden verdrängt

Fahnenstange gehißt und blau-weiße Kerzen in den Fenstern entzündet. Die Feierlichkeiten zum Nationalfeiertag beweisen wie die landesweite und schichtenübergreifende Euphorie bei finnischen Sporterfolgen einen Grad von Identifikation mit der eigenen Nation, der in Mitteleuropa fast schon ein wenig suspekt ist. Sie sind aber nur sichtbarster Ausdruck einer stets vorhandenen Bereitschaft, dieses Land zu bejahen, das es wie kaum ein zweites in Europa geschafft hat, allen politischen Widrigkeiten zu trotzen.

Im Dunkel der Vorgeschichte

Nachdem sich die Gletscher der letzten Eiszeit nach Norden zurückgezogen hatten und die arktische Tierwelt ihnen gefolgt war, eroberte der Mensch das Land. Steinäxte, Tonscherben und Feuerstellen, die in südfinnischer Erde gefunden wurden, belegen, daß die Region bereits seit über 9000 Jahren bewohnt ist. Die Frage, woher diese Jäger und Fischer kamen, war Gegenstand vieler Spekulationen, und noch heute können Anthropologie, Archäologie oder Linguistik keine eindeutigen Antworten geben. Klar hingegen scheint, daß Finnisch zu den uralischen Sprachen gehört und mit den anderen finnougrischen Sprachen verwandt ist – doch können Sprachen auch übernommen werden und bedeuten deswegen nicht unbedingt eine genetische Verwandtschaft. Lange Zeit meinte man, daß die Urheimat der Finnen die Wolgaschleife war, von wo aus Volksstämme im Laufe von Jahrtausenden und in mehreren Besiedlungswellen ins heutige Finnland eingewandert seien. Der letzte Zuzug erfolgte während der ersten Jahrhunderte unserer Zeitrechnung und brachte neue Siedler aus Estland ins Land, die die wahren Vorfahren der heutigen Finnen sein sollen. Soweit die ›Migrationstheorie‹, die in der Schule gelehrt wurde, allerdings von der modernen Forschung nicht mehr bestätigt wird.

Heute gehen Archäologen davon aus, daß es im Land seit der Steinzeit eine recht kleine, arktische Urbevölkerung gegeben hat, die auf der Suche nach Jagdwild und anderer Nahrung riesige Gebiete durchquerte und sich immer wieder mit neuen Einwanderern aus dem Osten und dem baltischen Raum vermischte. Da in den ältesten Sprachschichten Begriffe wie ›Meer‹ oder ›Seefahrt‹ oder Worte wie ›Lachs‹ und ›Aal‹ fehlen, scheinen die Urfinnen im Binnenland zu Hause gewesen zu sein. Aus dieser Völkermixtur entstanden dann irgendwann ›die Finnen‹. Diese Annahme wird von Untersuchungen bestätigt, in denen in den 80er Jahren 26 europäische Blutgruppeneigenschaften analysiert wurden. Man stellte fest, daß die Gene der Finnen zu 20–25 % baltischen, rund 25 % sibirischen und 25–50 % ger-

manischen Ursprungs sind und Finnen und Esten zu zwei Drittel eine gemeinsame genetische Basis haben.

Als 98 n. Chr. in Rom die ›Germania‹ von Tacitus erschien, wurden darin auch die ›Fennen‹ erwähnt, deren »Tierähnlichkeit absonderlich« und deren »Dürftigkeit abstoßend« sei. Schon Tacitus, der das Volk ja nur vom Hörensagen kannte, machte dessen ethnische Zugehörigkeit Probleme, und er wußte nicht, ob er sie zu den Sarmaten (Skythen) oder den Germanen zu zählen hatte. Über das Aussehen der Fennen meint er jedenfalls, daß es sich »durch Mischehen merklich den unschönen Zügen der Sarmaten angleicht«. Allgemein konstatierte er »Verwahrlosung bei allen und Dumpfheit bei den Vornehmen«: Sie haben »keine Waffen, keine Pferde, kein Zuhause; als Nahrung Kräuter, als Kleidung Felle, als Lager den Erdboden; ihre einzige Hoffnung sind ihre Pfeile, die sie mangels Eisen mit Knochenspitzen versehen (…) Die kleinen Kinder haben keinen anderen Unterschlupf vor den wilden Tieren und Regengüssen, als daß man sie unter irgendeinem Geflecht aus Baumzweigen birgt …«. Da dieses erste schriftliche Zeugnis für die Finnen wenig schmeichelhaft ist, behaupteten noch in den 50er Jahren einige Gelehrte, angesichts der beschriebenen Primitivität müsse Tacitus wohl die Sámi (Lappen) gemeint haben. Es gibt jedoch keinen Grund zu der Annahme, die Lebensverhältnisse der beiden Völker hätten sich um die Zeitenwende erheblich voneinander unterschieden. Außerdem ist das vollständige Zitat gar nicht so ehrenrührig, denn nach Tacitus Worten hatten die Finnen damals immerhin »das Schwerste erreicht: wunschlos zufrieden zu sein«!

Um das Jahr 1000 n. Chr. hatten sich aus der finnischen Urbevölkerung drei

Hauptstämme entwickelt: die eigentlichen Finnen im Südwesten, die Tavasten in Mittel- und Ostfinnland und die Karelier, deren Gebiet sich im Südosten bis hin zum Ladogasee erstreckte. Ab ca. 500 n. Chr. drangen von Westen nordgermanische bzw. wikingisch-schwedische Stämme ein, besiedelten die Åland-Inseln und ließen sich auch an der südwestfinnischen Küste nieder – eine gute Gelegenheit für die finnischen Urwald-Bewohner, Pelze gegen Metall und Schmuck oder Fleisch und Geweihe gegen Waffen zu tauschen. Das Warenangebot interessiert bald auch Kaufleute, die von weiter her über die Ostsee kamen, die Küste entlangsegelten und ihren Weg stromaufwärts zu den Dörfern fanden. Da in der Region ein machtpolitisches Vakuum herrschte, zog sie begehrliche Blicke sowohl der Schweden als auch der Nowgoroder Russen an. Und weil es bei den heidnischen Finnen noch viele Seelen zu retten gab, wurde der Wettlauf zwischen Osten und Westen um die Herrschaft auch zu einem zwischen der orthodoxen und der römisch-katholischen Kirche.

Finnland unter schwedischer Herrschaft

Den Wettlauf um Finnland gewannen die Schweden und unternahmen im Jahre 1155 unter König Erik IX. (der später ›der Heilige‹ genannt wurde) ihren ersten Kreuzzug in den Osten. Verhängnisvoll endete die Mission für Bischof Henrik, der Erik begleitete und ein Jahr nach dem Kreuzzug auf dem Eis des Köyliö-Sees vom Bauern Lalli erschlagen wurde – Finnland hatte seinen ersten Märtyrer und Nationalheiligen. Der Eroberung des Landes setzten die Finnen keine großen Widerstände entgegen. So konnte Schweden nahezu unge-

hindert die kulturelle und politische Integration Süd- und Westfinnlands vorantreiben, seine Bischöfe die kirchlichen Verhältnisse ordnen lassen und bald auch größere Mengen Einwanderer in die fruchtbaren Gebiete bringen. 1284 wurde Finnland schwedisches Großherzogtum. Zur wichtigsten Stadt stieg das im 13. Jh. gegründete Åbo/Turku auf, wo der Bischof des Bistums Finnland seinen Sitz hatte. Eine weitere wichtige Stadt gründeten die Schweden 1293 während ihres dritten Kreuzzugs: Wyborg (finn.: Viipuri) in Karelien.

Im Osten unternahm auch Nowgorod Anstrengungen, Fuß zu fassen, wobei der Fluß Kymijoki in etwa die Grenze zwischen den Interessensphären bildete. Das Verhältnis zwischen Russen und Schweden war durch ständige Kämpfe geprägt, bis man 1323 in Schlüsselburg vorläufig Frieden schloß. Karelien wurde geteilt, und der östliche Teil war für lange Zeit dem Einfluß der russisch-byzantinischen Welt ausgesetzt.

Die Schweden nannten ihren Einflußbereich, also Süd- und Westfinnland, ›Ostland‹ und stellten die Provinz 1362 in allen Belangen jeder anderen schwedischen Provinz gleich, so daß Finnland eigene Vertreter zu den Königswahlen in Schweden, später auch in den Ständereichstag entsenden konnte. Adelige Familien, meist schwedischer Abstammung, residierten in mächtigen Burgen, ohne daß jedoch der Feudalismus Einzug gehalten hätte: Die in dieser Region ansässigen Bauern mußten niemals das Los der Leibeigenschaft erdulden – anders als die Ostkarelier. Trotzdem bildete die Landbevölkerung beiderseits der Grenze eine einheitliche Gemeinschaft, verbunden durch gleiche Sprache, Religion, familiäre Sitten und Gebräuche, Essen und Trinken sowie landwirtschaftliche Techniken. Beeinflußt und vermit-

Gustav Vasas Söhne –
Große Politik und tiefer Bruderhaß

Die Burg von Turku hat in ihrer langen Geschichte viele Kriege, Zerstörungen, Feierlichkeiten, Soldaten und gekrönte Häupter gesehen. Allein im 16. Jh. war die Festung beim schwedischen Kampf gegen den Erbfeind Dänemark Schauplatz von sechs Belagerungen. Nach der Kapitulation der Dänen zog 1523 triumphierend Gustav Vasa, der erste große schwedische Nationalkönig, in die Burg ein. So gerissen und weitsichtig dieser Regent auch war, den langwierigen Machtkampf, der zwischen seinen Söhnen um das Erbe entbrannte und bei dem Turku eine wichtige Rolle spielte, konnte auch er nicht verhindern. Dabei

hatte Gustav Vasa alles versucht, durch klare Regelungen einem Zerfall seines Reiches vorzubeugen. Zuerst setzte er die männliche Erbfolge durch und bestimmte damit den ältesten Sohn Erich zu seinem legitimen Nachfolger. Um die potentiellen Streithähne auch räumlich zu trennen, versorgte er großzügig seine jüngeren Söhne und Halbbrüder Erichs, indem er Johan zum Herzog von Finnland ernannte und Karl das schwedische Södermanland übertrug. Johan machte ab 1550 Turku zum Mittelpunkt eines mehr oder weniger unabhängigen Reiches. Verheirat war er in erster Ehe mit Katharina Jagellonica, der Erbin der polnischen Krone. Noch zu Lebzeiten seines Vaters richtet er sich äußerst komfortabel in Turku ein und etablierte zusammen mit seiner Gemahlin eine Hofhaltung, wie sie glanzvoller weder vorher noch nachher jemals in Finnland erlebt wurde. Johan wäre jedoch kein richtiger Sohn Gustav Vasas gewesen, hätte er sich damit begnügt und keine weiterreichenden Pläne verfolgt. Schließlich konnte er sich berechtigte Hoffnungen auf den polnischen Thron machen und arbeitete deshalb auf ein selbständiges Königreich mit Polen, Finnland und dem Baltikum hin.

Dabei mußte er zwangsläufig mit den Interessen seines Halbbruders kollidieren, der nach Gustav Vasas Tod 1560 als Erich XIV. auf den schwedischen Thron kam. Der sich nun anbahnende

Bruderzwist wurde mit Leidenschaft, Brutalität und wechselndem Erfolg auf beiden Seiten geführt und war mit Zutaten gewürzt, die jedem Shakespeare-Drama zur Ehre gereicht hätten. Als erstes rüstete Erich zum Heerzug und belagerte 1563 die Burg von Turku, die damals gerade von dem schwedisch-polnischen Herzogspaar zu einem repräsentativen Renaissanceschloß umgebaut wurde. Für Johan und Katharina begann nun ein Leidensweg durch einige schwedische Verließe, wobei man die beiden offensichtlich nicht trennte, denn im Gefängnis der Festung Gripsholm kam ihr Sohn zur Welt, der spätere schwedische und polnische König Sigismund.

Erich XIV. hatte im Familienkampf nicht nur den ersten Akt gewonnen, sondern auch sein privates Glück gefunden: Nachdem der König erfolglos um die Hand verschiedener europäischer Prinzessinnen angehalten hatte, heiratete er 1567 seine Geliebte Karin Månsdotter (Kaarina Maununtytär), die Tochter eines finnischen Soldaten. Zeitgenössischen Quellen zufolge muß diese zwar von ausgesuchter Schönheit gewesen sein, doch hatte sie den Makel des niederen Standes und stammte obendrein auch noch aus der Provinz. Erich muß gewußt haben, daß er damit den Hochadel brüskierte, denn die Hochzeit wurde in aller Heimlichkeit abgehalten, und erst ein Jahr später wagte er es, die hübsche Finnin feierlich zur Königin krönen zu lassen. Diese Romanze, die Erich letzten Endes den Thron kostete und ihn zur vielleicht tragischsten Gestalt der schwedischen Königsgeschichte machte, ist in unzähligen Volksliedern besungen worden. Zuvor verstrickte sich der König aber in eine Vielzahl politischer Abenteuer. Sein erster Fehler war sein chronisches

Mißtrauen, das ihn überall Verrat wittern ließ und ihn zur Hinrichtung mehrerer populärer Adeliger trieb. Der zweite war seine erfolglose Kriegführung gegen die Dänen, die schließlich mitten in Schweden standen. Der dritte und alles entscheidende war die Freilassung seines Bruders und seiner Schwägerin, von denen er sich Unterstützung im Kampf gegen seine Feinde versprach. Johan und Katharina jedoch stand der Sinn nicht nach Versöhnung, sondern vielmehr nach Rache. Vom Hochadel unterstützt, stießen sie ihrerseits Erich vom Thron und ließen ihn von Gefängnis zu Gefängnis schleppen. Der Herzog von Finnland wurde daraufhin als Johan III. zum schwedischen König gekrönt, erklärte seinen Halbbruder für geisteskrank und, ließ ihn, um den Rollentausch perfekt zu machen, in den Kerker des Turkuer Schlosses werfen. Dort unternahm Erich einen erfolglosen Fluchtversuch, der ihm natürlich als Hochverrat ausgelegt wurde und sein Schicksal besiegelte. Er landete schließlich in der Festung Örbyhus, wo man ihn – mittels einer vergifteten Erbsensuppe, wie es heißt – umbrachte. Seine geliebte Karin Månsdotter hatte sich vorher endgültig von ihrem Gemahl trennen müssen und saß 1573–77 in der Burg von Turku gefangen, später wies man ihr einen Bauernhof als Hausarrest zu, wo sie 1612 starb. Beigesetzt ist die einzige aus Finnland stammende Königin in der Domkirche von Turku.

Zwar ist Karin im Lande hochverehrt, doch gehören die Sympathien der Finnen nicht ihrem unglücklichen Gatten, sondern Johan III. Er war es, der Turku wenigstens für eine kurze Zeit zu Glanz und Ansehen verhalf. Und immer noch ehren sie den Fürsten im August mit einem Festmahl, zu dem auch Touristen herzlich eingeladen sind.

telt wurde diese Kultur im gesamten dichter besiedelten Süd- und Westteil des Landes durch Kirchen, Klöster und Städte wie Turku, Rauma, Porvoo und Naantali. Bis heute legt hier die Vielzahl mittelalterlicher Feldsteinkirchen ein eindrucksvolles Zeugnis der relativ wohlhabenden Epoche des späten Mittelalters ab. Unter Gustav I. Vasa (1523–60) wurde die Macht der römisch-katholischen Kirche gebrochen: Mikael Agricola (1510–1557), Bischof von Turku und finnischer Reformator, etablierte nach schwedischem Vorbild den lutherischen Protestantismus und übersetzte 1548 das Neue Testament – dadurch wurde er auch zum Schöpfer der finnischen Schriftsprache.

Am Ende des 16. Jh. und während des ganzen 17. Jh. stand Finnland im Bann der schwedischen Großmachtzeit, die durch ihre aggressive Ostpolitik die politischen Verhältnisse im Baltikum grundlegend veränderte. Schon 1595 war ein 25jähriger schwedisch-russischer Krieg durch den Frieden von Täyssinä beendet worden, durch den sich Finnlands Grenze weit nach Nordosten verschob. Auch die Außenpolitik Gustavs II. Adolf, der später als ›Heldenkönig‹ des Dreißigjährigen Krieges in die Geschichte einging, war zunächst vor allem auf den Osten konzentriert, wo es 1617 gelang, ganz Karelien zu erobern und im Frieden von Stolbowa das Gebiet bis zum Ladogasee Finnland einzuverleiben. Die Erfolge der Schweden waren durch die politische Schwäche Rußlands möglich geworden, das zur gleichen Zeit von Polen hart bedrängt wurde. Als sich der Krieg nach Mitteleuropa ausdehnte, kämpften in Gustav Adolfs 36 000-Mann-Heer nicht wenige finnische Landsknechte, darunter auch die wegen ihrer Grausamkeit berüchtigte Kavallerie der Hakkapeliten (von

finn.: *hakka päälle* = hau' drauf!). Im Lande selbst installierte der schwedische Gouverneur Per Brahe in Åbo/Turku die erste (schwedischsprachige) Universität (1640) sowie mehrere neue Hafenstädte an der Westküste, gefolgt von Städtegründungen im Südosten als Grenzfestungen gegen Rußland. Das 17. Jh. war aber nicht nur eine Epoche der schwedischen Expansion und des wirtschaftlichen Aufschwungs. Immer wieder erlitt die finnische Bevölkerung Rückschläge durch Pestzeiten und verheerende Stadtbrände, ganz abgesehen von dem Blutzoll, den die ständigen Kriege forderten.

Die Auseinandersetzungen mit Rußland verschärften sich im 18. Jh. noch und endeten aus schwedischer Sicht nicht glücklich. Im Nordischen Krieg (1700–21) unterlag Karl XII. seinem Widersacher Zar Peter I. und verspielte damit die schwedische Großmachtrolle. In diesem Krieg war Finnland insgesamt sieben Jahre lang von den Russen besetzt und mußte im Frieden von Nystad (Uusikaupunki) Teile von Karelien an den Zaren abtreten. Dieser hatte mit seiner neuen Hauptstadt St. Petersburg das Tor zum Westen aufgestoßen und war natürlich daran interessiert, den schwedischen Erbfeind so weit wie möglich von St. Petersburg entfernt zu sehen. Der russische Druck auf Finnland nahm zu, und in einem erneuten Krieg (1741–43) fielen Südkarelien, Südsavo und andere Gebiete (Frieden von Turku). Im 18. Jh. wurde immer deutlicher, daß die Regenten in Stockholm das ›Ostland‹ allenfalls aus strategischen und wirtschaftlichen Gründen schätzten, der finnischen Bevölkerung aber nur wenig Sympathien entgegenbrachten. Die ständigen Kriege hatten das Land ausgeblutet, und die schwedischen Großgrundbesitzer beuteten die finnischen

Bauern immer stärker aus. Dadurch verstärkten sich die separatistischen Bestrebungen, die sich z. T. in Bauernrevolten (1773) Luft verschafften. Offiziere und Intellektuelle gründeten, von den Ideen der Französischen Revolution beeinflußt, Heimatvereine mit dem Ziel der staatlichen Unabhängigkeit und der kulturellen Emanzipation.

Das endgültige Aus für die über 500jährige schwedische Ära kam zu Anfang des 19. Jh., als sich Zar Alexander I. und Napoleon Bonaparte über ihre jeweiligen Interessenssphären verständigten (Tilsiter Abkommen von 1807). Auf diese Weise abgesichert, begann der Zar 1808 seinen Finnlandkrieg, der ein Jahr später mit der Eroberung des Landes endete und durch den Frieden von Hamina (Fredrikshamn) auch die Åland-Inseln vom Schwedischen Königreich abkoppelte.

Der russische Doppeladler auf der Alexander-Säule in Helsinki wurde 1917 entfernt und 1972 wieder angebracht

Finnland als autonomes russisches Großfürstentum (1809–1917)

Nach dem gewonnenen Krieg berief Zar Alexander I. 1809 in Porvoo einen ersten allgemeinen Landtag ein, auf dem er Finnland zum autonomen Großfürstentum erklärte und das Land damit »in die Gemeinschaft der Staaten erhob«. Im Unterschied zur schwedischen Herrschaft, als Finnland von Stockholm aus verwaltet wurde, war das Großfürstentum insofern ein ›autonomer‹ Staat, als das höchste Verwaltungsorgan, der Senat, nur finnische Mitglieder hatte. Verfassungsmäßiger Herrscher, also Großfürst, war in Personalunion der jeweilige russische Zar. Alexander I. tastete in den Jahren 1809–25 weder die Stellung der evangelisch-lutherischen Kirche noch die des Schwedischen als offizieller Landessprache an und hielt

sich aus allen inneren und kulturellen Belangen heraus. Wichtige Entscheidungen und Vorlagen des Senats wurden über einen finnischen Ministerstaatssekretär mit Sitz in St. Petersburg unter Umgehung der russischen Beamtenbürokratie direkt dem Zaren vorgelegt. Insofern war das finnische Großfürstentum deutlich besser gestellt als russische Landesteile.

1811–12 sprach Alexander auch die im 18. Jh. verlorenen Landesteile wieder Finnland zu. Um eine größere Distanz der finnischen Elite zu Stockholm bzw. eine größere Nähe zu St. Petersburg herzustellen, erklärt er 1812 das kleinere Helsinki anstelle von Turku zur Landeshauptstadt und ließ 1828 auch die Universität nach dort verlegen. Und um der neuen Hauptstadt repräsentativen Glanz zu verleihen, wurde eigens der Berliner Architekt Carl Ludwig Engel mit städteplanerischen Aufgaben betraut.

Alexanders Nachfolger auf dem Zarenthron war der weit weniger liberale Nikolaus I. (1825–55), während dessen Regentschaft nicht nur Zensur und Geheimpolizei in Finnland Einzug hielten, sondern das Land auch in internationale Konflikte wie den Krimkrieg hineingezogen wurde. Weit wichtiger aber war die Bewegung, die von der intellektuellen und politischen Elite Finnlands ausging und in einer patriotisch-nationalen Begeisterung mündete, die bald das ganze Land ansteckte. Die Thronbesteigung des Zaren Alexander II. (1855–81) verbesserte die politische Großwetterlage und förderte die nationale Identitätsfindung der Finnen. Der unter Nikolaus I. aufgehobene finnische Landtag wurde 1863 wieder einberufen. Im gleichen Jahr wurde die Dominanz der schwedischen Sprache, die nur für ein Siebtel der Bevölkerung Muttersprache war, gebrochen. Das war vor allem ein Verdienst des Bildungsreformers, Philosophen und Staatsmannes J. V. Snellman (1806–81), der als Senator und Professor an der Universität Helsinki gute Beziehungen zum Zaren hatte und nicht nur erfolgreich auf die Gleichberechtigung der finnischen Sprache in den Amtsstuben hinarbeitete, sondern auch die allgemeine Schulpflicht durchsetzte und zur Gründung vieler finnischsprachiger Schulen und Gymnasien (das erste 1858 in Jyväskylä) sowie Theater (das erste 1872 in Pori) anregte.

Die Regentschaft Alexanders II., in Rußland selbst von konservativen Kräften mißtrauisch beäugt und später offen kritisiert, ging in die finnische Geschichtsschreibung als die Ära der liberalen Reformen ein, und entsprechend groß war die Dankbarkeit dem Zaren gegenüber: Sichtbarster Ausdruck dafür ist das große Denkmal auf dem Senatsplatz von Helsinki. Auch wirtschaftlich ging es weiter aufwärts: Im Jahre 1856 wurde der Saimaa-Kanal eröffnet, der erste Zug verkehrte 1862 zwischen Helsinki und Hämeenlinna. 1865 bekam das

Land mit der Finnmark eine eigene Währung, und 1870 konnte die überaus wichtige Eisenbahnlinie Helsinki–Riihimäki–Wyborg–St. Petersburg installiert werden. Durch das 1878 verabschiedete Gesetz über die Wehrpflicht bekam Finnland eine eigene Armee, es hatte einen eigenen Beamtenapparat, ein eigenes Gerichtswesen und eigene Briefmarken. Rückschläge wie die Mißernten und Hungersnöte in den Jahren 1867–68, die zur Emigration vieler verarmter Bauern führten, unterbrachen diese Entwicklung jedoch immer wieder.

Die Nachfolger auf dem Zarenthron, Alexander III. (1891–94) und Nikolai II. (1894–1917), nahmen größere Rücksicht auf die panslawistische Bewegung im eigenen Land und versuchten systematisch, die Autonomie des Großfürstentums zu untergraben. Die Aufhebung der finnischen Verfassung im Jahre 1899 und der Versuch, Russisch als Amtssprache durchzusetzen, forderte den Widerstand der Bevölkerung heraus. Doch eine Bittschrift an den Zaren, die innerhalb von zehn Tagen eine halbe Million Bürger unterschrieben, half ebensowenig wie die unzähligen Sympathieadressen aus dem europäischen Ausland. Personifiziert wurde die Slawisierungspolitik der Jahre 1899–1905 durch den russischen Generalgouverneur Nikolai Iwanowitsch Bobrikow, der mit diktatorischen Vollmachten ausgestattet war und die »Ausmerzung des finnischen Separatismus« betrieb. Im April 1904 erschoß der finnische Beamte Eugen Schaumann Bobrikow in Helsinki und verübte nach dem Anschlag Selbstmord. Da die empfindliche Niederlage im russisch-japanischen Krieg und 1905 die erste russische Revolution das Riesenreich erschütterten, konnte der Zar weder auf die Ermordung seines Gouverneurs, noch auf die folgenden Unruhen und den General-streik in Finnland mit harter Hand reagieren. Seine Position war im Gegenteil so geschwächt, daß er weitgehenden Liberalisierungen zustimmen mußte, die finnische Autonomie wiederherstellte und im Jahr 1906 sogar den altertümlichen Vierstände-Landtag durch ein Einkammerparlament ersetzte, einem der modernsten der damaligen Zeit. Die Abgeordneten, die zu 40 % der Sozialdemokratischen Partei angehörten, wurden durch freie Wahlen bestimmt, die finnischen Frauen erhielten als erste in Europa das allgemeine Wahlrecht.

Doch die Liberalisierung blieb nur ein kurzes Intermezzo, da das erstarkte russische Reich erneut restriktiv vorging. Die Gesetzgebung des finnischen Parlamentes scheiterte regelmäßig am Veto des Zaren. Neben den finnisch-russischen Spannungen war das Land auch durch die Gegensätze zwischen bürgerlichen und sozialistischen Strömungen zerrissen.

Finnland als unabhängige Republik

Die Wirren des Ersten Weltkrieges und der russischen Oktoberrevolution von 1917, bei der der Zar gestürzt wurde, verlangten von Finnland eine Entscheidung über den künftigen Weg: Diskutiert wurden die Etablierung einer unabhängigen Republik, oder, nach norwegischem Vorbild, einer Monarchie, aber auch, ein autonomer Teil Rußlands zu bleiben. Für alle diese Alternativen gab es Fürsprecher, so daß das Land mehr als einmal vor einer inneren Zerreißprobe stand.

Zunächst übertrug sich per Gesetz im Sommer 1917 das Parlament, in dem seit den Wahlen von 1916 die Sozialdemokraten die absolute Mehrheit hatten,

die Vollmachten, die bisher der Großfürst innegehabt hatte. Die Begründung war einleuchtend: Das verfassungsmäßige Staatsoberhaupt war der Zar, den es jedoch nicht mehr gab. Daraufhin löste die russische Übergangsregierung unter Alexander Kerenski das finnische Parlament auf. Erneut beschloß das Parlament am 6. Dezember 1917, für Finnland die Unabhängigkeit zu proklamieren und dem Land eine republikanische Staatsform zu geben. Das Ausland verhielt sich zunächst abwartend, die neue russische Regierung unter Lenin war die erste, die am 31. Dezember die Republik Finnland offiziell anerkannte. 1918 folgten die skandinavischen Königreiche, Frankreich, Deutschland, Österreich und Griechenland. Großbritannien sowie die USA ließen sich mit diesem Schritt ganze $1^1/_2$ Jahre Zeit.

Die Voraussetzungen für die staatliche Unabhängigkeit waren in Finnland besser als in vielen anderen Ländern vergleichbarer Lage, denn alle staatlichen Einrichtungen wie Parlaments- und Regierungssystem, Wahlrecht, Beamtenschaft oder Währungs- und Finanzwesen bestanden bereits, außerdem gab es eine fest installierte nationale Wirtschaft und Kultur. Doch erwiesen sich die Gegensätze zwischen Sozialreformern und Konservativen als unüberbrückbar. Sie mündeten schließlich 1918–19 in einem heftigen und auf beiden Seiten grausam geführten Bürgerkrieg, der noch lange die finnische Gesellschaft entzweien sollte und in Literatur, Bildender Kunst und Film bis heute ein Thema ist. Zuerst hatte die radikale Linke, die eine Revolution nach russischem Muster durchsetzen wollte, Ende Januar 1918 in Helsinki und Südfinnland die Macht übernommen, auch unterstützt durch Waffenlieferungen und Soldaten der Roten Armee. Den

Die finnische Frauenpower

Wenn, auch in diesem Buch, von *dem* Finnen die Rede ist, schließt das natürlich den weiblichen Teil der Bevölkerung ein. Die deutsche Sprache ist mit ihren Artikeln und weiblichen sowie männlichen Endungen halt etwas kompliziert, komplizierter jedenfalls als das Finnische! Dort gibt es beispielsweise als Personalpronomen in der dritten Person Singular nur das sächliche se und *hän,* das sowohl ›er‹ als auch ›sie‹ bedeutet. Dieser (alten) sprachlichen Gleichstellung der Geschlechter entspricht eine (jüngere) gesellschaftliche Entwicklung. Denn in kaum einem Land ist die Emanzipation der Frauen so allgemein akzeptiert und umgesetzt worden wie in Finnland. Es ist kein Zufall, daß im Oktober 1906 den Finninnen als ersten Frauen der Welt das aktive und passive Wahlrecht zuerkannt wurde. Eine Erklärung mag in der Tatsache liegen, daß das Land immer arm war und so spät industrialisiert wurde, daß sich der finnische Mann nie als Alleinernährer der Familie etablieren konnte. Natürlich blieb auch Finnland nicht von allen Tendenzen zur Männergesellschaft verschont, die bis heute z. B. in einer ungleichen Bezahlung für gleiche Arbeit statistisch nachweisbar ist. Doch das 1987 verabschiedete Gesetz zur Gleichstellung von Mann und Frau trug eher einer ohnehin vorhandenen Emanzipationsbereitschaft und -fähigkeit Rechnung, als daß es die gesellschaftlichen Verhältnisse hätte grundlegend ändern müssen.

Heutzutage sehen die Finninnen Gleichberechtigung nicht als Zustand, der erst verbissen erkämpft werden müßte, sondern empfinden sie als schlichtweg selbstverständlich. Mittlerweile sind z. B. deutlich mehr als die Hälfte aller Universitätsabsolventen weiblich.

Das Verbot jeglicher geschlechtsbezogener Diskriminierung führte u. a. zu einem Gesetz, nach dem bei Kommunalwahlen alle Körperschaften – vom Gemeindeausschuß bis zum Kreistag – zu mindestens 40 % von Frauen, aber auch zu mindestens 40 % von Männern besetzt sein müssen. Auch auf höherer politischer Ebene sind die Finninnen in punkto Gleichberechtigung Vorreiter in Europa. Beispielsweise haben Frauen mehr als ein Drittel aller Mandate im Reichstag inne, wird das zweitwichtigste Amt im Staat, das des Parlamentspräsidenten, von der Linguistik-Professorin und Schriftstellerin Uosukainen bekleidet, und das Gleiche gilt auch für die Institution des ›Ombudsmannes‹ (Frau Mäkinen lehnt es übrigens ab, ihren Amtstitel zu feminisieren). Innerhalb der derzeitigen Regierung werden allein sieben der 18 Ministerien von Frauen geleitet, darunter so klassische Ressorts wie das Verteidigungs-, Außen- und Finanzministerium.

Selbst in der Männerdomäne Wirtschaft sitzt immerhin auf jedem neunten Chefsessel eine Frau, im mittleren Management in jeder dritten Position. Und die Zentralbank wird von der Präsidentin Sirkka Hämäläinen gesteuert.

Gustaf Mannerheim führte die finnischen Truppen im Kampf um die Unabhängigkeit

›Roten‹ standen die ›Weißen‹ gegenüber, deren Regierungstruppen von Marschall Gustaf Mannerheim (1867–1951) angeführt wurden und aufgrund der Machtverhältnisse nach Nordwestfinnland (Vaasa) auswichen. Von dort aus wurde das Land etappenweise erobert, wobei jene knapp 2000 jungen Finnen den Stoßtrupp stellten, die 1915–16 in Deutschland militärisch ausgebildet worden waren. Aber auch reguläre deutsche Truppen, nämlich die Ostseedevision unter General von der Goltz, griffen auf Seiten der ›Weißen‹ in den Kampf ein. Insgesamt 20 000 Menschenleben hatte der Bürgerkrieg gekostet. Die siegreichen ›Weißen‹ rächten sich in einem der düstersten Kapitel der finnischen Geschichte an den 80 000 Gefangenen, die unter unsäglichen Bedingungen interniert wurden und von denen viele verhungern mußten.

Noch während des Bürgerkrieges war erneut die Frage aufgeflammt, ob das neue Finnland präsidial oder monarchisch geleitet werden solle. Diesen Streit gewannen zunächst die Royalisten und wählten im Oktober 1918 Friedrich Karl von Hessen zum König von Finnland, sogar eine Krone war schon in Auftrag gegeben worden. Doch der deutsche Prinz lehnte ab, und Marschall Mannerheim, der provisorisch die Geschäfte des Staatsoberhauptes übernommen hatte, bestätigte am 17. Juli 1919 die demokratische Verfassung der Republik Finnland, die noch heute in Kraft ist.

Die ersten Jahre des jungen Staates brachten wenigstens ansatzweise eine Versöhnung der verfeindeten Lager, mehr soziale Gerechtigkeit und außenpolitische Erfolge: Die Auseinandersetzungen mit der Sowjetunion endeten

1920 im Frieden von Dorpat, der die Grenzen des Großfürstentums wiederherstellte und Finnland zusätzlich bei Petsamo einen Zugang zum Eismeer brachte, 1921 sprach der Völkerbund die von Schweden beanspruchten Åland-Inseln Finnland zu. Die Republik verfolgte damals zunächst eine Politik der engen Zusammenarbeit mit Estland, Lettland, Litauen und Polen (sogenannte Randstaatenpolitik), bis sie sich Mitte der 30er Jahre mehr den nordischen Ländern zuwandte. Die stets schwelende Gefahr eines Waffengangs mit der Sowjetunion wurde durch einen Nichtangriffspakt 1932 vorerst gebannt.

Innenpolitisch wechselten sich bürgerliche Koalitionen, sozialdemokratische Minderheitenkabinette und Mitte-Links-Koalitionen in schneller Folge ab, ohne aber die Instabilität der Weimarer Republik aufkommen zu lassen. Wie im übrigen Europa regten sich auch in Finnland politische Kräfte am äußersten rechten Rand, nämlich die Lapua-Bewegung, die sich am italienischen Faschismus orientierte. Sie forderte 1929 ein Verbot der Kommunistischen Partei, das ein Jahr später (und bis 1944) auch in Kraft trat, doch scheiterte ihr bewaffneter Aufstand von 1932. Die Weichenstellung für das Geschick des finnischen Volkes in den nächsten Jahren erfolgte jedoch nicht in Helsinki, sondern in Moskau und Berlin: Der im August 1939 geschlossene Nichtangriffspakt zwischen Deutschland und der Sowjetunion enthielt ein geheimes Zusatzprotokoll, das Finnland der russischen Interessensphäre zuteilte und jede Rücksichtnahme Stalins überflüssig machte.

Der im November 1939 von den Sowjets begonnene ›Winterkrieg‹, bei dem sich die finnische Armee anfangs noch erstaunlich gut behaupten konnte, endete 1940 schließlich mit dem Verlust Kareliens und der Umsiedlung von mehr als 400 000 Menschen. Als einige Monate später die Hitler-Armee Rußland überfiel, sah man in Helsinki die Chance, die verlorenen Gebiete wieder zurückzugewinnen. Doch auch die Anfangserfolge dieses ›Fortsetzungskrieges‹ waren bis zum Abschluß des Separatfriedens im Herbst des Jahres 1944 verspielt und die sowjetischen Bedingungen des Friedensvertrages hart. Außerdem war man verpflichtet, gegen die in Nordfinnland stehenden deutschen Truppen vorzugehen.

Nach den Kriegen war Finnland vor schwierige innen- und außenpolitische Probleme gestellt. Am drängendsten war die Klärung des Verhältnisses zur östlichen Großmacht Sowjetunion. Unter dem 1946 gewählten Staatspräsidenten J. K. Paasikivi (1870–1956) fand das Land zu einer ganz besonderen Form des Arrangements, das seiner speziellen historischen und wirtschaftlichen Situation Rechnung trug.

Zunächst wurden 1947 im Friedensvertrag von Paris die russischen Gebietsgewinne zementiert, durch Finnlands Verzicht auf die Marshall-Hilfe gleichzeitig aber auch eine festere Anbindung an den Westen abgelehnt. Im Jahr darauf schloß man mit Moskau einen Vertrag über Freundschaft, Zusammenarbeit und Beistand, der Grundpfeiler jener sogenannten Paasikivi-Linie, die im Ausland den Begriff ›Finnlandisierung‹ entstehen ließ. Sicher war die finnische Politik zu dieser Zeit nicht frei von dem Bestreben, dem großen Nachbarn möglichst wenig Anlaß zur Kritik oder gar zur Intervention zu geben. Andererseits fehlte es den Finnen durchaus nicht an Selbstbewußtsein – immerhin war das Land nie von sowjetischen Truppen besetzt gewesen, und die Gebiete in Karelien, die man nach der Niederlage an Stalin abtreten mußte, waren in eigener Regie geräumt worden.

Wirtschaftlich drückten die Reparationszahlungen, die als Warenlieferungen abzuleisten waren und im Endwert etwa 570 Mio. Dollar erreichten. In gleichem Maß war die Wiederherstellung normaler Verhältnisse im eigenen Land eine immense Herausforderung: Für mehr als 400 000 karelische Flüchtlinge mußte Wohnraum geschaffen und das verwüstete Lappland wiederaufgebaut werden.

Die Art und Weise, wie Finnland alle diese Hürden genommen hat und in der Nachkriegszeit sowohl politisch als auch wirtschaftlich an Kontur gewann, ist bewundernswert. Noch unter Paasikivi fiel 1955 der Beitritt der Republik sowohl zur UNO als auch zum Nordischen Rat – drei Jahre, nachdem sich Helsinki als weltoffene Bühne für die Olympischen Spiele darstellen konnte. Der überragende Schrittmacher des finnischen Weges war aber der 1956 zum Staatspräsidenten gewählte Urho Kekkonen, der bis zu seinem gesundheitlich bedingten Rücktritt im Jahre 1981 an der politischen Spitze des Landes stand. Das von der Verfassung verbürgte Recht des Staatspräsidenten, Finnland außenpolitisch zu vertreten, schöpfte er voll aus, vor allem in der Ostpolitik und durch eine aktive Neutralitätspolitik.

Eine direkte Folge war u. a. die so überaus wichtige Konferenz über Sicherheit und Zusammenarbeit in Europa (KSZE), die 1975 zum ersten Mal in Helsinki zusammentrat. Kekkonens Verdienst ist es, das Staatsschiff während des Kalten Krieges so geschickt manövriert zu haben, daß es weder auf östliche noch auf westliche Klippen auflief. Gleichzeitig förderte er die Verständigung zwischen Ost und West, die

schließlich die Grundlage zur Überwindung der Systeme schuf. Im eigenen Land erledigten die Finnen ihre Hausaufgaben währenddessen mit der Note ›sehr gut‹: Innerhalb einer Generation gelang ihnen die Installation eines funktionierenden, modernen Wohlfahrts- und Sozialstaates, der durch eine leistungsfähige Wirtschaft bezahlbar war, und stiegen in die Gruppe der begütertsten Länder der Welt auf.

Im Gegensatz zu Kekkonen überließ sein Nachfolger Mauno Koivisto (1982–94) die Tagespolitik im wesentlichen der Regierung. In seine Präsidentschaft fiel der Umbruch in den baltischen Ländern und der Zusammenbruch des sowjetischen Reiches, das so lange die Außen-, Innen- und Wirtschaftspolitik Finnlands dominiert hatte. Wie gut sich bis dahin Russen und Finnen miteinander eingerichtet hatten, wurde allerdings ebenfalls offenbar, denn der Niedergang der UdSSR bedeutete für die finnische Wirtschaft ihre schwerste Krise, die – zumindest was die Arbeitslosigkeit anbelangt – bis heute noch nicht überwunden ist. Unter Martti Ahtisaari, der 1994 zum Staatspräsidenten gewählt wurde, trat Finnland (ebenso wie Schweden) 1995 der Europäischen Union bei und vollzog damit einen weiteren Schritt zur Westintegration, der noch zehn Jahre zuvor undenkbar gewesen wäre.

Eine solche Integration bedeutet nach finnischem Selbstverständnis keine Aufgabe der spezifischen Rolle, die das Land seit Anbeginn gespielt hat – und natürlich erst recht keine ›Wiedervereinigung mit Schweden‹ nach 186 Jahren! Auch in Zukunft wird Suomi eine Grenzlage zwischen Ost und West einnehmen, dabei aber, so steht zu hoffen, seine natürliche Brückenfunktion noch besser als bisher wahrnehmen können.

Zeittafel

7200 v. Chr.	Spuren erster Besiedlung in Südwestfinnland.
98 n. Chr.	Erste Erwähnung der ›Fennen‹ durch Tacitus.
seit ca. 500	Die Åland-Inseln werden von nordgermanischen Stämmen besiedelt.
ab 1155	Schwedische Kreuzzüge bringen die ersten Missionare ins Land, darunter Henrik, den ersten Bischof und späteren Nationalheiligen Finnlands, der 1158 den Märtyrertod stirbt.
1284	Finnland wird schwedisches Großherzogtum.
1293	Dritter Kreuzzug der Schweden, bei dem u. a. Wyborg gegründet wird.
1323	Der Frieden von Schlüsselburg beendet vorerst die Kämpfe zwischen Nowgorod und Schweden; Karelien wird geteilt.
1362	Finnland wird gleichberechtigte schwedische Provinz und findet kulturellen Anschluß an das mittelalterliche katholische Abendland.
1523–60	Regierungszeit von Gustav I. Vasa: Die Reformation wird durch den Turkuer Bischof Mikael Agricola eingeführt, seine Übersetzung des Neuen Testaments ist das erste Buch in finnischer Sprache (1548), 1550 wird Helsinki gegründet.
1556	Gustav Vasa übergibt seinem Sohn und späteren König Johan III. Finnland als Herzogtum.
1595	Ein 25jähriger schwedisch-russischer Krieg endet mit dem Frieden von Täyssinä, durch den Finnlands Grenze weit nach Nordosten verschoben wird.
1617	Nachdem Gustav II. Adolf Karelien erobert hat, kommt im Frieden von Stolbowa das Gebiet bis zum Ladogasee wieder zu Finnland.
1640	Unter Gouverneur Per Brahe wird in Åbo/Turku die erste Universität des Landes gegründet.
1700–21	Im Nordischen Krieg unterliegt der Schwedenkönig Karl XII. schließlich Zar Peter I.: Finnland wird insgesamt sieben Jahre von den Russen besetzt und muß im Frieden von Nystad (Uusikaupunki) Teile von Karelien wieder an Rußland abgeben.
1741–43	Erneuter schwedisch-russischer Krieg: im Frieden von Turku weitere Gebietsverluste von Finnland.
1741	Südkarelien, Südsavo und andere Gebiete fallen an Rußland.
1773	Revolte finnischer Bauern gegen die schwedischen Großgrundbesitzer, Verstärkung separatistischer Bestrebungen.
1808–09	Zar Alexander I. läßt Finnland angreifen und gewinnt den Krieg gegen Schweden. Er beruft in Porvoo den Landtag ein und erklärt Finnland zum autonomen Großfürstentum.

1811–12	Die im 18. Jh. verlorenen Landesteile werden wieder mit Finnland vereinigt, Helsinki anstelle von Turku zur Hauptstadt erklärt (1812).
1854–55	Während des Krimkrieges bombardiert die britisch-französische Flotte verschiedene finnische Hafenstädte und die Festung Bromarsund auf den Åland-Inseln.
1863	Finnisch wird neben Schwedisch gleichberechtigte Amtssprache.
1865	Eigene Münzen (Finnmark) lösen den Zahlungsverkehr von der schwedischen Krone und dem russischen Rubel.
1872	In Pori wird das erste finnischsprachige Theater gegründet.
1899	Die finnische Verfassung wird von Zar Nikolai II. aufgehoben. Der passive Widerstand gegen die Slawisierungspolitik wächst und stößt auf viele Sympathien im europäischen Ausland. Der Versuch, Russisch als Amtssprache einzuführen, scheitert. Gründung der finnischen Arbeiterpartei.
1904–05	Ein Finne ermordet den russischen Generalgouverneur Nikolai Bobrikov; revolutionäre Unruhen und ein Generalstreik während des russisch-japanischen Krieges erzwingen die Wiederherstellung der finnischen Autonomie.
1906	Ersetzung des Stände- durch ein Einkammerparlament; als erstes europäisches Land gibt Finnland den Frauen das Wahlrecht.
ab 1908	Erneute restriktive russische Maßnahmen.
1915–18	Erster Weltkrieg; finnische Freiwillige werden in das deutsche Heer aufgenommen und ausgebildet; bei den Wahlen von 1916 erreichen die Sozialdemokraten die absolute Mehrheit im Parlament.
1917	Der Zar wird in der Oktoberrevolution gestürzt; der finnische Landtag proklamiert am 6. Dezember die staatliche Unabhängigkeit, die zu Silvester von Lenin bestätigt wird.
1918–19	Nach der Sowjetunion erkennen auch Deutschland, Frankreich und die skandinavischen Königreiche den jungen Staat an. Im Lande entbrennt ein heftiger Bürgerkrieg, der vom konservativen Marschall Mannerheim mit Unterstützung deutscher Freiwilligencorps gewonnen wird. Friedrich Karl von Hessen verzichtet auf die angebotene finnische Königskrone.
1919	Die Republik Finnland wird ausgerufen und am 17. Juli eine demokratische Verfassung installiert. Aus den Parlamentswahlen geht die Sozialdemokratie als stärkste Kraft hervor (80 von 200 Abgeordneten). Wahl von K. J. Ståhlberg zum ersten Präsidenten.
1920	Im Frieden von Dorpat, der die Auseinandersetzungen zwischen der Sowjetunion und Finnland beendet, bekommt die Republik bei Petsamo einen Zugang zum Eismeer.

1921	Die von Schweden beanspruchten Åland-Inseln werden vom Völkerbund Finnland zugesprochen und erhalten ein Jahr später weitgehende Autonomie.
1923	Festnahme aller 27 Abgeordneten der kommunistisch orientierten Arbeiterpartei.
1930	Die antikommunistische und mit dem Faschismus sympathisierende Lapua-Bewegung bündelt die rechten Kräfte in einem ›Marsch auf Helsinki‹ und kann das Verbot der Kommunistischen Partei (bis 1944) durchsetzen. Ihr bewaffneter Aufstand von 1932 scheitert.
1931	P. E. Svinhufvud wird zum Präsidenten gewählt.
1932	Nichtangriffspakt mit der UdSSR.
1939–40	Winterkrieg mit der Sowjetunion nach Ablehnung von Gebietsansprüchen durch Finnland. Der Krieg endet mit dem Friedensvertrag von Moskau.
1941–44	Fortsetzungskrieg mit der Sowjetunion unter Präsident Ryti. Nach dem Waffenstillstand gelten wieder die Grenzen von 1940. Finnland muß umfangreiche Reparationen zahlen und Porkkala für 30 Jahre an die UdSSR verpachten.
1944–45	Lappland-Krieg mit Deutschland, Staatspräsident ist Marschall C. G. v. Mannerheim (bis 1946).
1946	Kriegsverbrecherprozeß in Helsinki, u. a. gegen Ex-Präsidenten Ryti.
1946–56	Präsidentschaft J. K. Paasikivis.
1947	Friedensvertrag mit der UdSSR in Paris. Finnland verzichtet auf Hilfe durch den Marshall-Plan.
1948	Freundschafts- und Beistandspakt mit der Sowjetunion.
1952	Letzte finnische Reparationszahlung an die Sowjetunion, Olympische Spiele von Helsinki.
1956	Vorzeitige Rückgabe der Porkkala-Halbinsel durch die Sowjetunion. Finnland wird Mitglied der UNO und des 1951 gegründeten Nordischen Rates.
1956–82	Präsidentschaft Urho Kekkonens.
1958	Einführung des Fernsehens.
1963	Währungsreform.
1973	Aufnahme diplomatischer Beziehungen zu BRD und DDR.
1975	Die erste Internationale Konferenz für Sicherheit, Zusammenarbeit und Entspannung (KSZE) findet in Helsinki statt.
1978	Das erste Atomkraftwerk in Olkiluoto wird eingeweiht.
1982–94	Präsidentschaft Mauno Koivistos.
1985	Gesetz über Gleichberechtigung der Geschlechter. KSZE-Nachfolgekonferenz in Helsinki.
1986	Urho Kekkonen stirbt.
ab 1991	Schwerste Wirtschaftskrise der Nachkriegszeit.
1994	Martti Ahtisaari wird Staatspräsident.
1995	Finnland tritt der Europäischen Union bei.

Das finnische Wirtschaftswunder

Es ist sicher nicht zu hoch gegriffen, bei der Beschreibung des finnischen Wirtschaftslebens gleich mehrfach das Wort ›Wunder‹ zu bemühen. Denn kaum ein Land in Europa mußte in einem ähnlichen Maß seine Ökonomie aus eigener Kraft aufbauen, sich immer wieder politischen Änderungen anpassen und tiefe Krisen bewältigen, die nicht selbst verschuldet waren. Man darf nicht vergessen, daß Finnland noch bis weit ins 20. Jh. hinein eines der ärmsten Länder des Kontinents war. Zwar faßte die Industrialisierung bereits in der ersten Hälfte des 19. Jh. durch Baumwollspinnereien (Finlayson), Papiermühlen und Eisenhütten Fuß – vor allem in Tampere, dem ›finnischen Manchester‹. Doch für die Mehrheit der Finnen blieb das Erwerbsleben von Land- und Forstwirtschaft bestimmt. Noch 1950 wohnten drei Viertel der Bevölkerung auf dem Land, betrug die Anzahl der in der Industrie Beschäftigten nur ca. 25 % und lag das Einkommensniveau weit unter dem europäischen Durchschnitt. Merkwürdigerweise erwiesen sich gerade die drückenden Reparationszahlungen, die die Republik an die UdSSR zu leisten hatte, als Motor der industriellen Entwicklung und führten direkt zum ersten finnischen Wirtschaftswunder. Denn um den sowjetischen Forderungen nachzukommen, mußte die Industrie im großen Maßstab ausgebaut und umstrukturiert werden. In kürzester Zeit gelang es, die Ökonomie auf eine breite, moderne Basis zu stellen und die Abhängigkeit vom Holz zu verringern, dem bis dahin einzig bedeutenden Exportartikel. Von 1950 bis 1974 wuchs das Bruttoinlandsprodukt durchschnittlich um 5 % pro Jahr, dann verlangsamte sich die Entwicklung, um in den 80er Jahren mit über 6 % wieder Spitzenwerte zu erzielen. Der rasante Strukturwandel machte innerhalb von 20 Jahren aus dem ehemaligen Agrar-

Die finnische Wirtschaft war lange fast ausschließlich von der Holzindustrie abhängig

land einen hochindustrialisierten Staat mit allen dazugehörenden positiven wie negativen Folgen. Dank großer Aufträge aus der Sowjetunion und des Freihandelsabkommens mit der EWG boomte der Außenhandel. In jener Zeit wurde die übrige Welt auf das finnische Wirtschaftswunder aufmerksam: In den internationalen Gazetten sprach man immer häufiger von den »Japanern des Nordens«. Beispielhaft für die Umstrukturierung der finnischen Wirtschaft steht ihr größter Konzern, der nach der Kleinstadt unweit von Tampere benannt ist, wo er seinen Stammsitz hat: Nokia. Als gewöhnliche Papierfabrik unterschied sich Nokia fast hundert Jahre lang nicht von vielen ähnlichen Betrieben, bis die Produktionspalette durch die Fusion mit einer Gummifabrik im Jahre 1965 erweitert wurde. Durch eine geschickte Einkaufspolitik erwarb man in den 80er Jahren eine Reihe namhafter Firmen der Elektroindustrie und damit das entsprechende Know-How. Darunter waren Fernsehgeräte- und Kabelproduzenten wie Salora, Luxor oder die deutsche SEL-Unterhaltungselektronik sowie die Computerabteilung des schwedischen Ericsson-Konzerns. Zwar gehören Papier und Gummischuhe immer noch zu den Firmenprodukten, doch wird das meiste Geld heute mit Telefonen, Handys und Mobilfunkgeräten, TV-Geräten und extrem flachen Bildschirmen, Mikrocomputern und durch Chipproduktion verdient – eine Palette, die weltweit oft auch unter anderen Namen (z. B. Hitachi) vermarktet wird. In kürzester Zeit schaffte der Konzern also den Aufstieg vom Holzverarbeitungsbetrieb zu einer Branchengröße der Elektroindustrie.

Vom Umsatz her noch größer ist in Finnland der 1948 gegründete petrochemische Konzern Neste Oy, der z. Zt. in 30 Ländern operiert. Die Firma ist in Europa der führende Entwickler und Hersteller von emissionsarmen Treibstoffen und baut derzeit in den baltischen Ländern, in Rußland und in Polen ein Tankstellennetz westlichen Standards auf. Wie Neste besitzen auch zahlreiche andere finnische Unternehmen langjährige Erfahrungen im Osthandel, die noch aus der UdSSR-Ära stammen. Damit hatten sie unter den gewandelten Verhältnissen in den Reformländern Mittel- und Osteuropas einen logistischen Vorteil und einen Vertrauensvorsprung, der zu einer ganzen Reihe von *joint ventures* ebenso wie zu finnischen Direktinvestitionen führte.

Weitere Namen, die als Beispiele für das finnische Wirtschaftswunder dienen können, sind z. B. Kone Oy, das weltweit drittgrößte Aufzugsunternehmen, dessen Produkte Leute in den Wolkenkratzern von Manhatten, Singapore oder Hongkong befördern. Oder Valmet, einer der weltgrößten Papiermaschinenhersteller, der sich seit 1994 auch in der Produktion eines sparsamen Ökobusses engagiert. Oder der Vaisala-Konzern, der Meßsysteme für Meterologie, Radioaktivität und Ozonkonzentration exportiert. Seitdem Ende des 19. Jh. in Turku die ersten Eisbrecher vom Stapel liefen, war auch die Schiffbauindustrie einer der Stützpunkte der heimischen Wirtschaft. Selbst während der Depression der 90er Jahre konnte dieser Sektor Vollbeschäftigung verzeichnen. Ca. 60 % aller Eisbrecher weltweit stammen beispielsweise von der Wärtsilä-Werft, doch beschränkt sich der Industriezweig nicht nur auf solche Aufträge. Im Gegenteil sind die finnischen Schiffsbauer gerade durch ihre Diversifikation konkurrenzfähig und bedienen den Markt mit luxuriösen Kreuzfahrtschiffen ebenso wie mit zivilen und militärischen Spezialschiffen, einer breiten Palette an

Yacht- und Freizeitbooten sowie Dieselmotoren.

Der Höhenflug endete jäh, als Ende der 80er Jahre die Exportmärkte im Osten wegbrachen und gleichzeitig die inländische Nachfrage rapide zurückging. Aufgrund hoher Zinsen und einer beachtlichen Schuldenlast, die der Staat angehäuft hatte, schlitterte die finnische Wirtschaft in ihre bislang schlimmste Krise. Die Erwerbslosenquote schnellte von rund 3 auf über 20 % hoch – damit führte man zusammen mit Spanien die europäischen Statistiken an. Nach drei mageren Jahren setzte 1992 die Wende zum Besseren ein, die zur Mitte des Jahrzehnts in einem erneuten Wirtschaftswunder gipfelte. Die finnischen Ausfuhren stiegen 1993–95 nicht zuletzt dank einer kräftigen Abwertung der Finnmark um durchschnittlich 13 %, und in der Folge legte natürlich auch die Industrieproduktion kräftig zu. Gleichzeitig beschnitt man rigoros die staatlichen Ausgaben und stabilisierte durch die konsequente Sparpolitik den öffentlichen Sektor. Eine willkommene Finanzspritze war der Verkauf von Staatsunternehmen, die insgesamt ca. 20 Mrd. Finnmark in die Haushaltskasse brachten. Zu den Staatsbetrieben, die ab 1994 schrittweise privatisiert wurden, gehören u. a.

die finnische Telecom (TELE), die Bahn (VR), Rautaruukki, der zweitgrößte Stahlproduzent Skandinaviens, der Chemiekonzern Kemira und der Energiekonzern Imatra Voima. Der Staatshaushalt, dessen Defizit in der Rezession schwindelnde Höhen erreicht hatte, war 1996 eindeutig konsolidiert – das gilt für den gesamten öffentlichen Sektor, einschließlich der Gemeinden und der Sozialfonds. 1997 konnte man verkünden, daß allen Prognosen zufolge das Dezifit, bezogen auf das Bruttosozialprodukt, eindeutig unter 3 % sinken wird und daß damit eines der Konvergenzkriterien für die Teilnahme an der Wirtschafts- und Währungsunion (WWU) erfüllt sei. Seit 1994 lag auch die Inflationsrate stets um oder unter 1 %, das Zinsniveau war gleichbleibend niedrig und die Staatsverschuldung des öffentlichen Sektors wird unter den Schwellenwert von 60 % sinken. Mit anderen Worten sind alle weiteren Maastricht-Kriterien erfüllt und zwar ohne Tricksereien, so daß Suomi zu den Aspiranten der ersten Gruppe für die Währungsunion zählt. Daß der Euro 1999 kommen wird, steht hier außer Frage und wird auch kaum kritisiert – als zweites EU-Land überhaupt (nach Belgien) hat man konkrete Pläne zur Umstellung der Währung entwickelt. Gene-

Russische Konsumtouristen sind im finnisch-russischen Grenzgebiet ein zunehmend wichtiger Wirtschaftsfaktor, deshalb weisen ihnen Schilder den Weg zum nächsten Kaufhaus

Die Goldene Mitte –
Finnland als Gateway der EU

Finnlands geographische Lage im Nordosten Europas war früher, abgesehen von dem bilateralen Handel mit der Sowjetunion, eher ein Handikap. Daß sich dies innerhalb von wenigen Jahren ins Gegenteil verkehrte, hat zwei Gründe: die Einführung des marktwirtschaftlichen Systems in Rußland und die EU-Mitgliedschaft Finnlands. Da Brüssel es zu seinen wichtigsten Aufgaben zählt, ein zusammenhängendes Netz unter den Mitgliedsländern und darüber hinaus zu Drittländern zu knüpfen, rückte Finnland mit einem Mal aus einer ungünstigen Randlage in die ›Goldene Mitte‹ der internationalen Verkehrsplanung. Als Gateway von Zentraleuropa in den Osten wird ein wachsender Anteil des Güterverkehrs zwischen der EU und Rußland über Finnland abgewickelt – derzeit hauptsächlich Rohstoffe für die Industrie von Rußland nach Europa und aus der EU Lebensmittel, Konsumgüter und Maschinen nach Rußland. Nun sollen mit EU-Mitteln die Verbindungen der skandinavischen Hauptstädte untereinander optimiert und der Norden insgesamt besser an Mitteleuropa angebunden werden. In diesem Projekt, das sowohl Eisenbahn-, Schiffs- und Luftverkehr als auch Personen- und Güterbeförderung umfaßt, kommt Finnland die Rolle eines wichtigen Knotenpunkts zu. Denn die Lage der Republik ist ja allein schon wegen der 1300 km langen Grenze zu Rußland

einzigartig. Außerdem ist Finnland das einzige EU-Land, dessen Züge die selbe Spurbreite wie die des östlichen Nachbarn haben. Diese Tatsache ist weit mehr als ein bloßes technisches Detail, denn sie bedeutet den ungehinderten und prompten Anschluß von 24 finnischen Ostseehäfen an ein Zugnetz, das quer durch Rußland bis zum Pazifik geht. Die beiden z. Zt. bestehenden Eisenbahnkorridore, nämlich die südliche St. Petersburg- und die nördliche Archangelsk-Route, sollen demnächst durch die sibirische Barents-Route ergänzt werden.

Wichtigste Verbindungen dieses Netzes ist die vor über 125 Jahren eröffnete Eisenbahnlinie von Helsinki nach St. Petersburg. Auf der inzwischen völlig elektrifizierten Strecke dauert die Fahrt zwischen den beiden Ballungsräumen rund 6,5 Stunden, doch soll durch Verbesserungen der Trassen und Beschleunigung der Abfertigungsformalitäten schon 1999 die Fahrtzeit auf weniger als 5 Stunden reduziert werden. Bis zum Jahr 2005 ist geplant, die Reisegeschwindigkeit von rund 130 km/h auf 220 km/h zu erhöhen und mit Neigetechnik-Zügen vom Typ Pendolino die Etappe in 3 Stunden zurückzulegen. Die bedeutendsten Städte, Industriezentren und Rohstoffvorkommen Nordwestrußlands rücken somit via Finnland näher an den europäischen Markt heran. Gleichzeitig arbeiten die Russischen Oktober-Eisenbahnen, mit denen die finnische VR einen gemeinsamen Expreßverkehr-Ausschuß eingerichtet hat, an einer Hochgeschwindigkeitsstrasse St. Petersburg–Moskau.

Die Archangelsk-Route, die den Transport von Rohstoffen aus Karelien und der Region Archangelsk zu den Häfen des Finnischen Meerbusens ermöglicht, wird derzeitig durch eine neue 126 km lange Trasse zwischen Ledmozero und Kotschkoma modernisiert, durch die sich der Transport von Archangelsk nach Finnland um rund 500 km verkürzt und die Wettbewerbsfähigkeit der Route entsprechend vergrößert. Der Güterverkehr auf der Schiene von Turku nach Nachodka am Japanischen Meer ist mit 12–14 Tagen bereits jetzt weit schneller als jede Schiffsverbindung. Die Weiterentwicklung der Eisenbahnverbindungen von Finnland nach und durch Rußland bis zum Fernen Osten zählt zu den wichtigsten Aufgaben der Ost-West-Verkehrsplanung. Schon aus diesem Grund achten die Verkehrsausschüsse in Brüssel besonders auf das neue EU-Mitglied, das in der transeurasischen Gesamtlogistik zukünftig immer wichtiger werden wird.

Eine ähnliche Rolle könnten natürlich auch die baltischen Länder spielen. Dort macht die verkehrsmäßige Erschließung nur zögerliche Fortschritte und hinkt der Ausbau der erforderlichen Infrastruktur hinter dem wachsenden Verkehrsaufkommen her. Für Häfen wie Riga und Tallinn, die weitaus weniger leistungsfähiger sind als die finnischen Häfen, ist ein umfangreiches Modernisierungsprogramm notwendig. Obwohl das langfristig Suomis Rolle als Gateway schwächen könnte, investieren auch hier die Finnen in großem Maßstab. Denn da die Entwicklung ohnehin nicht aufzuhalten ist, halten es

finnische Firmen für besser, von Beginn an in den Startlöchern zu stehen und am zu erwartenden Boom zu partizipieren. Im Straßenbau betrifft das beispielsweise die Installation eines flächendeckenden, modernen Tankstellennetzes. Und daß auch das Verkehrsministerium in Helsinki weiter plant, bewiesen die Pläne einer Eisenbahntunnel-Verbindung zur estnischen Küste, die im April 1997 veröffentlicht wurden und deren Fertigstellung im Jahr 2007 möglich sein könnte.

Als Gateway der EU ist Finnland nicht nur wegen der Eisenbahn, sondern auch wegen der Straßenverbindungen unverzichtbar. Seit den politischen und wirtschaftlichen Umwälzungen in Rußland werden von Jahr zu Jahr immer mehr Güter im Ost-West-Verkehr von Brummis transportiert. Bereits 1992 überquerten knapp 30 000 beladene Lkws die finnisch-russische Grenze, doch lag deren Zahl 1996/97 jeweils schon bei über 170 000! Die Trucks haben dabei auch gegenüber der Bahn kräftig Terrain erobert. Während diese seit 1994 stets ungefähr die gleiche Anzahl an Containern beförderte, übernahmen die Lkws das wachsende Transportaufkommen. Finnland-Reisende, die in den 70er, den 80er Jahren und in jüngerer Zeit das Urlaubsziel besuchten, wird diese Zunahme nicht unbemerkt geblieben sein – fast immer zu ihrem Leidwesen. Genauso nervend wie die Blechlawine der Trucks (vor allem auf der E 18) sind dabei die Baustellen, denn die Finnen versuchen natürlich, dem gestiegenen Verkehrsaufkommen Herr zu werden und auf den neuralgischen Strecken möglichst viele Landstraßen in Autobahnen zu verwandeln. Ein Grund mehr, auf die oft ohnehin schöneren Nebenstrecken auszuweichen!

rell empfindet man die EU-Mitgliedschaft positiver als in den meisten anderen Ländern. Die Gründe dafür liegen auf der Hand: Seit dem Beitritt profitierten die Verbraucher von einer Preissenkung, die etliche Lebensmittel bis zur Hälfte billiger machte, und es gab einen regelrechten Wirtschaftsboom. Allein der Nokia-Konzern konnte 1997 seinen Gewinn verdreifachen. In der 1997 in Lausanne vorgestellten Rangliste internationaler Wettbewerbsfähigkeit war Finnland innerhalb zweier Jahre vom 15. auf den vierten Platz geklettert. Kein Wunder also, daß die Stimmung im Lande positiv ist und man mehrheitlich optimistisch in die Zukunft schaut.

Das Kardinalproblem bleibt jedoch die hohe Arbeitslosigkeit. Es hat sich – wie in anderen Ländern auch – herausgestellt, daß Wirtschaftswachstum allein kaum neue Arbeitsplätze schafft. Die seit 1995 amtierende ›Regenbogenkoalition‹ schloß gleich zu Anfang mit den Gewerkschaften ein Zwei-Jahres-Abkommen, nach dem die Reallöhne nicht über die Inflationsrate hinaus erhöht werden. Gleichzeitig verpflichtete sich die Regierung zu einer aktiven Beschäftigungspolitik. Doch die Bekämpfung der Arbeitslosigkeit gestaltet sich

als quälend langsamer Prozeß. Immerhin sank die Rate bis 1997 von 20 % auf etwa 15 %; was trotzdem noch viel zu viel ist. Dennoch hat auch diese geringfügige Verbesserung dazu beigetragen, daß die verfügbaren Einkünfte der Haushalte stiegen und ihrerseits das stetige Wachstum nährten. Auch mittelfristig geht man von einem gleichmäßigen Ansteigen des privaten Verbrauchs aus.

Insgesamt hat Finnland auf dem Weg in die postindustrielle Gesellschaft bereits ein weites Stück zurückgelegt. Zuerst mußten Holzverarbeitung und Metallindustrie, über Jahrzehnte die Stützen der Wirtschaft, ihre dominante Rolle aufgeben, es folgte das produzierende Gewerbe. Deutlich wird das an den Zahlen für Industrie und Bauwesen, die Mitte der 90er Jahre zu etwa 29 % bzw. 5 % am Bruttoinlandsprodukt beteiligt sind und zusammen nur rund 28 % der Arbeitskräfte beschäftigen. Demgegenüber werden heute knapp zwei Drittel des Bruttoinlandsprodukts im privaten (42 %) und öffentlichen (19 %) Dienstleistungssektor erwirtschaftet, der insgesamt auch 65 % aller Arbeitsplätze bindet. Und nur noch 8 % sind in Landwirtschaft, Fischerei und Forstwirtschaft beschäftigt.

Finnischer Kulturquerschnitt

Verglichen mit europäischen Kulturnationen kann Finnland nur auf eine relativ kurze Tradition zurückblicken. Um so erstaunlicher ist der hohe kulturelle Standard, der inzwischen geradezu als Markenzeichen der neuzeitlichen Gesellschaft gilt. Würdigt man die Leistungen, die seit der Unabhängigkeit beispielsweise auf den Gebieten Architektur, Produktdesign und Musik erbracht wurden, scheint das kreative Potential des flächenmäßig großen, doch mit 5 Mio. Einwohnern nur kleinen Landes unerschöpflich. Es wäre ein Mißverständnis, würde man den Kultur-Output einem kleinen und abgehobenen *inner circle* zugute schreiben. Dieser fußt im Gegenteil durch staatliche Förderung und eine gute Volksbildung auf einer breiten Basis. Daß ein Interesse an der eigenen Kultur und der fremder Länder besteht, kann statistisch belegt werden: Die über 800 Museen, die jährlich rund 3 Mio. Besucher anziehen, dürften in Relation zur Bevölkerungszahl einen europäischen Rekord bedeuten.

Der Großteil einer eigenständigen finnischen Kunst entstand in den letzten hundert Jahren und war gleichzeitig sowohl Weg als auch Ziel bei der Suche nach einer nationalen Identität. Im ausgehenden 19. Jh. stellte sich die Frage nach der Gestalt einer echten finnischen Kultur. Die Kultur der Städte konnte es nicht sein, denn diese waren unter ausländischem Einfluß geplant und gestaltet worden, und dort lebten Intellektuelle, Künstler und Bildungsbürger, die sich der schwedischen Sprache bedienten. Eine Antwort auf die Frage fanden viele Zeitgenossen in den Landschaften Karelien, Savo oder Kainuu, wo einfache Menschen ihr seit Jahrhunderten unverändertes Leben führten und ihre Lieder sangen. Seltsamerweise erregte gerade dieses romantisch verklärte und in Kultur umgesetzte Finnentum durch seine Abwendung von der Internationalität internationale Aufmerksamkeit. Das ›Goldene Zeitalter der finnischen Kunst‹ präsentierte sich der Welt mit den symphonischen Dichtungen eines Jean Sibelius, der wie kein anderer den Stimmungen der finnischen Natur musikalischen Ausdruck verleihen konnte, mit Gebäuden eines Eliel Saarinen, die Modernität mit traditioneller bäuerlicher Bauweise verbanden und auf das zurückgriffen, was das Land an Baumaterial bot (Holz und Granit), sowie mit Gemälden eines Akseli Gallen-Kallela, die gleichermaßen von Volksdichtung und ›Kalevala‹ (s. S. 52) wie von der Wildmark und ihren Menschen inspiriert waren.

Vielleicht liegt ja darin der Schlüssel zur finnischen Kultur, selbst nach der nationalromantischen Epoche. Ist es Zufall, daß Alvar Aalto und andere Architekten bei aller Funktionalität auch immer der Natur zu ihrem Recht verhalfen? Daß das weltberühmte finnische Design gerade wegen seiner Berücksichtigung natürlicher Formen und Materialien so berühmt ist? Daß auch das moderne finnische Musikleben sich aus jenen Quellen speist, die auf die Lieder Kareliens zurückgehen? Fest steht, daß Finninnen und Finnen auf ihre Umgebung, mag sie nun naturbelassen oder von Menschenhand geformt sein, seit jeher großen Wert gelegt haben. Der Erfolg der finnischen Kunst besteht in der Auflösung des Gegensatzes von Natur- und Kulturlandschaft. Die Kultur ist das Land!

Architektur

Verglichen mit den traditionsreichen Städten Mittel- und Südeuropas sind die ältesten finnischen Ortschaften und damit auch die Architekturbeispiele relativ jung – aus der Zeit vor dem 13. Jh. hat sich kein Bauwerk erhalten. *Kaupunki,* der Begriff für Stadt, kam erst mit der Hanse nach Finnland und bedeutet ›Kaufplatz‹. Allein sechs finnische Küstengemeinden erhielten vor der Reformation die Stadtrechte, nämlich Ulvila (das 1558 verlegt und als Pori neugegründet wurde), Wyborg (das heute auf russischem Territorium liegt) sowie Turku, Porvoo, Rauma und Naantali. Dort und auf dem Land sind lediglich Kirchen, Klöster und Festungen aus Stein gebaut worden, während die profane Architektur ausschließlich Holzgebäude hervorbrachte, welche entweder nach und nach verfaulten oder den vielen Bränden zum Opfer fielen. Aus diesem Grund gibt es in Finnland keinen erhaltenen mittelalterlichen Altstadtkomplex.

Der einzige große Sakralbau des **Mittelalters** ist die Domkirche von Turku aus dem 14. Jh., die jedoch weder in ihren Dimensionen noch in ihren Baudetails an die kontinentalen Vorbilder heranreicht. Die bedeutendste Instanz zur Vermittlung architektonischer Ideen war natürlich Schweden und, über Schweden vermittelt, Deutschland. Sichtbar wird das an der Übernahme des Backsteins, sei es als Material für den gesamten Bau oder sei es als Giebelverzierung an Dorfkirchen, die ansonsten aus klobigen Felssteinen bestehen. Der mittelalterliche Festungsbau, der immer der schwedischen Verteidigung gegen östliche Interessen diente, hat einige eindrucksvolle Burgen hinterlassen, u. a. in Wyborg, Turku, Hämeenlinna und Savonlinna.

Ab 1630 wurden, ebenfalls durch Vermittlung der schwedischen Machthaber, die Ideale der **Renaissance** im Stadtbild sichtbar: breite Straßen, die auch das Übergreifen von Bränden verhindern sollten, rechteckige Stadtviertel und ein rechtwinkliges Straßenraster.

Den Beginn der neuzeitlichen finnischen Baukunst markiert die repräsentative Umgestaltung der neuen Hauptstadt Helsinki ab 1812, für die der Zar den Berliner Architekten Carl Ludwig Engel (1778–1840) beauftragte. Der Schinkel-Schüler, der vorher in Tallinn gearbeitet und sich ein Jahr in St. Petersburg aufgehalten hatte, fand dabei seine Lebensaufgabe und zu einem eigenen **Neoklassizismus.** Das beste Beispiel dafür, trotz aller späterer Veränderungen, ist das einzigartige Ensemble des Helsinkier Senatsplatzes mit Dom, Universität und Senatsgebäude. Doch wird man überall im Land – von den Åland-Inseln bis Lappeenranta und von Hamina bis Tornio – auf seinen Namen stoßen. Engel, der in Finnland bis zu seinem Tod unermüdlich für seine Verewigung arbeitete, hat sowohl einzelne öffentliche Stein- oder Holzgebäude gezeichnet als auch komplette Stadtpläne, wenn es wieder einmal darum ging, einen abgebrannten Holzhausort neu aufzubauen.

Hatte dieser erste Höhepunkt der Architektur noch einen Bauherren aus Rußland und einen Baumeister aus Deutschland, versuchte man zwischen 1880 und 1910 erfolgreich, eine eigene Formensprache zu entwickeln. Der internationale Jugendstil und Elemente der karelischen Holzarchitektur fanden in der finnischen **Nationalromantik** zu einer Synthese, die im Detail oft auf die

*Detail der inneren
Fassade der Burg von Turku*

heimische Natur und die Mythen des karelischen Volksepos ›Kalevala‹ Bezug nahmen. Ihre bedeutendsten Vertreter waren Lars Sonck (1870–1956), Eliel Saarinen (1873–1950), Armas Lindgren (1874–1929) und Herman Gesellius (1874–1916), deren private und öffentliche Bauten in vielen finnischen Städten zu bewundern sind. Diese Zeit war zudem geprägt von der fruchtbaren Zusammenarbeit von Architekten, Malern und Kunsthandwerkern, z. B. beim Nationalmuseum von Saarinen, das sich in der Wahl der Bauformen, der Materialien, der Details und der Gemälde (›Kalevala‹-Motive von Akseli Gallen-Kallela) als unverwechselbar ›finnisch‹ präsentiert und Hvittträsk, das bei Helsinki gelegene Atelierhaus der Architekten Gesellius, Saarinen und Lindgren, in dem die nationalromantischen Prinzipien bis hin zu Textilien, Möbeln, Teppichen und kleinsten Feinheiten als Gesamtkunstwerk realisiert wurden. Eliel Saarinen, zu dessen Hauptwerken auch Helsinkis Hauptbahnhof zählt, wanderte 1923 in die USA aus und setzte dort seine Arbeit erfolgreich fort. Sein letzter großer Entwurf war die Christ Church in Minneapolis (1949/50).

Schließlich brachte die **Moderne** der finnischen Baukunst nicht nur ihren dritten und bis heute andauernden Höhepunkt, sondern verhalf ihr auch zur Weltgeltung. Ihre wichtigsten Vertreter waren in der Anfangsphase Erik Bryggman (1891–1955), zu dessen besten Werken die Friedhofskapelle von Turku zählt, und ganz besonders Alvar Aalto (1898–1970). Er kann zu Recht als einer der ganz großen Baukünstler des 20. Jh. bezeichnet werden, dessen Schaffen weder auf Finnland noch auf die Außenarchitektur beschränkt war: Seine Bauten sind in der ganzen Welt zu bewundern, und auch auf den Gebieten Innen-

architektur, Design sowie Stadt- und Regionalplanung hat er Außerordentliches geleistet (s. S. 234 f.). Akzente setzten außerdem Architekten wie Raili und Reima Pietilä mit unkonventionellen, expressionistischen Entwürfen. Der inzwischen verstorbene Reima Pietilä wandte sich als Professor und Mitbegründer der postmodernen ›Schule von Oulu‹ gegen den Funktionalismus Aalto'scher Prägung und forderte zeitweilig eine romantisch-naturalistische Bauweise. Was er damit meinte, zeigt am besten die ›Metso‹ (Auerhahn) genannte Stadtbücherei von Tampere. Doch sein verspielter Protest gegen die architektonischen Strömungen der Helsinkier Konkurrenz blieb letztlich ein Intermezzo. Schon vorher hatte seine Kaleva-Kirche in Tampere oder das Kongreßzentrum Dipoli in Espoo mehr mit Aaltos Ideen gemeinsam, als Pietilä vielleicht selbst zugeben wollte. Und auch seine späteren Arbeiten, u. a. die finnische Botschaft in Neu-Dehli und die Residenz des Staatspräsidenten in Mäntyniemi (Helsinki), kehren im Grunde zu jenem ›freundlichen Funktionalismus‹ à la Aalto zurück, dessen Sachlichkeit durch kühne äußere Linien gebrochen und durch die Wärme der Materialien gedämpft wird.

Aalto und Pietilä fanden viele talentierte Nachfolger, deren schwer auszusprechende Namen jedem intimen Kenner moderner Architektur trotzdem leicht über die Zunge gehen. Höchste Auszeichnungen erhielten in den 80er und 90er Jahren etwa Juha Leiviskä (Gemeindezentrum Myyrmäki, Deutsche Botschaft Helsinki), Mikko Heikkinen und Markku Komonen (Wissenschaftszentrum Heureka, Flughafengebäude Rovaniemi, Finnische Botschaft in Washington D. C.), Kristian Gullichsen (Kulturzentrum Pieksämäki), Pentti Kareoja (Außenministerium Helsinki), Sakari

Das Wissenschaftszentrum Heureka zählt zu den Highlights der neueren Architektur

Aartelo, Esa Piironen (Tampere-Halle), Arto Sipinen (Stadtbücherei Lahti) sowie Eero Hyvämäki, Jukka Karhunen, Tapio Parkkinen (Neue Oper Helsinki).

Literatur

Wie alle Skandinavier sind die Finnen überdurchschnittlich aktive Produzenten und Konsumenten von Literatur. Trotzdem ist das Land – etwa im Vergleich zu Norwegen oder Irland – nicht unbedingt wegen seiner überragenden Schriftsteller bekannt. Das mag an der Zweisprachigkeit, an der relativ jungen eigen-

ständigen Literatur oder an irrationalen Marktgesetzen liegen. Unbestritten ist hingegen die Rolle, die das Lesen im finnischen Alltag spielt. Im Konsumieren von Literatur sind die Finnen Weltmeister, was die registrierten Entleiher oder die Gesamtzahl aus Bibliotheken entliehener Bücher und Tonträger angeht: Statistisch gesehen nimmt jedes Landeskind knapp 20 Bände oder Musikkassetten pro Jahr nach Hause mit. Auch im Bezug von Tageszeitungen, im Bestand öffentlich zugänglicher Werke oder in der Organisation der Bibliotheken – ganz zu schweigen von deren richtungsweisender Architektur – sind Finnen im globalen Maßstab ganz vorne. Nun kann man spekulieren, warum sie so viel lesen. Liegt es an den langen Winternächten oder daran, daß die als schweigsam geltenden Finnen lieber andere berichten lassen? Vielleicht spielt auch die Tatsache eine Rolle, daß das Fernsehen als Vernichter von Lese-Kompetenz ausscheidet: Alle fremdsprachigen Beiträge werden untertitelt – beim Fernsehen wird man zum Lesen gezwungen.

Die Grundlage für eine finnische Schriftsprache und damit überhaupt für eine Literatur schuf der Reformator **Mikael Agricola** (1510–57), der während seines Studiums in Wittenberg von Luther und Melanchton beeinflußt wurde. Bevor das Neue Testament ins Finnische übersetzt werden konnte (1548), mußte er erst eine einheitliche Hochsprache konstruieren, wozu er sich besonders des damaligen Turkuer Dialekts bediente. Mit dem 1543 erschienenen ABC-Buch (›ABCkiria‹) gab er seinen Zeitgenossen zugleich eine Lernanweisung mit auf den Weg. Zwar bedienten sich von nun an Kirche und Volkslehrer des Finnischen, doch blieb bis ins 19. Jh. Schwedisch nicht nur einzige Amtssprache, sondern auch diejenige, in der Gebildete zu sprechen und zu schreiben pflegten – folglich auch die Literaten. Deswegen hat die einheimische Literatur vor allem dem Philosophen und Staatsmann **Johan Vilhelm Snellman** (1806–81) viel zu verdanken. Denn er konnte, obwohl selbst in Stockholm geboren, beim Zaren die Anerkennung des Finnischen als gleichberechtigter Sprache erreichen und auf diese Weise dem erwachenden Nationalgefühl ein adäquates Medium geben. Gleichzeitig forderte er als Rektor, als Herausgeber einer finnisch- und einer schwedischsprachigen Zeitung, später auch als Professor und Senator, eine eigenständige finnische Literatur.

Daß es eine solche bereits in grauer Vorzeit gegeben hatte, bewies Snellmans Zeitgenosse **Elias Lönnrot** (1802–84). Der Philologe, Apotheker und Arzt wanderte von Kajaani aus in die östlichen Provinzen, insbesondere nach Karelien, wo er bei den einfachen Leuten die damals noch lebendigen Gesänge und Sprüche sammelte. Schnell erkannte Lönnrot, daß es sich bei dem Material um Versatzstücke eines zusammenhängenden Epos handeln müsse, das er dann in mühevoller Kleinarbeit rekonstruierte und fehlende Teile nachdichtete. Das 1835 erschienene ›Alte Kalevala‹ wurde im In- und Ausland sofort als Nationalepos und unverzichtbarer Bestandteil der Weltliteratur aufgenommen. Lönnrot hat diese Arbeit und die 1849 erschienene Erweiterung ›Neue Kalevala‹ Weltruhm eingebracht. Bis heute ist das zweifellos bekannteste Werk der finnischen Literatur in 35 Sprachen übersetzt worden. Und den finnischen Künstlern diente das ›Kalevala‹ als eine Art Steinbruch, aus dem man sich nach Belieben mit Material für eigene Werke versorgen konnte. Immer wieder wurde der alte Mythos als Eckpfeiler der nationalen Kultur bemüht, wenn Dichter, Komponisten oder Maler die finnische Seele oder allgemeine Menschheitsfragen in den Mittelpunkt ihres Œuvres stellen wollten. So wurde etwa zur Eröffnung der finnischen Nationaloper im Jahr 1993 eine neue ›Kalevala‹-Vertonung in Auftrag gegeben.

Die beiden bedeutendsten Namen der schwedischsprachigen Literatur des 19. Jh. waren Johan Ludvig Runeberg (1804–77) und **Zacharias Topelius** (1818–98). Topelius, eigentlich ein Journalist, war in seiner schriftstellerischen Arbeit der spätromantischen Poesie verpflichtet und bemühte sich um eine Förderung des finnischen Geschichts- und Nationalbewußtseins. Daneben schrieb er pädagogische Literatur und schuf wunderbare Märchen, die heute noch gelesen werden. Das Hauptwerk der idealisierenden Dichtung **J. L. Runebergs** ist der Gedichtszyklus ›Fähnrich Ståls Erzählungen‹, der auf den Krieg von 1808/09 Bezug nimmt. Alle Landeskinder kennen zumindest jene Strophen, aus denen sich die finnische Nationalhymne zusammensetzt: »Oi maamme, Suomi, synnyinmaa!« (Oh Heimat, Suomi, Vaterland) …

Als erster finnisch schreibender Literat machte sich der Dramatiker und Romancier **Aleksis Kivi** (1834–72) einen Namen, der in seinem kurzen und von Alkoholismus überschatteten Leben Meisterwerke zustande brachte. Ohne seine Tragödie ›Kullervo‹ oder die Komödie ›Die Heideschuster‹, beide 1864 erschienen und bis heute in der Präzision von Sprachgebrauch und Situationsbeschreibung unübertroffen, wäre das finnische Theater schlichtweg nicht vorstellbar. Bekannter im Ausland ist jedoch sein in 20 Sprachen übersetzter Entwicklungsroman ›Die Sieben Brüder‹ (1870), der durchaus humorvoll, handfest und realistisch vom Freiheitsdrang und gesellschaftlichen Zwängen in der Bauerngesellschaft erzählt.

Die unverfälschte Natur mit ihren Einöden und Wäldern, das einfache Leben der Bauern und – dies alles repräsentierend – die Provinz Karelien gerieten um die Jahrhundertwende immer stärker in den Blickpunkt der finnischen Literatur. Dies betrifft u. a. die Prosa eines **Juhani Aho** (1861–1921) und die einfühlsame Lyrik eines **Eino Leino** (1878–1926). Doch auch noch **Frans Eemil Sillanpää** (1888–1964), der 1939 mit dem Nobelpreis ausgezeichnet wurde, be-

Die Runeberg-Statue in Helsinki

schreibt ähnlich wie der Norweger Knut Hamsun eine Agrargesellschaft, die selbst im Finnland der damaligen Zeit schon in Auflösung begriffen war. Am bekanntesten und gerade auch in Deutschland verschlungen wurde sein Roman ›Silja, die Magd‹ (1931).

Die finnische Nachkriegsliteratur hatte verständlicherweise das Trauma der Auseinandersetzungen der Finnen untereinander sowie mit Russen und Deutschen zum Hauptthema. Als Beispiele dafür können die auch im Ausland bekannten Autoren **Veijo Meri** (geb. 1928), **Paavo Rintala** (geb. 1930) und besonders **Väinö Linna** (1920–92) genannt werden. Von letzterem stammt der Publikumserfolg ›Kreuze in Karelien‹ (1954), die Geschichte eines unheroischen, einfachen Frontsoldaten. Der Antikriegs-Roman diente gleich mehreren Verfil-

Finnisch – eine exotische Sprache

Fast alle europäischen Sprachen gehen auf eine gemeinsame Wurzel zurück: das sogenannte Indoeuropäische, aus dem sich im Laufe von Jahrtausenden einzelne Sprachfamilien wie das Romanische und Germanische samt ihren vielen Nationalsprachen und Dialekten entwickelt haben. Bei aller Unterschiedlichkeit weisen sie Ähnlichkeiten in Grammatik und Vokabular auf, die Sprechern das Erlernen einer anderen indoeuropäischen Sprache tendenziell erleichtern. Wenn man etwa das Zahlwort drei (*tria, tre, tres, three, trois* usw.) dem finnischen *kolme* gegenüberstellt, wird klar, daß diese Sprache offensichtlich aus dem Rahmen fällt, also nicht indoeuropäischen Ursprungs ist.

Diese exotische Qualität teilt das Finnische in Europa unter anderem mit dem Baskischen und dem Ungarischen, wobei es mit letzterem eine gleiche Wurzel verbindet, die von den Linguisten als Finno-Ugrisch bezeichnet wird und vor rund 5000 Jahren (in der Urform Uralisch vor rund 7000 Jahren) gesprochen wurde. Aufgrund dieser Verwandtschaft anzunehmen, daß sich Ungarn und Finnen verstehen könnten, ist natürlich falsch. Dann müßte auch

die Kommunikation zwischen Griechen, Spaniern und Deutschen ohne Wörterbücher, Fremdsprachenunterricht oder Dolmetscher auskommen. Finnougrische Sprachen werden heute immerhin von etwa 23 Mio. Menschen gesprochen, und zwar hauptsächlich im baltischen Raum, auf der ›Sprachinsel‹ Ungarn, an der mittleren Wolga und in einem breiten Streifen Sibiriens bis hin zum Jennisej-Fluß. Sprachhistorisch am nächsten stehen den Finnen dabei die Karelier und die Esten (so wie z. B. Dänen zu Schweden), aber auch die Sámi gehören zu dieser Gruppe.

Was außer der Herkunft unterscheidet nun Finnisch von den indoeuropäischen Sprachen, was macht es so schwer erlernbar? In erster Linie das völlig andere Sprachsystem, das z. B. keine Artikel, kein Geschlecht und fast keine Präpositionen kennt. Letztere werden gerne als Suffixe, bzw. Ableitungen oder Fälle in ein Wort integriert. Das Finnische kennt nicht weniger als 15 Fälle, die in Sprachbüchern solch illustre Namen wie Essiv, Partitiv, Translativ, Inessiv, Elativ, Illativ, Adessiv, Ablativ, Abessiv, Kommunikativ und Instruktiv tragen. Wenn beispielsweise das

mungen als Vorlage. Über den Tellerrand der eigenen Nation hinaus blickte **Mika Waltari** (1908–82), dessen Roman ›Sinuhe, der Ägypter‹ (1945) in vielen Ländern auf die Bestsellerlisten kam.

Der zeitgenössischen finnischsprachigen Literatur gelang, obwohl durchaus talentiert und engagiert, der ganz große Wurf noch nicht. Statt dessen stellt erstaunlicherweise seit den 70er Jahren

Haus *talo* heißt, kann durch einen eigenen Kasus auch in das Haus *(taloon)*, von dem Haus *(talosta)*, in dem Haus *(talossa)* oder als Haus *(talona)* ausgedrückt werden. Statt männlich und weiblich unterscheidet man in diesem System belebt und unbelebt – d. h., daß Menschen, Tiere, Bäume und Pflanzen eine von Sachen oder Dingen unterscheidbare Gruppe bilden. Wie sparsam die Sprache mit Worten ist, macht ein weiteres Beispiel aus der Sphäre der Diplomatie deutlich: Der im besten Amtsdeutsch aufgeblähte Begriff ›Ausschuß zur Durchführung von Verhandlungen über die Einstellung von bewaffneten Feindseligkeiten‹ ist in einem einzigen finnischen Wort zusammengefaßt: *aseleponeuvottelutoimikunta.*

Die Unterschiede im System können Sprachschüler zur Verzweiflung treiben, bedeuten aber nicht, daß Finnisch an sich ›schwerer‹ sei als etwa Deutsch oder Englisch – ein finnisches Kind erlernt seine Muttersprache in der gleichen Zeit wie jedes andere auch! Und in mancher Hinsicht kann Finnisch sogar als ›leicht‹ gelten: Die Sprache ist grundsätzlich logisch aufgebaut, alle Regeln werden eingehalten, es gibt so gut wie keine Ausnahmen und dem Schriftwert entspricht immer nur ein Lautwert.

Auch wer als Sänger einen finnischen Operntext einstudieren muß, hat es insofern relativ ›leicht‹, als es dabei ja in erster Linie um die Phonetik geht. Daß das Finnische so gut gesungen werden kann, liegt an seinem selbst das

Italienische übertreffenden Vokalreichtum – ein Konsonantenübergewicht wie etwa im typisch deutschen Strumpf wird man in keinem finnischen Wort finden. Der Eindruck, das Finnische würde fast nur aus Selbstlauten bestehen, stimmt aber auch nicht. Zwar lassen sich dafür tatsächlich viele Beispiele finden – z. b. *alikäytävä* (Unterführung), *asioitsija* (Vertreter) oder *lyijy* (Blei) –, doch liegt die statistische Vokal-Konsonant-Relation ausgewogen bei etwa 1:1 (im Deutschen etwa 1:1,8). Gewöhnungsbedürftig ist die Vielzahl an Doppelvokalen und -konsonanten, die jeweils den Lautwert verändern und auf die man achten sollte. Denn ein Konsonant/Vokal mehr oder weniger, und die Bedeutung der Vokabel ist eine völlig andere, z. B. *muta* (Schlamm), *mutta* (aber), *muuta* (sonstiges), *muutaa* (verändern).

Das Finnische eignet sich offenbar auch hervorragend zum Fluchen – in kaum einer anderen Sprache nehmen Kraftausdrücke einen solch breiten Raum ein. Einige Landeskinder sind sogar stolz darauf, daß sie ›längere und bessere Flüche als alle anderen‹ haben, doch überwiegen kurze, prägnante Kommentare zu dem, was man gerade vorhat und was schiefgegangen, schwierig oder langweilig ist: *saatana* (zum Satan!), *helvetti* (zur Hölle!), *voi piru* (zum Teufel!). Der stärkste, bei Männern und Jugendlichen beliebte und fast ständig benutzte Kraftausdruck *vittu* ist dem Bereich der weiblichen Anatomie entlehnt.

die kleine Gemeinde der Finnland-Schweden die international erfolgreichsten Schriftsteller. Dazu gehört der Lyriker **Claes Andersson** (geb. 1937), der über seine experimentelle Poesie hin-

aus auch als Psychiater und vor allem als Kultusminister der derzeitigen Regierung einen Namen hat. Schon seit längerer Zeit mit Übersetzungen auch auf dem deutschen Markt vertreten ist **Jörn**

Donner (geb. 1933), der die bürgerliche Gesellschaft kritisch beleuchtet und in seinen Reportagebüchern (1958: ›Bericht von Berlin‹; 1968: ›Das Weltbuch‹) u. a. die moderne Gesellschaft oder den Nord-Süd-Konflikt zwischen reichen Industrienationen und Dritter Welt zum Thema macht. Mit seinem Heimatland setzte er sich im 1967 erschienenen ›Neuen Buch über unser Land‹ auseinander, wobei der Buchtitel auf Topelius' Werk ›Buch über unser Land‹ von 1875 anspielt. Donner machte sich auch als Filmemacher einen Namen, so durch seine Dokumentation über Ingmar Bergman. Aus feministischer Sicht schildert **Märta Tikkanen** (geb. 1935) den Geschlechterkampf und festgefahrene Rollenverteilungen; ihr Roman ›Wie vergewaltige ich einen Mann?‹ wurde nicht zuletzt auf dem deutschen Markt zu einem Bestseller. Ganz andere Geschichten erzählt die Schriftstellerin und Illustratorin **Tove Jansson** (geb. 1914). Ihre ›Mumintal‹-Bücher sind weltweit bekannt – und nebenbei auch eine vorzügliche Urlaubslektüre für Jung und Alt. Die Abenteuerlust der Trollfiguren faszinieren Kinder, während Erwachsene die Lebensphilosophie und den subtilen Humor zu schätzen wissen. Wer Janssons moderne Märchen nur durch die Zeichentrickfilme kennt, muß wissen, daß diese die hohe literarische Qualität nicht annähernd widergeben.

Von Sibelius zu den Leningrad Cowboys – Musik

Wie die Literatur greift auch die finnische Kunstmusik sowohl die Tradition der reichen Volksmusik als auch die stimmungsvolle Landschaft als bevor-

zugtes Thema auf. Seine ersten Komponisten brachte das Land schon in der schwedischen Zeit hervor, doch kam ein international erwähnenswertes Musikleben erst in der russischen Epoche. Eine wichtige Rolle spielte dabei **Fredrik Pacius** (1809 –91), der die erste finnische Oper komponierte und u. a. die Nationalhymne vertonte. Als überragender Genius bestimmte jedoch **Jean Sibelius** (1865– 1957) lange Zeit die Musikszene. Seine Bedeutung für die Finnen kann nur mit der Edvard Griegs für die Norweger verglichen werden, dem anderen großen Komponisten Skandinaviens. In Helsinki, Berlin und Wien ausgebildet, wurde Sibelius' Talent im Heimatland sehr bald gesehen und durch Stipendien großzügig gefördert. Zu den Höhepunkten seiner ersten Schaffensperiode gehören die Symphonie ›Kullervo‹ und die großartige Musikdichtung ›Finlandia‹, die seinen Namen im Jahre 1900 auf der Pariser Weltausstellung (die auch der finnischen Architektur zum Durchbruch verhalf) einem internationalen Publikum bekannt machte. Bis 1930 schrieb er außer den bekannten symphonischen Dichtungen eine Vielzahl von Chorwerken, Klavierstücken, Orchestersuiten und Liedern, außerdem eine Oper, ein Violinkonzert und insgesamt sieben Symphonien. Er war ein Meister sowohl der kleinen als auch der großen Form, der es wie kein anderer verstand, die Stimmungen der finnischen Natur in einer völlig eigenen musikalischen Sprache einzufangen – etwa im weltbekannten schwermütigen ›Valse triste‹. In seiner zweiten Lebenshälfte wurde es um den früher so produktiven Künstler still: Ab 1930 brachte Sibelius kein einziges Musikstück mehr zu Papier.

Andere Komponisten verschiedener Musikgattungen hatten es zunächst schwer, aus dem Schatten der Lichtge-

Das Sibelius-Denkmal im gleichnamigen Park in Helsinki

stalt Sibelius herauszutreten. Das änderte sich in den 80er und 90er Jahren analog zum Erfolg der Opernfestspiele von Savonlinna. Denn dort hatten die jüngeren Opernkomponisten Gelegenheit, ihre Werke einem internationalen Publikum vorzustellen – und stießen nicht nur in ihrer Heimat, sondern auch weltweit auf ein positives Echo. Während alle Welt den Mangel an Uraufführungen beklagte, konnte Finnland in einem Opernboom ohnegleichen alljährlich mit neuen Werken von **Aho, Heininen, Kokkonen, Kuusisto, Rautavaara, Sallinen** und vielen anderen aufwarten, die es über die Sprungbretter Helsinki und Savonlinna bis zu Inszenierungen in Deutschland, Warschau, London und an der New Yorker Metropolitan Opera brachten. Daneben hat das Land dank einer fundierten Ausbildung auch eine Vielzahl bedeutender Dirigenten, Sänger und Instrumentalisten hervorgebracht hat, die auf Konzertbühnen in aller Welt zu Hause sind. Den Reigen der talentierten Dirigenten führte **Robert Kajanus** (1856–1933) an, der sich als Zeitgenosse und kongenialer Interpret von Sibelius hervortat. Die größten Stars der jungen Dirigentengeneration sind **Jukka-Pekka Saraste** (geb. 1956) und **Esa-Pekka Salonen** (geb. 1958), der heute u. a. als Chefdirigent die Philharmonie von Los Angeles leitet. Stellvertretend für die zahlreichen namhaften Sängerinnen und Sänger sollen hier nur der derzeit berühmteste genannt sein, der auf Wagner spezialisierte Bass **Matti Salminen,** sowie seine jüngeren Kollegen **Jaakko Ryhänen** und **Johann Tilli.** 1995, als alle Welt von den viel bekannteren ›Drei Tenören‹ sprach, gaben die ›Drei finnischen Bässe‹ in der Finlandia-Halle von Helsinki eine enthusiastisch gefeierte Vorstellung, die von verschiedenen Fernsehsendern ins Ausland ausgestrahlt wurde.

Daß auch die Volksmusik einen sehr hohen Stellenwert hat – viele Finnen singen in Chören oder musizieren in Laiengruppen – können Besucher des Landes im Sommer auf einem der vielen Folklore- und Akkordeon-Festivals selbst überprüfen. Erstaunt werden die meisten sein, überall auch Tangoklänge zu hören und Tangotänzer zu sehen. Tatsächlich gilt Finnland mit einer ganz eigenen und eigenartigen Spielweise neben Argentinien und Frankreich als ausgesprochene Tango-Hochburg! Ihren Höhepunkt findet die Tango-Begeisterung alljährlich im Juli auf dem Tango-Markt von Seinäjoki.

Insidern mögen Suomis vorzügliche Jazz-Interpreten bekannt sein – wie ja überhaupt der moderne Jazz in Skandinavien eine gute Heimat gefunden hat. Neben dem Pori Jazz Festival, das alljährlich in der zweiten Julihälfte abgehalten wird und zu den größten und wichtigsten Europas gehört, gibt es im ganzen Land von Imatra bis Mariehamn und von Helsinki bis Tornio weitere Festivals. Hier können Besucher nicht nur die internationale Jazz-Crème live erle-

Detail des Nationaltheaters in Helsinki

zehnköpfigen Gruppe mit ihren überlangen Haartollen und Spitzschuhen begann mit Kaurismäkis Film, in dem sie Titelträger und Hauptpersonen waren. Sicher kann die Musik der Cowboys nicht als innovativ bezeichnet werden – die Band beschränkt sich auf das mehr oder weniger gekonnte Abspielen bekannter Oldie- oder Volksmusikstücke. Dafür bringt die Bühnenshow aber allen Beteiligten jede Menge Spaß, den man auch außerhalb ›normaler‹ Konzerte pflegt, etwa beim Eishockey-Spiel gegen die befreundete Düsseldorfer Band Die Toten Hosen oder beim genialen Konzert The Total Balalaika Show von 1993. Damals konnte man einen Chor der Roten Armee zu einer gemeinsamen Vorstellung auf dem Senatsplatz von Helsinki bewegen, bei der vor 60 000 begeisterten Zuschauern Pop-Klassiker dargeboten wurden. Als die bizarre Finnenband und die korrekt uniformierten russischen Soldaten-Sänger ›Happy together‹ oder ›We all live in a Yellow Submarine‹ anstimmten, hatte das fast schon eine gesellschaftlich-politische Dimension!

ben, sondern sich auch vom hohen Niveau der einheimischen Gruppen überzeugen.

In der Rockmusik setzten Bands wie **Eppu Normaali** und viele andere schon früh finnische Texte ein, was ihrer Popularität im Lande zugute kam, aber der Sprachbarriere wegen internationalen Erfolgen nicht gerade förderlich war. Anders verhält es sich mit den **Leningrad Cowboys**, dem größten Musik-Export dieser Sparte, die ihre Kapelle selbst als ›The World's Worst Rock-n'-Roll‹ Band bezeichnen. Die Karriere der

Theater und Film

Glaubt man dem Klischee vom introvertierten Finnen, dürfte man eigentlich keine große schauspielerische Tradition erwarten. Die Realität sieht jedoch anders aus: Zahlreiche, gut besuchte Bühnen sind Ausdruck einer aktiven und passiven Leidenschaft für das Theater. Anthropologen können die Wurzeln der Schauspielkunst bis in die Vorgeschichte der arktischen Jägergesellschaft zurückverfolgen. Später haben allerdings Christentum und schwedische Herrschaft eine durchgängige Entwicklung des finnischen Theaters verhindert. Zwar fanden erste Aufführungen schon um 1650 in Turku statt, doch erst nach der Gleichstellung der finnischen Sprache im 19. Jh. wurden in größerem Umfang Stücke auf die Bühne gebracht, die die Mehrheit der Landeskinder auch verstehen konnten. 1872 eröffnete das finnischsprachige Theater von Pori, im selben Jahr das Finnische Nationaltheater in Helsinki. Gegen Ende des 19. und vor allem in der ersten Hälfte des 20. Jh. gab es eine wahre Flut von Theatergründungen. Auffallend ist dabei die große Zahl von Arbeiterensembles (über 200!), die während der Industrialisierung entstanden. Noch heute stellt das Arbeitertheater von Tampere eine der wichtigsten Bühnen des Landes dar. Es gehört zu den rund 40 finnischen Berufstheatern, die zusammen mit einer großen Zahl an halbprofessionellen Laien-, Studenten- und Kleinkunstbühnen das rege Theaterleben prägen. Über die Landesgrenzen hinaus bekannt sind die Produktionen des Schwedischen und Finnischen Nationaltheaters von Helsinki, doch steht die Kapitale in ihrer Bedeutung als Theaterstadt noch hinter Tampere zurück. Dessen zwei Berufsbühnen und rund 40 Laientheater werden alljährlich von mehr als 500 000 Zuschauern besucht, und nicht zufällig wird dort alljährlich das weltweit renommierte Internationale Theaterfestival ausgerichtet.

Die Leinwand-Konkurrenz bringt seit 1906 eigene Produktionen und seit 1931 Tonfilme in die Lichtspieltheater. Doch der bescheidenen finnischen Filmindustrie gelang nur selten ein internationaler Erfolg, da fast ausschließlich für den heimischen Markt produziert wurde. Z. Zt. werden durchschnittlich zehn, oft durch die staatliche Filmförderung unterstützte Spielfilme per anno gedreht.

Wie in der Nachkriegsliteratur, die oft auch als Vorlage genutzt wurde, bestimmen der Kampf der ›Roten‹ gegen die ›Weißen‹ (s. S. 35) und die Kriegsjahre 1939–45 über weite Strecken die Themen des ernsten finnischen Films. Väinö Linnas Roman ›Der unbekannte Soldat‹, wurde z. B. sowohl von **Edvin Laine** als auch von **Rauni Mollberg** (1985) verfilmt. Diese Streifen konnten in den Kinos die größten Zuschauerzahlen erzielen und wurden auch im Ausland gezeigt.

Für den Durchbruch des neueren finnischen Films sorgten aber hauptsächlich die äußerst produktiven Brüder Aki und Mika Kaurismäki. Insbesondere **Aki Kaurismäki** erregte durch Werke wie ›Ariel‹ (1988), ›Leningrad Cowboys go America‹ (1989), ›I hired a Contract Killer‹ (1990) und ›Das Leben der Bohème‹ (1992) weltweites Aufsehen, wobei die genannten Streifen noch heute als Kultfilme zum Repertoire aller Programmkinos gehören. Und das New Yorker Museum of Modern Art feierte den Filmemacher sogar mit einer Retrospektive. Seine Erzählweise ist nicht festgelegt und kann skurril-humorvolle genauso wie wortkarg-beobachtende Geschichten hervorbringen. In ›Mädchen in der Zündholzfabrik‹ (1990) wird z. B. leidenschaftslos das Schicksal einer jungen Frau geschildert, deren Leben sich als einziges, zwischen Frustration, Langeweile und Apathie pendelndes Desaster darstellt. Demgegenüber sind die ›Leningrad Cowboys‹ zu einer merkwürdigen Mixture von Nonsens und Road Movie geraten, die übrigens der Filmband zu einer glänzenden musikalischen Karriere verhalf. Daß Kaurismäki nicht vor den Verlockungen des Kommerz gefeit ist, beweist sein wenig überzeugendes Nachfolge-Epos ›Leningrad Cowboys meet Moses‹ (1993).

Akis Bruder **Mika Kaurismäki** lebt jeweils zur Hälfte des Jahres in Rio de Janeiro und in Helsinki. Mit Schauspielern und Regisseuren wie Sam Fuller, Wim Wenders und Jim Jarmush befreundet, konnte er diese zur Mitarbeit in seinen Filmen bewegen, von denen ›Helsinki-Napoli – All Night Long‹ (1987) wohl am bekanntesten ist. Aber auch Streifen wie ›Rosso – eine Reise in die Finsternis‹ (1985), ›Cha Cha Cha‹ (1989), ›Amazonas‹ (1990), ›Zombie and the Ghost Train‹ (1991) und ›The Last Border‹ (1993) wurden in vielen Ländern der Welt ausgestrahlt. Beide Brüder unterhalten eine gemeinsame Firma in der Hauptstadt, der ein Großteil der finnischen Kinos gehört und die Filmförderung auf privatwirtschaftlicher Ebene betreibt.

Von ›fliegenden‹ Finnen und Wunderläufern

Suomis Sportleben ist reich an legendären Gestalten, die bereits Geschichte geschrieben haben, als es den unabhängigen Staat Finnland noch gar nicht gab. So nahm das damalige russische Großfürstentum schon 1906 mit einer eigenen Mannschaft an den Olympischen Spielen teil und heimste mit dem Ringer Werner Weckman sofort die erste Goldmedaille ein. Zwischen 1906 und 1994 standen Olympioniken aus dem ›Land der tausend Seen‹ nicht weniger als 416 Mal auf dem Siegertreppchen, wobei sie – für viele überraschend! – mit 293 Goldmedaillen bei den Sommerspielen deutlich erfolgreicher waren als im Winter. Das glänzende Auftreten finnischer Vertreter in den Arenen der Welt ist gleichzeitig ein Beleg für einen flächendeckend und enthusiastisch betriebenen Breitensport, der Finnland zu Recht das

Attribut einer Sportnation eingebracht hat. Landauf und landab wird da im Sommer gejoggt, geradelt, gepaddelt, geschwommen und Fußball gespielt, im Winter Ski in jeglicher Form gefahren und Eishockey gespielt. Offensichtlich macht es den Finnen aber nicht nur Spaß, selbst sportlich aktiv zu werden, sondern auch anderen dabei zuzuschauen – am liebsten ihren Landsleuten! Von lokalen Sportfesten über den alljährlich ausgetragenen Leichtathletik-Länderkampf zwischen Schweden und Finnland, der für viele eine ernste Prestige-Angelegenheit ist, bis hin zur Ausrichtung von Europa- oder Weltmeisterschaften, immer sind die Ränge vollbesetzt, und die Zuschauer legen ein Temperament an den Tag, das jedem Klischee von nordischer Zurückhaltung widerspricht.

Daß dem Wintersport ein hoher Stellenwert zukommt, kann schon aufgrund der geographischen und klimatischen Eckdaten vermutet werden. Ein Ereignis wie der 75 km lange Finlandia-Lauf von Lahti nach Hämeenlinna bringt zehntausend Läufer und Läuferinnen auf die Bretter sowie Hunderttausende Zuschauer an die Strecke. Neben dem Skilanglauf konnten finnische Sportlerinnen und Sportler vor allem im Skisprung, der in den 80er Jahren von Matti Nykänen aus Jyväskylä dominiert wurde, über Jahre Medaillen sammeln. Nachfolger des legendären ›fliegenden Finnen‹, der beispielsweise 1988 in Calgary auf allen drei Schanzen Gold gewann, wurde in den 90er Jahren Toni Nieminen, der in Albertville (1992) zwei goldene und eine Silbermedaille holte.

Als Mannschaftssport ist Eishockey äußerst populär. Nicht nur in den hypermodernen Hallen der Großstädte, sondern auch in den vielen kleinen Holzarenen überall im Land vergnügt sich die

Jugend unter freiem Himmel oder Flutlicht. Für die Junioren gibt es sogar eine eigene landesweite Liga. Wer Talent und Glück hat, wird für einen der großen Clubs entdeckt, deren Spitzenspieler es dann über den Großen Teich zu den amerikanischen Profiverbänden zieht, mit deren Gagen kein finnischer Club konkurrieren kann. Doch auch als Legionär kann sich jeder Eishockeyspieler des heimatlichen Interesses sicher sein, zumal er innerhalb des Nationalteams Finnland verbunden bleibt. Wohl noch nie ist eine Eishockey-Nationalmannschaft so begeistert gefeiert worden wie die von Suomi, als sie 1995 die Weltmeisterschaft gewann.

Populärster Mannschaftssport im Sommer ist der Fußball, auch wenn hier sowohl die internationalen Erfolge als

Nurmi-Statue am Olympiastadion

auch die ganz großen Namen fehlen – mit Ausnahme natürlich von Jari Litmanen, dem Stürmerstar von Ajax Amsterdam. Demgegenüber konnte es Finnland im amerikanischen Football immerhin schon mal zum Titel eines Europameisters bringen und ist auch im Baseball – den es übrigens in einer finnischen Variante gibt – eine feste europäische Größe. Zum ruhigen Naturell sowohl des Landes als seiner Bewohner mag es nicht so recht passen, daß ausgerechnet Motorsport zu einer weiteren Erfolgsdisziplinen werden konnte. Ob Motorrad, Renn- oder Tourenwagen, ob Formel-I, Motocross oder Rallye – in der Vergangenheit gab es stets einige, die das Wort von den ›fliegenden Finnen‹ auf ihre Weise interpretierten und es zu Ruhm und Ehre brachten. Immer noch ist Ex-Weltmeister Keke Rosberg ein gefragter Mann für Talk Shows und Pressenotizen, nimmt das ganze Land Anteil am Schicksal des vierfachen Ralley-Weltmeisters Juha Kankkunen (1986, 1987, 1991 und 1993) oder erkundigt man sich nach dem Abschneiden des Formel-I-Fahrers Mika Häkkinen. Entsprechend groß ist der Zulauf bei den vielen Motorsport-Ereignissen, von denen die Tausend-Seen-Rallye (Ende August bei Jyväskylä) und die auf Schnee und Eis stattfindende Arctic Tunturi Rallye (Ende Januar bei Rovaniemi) am bekanntesten sind.

Nicht nur Fachleute wissen von den Erfolgen finnischer Kanuten, Speerwerfer, Schwimmer, Ruderer und Sportler vieler weiterer Disziplinen, mit denen man ein eigenes Buch füllen könnte. Eine besondere Erwähnung verdient aber das Laufen, das den Finnen offenbar im Blut liegt: Jede Woche wird mit großer Beteiligung irgendwo ein Volks- oder Orientierungslauf veranstaltet. Auch hier haben sich Finnen mit vorzüglichen Leistungen in die ewige Liste des olympischen Sports eingetragen. Außer auf Hannes Kolehmainen, der 1912 in Stockholm den 5000-, 10 000 und Marathonlauf gewann, sollte auch auf Ville Ritola hingewiesen werden, dem fünfmaligen Goldmedaillengewinner und ständigen Rivalen Nurmis. Oder auf Lasse Virén, der 1972 und 1976 mit seinen Olympiasiegen über 5000 und 10 000 Metern für Furore sorgte und heute mit Touristen Lauftraining betreibt. Über allem aber, sozusagen als guter Geist des finnischen Sports insgesamt, schwebt der 1897 in Turku geborene ›Wunderläufer‹ Paavo Nurmi. Mit seinem charakteristischen Laufstil, aufrecht und mit starrer Miene, stellte er auf den Strecken von 1500 bis 20 000 Metern nicht weniger als 22 anerkannte und außerdem noch etliche inoffizielle Weltrekorde auf. Mit neun Gold- und drei Silbermedaillen, die er bei den Spielen von Antwerpen (1920), Paris (1924) und Amsterdam (1928) errang, zählt Nurmi zu den erfolgreichsten Olympioniken aller Zeiten. Sein größter Gegner war oft nur die Stoppuhr, die er stets bei Rennen mit sich führte und erst vor dem Endspurt auf den Rasen warf. Auch außerhalb des Sports konnte er sich durchaus behaupten: Nurmi beteiligte sich u. a. an Reedereien und handelte mit Immobilien, war ein geschäftstüchtiger und deshalb auch wohlhabender Mann. Die letzten Jahre vor seinem Tod im Jahre 1973 litt er unter schweren Krankheiten: Er war gelähmt, auf einem Auge blind und fast taub. Rückblickend bezeichnete er sich als »notorischen Nichtstuer« und stieß all das, wofür er geliebt wurde, vom Sokkel: »Sport ist Humbug. Medaillen sind nichts wert. Olympia ist ein Zirkus für Dreißigjährige«. Solche Äußerungen sowie die Tatsache, daß Paavo Nurmi in

dieser Phase seines Lebens menschenscheu, verbittert und schweigsam wurde, verzeiht man dem Ausnahmesportler: Immer noch ist die Verehrung für den einstigen ›König der Aschenbahn‹ in Finnland überwältigend.

Kalakukko, Lachs und Rentierfleisch – Kulinarischer Streifzug durch Finnland

Über die Küche der Finnen ist auf dem europäischen Festland generell nicht viel bekannt. Und wer sich von den mysteriösen Namen auf finnischen Speisekarten allzu leicht abschrecken läßt, wird so manche ausgesprochene Delikatesse wohl auch nie kennenlernen. Gehört man zu dieser vorsichtigen Spezies, sollte am Anfang eines kulinarischen Streifzuges der Marktbesuch stehen – hier sieht man, was sich hinter sperrigen Bezeichnungen verbirgt. Oder man begutachtet ein Finnisches Buffet *(pitopöytä)*, auf dem die Köstlichkeiten wie beim schwedischen Smörgåsbord nebeneinander präsentiert werden. Einen großen Raum nimmt dabei Fisch in jeder Form ein. Besonderer Beliebtheit erfreuen sich der Ostseehering (Strömling, *silakka*) und Atlantikhering *(silli)*, die man als Happen mit kleingehackten Eiern, Gurken, Rote Bete und Mayonnaise zu sich nimmt oder süß-sauer respektive in einer Senfsauce mariniert. Was wie Rollmöpse aussieht, sind oft in Essig marinierte Strömlingsrouladen. Gegrillter, frisch geräucherter oder gebeizter Lachs *(lohi)* ist eine weitere Spezialität und besonders empfehlenswert, wenn es sich um Wildlachs aus den klaren Flüssen Lapplands handelt. Zu den vielen anderen Süß- und Salzwasserfischen, die in Finnlands Küchen zubereitet werden, gehören Aal, Barsch, Brasse, Forelle, Hecht, Neunauge, Maräne, Renke oder Zander. Der Rogen von Renke, Maräne und Aalquappe wird mit saurer Sahne und kleingeschnittenen Zwiebeln auch verwöhnteste Gaumen zufriedenstellen. Für die Zubereitung fangfrischen Fischs gibt es zahlreiche Rezepte, allein für die finnische Bouillabaisse, *kalakeitto,* ein paar Dutzend.

Kein Buffet kommt ohne Fleischspeisen als Hauptgericht aus. Touristen werden dabei weniger die international bekannten Gerichte wie Schweinebraten oder Wiener Schnitzel interessieren als vielmehr typisch nordische Leckerbissen: ein saftiger Elchbraten z. B. oder Geschnetzeltes vom Rentier. Geräucherter Rentierschinken mit Rührei wird übrigens gerne als Vorspeise gegessen. Aus verschiedenen Fleischsorten, die angebraten und dann lange gekocht wurden, setzt sich der Eintopf *karjalanpaisti* (Karelischer Braten) zusammen. Zu Fisch und Fleisch gibt es als Beilage außer Kartoffeln Aufläufe verschiedenster Art sowie eingelegte Rote Bete. Auffallend ist die Vielzahl an finnischen Wurstsorten, wobei viele Städte oder Regionen mit einer eigenen Kreation aufwarten können. Beispielsweise die Schwarzwurst *mustamakkara* in Tampere, oder die mit Rosinen durchsetzte Graupenwurst *laukkamakkara* in Turku. Im ganzen Land verzehrt man gerne die *lenkkimakkara,* jene berühmte Saunawurst, deren Name verrät, wo sie geräuchert wird. Über die lokalen Wurstspezialitäten informiert man sich am besten in den Markthallen, die in keiner größeren Stadt fehlen. Hier oder auf dem benachbarten Markt sollte man auch die finnischen Traditions-Snacks kosten, die oft östlicher Herkunft sind. Vor allem um die Piroggen kommt man dabei nicht

herum, mit denen sich die Russen ins finnische Kochbuch geschrieben haben, übrigens ebenso wie mit Borschtsch, Schaschlik und vielem anderen. Eine Pirogge ist eine Pastete aus Teig, Fleisch, Kohl, Speck und weiteren Zutaten, doch gibt es je nach Region viele unterschiedliche Zubereitungsarten – etwa die Reispiroggen mit Eibutter *(riisipiirakka)* oder die Karelischen Piroggen *(karjalanpiirakka)* – hüten sollte man sich jedoch vor der Fast-Food- und Mikrowellen-Version! Das mittelfinnische Kuopio ist die Heimat einer ganz eigenen Pastetenart: *kalakukko.* Dabei wird gebratener Fisch mit Fleisch und/oder Speck in einen kräftigen Roggenbrotteig eingebacken und dadurch auch lange Zeit haltbar. Ob diese uralte ›natürliche Konservendose‹ tatsächlich aus Finnland stammt, ist ungewiß: Nach einer Lesart sollen Lübekker Seeleute diese Spezialität erfunden haben.

Apropos Brot: Auch hier ist die Angebotspalette erstaunlich, vor allem was Roggen- und Vollkornbrotarten angeht. Natürlich halten die Schärenbewohner ihr schwarzes, süß-saures *saaristolaislepä* für das beste des Landes, während man in Pieksämäki große Stücke auf das lokale Graupenfladenbrot *(ryynirieska)* hält oder in Oulu auf das ungesäuerte Gerstenfladenbrot *(ohrarieska).* Auch eigene Knäckebrot-Varianten gibt es, eine hauchdünne Art wird als Finn Crisp erfolgreich ins Ausland exportiert. Ebensowenig wie das Grundnahrungsmittel Brot in keinem Einkaufswagen fehlen darf, gehören für die Finnen auch vielerlei Milchprodukte dorthin. Ausländer wird dabei wohl am meisten erstaunen, welche wohlschmeckenden Käsesorten das Land der tausend Seen hervorgebracht hat. Etwa den Gouda-Typ *tutunmaa,* dessen Geschmack die vorzüglichen Weiden verrät, auf denen die

Herumlungern, Rauchen und Hundeausführen sind in der Markthalle von Turku verboten

finnischen Kühe grasen. Auch einen Blauschimmelkäse namens *aura,* Cheddar *(juhla),* Tilsiter *(kreim)* und einen ausgezeichneten Emmentaler findet man in den Geschäften, letzterer wird übrigens massenweise in die USA exportiert. Ein anderer Käse, *juustoleipa,* wird zuerst über Feuer geröstet, bevor er reifen darf. Im Norden ist Rentierkäse eine Spezialität, die man zum vollendeten Genuß in heißen Kaffee tunkt.

Natürlich können nicht alle Köstlichkeiten immer und überall erwartet werden: Die finnische Speisekarte zeichnet sich dadurch aus, daß sie im besonderen Maß den Wechsel der Jahreszeiten reflektiert. Kulinarische Highlights des Januar sind z. B. Aalquappen, die als erlesene Suppe auf den Tisch kommen oder deren Rogen, der mit Blinis samt russischer saurer Sahne *(smetana)* gereicht wird. Im kalten Februar liebt man deftige Suppen und Eintopfgerichte, aber auch Fisch, der beim Eislochangeln aus den zugefrorenen Seen geholt wurde, gehört zu den Favoriten. Um Ostern spricht man dem traditionellen, süßen Malzbrei *mämmi* zu. Die Hühner-, Eier- und Lammgerichte der österlichen Festtafel weichen bald Hecht, Barsch und Brachse, da diese Fische im April laichen und leicht ins Netz gehen. Bald nach Sommerbeginn biegen sich die Marktstände unter der frischen Ware, die Wald, Felder, Seen, Flüsse und Meer hergeben. Die ersten, noch winzig kleinen Kartoffeln sind für die Finnen fast so kostbar wie Kaviar und werden als Vorspeise gereicht, meist mit Butter und frischem Dill oder mit Salzhering. In dieser Jahreszeit sollte man unbedingt auch den saftigen Rhabarber-Kuchen probieren, oder die Sommersuppe *(kesäkeitto),* die aus frischem Gemüse und Milch zubereitet wird. Gurken und die ersten Tomaten sorgen für leckere Salate, während für ein finnisches Dessert meist auf allerlei Beeren zurückgegriffen wird, z. B. auf die sehr aromatischen Moltebeeren, die wie gelbe Himbeeren aussehen und sogar noch in Lappland wachsen. Sie serviert man mit Schlagsahne oder mit der Dickmilch *viili* und Pfannkuchen. Besonders gut schmeckt auch *kiisseli,* ein unserer Roten Grütze ähnlicher Beerenpudding.

Am 21. Juli beginnt die Flußkrebs-Saison, die bis September dauert. In gro-

Sie werden in jedweder Zubereitungsart angeboten: Ostseeheringe

ßem Freundeskreis garen die Finnen dabei Unmengen der kostbaren Schalentiere in einem würzigen Sud aus Dill, Schnittlauch, Gewürznelken und Pimentkörnern. Dann saugt man – oft mit einem Lätzchen vor Spritzern geschützt – die knallrot gesottenen Krebse aus dem Panzer; auch der eine oder andere Wodka gehört zu diesem Vergnügen. Da die Krebsbestände ständig abnehmen, wird das Krebsfest allerdings Jahr für Jahr teurer.

Mitte August beginnt langsam der Herbst und damit ein weiterer Höhepunkt für Gaumenfreuden. Baltischer Hering und Flunder werden aus der See geholt, Pilzsammler kommen mit gut gefüllten Körben voller Pfifferlinge, Milchlinge, Röhrenpilze und Dutzenden anderen Speisepilzen aus dem Wald zurück, Jäger beliefern Haushalte und Restaurants mit Enten-, Hasen- und Elchfleisch, das wiederum mit Preisel- und Moosbeeren serviert wird. Der Oktober wartet mit rotem Kaviar auf, der aus dem Rogen der Maräne gewonnen wird; gleichzeitig hält man überall im Lande Märkte für geräucherten, marinierten, gebeizten oder gesalzenen Fisch ab und kochen Hausfrauen ihren deftigen Kohl-Lamm-Eintopf.

Der Dezember ist die Zeit des geselligen Beisammenseins, zu dem auch der Glühwein *glöggi* oder der finnische Pfefferkuchen *piparkakku* gehören. Die traditionelle Weihnachtstafel besteht aus Aufläufen, Hering, Lachs, Schellfisch und Palatschinken oder Truthahn, als Dessert schätzt man – wie bei der ›Weihnachtstorte‹ *joulutorttu* – Blätterteigplätzchen mit Pflaumenmus. In den Feinschmecker-Restaurants des Landes werden jetzt vorzugsweise Fisch-, Wild- oder lappländische Spezialitäten gereicht, z. B. Schneehuhn in Crèmesauce *(riekko),* Elch- und Rentierbraten mit Kartoffelpürree und Pilzen jeder Art, Rentiergeschnetzeltes *(poronkäristys)* oder leicht geräucherter warmer Lachs mit Morchelsoße.

Reisen in Finnland

Der Süden

Helsinki – Die Tochter der Ostsee

■ (S. 272ff.) Viele ausländische Touristen nutzen Helsinki (schwed.: Helsingfors) allenfalls als Sprungbrett nach oder von Finnland und verschwenden nicht viele Gedanken an eine längere Stadtbesichtigung. Schließlich ist bei den meisten die finnische Natur das erklärte Urlaubsziel, sucht man Wälder, Seen, Einsamkeit. Und da die Hauptstadt nicht unbedingt den Ruf genießt, ein europäisches kulturelles Highlight zu sein, wird allzu oft ein Besuch auf das Notwendigste beschränkt. Das ist sehr schade, denn Helsinki hat durchaus viel zu bieten. Ohne Zweifel besitzt die Stadt eine ganz eigene Atmosphäre, eine vielleicht etwas spröde Schönheit, die sich manchmal erst auf den zweiten Blick erschließt. Wer den Versuch einer etwas tieferen Annäherung wagt, wird jedenfalls nicht enttäuscht werden. Und manch einer wird feststellen: Auch in Helsinki kann man sich verlieben!

Gründungsvater von Helsinki war der schwedische König Gustav Vasa, der 1550 ein Gegengewicht zum wirtschaftlich starken Tallinn (Reval) auf der anderen Seite des Finnischen Meerbusens schaffen wollte. Ursprünglich befand sich die Stadt, die sich zunächst nur äußerst langsam entwickelte, an der Mündung des Vanda-Flusses und wurde erst 1640 an ihre heutige Stelle verlegt. Ein verheerender Brand im Jahre 1808 legte einerseits die alte Holzhaus-Bebauung in Schutt und Asche, eröffnete andererseits aber auch die Möglichkeit eines großzügigen Neuaufbaus unter städteplanerischen Gesichtspunkten. Gefördert wurde dies durch die Zeitumstände, in denen die jahrhundertealten Verbindungen zu Schweden gekappt wurden

und Finnland als russisches Großherzogtum weitgehend autonom wurde. Dem Wunsch des Zaren, die finnische Hauptstadt in erreichbarer Nähe zu haben, trug man 1812 Rechnung, als Helsinki die Nachfolge Turkus antrat – trotz einer Einwohnerzahl von damals nur wenig mehr als 3500!

Nach dem Brand von 1808 und der politischen Umorientierung wurden Planung und Aufbau der Stadt zügig vorangetrieben. Von Anfang an lag das Projekt in den Händen des Architekten Johan Albrecht Ehrenström, dem der Deutsche Carl Ludwig Engel kongenial zur Seite stand und später der Mehrzahl der neoklassizistischen Bauten Gestalt gab. Schon um 1840 war das Zentrum im wesentlichen fertiggestellt – ein Ensemble harmonischer, in hellen Farben gehaltener Gebäude, überragt von der Domkirche: eine Art St. Petersburg im verkleinerten Maßstab, aber trotzdem mit eigener Ausstrahlung und bis auf den heutigen Tag unverändert. Obwohl Ehrenström und Engel von einem raschen Bevölkerungszuwachs ausgingen, konnte man im 19. Jh. natürlich nicht die rasante spätere Entwicklung vorhersehen. So wucherte die Hauptstadt bald schon über das neoklassizistische Zentrum hinaus, besetzte nach und nach die gesamte Halbinsel, dehnte sich anschließend über verschiedene Inseln und weit nach Norden aus, wo Helsinki nach dem Zweiten Weltkrieg mit anderen Städten (Espoo, Vantaa) verschmolz. Trotz aller Wachstumsschübe und der damit verbundenen Baupolitik – vor allem nach dem Krieg, als man für die zahlreichen Flüchtlinge aus Karelien in aller Schnelle Wohnraum schaffen

Blick auf den Yacht- und Industriehafen von Helsinki

mußte – wurde der Urbanisierung nie die Großzügigkeit des Stadtplans und die Naturnähe geopfert, die Helsinki seit jeher auszeichnen. Auch in Zukunft bleiben mindestens 30 % des städtischen Areals unbebaut und tragen Grünflächen, Wälder und Parkanlagen zum hohen Freizeitwert der Stadt bei.

Heute ist Helsinki eine skandinavische Metropole von beachtlicher Größe mit rund 510 000 Einwohnern; über 850 000 sind es im gesamten Großraum, von denen etwa 8,7 % Schwedisch als Muttersprache angeben. Mit Genugtuung haben die Hauptstädter registriert, daß Helsinki – zusammen mit dem norwegischen Bergen, dem isländischen Reykjavík und anderen – als eine der europäischen Kulturhauptstädte des Jahres 2000 ausgewählt wurde.

Stadtrundgang im Zentrum

Es gibt wohl keine bessere Stelle, einen Rundgang durch die finnische Kapitale zu beginnen, als den **Marktplatz** (Kauppatori), der sehr viel mehr bietet als ein Markt im herkömmlichen Sinn. Er ist die gute Stube, in der sich Einheimische und Touristen, Fischer und Geschäftsleute ein Stelldichein geben, das wahre Herz Helsinkis. Schon die Topographie ist einzigartig: Vom Marktplatz aus ragen zwei Halbinseln wie ausgebreitete Arme in den Meerbusen, in deren Passagierhäfen die riesigen Ostseefähren vertäut sind. Wendet man sich dem Meer zu, tauchen hinter dem Gewimmel der Fähren und Yachten, Fischer- und

Lotsenboote einige Schären auf und im Hintergrund die geschichtsträchtige Seefestung Suomenlinna (s. S. 93f.). Die Ausflugsboote dorthin wie auch für viele andere Sightseeing-Fahrten starten ebenfalls am Markt.

Eigentlich geht es am Marktplatz zu jeder Jahreszeit turbulent zu, besonders aber im Sommer, wenn sich im Gedränge zwischen den kunterbunten Marktständen fast schon südländisches Temperament entfaltet. Außer sonntags kann man hier täglich ab 7 Uhr Obst und Gemüse, Fisch und Meeresfrüchte, Beeren und Blumen sowie zunehmend auch Kunsthandwerk bzw. Souvenirs kaufen. Um 14 Uhr schließt der eigentliche Markt, dann kommt nicht nur die Müll-

abfuhr, sondern wahre Heerscharen von Möwen schweben ein, stürzen sich auf die Reste und versuchen mit ohrenbetäubendem Gekreische, sich gegenseitig die Leckerbissen streitig zu machen. Nach einer kurzen Pause wird im Sommer dann der Touristenmarkt – oft mit Entertainment und Cafés – eröffnet, der bis um 20 Uhr andauert. Außerhalb der Touristensaison findet Anfang Oktober hier der Heringsmarkt statt, auch er ein Highlight. Im Winter, wenn Eisschollen in den Hafenbecken treiben, wird der Marktbetrieb ebenfalls aufrecht erhalten, und oft sieht man Angestellte, die sich hier morgens auf den Weg ins Büro mit einer Tasse Kaffee oder einer Pirogge aufwärmen.

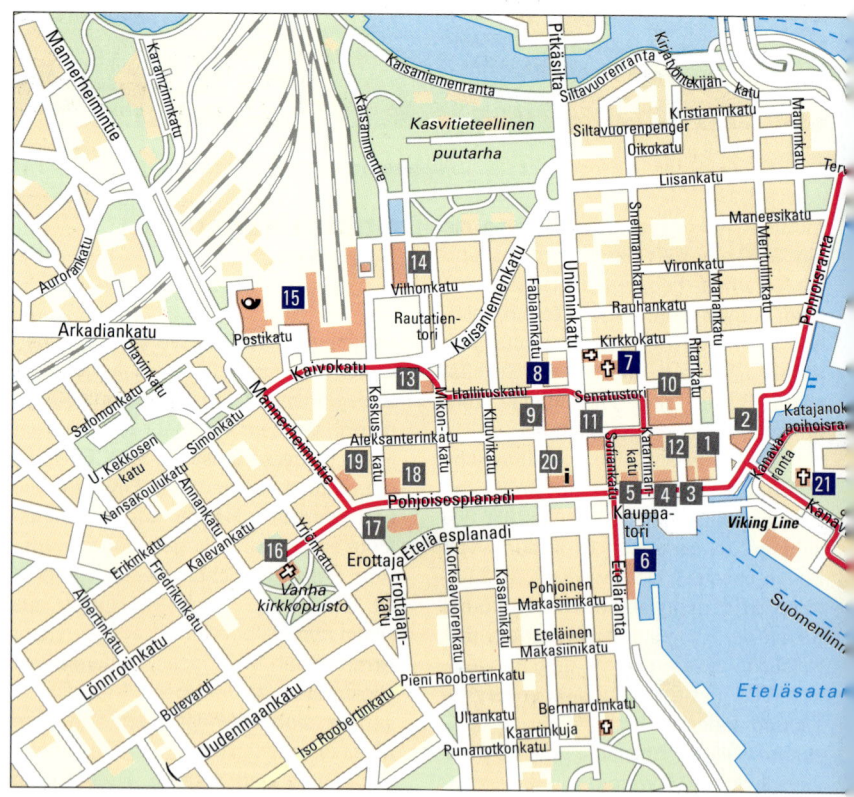

Der von Engel entworfene Obelisk in der Mitte des Marktplatzes, der **Stein der Zarin,** wurde 1835 zur Erinnerung an einen Besuch des Zarenpaares Nikolaus I. und Alexandra enthüllt und war das erste öffentliche Denkmal der Stadt. Der russische Doppeladler auf der Spitze war während der Revolution 1917 entfernt worden und kehrte erst 1972 an seinen angestammten Platz zurück.

Bei der Betrachtung des Gebäude-Ensembles im Norden fällt ganz rechts das **Präsidentenpalais** (Presidentin Linna)  auf, ursprünglich 1818 als Privathaus errichtet und 1843 nach Plänen von Engel zum Palast der Zaren umgebaut. Seit der Unabhängigkeit residierten hier alle Präsidenten des Landes mit Aus-

nahme von Urho Kekkonen. Auch wenn dem Staatsoberhaupt inzwischen eine modernere Dienstwohnung auf der Halbinsel Mäntyniemi (s. S. 96) zur Verfügung steht, bleibt das Präsidentenpalais die wichtigste politische Adresse der Republik. Etwas zurückgesetzt und vom Marktplatz aus nicht zu erkennen, liegt die blau-weiße **Hauptwache** 2, ein 1843 nach Plänen von C. L. Engel errichtetes Gebäude, in dem die Garde des Zarenpalastes ihren Sitz hatte. Heute ist hier die Garnison Helsinki untergebracht, deren tägliche Wachablösung und die dienstags und freitags (13 Uhr) stattfindenden Wachparaden ein beliebtes Fotomotiv sind. Links neben dem Präsidentenpalais sieht man den **Obersten Gerichtshof** 3, 1883 nach Plänen des Architekten F. A. Sjöström errichtet. An ihn schließt sich, unschwer am Drei-Kronen-Wappen zu erkennen, die **Schwedische Botschaft** 4 an, deren neubarocke Architektur vom neoklassizistischen Muster abweicht. Die ehemalige säulenverzierte Fassade wurde 1922 umgebaut, wobei die vage Ähnlichkeit mit dem Stockholmer Schloß natürlich kein Zufall ist. Jenseits der Katariinankatu markiert das von C. L. Engel entworfene und 1833 fertiggestellte **Stadthaus** (Kaupungintalo) 5 das Ende des Platzes. Es beherbergte ursprünglich ein Hotel und dient seit 1913 als Rathaus; nach einer Entkernung

Helsinki – Innenstadt
1 Präsidentenpalais 2 Hauptwache
3 Obersten Gerichtshof 4 Schwedische Botschaft 5 Stadthaus 6 Markthalle
7 Domkirche 8 Universitätsbibliothek
9 Universität 10 Regierungspalais
11 Kiseleff-Haus 12 Sederholm-Haus
13 Ateneum 14 Nationaltheater
15 Hauptbahnhof 16 Alte Kirche
17 Schwedisches Theater 18 Akademische Buchhandlung 19 Stockmann
20 Jugendsaal 21 Uspenski-Kathedrale

gegen Ende der 60er Jahre ist von der historischen Bausubstanz allerdings nur noch die Fassade übriggeblieben.

Vor dem Verlassen des Marktplatzes sollten nicht nur Architekturfreunde unbedingt einen Blick in das rot-weiße Backsteingebäude werfen, das sich südwestlich – hinter dem kleinen Hafenbecken mit dem wenig schönen Namen Cholera-Bassin – am Kai befindet. Diese **Markthalle** 6 ist zwar nicht die einzige der Stadt, aber sicher eine der schönsten und mit dem Entstehungsjahr 1888 zudem die älteste.

Nur wenige Schritte sind es vom Kauppatori zum zweitwichtigsten Platz der Hauptstadt, dem **Senatsplatz** (Senaatintori). Am besten geht man dorthin über die Sofiankatu, weil die Straße direkt auf die Kathedrale zuführt. Außerdem können besonders Interessierte dort dem Stadtmuseum (Kaupunginmuseo) einen Besuch abstatten, in dem das Wachstum Helsinkis vom 16. Jh. bis zur Jetztzeit dokumentiert wird.

Der Senatsplatz wurde und wird von den Einwohnern für alle möglichen Massenveranstaltungen genutzt, hier finden die größten Studenten- und Arbeiterdemonstrationen des Landes genauso statt wie die traditionelle Andacht in der Neujahrsnacht. Unvergessen ist auch das Konzert der Leningrad Cowboys, die hier 1993 mit dem Chor der Roten Armee vor 60 000 Zuschauern aufspielten. Im Zentrum des Platzes steht die Statue des Zaren Alexander II. (1894), umgeben von allegorischen Figuren, die Gesetz, Wissenschaft und Kunst, Frieden und Arbeit symbolisieren.

In der Planung der neuen Hauptstadt stellte der Senatsplatz und seine Umgebung das Herzstück schlechthin dar. Hier sollten einige der wichtigsten staatlichen, kirchlichen, akademischen und kommunalen Institutionen konzentriert

werden, und da man damals zu Recht von einem stetigen Wachstum der Stadt ausging, wurde eine großzügige Lösung angestrebt. Der vom Zar beauftragte Architekt Carl Ludwig Engel lieferte hier sein Meisterstück ab und schuf einen der schönsten und geschlossensten öffentlichen Plätze der damaligen Zeit. Schon vor dem Brand war hier das Zentrum des alten Helsinki gewesen, ebenfalls mit der Hauptkirche und dem Rathaus. Nach Engels Plänen wurden zunächst die alten Gebäude abgerissen, Granitkuppen abgetragen und das Areal erheblich erweitert und begradigt. Nur an der Südseite sind noch einige ältere Gebäude bis auf den heutigen Tag erhalten. Das durch seine Größe und erhöhte Lage alles beherrschende Bauwerk ist der 1852 fertiggestellte Komplex der lutherischen **Domkirche** 7 (Tuomiokirkko), der den Senatsplatz an der Nordseite auf seiner ganzen Länge begrenzt. Eine steile Prachttreppe führt zu dem Gotteshaus hinauf, das sicherlich das meistfotografierte Gebäude des Landes ist und alle Reisenden, die mit der Fähre in Helsinki ankommen, schon von weitem begrüßt. Mit dem Bau der Kirche, die damals Nikolai-Kirche hieß (nach dem Schutzpatron der Seefahrt und Zar Nikolaus I.), wurde 1832 begonnen. Daß Engel mit seinem Werk zufrieden war, beweist seine Notiz aus dem Jahr 1839, in der er dem Gebäude »eine Eleganz, die schwerlich zu übertreffen ist« bescheinigte. Die Nachfolger des Architekten veränderten jedoch die ursprünglich geplante Gestalt ganz erheblich, teils aus ästhetischen, teils aus statischen Gründen. Da ihnen z. B. die Kuppel zu hoch und unproportioniert erschien, wurden erst im Nachhinein die

Ein schöner Platz zum Schauen und Entspannen: die Treppe des Domes

vier kleineren Nebenkuppeln aufgesetzt. Auch die Seitenpavillons kamen später hinzu, wobei der westliche (linke) als Glockenturm fungiert, während im östlichen eine Kapelle untergebracht ist. Auch der Zar machte seinen Einfluß geltend und ließ nach dem Vorbild der St. Petersburger Isaaks-Kathedrale die großen Apostel-Statuen aufstellen. Das Innere der Kirche ist – für viele Besucher überraschend – sehr schlicht: Der einzige Schmuck besteht aus den Statuen von Luther, Melanchton und Agricola (dem finnischen Reformator), einer später vollendeten Orgelempore, einer wunderschönen Kanzel im Empirestil sowie dem großen Altargemälde des St. Petersburger Künstlers von Neff, einem Geschenk des Zaren. Doch die oval-geschwungenen Baukörper, die architektonisch interessante Lösung des Lichteinfalls und das Weiß der Wände machen einen Besuch zu einem nachhaltigen Erlebnis. Unter der Kirche befindet sich eine große Krypta, die allerdings erst 1973 eingeweiht wurde und u. a. für Musikveranstaltungen und Kunstausstellungen genutzt wird.

Von der Domterrasse vor dem Säulenportikus ergibt sich ein herrlicher Blick über den Senatsplatz bis hin zum Hafen. Zur Rechten (im Westen) entdeckt man die 1844 gebaute **Universitätsbibliothek** **8** mit ihrer flachen Kuppel, die zu Recht als eines der gelungensten Bauwerke von C. L. Engel gerühmt wird. Dies betrifft auch und besonders das Innere, das übrigens öffentlich zugänglich ist und von keinem Architektur- oder Literaturfreund verpaßt werden darf. Wer eine Erfrischung benötigt, kann das kleine Café in den Kellergewölben aufsuchen. Südlich schließt sich das repräsentative, 1832 fertiggestellte Hauptgebäude der **Universität** (Yliopisto) **9** an. Als Kaiserli-

che Alexander-Universität trat sie 1828 die Nachfolge der alten Åbo Akademi an und trägt seit 1919 den profanen Namen Universität Helsinki.

Fast spiegelbildlich findet man deren architektonische Details und Proportionen auf der linken (östlichen) Seite am **Regierungspalais** **10** wieder, das bereits zehn Jahre zuvor als Sitz des Kaiserlichen Senats von Finnland eingeweiht wurde. Heute beherbergt der neoklassizistische Bau die Sitzungs- und Arbeitsräume der Regierung und den Dienstraum des Ministerpräsidenten.

Weniger geschlossen wirkt das Architektur-Ensemble auf der südlichen Seite des Senatsplatzes, jenseits der Aleksanterinkatu, denn nur einige der älteren Privat- und Geschäftshäuser konnten von Engel im ›neuen Stil‹ umgebaut werden. So z. B. das **Kiseleff-Haus** **11** an der Ecke zur Unioninkatu, das eine Zeitlang als Rathaus fungierte. Völlig aus dem Rahmen fällt weiter östlich das **Sederholm-Haus** **12**, das seit seiner Errichtung im Jahre 1757 unverändert die Zeiten überdauert hat und immerhin das älteste private Steingebäude der Stadt darstellt – es wird nunmehr für Ausstellungen des Stadtmuseums genutzt. Noch etwas weiter sieht man ein dunkles, rotbraunes Haus aus den 20er Jahren des 19. Jh., in dem heute der Oberbürgermeister wohnt.

Folgt man der Hallituskatu – vorbei an Aleksanterinkatu – in westlicher Richtung bis zur Mikonkatu, gelangt man zum Planet Hollywood (Nr. 9), einem beliebten Treffpunkt von Einheimischen und Touristen. Die Filiale der amerikanischen Restaurantkette wurde von den Filmstars Bruce Willis, Demi Moore und Sylvester Stallone als immerhin erste in Europa eröffnet.

Nordwestlich öffnet sich die weite Freifläche des Bahnhofsplatzes (Rauta-

*Mächtige Fackel-
träger von Wik-
ström flankieren
das Hauptportal
des Bahnhofs*

tientori). An seiner Südseite befindet
sich die Finnische Nationalgalerie **Ateneum** 13 (Kaivokatu 2–4) mit der
größten Kunstsammlung des Landes in
einem historisierenden, palastartigen
Haus aus dem Jahr 1887. Das Museum
besitzt neben finnischen Werken ab 1700
einen beachtlichen Bestand ausländischer Kunst verschiedener Epochen.

Gegenüber dem Ateneum erhebt sich
auf der anderen Seite des Platzes das
1902 aus Granitquadern erbaute **Nationaltheater** 14, ein typisches Bauwerk
der Nationalromantik. Davor sieht man

ein Denkmal für den finnischen Nationaldichter Aleksis Kivi (Aaltonen, 1939).
Im Westen zieht eines der markantesten
Bauwerke der Stadt, der monumentale
Hauptbahnhof (Rautatieasema) 15, die
Blicke auf sich. 1904 gewann Eliel Saarinen den ersten Preis eines Wettbewer-
bes mit seinem Entwurf, der bis 1916 realisiert wurde und bald als Vorbild für
andere Kopfbahnhöfe in Europa diente.
Für die finnische Architekturgeschichte
markiert Saarinens Meisterwerk den
Übergang von der Nationalromantik zu
einem sachlicheren Stil, bestimmt von

Estland liegt so nah –
Tagesausflug Tallinn

Tallinn, die estnische Hauptstadt, liegt nur 3$\frac{1}{2}$ Fährstunden von Helsinki entfernt, direkt gegenüber an der Südküste des Finnischen Meerbusens. Dies hat zur Folge, daß seit der Unabhängigkeit Estlands 1991 nicht nur Kulturbeflissene, sondern vor allem Massen von finnischen Kauflustigen die estnische Kapitale geradezu heimsuchen, denn die 1992 eingeführte estnische Krone hat eine wesentlich geringere Kaufkraft als die Finnmark. Dies führt zwar gelegentlich zu zynischen bis bösen Bemerkungen der Einheimischen, aber dennoch: Das finnisch-estnische Verhältnis ist traditionell und bis heute ein sehr gutes. Dies gründet nicht zuletzt in der Tatsache, daß Esten und Finnen gleicher Abstammung sind und sich ohne Dolmetscher gut verständigen können. Die geographische und ethnische Nähe hatte nicht wenig Einfluß auf die Unabhängigkeitsbestrebun-

gen der Esten, die immer schon durch finnische Fernseh- und Rundfunksender früher und besser informiert waren als die gesamte übrige Sowjetunion.

Da der geplante Eisenbahntunnel, wenn er denn überhaupt kommen wird, erst im nächsten Jahrtausend realisiert werden wird, führt der übliche Weg nach Tallinn über das Meer, entweder per Autofähre oder Tragflügelboot; mindestens fünf Abfahrten starten in der Saison täglich in Helsinki, und eine visafreie Tagestour bieten heute die meisten Reisebüros an.

Wenn man sich der estnischen Hauptstadt von der See aus nähert, wird bereits am Stadtpanorama deutlich, daß weder Finnen noch Esten oder Russen Tallinns Gesicht geprägt haben: Spätgotische Kirchtürme und mächtige Befestigungsanlagen zeugen von der Geschichte der Stadt und ihrer Bedeutung als Machtzentrum des europäischen Mittelalters und der frühen Neuzeit. Deutsche Kreuzritter, die die Stadt Reval nannten, und Hansekaufleute sind als Bauherren der wichtigsten Bauwerke an erster Stelle zu nennen. Begonnen hat jedoch alles noch etwas früher: Denn schon im 12. Jh. befand sich auf dem heutigen Domberg eine hölzerne Wallburg der Esten, und wahrscheinlich lag auch schon zu deren Füßen ein kleiner Handelsplatz. Diese Zweiteilung hat bis heute Bestand, denn die Altstadt von Tallinn gliedert sich in den befestigten Domberg und die größere Unterstadt, die eine noch heute bestehende Stadtmauer mit sehenswerten Wach- und Kanonentürmen aufweist (u. a. die Dicke Margarethe und den Kiek in de Kök). Die Existenz von zwei nebeneinanderliegenden befestigten Stadtteilen ist ein deutlicher Hinweis auf die über Jahrhunderte auch von der Bevölkerungsstruktur her zweigeteilte Stadt: Die Herrscher, bis auf die Anfänge praktisch immer fremde Mächte, residierten auf dem Felsen und die Kaufleute und Handwerker zu deren Füßen.

Einen Stadtrundgang beginnt man am besten in der Unterstadt, die sich nahe des Hafens ausbreitet und bequem auch zu Fuß erreicht werden kann. Ihr topographisches und kulturelles Zentrum ist der Rathausplatz, der von ansehnlichen Häusern aus verschiedenen Epochen flankiert wird (u. a. Alte Apotheke, 15. Jh.). Im Gegensatz zu der ansonsten dicht bebauten Altstadt bietet er eine großzügige Freifläche für alle möglichen Veranstaltungen und Cafés. Dominiert wird die Anlage vom länglichen, zweigeschossigen Rathaus, aus dem ein schlanker Turm mit Renaissance-Helm emporwächst. Dieses Rathaus ist das einzige im Baltikum, das seine spätmittelalterliche Gestalt bewahrt hat: Im Erdgeschoß befanden sich Warenhalle und Folterkammer, im ersten Stock Rats- und Bürgersaal. Unter den offenen Arkaden findet man heute Souvenirstände, früher stand hier der Pranger. Das Innere des Rathauses kann zwar besichtigt werden, doch wäre im Rahmen eines Tagesausfluges dem kunsthistorisch Interessierten eher der Besuch der nahen Nikolaikirche zu empfehlen, da die ehemalige Kaufmannskirche wahre spätmittelalterliche Schätze zu bieten hat – z. B. ein Fragment des berühmten ›Totentanzes‹ von Bernd Notke.

Macht und Reichtum der ehemaligen Hansestadt bezeugen – neben weiteren Kirchen – anschaulich auch die Gildehäuser, die oft noch in ihrer ursprünglichen Gestalt erhalten sind. Die schönsten Exemplare befinden sich unweit des Rathausplatzes, insbesondere an der Straße Pikk, die direkt zum Hafen führt (u. a. Haus der Großen Gilde, Schwarzhäupterhaus).

Wählt man die entgegengesetzte Richtung, gelangt man durch ein mächtiges Stadttor und eine schmale, recht steil ansteigende Gasse, die Pikk Jalg, zum Domberg. Hier steht gegenüber der an die russische Zeit erinnernden Alexander-Newski-Kathedrale das Schloß, heute Parlaments- und Regierungssitz der Demokratischen Republik Estland. Sehenswert hier oben ist aber vor allem die Domkirche, die, von außen recht unscheinbar, im Innern durch kunstvoll geschnitzte Wappenschilder und Grabmäler an die großen Namen des Ostseeraums erinnert, die nicht zuletzt auch in der Geschichte Tallinns verewigt wurden.

Bevor man zum Hafen zurückkehrt, sollte man abschließend einige Blicke von den Aussichtspunkten des Dombergs über die quirlige Unterstadt bis zur Tallinner Bucht genießen (s. Abb.).

kraftvollen Linien und einer bis heute spürbaren Funktionalität. Es lohnt sich, den Granitbau durch das von mächtigen Fackelträgern flankierte Hauptportal zu betreten (Achten Sie auf die Details an Türen und Wänden!) und die Raumwirkung der klar gegliederten Hallen in sich aufzunehmen. Sehr schön ist auch das Bahnhofsrestaurant, das den Vornamen des Architekten trägt und von einem großen Gemälde geschmückt wird.

Vom Hauptbahnhof empfiehlt sich ein kleiner Schlenker in südwestlicher Richtung. Über die Mannerheimintie, die ihren Namen nach Marschall Mannerheim trägt, an den auch das große, 1960 von Aimo Tukiainen geschaffene Reiterdenkmal erinnert) und Lönnrotinkatu gelangen Sie zu einem hübschen Park, in dem die **Alte Kirche** (Vanha kirkko) 16 einen Besuch lohnt. Das in hellen Farben gehaltene hölzerne Gotteshaus wurde nach einem Entwurf C. L. Engels 1826–27 erbaut und war eigentlich nur als Provisorium bis zur Fertigstellung des Domes gedacht. Um die Kirche dehnt sich unter schattigen Bäumen ein älterer Friedhof aus, auf dem u. a. Denkmäler für finnische und deutsche Soldaten zu entdecken sind.

Östlich der Mannerheimintie beginnt am kleinen Platz Erottaja die **Esplanade**. Sie war schon 1812 in Ehrenströms erstem Bebauungsplan der Stadt vorgesehen, erhielt allerdings erst durch C. L. Engel ihre heutige Form – auch wenn inzwischen viele Gebäude umgestaltet worden sind. Zusammen mit dem Senats- und Marktplatz markiert sie das historische Dreieck des neoklassizistischen Zentrums. Vor allem im Sommer kann man sich keine schönere Flaniermeile vorstellen als diesen länglichen Park mit seinem regen Treiben von Fußgängern, Straßenmusikanten und Cafébesuchern. Zu beiden Seiten wird der Park von stark befahrenen Autostraßen begrenzt, nämlich der Nördlichen Esplanade (Pohjoiesplanadi) und der Südlichen Esplanade (Eteläesplanadi), die wiederum von repräsentativen Geschäftshäusern flankiert sind. Zwischen den beiden Straßen fällt zunächst das **Schwedische Theater** (Ruotsalainen teatteri) 17 auf, ein Gebäude aus den 60er Jahren des 19. Jh., das allerdings 1936 stark verändert wurde – an warmen Tagen ist sein Terrassencafé ein beliebter Treffpunkt. Jenseits der Nördlichen Esplanade befindet sich an der Ecke zur Keskuskatu die **Akademische Buchhandlung** 18, eine der größten und sicher auch eine der schönsten Europas. Die Pläne zu diesem 1969 fertiggestellten Haus stammen von keinem geringeren als Alvar Aalto, der auch für das nette Café im Lichthof des zweiten Stockwerks verantwortlich zeichnete. Die Akademische Buchhandlung gehört zum Warenhaus **Stockmann** 19, dessen rote Ziegelsteinfassade zur Mannerheimintie weist. Stockmann, von einem gleichnamigen deutschen Einwanderer gegründet, hat ein vorzügliches Warenangebot und konnte sich aus bescheidenen Anfängen zum angeblich größten Kaufhaus Skandinaviens entwickeln – ein Titel, auf den allerdings auch das Magasin du Nord in Kopenhagen oder Nordiska Kompaniet in Stockholm Anspruch erheben.

Wer nun zu einem Einkaufsbummel angeregt wurde, kann gleich auf der Nördlichen Esplanade bleiben, befinden sich doch hier und an den abzweigenden Straßen einige der namhaftesten finnischen Geschäfte wie Arabia, Marimekko, Pentik und Helky. Über die Mikonkatu, eine Fußgängerzone mit überdachtem Hof, oder die Fabianinkatu gelangt man sehr schnell zur belebten Aleksanterinkatu – wenn Sie in diesem

Quartier nicht Ihren Kaufwunsch nach finnischer Mode oder finnischem Design erfüllen können, dann auch nirgendwo sonst! Wer nicht so sehr an Shopping interessiert ist, sollte mitten durch den Park der Esplanade spazieren. Neben einigen anderen Standbildern wurde hier an zentraler Stelle ein Denkmal errichtet, das den finnischen Nationaldichter J. L. Runeberg zeigt und 1885 von seinem Sohn Walter geschaffen wurde. Einige Meter weiter zieht das Restaurant Esplanadikappeli die Blicke auf sich, ein wunderschönes Holzschlößchen von 1867 mit Glasveranda, beliebtem Café und eigener Brauanlage.

Zwischen dem östlichen Ende der Esplanade und dem Marktplatz liegt inmitten des brandenden Hauptstadtverkehrs der Springbrunnen Havis Amanda, eine hübsche Plastik von Ville Vallgren aus dem Jahr 1908. Nördlich davon beherbergt ein historisches Gebäude (1816) an der Pohjoisesplanadi 19 das Fremdenverkehrsamt. Nebenan lohnt der **Jugendsaal** (Helsinki-tiedotus jugendsali) [20] unbedingt einen Besuch, ein Beratungszentrum für die Hauptstädter, dessen eingewölbter Raum im nationalromantischen Stil ursprünglich eine Bank schmückte.

Östlich des Marktplatzes, dem Ausgangspunkt des Stadtrundganges, locken weitere Besichtigungsziele, die man sich auch wegen des weiten Ausblicks nicht entgehen lassen sollte. Auf Höhe der Hauptwache geht es rechts über eine Brücke auf die Insel Katajanokka (schwed.: Skatudden), die bis zum Bau eines engen Kanals in den 40er Jahren des 19. Jh. Teil des Festlandes war. Hinter dem blockhaften Marmorgebäude, das in dieser Umgebung wenig passend wirkt (1962 von Alvar Aalto für die Hauptverwaltung des Enzo Gutzeit-Konzernes entworfen), geht es dann links zu

Der Brunnen Havis Amanda

der größten russisch-orthodoxen Kirche Nordeuropas hinauf. Die der ›entschlafenen Jungfrau Maria‹ geweihte **Uspenski-Kathedrale** [21] entstand 1868 im altrussischen Stil und ist außen mit rotem Backstein verkleidet. Das Innere wird von bemalten Granitsäulen und der prachtvoll vergoldeten, vom russischen Künstler Tschilchow gemalten Ikonostase beherrscht. Ein besonderes Erlebnis ist es, hier einem Gottesdienst nach orthodoxem Ritual beizuwohnen, der noch in der alten kirchenslawischen Sprache zelebriert wird. Von der Terrasse der Uspenski-Kathedrale hat man einen schönen Blick über das alte Hafenmagazin auf den Nordhafen und nach Westen auf das historische Zentrum.

*Ein Detail der Us-
penski-Kathedrale*

Nach der Besichtigung der Uspenski-Kathedrale biegen Sie auf die Uferstraße ab. An der Laivastokatu liegt das auffällige, rundtürmige Zoll- und Packhaus, ein außen wie innen schönes Jugendstilgbäude von 1900. Das ehemalige Lagerhaus nebenan beherbergt heute das Grand Marina Arctia Hotel samt angeschlossenem Kongreß-Zentrum. Vorbei an den Fährterminals der Viking Line und der ›Finnjet‹, an denen oft auch Kreuzfahrtschiffe anlegen, geht es über die Katajanokanranta zum östlichen Ende der Insel, einem Areal, auf dem sich früher Marinekasernen, Werften

und Schiffsabwrackbetriebe befanden. Seit Ende der 70er Jahre wurde dieser Teil in ein architektonisch anspruchsvolles, dichtbebautes Wohngebiet umgewandelt, das im hübschen Marinepark (Laivastopuisto) seinen Abschluß findet. Am nordöstlichen Ende der Insel liegen im Sommer die Eisbrecher vertäut, die in der kalten Jahreszeit den Schiffsverkehr im Finnischen und Bottnischen Meerbusen ermöglichen. Weiter westlich führt die Laivastokatu zum Katajanokka Kasino, einem ehemaligen Lagerhaus, das 1911 sein heutiges Aussehen erhielt und ein beliebtes Restaurant mit

Terrassencafé beherbergt. In dem sich anschließenden idyllischen Viertel kann man mehrere restaurierte Hafenmagazine bewundern, die nun von Boutiquen und Restaurants genutzt werden.

Nachdem man die Insel über die gleiche Brücke verlassen hat, hält man sich rechts und folgt der breiten Uferstraße Pohjoisranta nach Norden. Zur Linken sieht man hinter der Hauptwache das zweitälteste Gebäude der Innenstadt, ein Zollhaus von 1765, in dem heute Behörden untergebracht sind. Am Kai zur Rechten liegen immer Segelboote von respektabler Größe, während auf der gegenüberliegenden Straßenseite Fassaden der Jahrhundertwende die Laubbäume überragen. Am originellsten ist hier ein Wohnhaus von 1899 im Stil der Neorenaissance. Anschließend kann man über einem Damm nach rechts zur ehemaligen ›Teerinsel‹ **Tervasaari** fahren, wo im 16. Jh. Händler ihre Teerlager hatten. Das Inselchen ist in einen hübschen Park umgewandelt worden, von dem man einen guten Blick auf das rege Treiben des Yachthafens hat und wo man sich im populären Sommerrestaurant erfrischen kann.

Zentrumsnahe Sehenswürdigkeiten

Rund um den historischen Kern Helsinkis finden sich eine Reihe von Sehenswürdigkeiten, die aus gutem Grund bei keiner offiziellen Sightseeing-Tour fehlen und auch Individualtouristen ans Herz gelegt sein sollen. Viele davon liegen zwar durchaus in akzeptabler Gehnähe zum Zentrum, werden aber hier im Rahmen einer eigenen Rundfahrt beschrieben. Vom Marktplatz bewegt man sich in nördlicher Richtung, verläßt über die Lange Brücke (Pitkäsilta), die eigentlich ziemlich kurz ist, das gutbürgerliche Helsinki und gelangt in den Stadtteil Hakaniemi, der sich schon durch seine Architektur als Arbeiterviertel präsentiert. Kurz hinter der Brücke liegt rechter Hand der Markt (Hakaniementori), dessen 1887 angelegte, große Freifläche in der Vergangenheit viele Demonstrationen, Umzüge zum 1. Mai und andere politische Veranstaltungen gesehen hat. Die zweistöckige Markthalle (1914) ist die größte des Landes und unbedingt einen Besuch wert.

Nur wenige hundert Meter entfernt befindet sich in einem Park an der ›Tiergartenbucht‹ (Eläintarhanlahti) das 1967 gebaute, moderne **Stadttheater** **1**, das z. T. in den Felsen gesprengt wurde und deshalb der Bevölkerung im sogenannten Ernstfall als einer der größten Luftschutzräume Helsinkis zur Verfügung steht. Vier ›Linien‹ weiter nördlich – nach St. Petersburger Vorbild sind hier die Straßen von eins bis fünf durchnumeriert und werden als ›Linien‹ bezeichnet – lohnt ein Besuch der 1912 erbauten **Kallio-Kirche** **2**, deren hoher Turm an vielen Punkten der Hauptstadt zu sehen ist. Die mit grauem Granit verkleidete und aus über 1 Mio. Ziegelsteinen erbaute Kirche gilt als Hauptwerk des finnland-schwedischen Architekten Lars Sonck und verkörpert neben dem Nationalmuseum am besten den Stil der Nationalromantik.

Anschließend orientiert man sich in nordwestlicher Richtung, überquert auf der Wallininkatu die breite Helsinginkatu und gelangt auf die verkehrsreiche Sturenkatu. Architekturfans werden sich einen Besuch des **Kulturhauses der finnischen Volksdemokratie** **3** nicht entgehen lassen wollen, einen richtungsweisenden roten Ziegelsteinbau Alvar Aaltos und eine der besten Konzerthallen der Stadt, die man nur ein

Helsinki – Abseits des Zentrums
1 Stadttheater 2 Kallio-Kirche 3 Kulturhaus der finnischen Volksdemokratie
4 Linnanmäki 5 Olympiastadion 6 Nationaloper 7 Sibeliuspark 8 Soldatenfriedhof 9 Finlandia-Halle 10 Nationalmuseum 11 Villa Hakasalmi 12 Museum für Gegenwartskunst 13 Reichstag 14 Tempel- oder Felsenkirche 15 Hietalahdentori
16 Museum für ausländische Kunst
17 Mikael-Agricola-Kirche 18 Eira
19 Johannes-Kirche 20 Observatorium
21 Museum für finnische Architektur
22 Kaserne der Kaiserlichen Garde

kurzes Stück weiter stadtauswärts (nach rechts) an der Sturenkatu findet. Ansonsten fährt man nach links und passiert dabei den ›Burghügel‹, dessen Areal vom Vergnügungspark **Linnanmäki** 4 eingenommen wird – Helsinkis Gegenstück zum Kopenhagener Tivoli oder dem Stockholmer Gröna Lund. Touristen, deren Zeitplan einen Besuch zuläßt, sollten nicht auf das Vergnügen verzichten, mit dem Riesenrad oder der 40 Jahre alten, hölzernen Achterbahn zu fahren, denn beide bieten zudem einen weiten Blick über die Stadt.

Die von der Helsinginkatu abzweigende Hammarskjöldintie führt vorbei am städtischen Wintergarten – übrigens auch ein sehr lohnendes Ziel – zum **Olympiastadion** 5 mit seinem markanten 72 m hohen Aussichtsturm und weiteren Sportarenen. Geplant war das Stadion für die Olympischen Spiele von 1940, die wegen des Zweiten Weltkrieges ausfielen und 1952 nachgeholt wurden. Die Modernität dieser landesweit größten Sportarena erschließt sich am besten durch den Vergleich mit dem ›Vorgängerbau‹, dem Berliner Olympiastadion, das unter Rückgriff auf eine monumental-klassizistische Formensprache als Beispiel für Herrschaftsarchitektur gelten kann. Demgegenüber hinterläßt das Olympiastadion von Helsinki durch

seine Baumaterialien Stein und Holz, die weiße Farbe, vorspringende und zurückweichende Bausegmente sowie die im Innern untergebrachten Institutionen (u. a. Finnisches Sportmuseum, Jugendherberge) einen weitaus freundlicheren Eindruck. Vor dem Haupteingang huldigt ein Denkmal einer Ikone des finnischen Sports, dem Langstreckenläufer und Nationalhelden Paavo Nurmi (s. S. 63), dessen vergoldeten Schuhe im Sportmuseum aufbewahrt werden. Anders als vom Bildhauer Wäinö Aaltonen dargestellt, hat Nurmi seine Siege natürlich nicht nackt errungen.

Von dort ist es nur ein Katzensprung über die Paavo Nurmentie zur Mannerheimintie und der neuen **Nationaloper** 6 Der Bau des 1993 fertiggestellten weißen Opernhauses (Architekten: Eero Hyvämäki, Jukka Karhunen, Tapio Parkkinen), das zur Tölöbucht hin komplett verglast ist, war angesichts leerer Kassen umstritten, hat aber doch den Sieg der Kultur über die Ökonomie erlebt. Mit seiner Experimentierbühne sowie mehreren Ballett-, Proben- und Chorsälen ist es heute aus dem hauptstädtischen Kulturleben nicht mehr wegzudenken. Wer das Glück hat, hier einer Vorstellung beizuwohnen, wird vom 1400 Zuschauer fassenden Großen Saal beeindruckt sein: Mit seinen rotbraunen Holztönen und dunklen Sitzen, der harmonischen Verbindung von technischer Nüchternheit und Eleganz muß er zu den schönsten der Welt gezählt werden.

Nach der Besichtigung von so viel imposanter Architektur lockt ein Ausflug ins Grüne! Zu beiden Seiten der Mechelininkatu erstrecken sich ausgedehnte Grünanlagen wie der **Sibeliuspark** 7 mit dem 1962–67 von Eila Hiltunen geschaffenen orgelähnlichen Gebilde aus geschweißten und polierten Stahlröhren s. Abb. S. 57). Ob es dem Komponisten Jean Sibelius gerecht wird, mag jeder selbst entscheiden. Die Kritik an der abstrakten Form veranlaßte die Künstlerin jedenfalls, zusätzlich eine konventionelle Büste von Sibelius anzubringen, wobei die beiden Teile des Monuments

trotz ihrer räumlichen Distanz nicht gut miteinander harmonieren wollen. Westlich des Parks stößt man auf eine schöne Uferszenerie mit einem kleinen Yachthafen und Blick auf einige Inselchen. Spaziergänger könnten von hier aus stets in Wassernähe zum Freilichtmuseum Seurasaari (s. S. 95) wandern.

Um die Runde zu komplettieren, fährt man vom Sibeliuspark über die Mechelininkatu weiter nach Süden, biegt rechts auf die Pohjoinen Hesperiankatu ein und gelangt auf die kleine Halbinsel Hietaniemi (schwed.: Sandudd). An deren westlichem Ende bevölkern im Sommer unzählige Badelustige und Sonnenanbeter die schönen Sandstrände, während es Geschichtsinteressierte zum großen **Soldatenfriedhof** 8 zieht, auf dem auch das Grab von Marschall Mannerheim zu finden ist.

Diejenigen, denen dieser Schlenker nicht zusagt, biegen nach links auf die Hesperiankatu, dann rechts auf die Mannerheimintie ein und gelangen schließlich zur inmitten eines kleinen Parkes liegenden **Finlandia-Halle** (Finlandia-Talo) 9 (s. Abb.). Das 1971 (Hauptgebäude) und 1975 (Kongreßflügel) aus weißem Carrara-Marmor und grauem Granit fertiggestellte Zentrum trägt bis in kleinste Details die Handschrift seines Erbauers Alvar Aalto und sollte ursprünglich Zentrum eines völlig neu gestalteten Stadtteils an der Tölöbucht (Töölönlahti) werden. Das Gebäude, in dem jährlich rund 300 Kongresse und 200 Konzerte stattfinden, verdient nicht nur wegen seiner Architektur Beachtung, sondern auch wegen der historischen Bedeutung. 1975 fand hier die Konferenz für Sicherheit und Zusammenarbeit in Europa statt. Auf die sogenannte Helsinki-Charta beriefen sich bis zum Zusammenbruch des Warschauer Paktes alle Freiheitsbewegungen in Osteuropa. Auch später diente die Finlandia-Halle als Forum politischer Zusammenkünfte auf höchster Ebene, u. a. wurde eine KSZE-Nachfolgekonferenz abgehalten, und im Frühjahr 1997 trafen sich hier die Präsidenten Bill Clinton und Boris Jelzin.

Das
Nationalmuseum

   Nach der Überquerung der Mannerheimintie gelangt man zum **Nationalmuseum** (Kansallismuseo) 10. Der an
eine Kirche erinnernde Bau, 1902–04
von den Architekten Gesellius, Lindgren
und E. Saarinen entworfen und 1916
eingeweiht, gilt als Hauptwerk der Nationalromantik, die durch Formgebung,
Wahl der Materialien und viele Details
an Geschichte und Natur des Landes erinnern will. Im Inneren empfängt den
Besucher ein zentraler Kuppelsaal, der
1928 von Akseli Gallen-Kallela mit Fresken ausgeschmückt wurde. Diese nehmen Bezug auf das Nationalepos ›Kalevala‹ (s. S. 52). Wer die reichhaltigen
Sammlungen anderer Nationalmuseen
kennt, wird vom Bestand des finnischen
vielleicht enttäuscht sein – daß das Land
über Jahrhunderte hinweg nicht mehr
war als eine arme und bäuerliche Provinz, kann eben nicht verschwiegen werden. Sehr interessant sind die prähisto-
rische Sammlung im Erdgeschoß mit
dem ältesten erhaltenen Fischernetz der
Welt und die historische mit meist importierten Sakralgegenständen, darunter der herrliche Barbara-Altar des Ham-

burger Meisters Francke (ca. 1410). Unbedingt sollte man auch zum Souterrain hinabsteigen, in dem eine beachtliche ethnologische Sammlung der finno-ugrischen Völker und der Sami untergebracht ist. In den oberen Etagen des Museums sind finnische Kostüme und Volkstrachten, Möbel, Münzen und andere Exponate von der frühen Neuzeit bis zur Moderne zu sehen.

Eine ähnliche Sammlung von Spielzeug, Schmuck und Trachten hat auch die **Villa Hakasalmi** (Hagasund) 11 aufzuweisen, die 1846 errichtet wurde und deren Inneneinrichtung noch original erhalten ist. Das zum Stadtmuseum gehörende Haus ist vom Nationalmuseum aus nicht zu sehen, liegt aber nur wenige Gehminuten entfernt auf der anderen Seite der Mannerheimintie.

Südlich bildet das **Museum für Gegenwartskunst** 12 den jüngsten städtebaulichen Akzent im Zentrum der Hauptstadt. Den Wettbewerb für das 227-Mio.-Projekt gewann 1993 der amerikanische Architekt Steven Holl mit seinem kühnen Entwurf ›Kiasma‹.

Auf der anderen Seite der vielbefahrenen Verkehrsader erhebt sich der wuchtige Granitkoloß des **Reichstages** (Eduskuntatalo) 13. Das Parlamentsgebäude mit seiner monumentalen Säulenfront im neoklassizistischen Stil wurde 1925–31 errichtet und gilt als wichtigstes Werk des Architekten J. S. Sirén. Flankiert wird es von Denkmälern finnischer Präsidenten, die der Bildhauer Aaltonen Ende der 50er Jahre schuf. Wer sich für die parlamentarische Arbeit des Landes interessiert, kann den Reichstag auf geführten Rundgängen näher kennenlernen.

Bevor es in den Süden des Zentrums geht, sei noch ein Besuch einer der schönsten modernen Kirchen Skandinaviens – der **Tempel-** oder **Felsenkirche**

(Temppeliaukion kirkko) 14 empfohlen. Sie ist das Ergebnis mehrerer Architekturwettbewerbe, bei denen die Aufgabe zu bewältigen war, einen von recht hohen Mietshäusern gesäumten und mit einem Granitbuckel besetzten Platz mit einem Gotteshaus zu schmücken. Nach unbefriedigenden Ergebnissen in den Jahren 1932 und 1936 (an diesem Wettbewerb beteiligte sich übrigens auch J. S. Sirén) versuchte man 1961 einen dritten Anlauf, bei dem die Brüder Timo und Tuomo Suomalainen den ersten Preis gewannen. Sie hielten es für zwecklos, mit der Höhe der Häuser konkurrieren zu wollen und schlugen vor, die neue Kirche in den Felsen zu sprengen. Nach sieben Jahren hitziger Debatten über den Entwurf und die Kosten begannen die Bauarbeiten, und im September 1969 konnte die Tempelkirche schließlich eingeweiht werden. Von außen ist die flache Kuppel kaum zu sehen (es sei denn, man spaziert durch den Park dorthin), und auch der wenig attraktive Eingang läßt nicht ahnen, welch phantastischer Raumeindruck das Innere bietet. Der rauhe Fels, in dem noch die Sprenglöcher zu sehen sind, der warme Farbton des Kupferdrahtes unter der von verglasten Betonrippen getragenen Kuppel, der je nach Tages- und Jahreszeit wechselnde Lichteinfall, die schlichte Einrichtung, all das erzeugt eine Atmosphäre, die zur Meditation geradezu herausfordert. Störend sind nur die Besuchermassen, denn die Tempelkirche ist zur unverzichtbaren Station jeder Sightseeing-Tour geworden. Wer es zeitlich einrichten kann, sollte die Kirche deshalb möglichst spät aufsuchen, wenn das Gros der Busse bereits abgefahren ist, oder besser noch zu einem der häufig stattfindenden Konzerte.

Über Frederikinkatu und Boulevardi geht es nun zum **Hietalahdentori** 15, einem der vier Märkte der Helsinkier Innenstadt. Die Markthalle ist ein ausnehmend schönes Jugendstilgebäude und größer als die bekanntere Halle am Kauppatori. Auf dem Platz selbst stellt der Flohmarkt eine Attraktion für Touristen und Einheimische dar; er wird außer sonntags an jedem Vormittag und in der Sommersaison auch bis abends abgehalten.

Der rote Backsteinkomplex im Süden des Hietalahdentori ist Sitz der 1819 gegründeten Firma Sinebrychoff, der ältesten Brauerei des Landes. Der Braumeister Sinebrychoff wanderte aus St. Petersburg ein und eröffnete seine erste Brauerei auf der Festungsinsel Suomenlinna, später zog die Familie hierhin um. Ihr neoklassizistisches Wohnhaus ist noch in dem ausgedehnten Park erhalten, der zum Firmenareal gehört. Heute dient es als **Museum für Ausländische Kunst** (Ulkomaisen taiteen museo) 16 mit einer beachtlichen Sammlung flämischer, italienischer und französischer Meister sowie russischer und karelischer Ikonen.

Von der Telakkakatu, die weiter nach Süden führt, hat man einen guten Blick auf die **Wärtsilä-Werft,** in der große Schiffe wie Luxuskreuzer und Eisbrecher auf Kiel gelegt werden. Nach einigen hundert Metern zweigt links die Tehtaankatu ab, die auf die **Mikael-Agricola-Kirche** 17 von 1935 (Architekt: Lars Sonck) zuführt. Südlich davon breitet sich das Stadtviertel **Eira** 18 aus, das die geschlossenste Bebauung im finnischen Jugendstil aufweist. Aus diesem Grunde ist hier auch eine Wegempfehlung unnötig, denn fast alle öffentlichen und privaten Häuser verfügen über die charakteristischen Merkmale der Jahrhundertwende – ein Eldorado für Fotografen und Architekturfreunde, das man am besten zu Fuß erkunden sollte.

Um von Eira zum Kauppatori, dem Ausgangspunkt dieses Rundgangs, zurückzugelangen, sind verschiedene und gleichermaßen interessante Routen möglich. Orientiert man sich wie bisher an der Uferlinie, kommt man an schönen Parkanlagen mit einer Uferpromenade und Bootsanlegern vorbei, genießt den Blick aufs Meer, die Schären und Suomenlinna. Fast den gesamten Südteil der Halbinsel nimmt **Kaivopuisto** (schwed.: Brunnsparken) ein, einer der größten und schönsten Parks der Stadt. Die ›Große Allee‹ (Iso Puistotie) führt durch eine teils naturbelassene, teils gestaltete Landschaft, in der im Juli regelmäßig Open-Air-Konzerte stattfinden, zu einem hochherrschaftlichen Gebäude, das zum ehemaligen, 1944 zerstörten Kurbad gehörte und heute das Restaurant Kaivohuone mit Sommerterrasse beherbergt. In dieser schönen Umgebung residieren zahlreiche Botschaften: Die russische liegt ein Stückchen weiter geradeaus, die britische, amerikanische und französische an der östlichen Parallelstraße.

Mehr ›Kultur‹ bietet der Weg über die Tehtaankatu, die von Eira geradewegs nach Osten führt und von der man etwa 300 m hinter der Agricola-Kirche links auf die Kapteeninkatu abbiegt. Auf dieser Route passieren Sie die 1893 erbaute **Johannes-Kirche** 19, die zwar nicht die größte, mit ihren Doppeltürmen aber die höchste Kirche der Stadt darstellt und eine verkleinerte Nachbildung der Kathedrale von Uppsala sein will.

Zwei Querstraßen weiter erhebt sich der Observatoriumsberg, von dem aus man eine schöne Aussicht auf die Stadt, den Hafen und die vorgelagerten Inselchen genießt. Abends kann man hier die Manöver der Riesenfähren nach Tallinn, Mariehamn und Stockholm beobachten. Gekrönt wird der Berg von dem 1833

Die in Skandinavien so beliebten Baumwollteppiche müssen auch gewaschen werden

fertiggestellten **Observatorium** [20]. Der von C. L. Engel entworfene Bau beherbergt immer noch das astronomische Institut der Universität Helsinki. Wegen der hohen Bäume ist die Aussicht hier nicht ideal, daher geht man ein Stückchen weiter in östlicher Richtung bis zum Denkmal für die Schiffsbrüchigen (1897) und einer Terrasse oberhalb des Olympiakais (Olympiaranta). Belohnt wird der Ausflug zudem durch den Blick auf die Halbinsel Katajanokka, die an schönen Tagen von der Abendsonne in ein einzigartiges Licht getaucht wird, oder auch auf das nahe Inselchen Valkosaari mit dem hochherrschaftlichen Pavillon des finnischen Yachtclubs. Ein Besuch des **Museums für Finnische Architektur** [21] an der Kasarmikatu und des großen Komplexes der 1822 von C. L. Engel entworfenen **Kaserne der Kaiserlichen Garde** [22] bilden den Abschluß dieser Route. Im Norden stößt die Kasarmikatu auf die Esplanade, die zurück zum Marktplatz führt.

Die Inseln vor Helsinki

Daß die Hauptstadt so überaus reizvoll ist, hat sie nicht nur ihren kulturellen Highlights, sondern mindestens im gleichen Maß ihrer natürlichen Umgebung zu verdanken, jenem Wirrwarr aus Meer, Seen, Inseln und Halbinseln, das das Stadtgebiet zu einem amphibischen Wesen macht. Die Einheimischen haben natürlich schon längst den enormen Freizeitwert dieser Lage erkannt und nutzen ihn sommers wie winters, während ausländische Touristen, auf der Flucht vor urbaner Ballung, die Hauptstadtregion oft allzu schnell verlassen. Dabei fängt die Natur doch direkt vor deren Haustüre an, und wüßten manche, wie viele verschwiegene und einsame Schären sich keine Bootsstunde vom Marktplatz aus befinden, würden sie sich vielleicht den weiteren Weg ersparen.

Wer einen nur überblickartigen Eindruck von der Wunderwelt des Schärengartens bekommen möchte, sollte an einer der Rundfahrten teilnehmen, die zumeist am Marktplatz starten und bei denen man die Qual der Wahl zwischen Schnellboot und Segelschiff, historischem Raddampfer oder modernem Ausflugsboot, einstündiger oder ganztägiger Exkursion hat. Bis nach Porvoo im Osten oder Hanko im Westen gehen diese Touren, aber fürs erste wird es wohl reichen, sich in unmittelbarer Nähe Helsinkis umzuschauen. An dieser Stelle sollen aus einer nahezu unendlich erweiterbaren Liste lohnender Ausflugsziele nur einige Inseln genannt sein, die aus unterschiedlichen Gründen geeignet sind, ein knapp gefaßtes Helsinki-Programm zu ergänzen, und von denen zwei sogar ganz ohne Boot oder Fähre besucht werden können.

Am nächsten, nämlich nur ca. 150 m südlich des Kaivopuisto-Parks, befindet sich **Harakka** (schwed.: Stora Räntan) **1**, ein überschaubares Fleckchen Erde, das von Künstlern bewohnt wird und ansonsten mit üppigem Pflanzenwuchs sowie einer artenreichen Vogelwelt aufwartet. Die nur einen Steinwurf vom urbanen Zentrum entfernte Insel ist recht stark frequentiert, zumal man dort einen Naturpfad, ein Freilichttheater und ständige Ausstellungen über Umwelt und Naturschutz eingerichtet hat. Für Einsamkeitsfanatiker also nicht unbedingt ideal, wer jedoch ein schönes Stück Natur bei minimalem Zeitaufwand kennenlernen möchte, ist hier genau richtig.

Die südlich des Westhafens gelegene Schäre **Pihlajasarri** (schwed.: Rönnskär) **2** ist ein wenig weiter entfernt,

Die Umgebung von Helsinki

Suomenlinna – Von der Seefestung zum Kulturerbe der Menschheit

Die malerisch vor dem Hafen der Hauptstadt gelegene Seefestung Suomenlinna (schwed.: Sveaborg) **3**, die 1998 ihr 250jähriges Jubiläum feiert, ist ein kleiner Archipel, dessen sechs Eilande z. T. durch Brücken miteinander verbunden sind. Wegen ihrer historischen Bedeutung, zahlreicher Museen, einem einzigartigen Ambiente und den Naturschönheiten zählt Suomenlinna zu Helsinkis bedeutendsten Sehenswürdigkeiten.

Die Hauptattraktionen konzentrieren sich auf den beiden Inseln Susisaari und Kustaanmiekka: in erster Linie natürlich die Festungsanlagen mit ihren Wällen, Mauern, Kasematten und Geschützen, insbesondere das prächtige Königstor. Aber auch die einstigen Kasernen, Bürgerhäuser, Werften, Ehrensvärds Grabmal und die ehemalige russisch-orthodoxe Kirche von 1854, die zusätzlich als Leuchtturm fungierte und heute lutherisch ist, lohnen den Besuch. Das Ehrensvärd-Museum erinnert an den Erbauer der Festung und dokumentiert die Baugeschichte, während man sich im Armfeld-Museum ein Patrizierhaus des 19. Jh. mit original eingerichteten Zimmern und schöner Porzellansammlung anschauen kann. Weiter gibt es ein Küstenartilleriemuseum, ein Puppen- und Spielzeugmuseum, zwei Galerien, ein Sommertheater und das aufgedockte U-Boot ›Vesikko‹, das 1939–44 im Einsatz war. Diese einzigartige Mischung von Kultur und militärischer Tradition veranlaßte die UNESCO, die Festung als Kulturerbe der Menschheit zu klassifizieren. Wer keine Sehenswür digkeiten verpassen möchte, sollte an einer 1,5-stündigen Führung teilnehmen, die auch in englischer und deutscher Sprache angeboten wird. Für das leibliche Wohl sorgen u. a. ein Restaurantschiff, das hochgelegene Café Piper mit schöner Terrasse und das in einer Kasematte untergebrachte Gourmet-Restaurant Walhalla. Planen Sie also für einen Besuch der Festungsinseln ausreichend Zeit ein. Die Überfahrt dauert zwar nur 15 Minuten, doch ist das Gelände recht weitläufig; die Spaziergänge und Besichtigungen verlangen gut und gerne nach einem halben Tag.

Die Geschichte der Festung geht auf das Jahr 1748 zurück, als die Schweden, vom aufstrebenden St. Petersburg verängstigt und auf der Suche nach einem starken Bollwerk gegen die Zaren, fast zwangsläufig auf die Inselgruppe aufmerksam wurden. Diese war für ihre Zwecke ideal – konnte eine dort gebaute Festung doch nicht nur die Ostflanke des schwedischen Reichs schützen und das damalige Helsingfors kontrollieren, sondern besaß sie auch einen vorzüglichen, militärisch nutzbaren Naturhafen. Mit dem Festungsbau beauftragte man den Artillerieoffizier Augustin Ehrensvärd, einen hochgebildeten und kunstsinnigen Mann. Als Ehrensvärd 30 Jahre später starb, war die Sveaborg (Schwedenburg) fast vollendet, für die Schweden allerdings nicht mehr lange von Nutzen. Denn bereits im Mai 1809 mußte die von den Russen belagerte Festung kapitulieren – ob dabei Verrat im Spiel war, wie Runeberg in seinem Gedicht ›Sveaborg‹ behauptet, ist umstritten. Zu Beginn der russischen Zeit war ›Viapori‹ – so wurde Sveaborg lautmalerisch ins Slawische übertragen – eine kleine Stadt, in der rund 7000 Soldaten, Angehörige und Handwerker lebten – immerhin deutlich

mehr als im gerade zur Hauptstadt ernannten Helsinki! In den 110 Jahren, in denen der zaristische Doppeladler über den Mauern und Kasematten wehte, waren zeitweilig sogar bis zu 10 000 Mann dort stationiert. Ihre schlimmsten Zerstörungen mußte die Festung während des Krimkrieges hinnehmen, als 1855 eine englisch-französische Flotte gut die Hälfte aller Gebäude und Militäranlagen in Schutt und Asche legte. Danach setzten die Russen alles daran, das Bollwerk zu modernisieren; ein Großteil der heute sichtbaren Kasernen entstanden kurze Zeit später, wie auch die mächtigsten Geschütze erst nach dem Krimkrieg installiert wurden.

Eine erneute Feuertaufe gab es freilich nicht, und als 1918 Suomi endlich die staatliche Unabhängigkeit erhielt, ging das Terrain in den Besitz der finnischen Armee über. Um den neuen politischen Verhältnissen zu entsprechen, wurde Sveaborg alsbald in Suomenlinna (Finnenburg) umgetauft. Als 1973 die Garnison aufgelöst wurde, bestand die Gefahr des unaufhaltsamen Verfalls der militärischen Anlagen. Einer kostenintensiven Sanierungsaktion der Regierung ist es zu verdanken, daß nicht nur die einzelnen Baudenkmäler und die Gesamtanlage des einstigen ›finnischen Gibraltar‹ gerettet, sondern zudem in ein anspruchsvolles kulturelles Umfeld eingebracht und in eine Touristenattraktion ersten Ranges verwandelt werden konnte. Schon 1978 wurden beispielsweise in einer alten Kaserne eine Galerie eingerichtet und das Nordische Kunstzentrum gegründet. Stipendien des Nordischen Rates ermöglichten es Künstlern aus Finnland, Norwegen, Schweden, Dänemark und Island, zusammen mit Familienangehörigen die ehemaligen Militärbaracken zu beziehen und in Ateliers zu arbeiten.

dank der guten Motorbootverbindungen ab Merisatamaranta (Stadtteil Eira) aber sowohl organisatorisch als auch zeitlich in einen Helsinki-Besuch bequem zu integrieren. Hier wurde ein Erholungspark angelegt, der mit Granitklippen, sandigen Badebuchten und sauberem Wasser lockt – an einem warmen Sommertag also ein wunderbarer Kontrast zu einer anstrengenden Stadtbesichtigung!

Die Insel **Seurasaari** (schwed.: Fölisön) 4 liegt 5 km nordwestlich des Stadtzentrums in der gleichnamigen Bucht und ist durch eine Holzbrücke mit dem Festland verbunden. Für Auto- oder Radfahrer ist sie leicht zu erreichen, wenn man sich ab dem Sibeliuspark (s. S. 86f.) immer am Uferverlauf orientiert. Wer auf öffentliche Verkehrsmittel angewiesen ist, setzt sich in einen Bus der Linie 24, möglich ist auch eine schöne Wanderung vorbei an Grünanlagen, Badeplätzen und hübschen Holzhäusern von der Jahrhundertwende.

Hauptattraktion der Insel ist das Freilichtmuseum, in dem typische Beispiele finnischer Architektur und Wohnkultur aus verschiedenen Teilen des Landes zusammengetragen wurden. Besonders interessant sind die Holzkirche von Karuna (Ende des 17. Jh.) sowie die Bauernhöfe Niemelä aus Konginkangas und Antii aus Säkylä, die beide einschließlich aller Neben- und Wirtschaftsgebäude komplett erhalten sind. Neben vielen weiteren volkstümlichen Gebäuden lohnt aber auch die Natur den Aufenthalt, zumal auf Seurasaari und in nächster Umgebung mehrere Restaurants, Cafés und Kioske, in denen noch die Stimmung der Jahrhundertwende konserviert ist, einladen. Den Hauptstädtern dient Seurasaari als Erholungspark und Ausflugsziel für Spaziergänger, Skiläufer und Schlittenfahrer. Außerdem finden hier auch einige Brauchtumsfeste statt, so z. B. das landesweit bekannte Mittsommernachtsfest, bei dem das größte Johannisfeuer der Stadt entzündet wird.

Die Nachbargemeinden Espoo und Vantaa

Inzwischen ist Helsinki mit den Nachbarstädten Espoo und Vantaa schon so zusammengewachsen, daß diese Gemeinden zur unmittelbaren Hauptstadtregion zu zählen sind und von Ausländern nur noch selten als eigenständige Kommunen wahrgenommen werden. Ihre wichtigsten Sehenswürdigkeiten sind Ziel der verschiedensten Sightseeing-Angebote, darüber hinaus aber auch problemlos mit öffentlichen Verkehrsmitteln zu erreichen. Selbstfahrer kommen über den Autobahnring Kehä III zügig von Espoo nach Vantaa. Wer neben den kulturellen Highlights auch die schöne Landschaft in der Umgebung von Helsinki genießen möchte, kann gut und gerne eine Woche in dieser Region verbringen! Die Wandergebiete Nuuksio und Sotunki beispielsweise sind nur eine halbe Autostunde von der Hauptstadt entfernt.

Obwohl die westlich an Helsinki anschließende Gemeinde Espoo (schwed.: Esbo; S. 269f.) erst 1972 Stadtrechte erhielt – damals wurden fünf eigenständige Orte zusammengefaßt –, ist sie mit insgesamt 194 000 Einwohnern (1997) heute die zweitgrößte finnische Stadt. In den 60er und 70er Jahren, als sich die Bevölkerungszahl verfünffachte, wurde Espoo zur ›Schlafstadt‹, deren Bewohner zu den Arbeitsplätzen in Helsinki pendelten. Mittlerweile befinden sich jedoch 80 % der Stellen – vor allem bei Dienstleistungen und Handel – innerhalb der Stadtgrenzen. Für das moderne Finnland spielt Espoo eine bedeutende Rolle als Kongreßzentrum und als Stadt der Lehre, Wissenschaft und Forschung. Der Ansiedlung von einigen hundert Firmen aus der EDV-, Telekommunikations- und Designbranche hat sie ihren Beinamen ›finnisches Silicon Valley‹ zu verdanken.

Zu den Hauptsehenswürdigkeiten gehört der Stadtteil Tapiola, der beispielhaft für die Prinzipien der finnischen Stadtplanung seit den 50er Jahren steht. Hier und im benachbarten Otaniemi finden Architekturfans viele Highlights, Jugendstilvillen, historische Herrenhäuser, interessante Museen und einige Relikte aus dem Mittelalter lohnen den Besuch. Daneben ist das ausgedehnte Stadtgebiet von einer streckenweise unberührten Natur umgeben, zu der u. a. 165 Inseln, 95 Binnenseen, tiefe Wälder mit phantastischen Wandergebieten und eine Ostseeküste von 58 km Länge gehören. Kein Wunder also, daß der Freizeitwert für Bewohner und Besucher enorm hoch ist, zumal beizeiten für eine passende Infrastruktur gesorgt wurde.

Der beste Startpunkt für eine Besichtigungstour, bei der auch noch einige Helsinkier Attraktionen ›mitgenommen‹ werden können, ist der **Sibeliuspark** (s. S. 86f.). Bevor man die Merikannontie am hochaufragenden Meilahti-Krankenhaus nach links über die Seurasaarentie abzweigt, passiert man auf der Landzunge **Kesäranta** eine schöne Jugendstilvilla mit dekorativem Turm. Sie war früher die Sommerresidenz des russischen Generalgouverneurs und bis Mitte der 90er Jahre die Amtswohnung des Ministerpräsidenten. Heute residiert er auf der parkähnlichen Halbinsel **Mäntyniemi**, in einem 1993 fertiggestellten, architektonisch äußerst gelungenen Gebäude von Raili und Reima Pietilä. Wei-

ter geht die Fahrt an herrschaftlichen Villen und der Fußgängerbrücke vorbei, zur Insel Seurasaari mit dem Freilichtmuseum (s. S. 95). Der Abzweig etwa 150 m weiter bringt Interessierte linker Hand zur **Villa Tamminiemi,** einem großen, rosafarbenen Wohnhaus. Während der Regierungszeit von Urho Kekkonen (1956–81) spielte es eine bedeutende, man kann schon sagen weltpolitische Rolle, denn als offizielle Residenz des Präsidenten war sie ein Zentrum der finnischen innen- und außenpolitischen Aktivitäten in der Epoche des Kalten Krieges. Über den Sozialdemokraten Kekkonen, der hier bis zu seinem Tod im Jahre 1986 lebte und eine der auffälligsten Gestalten der internationalen Politik war, wird gerne erzählt, daß er mit seinen Staatsgästen in die Sauna ging, da dort die nackt und schwitzend zusammensitzenden Staatschefs sehr viel schneller zur Sache und zu Ergebnissen kamen. Die Villa Tamminiemi dient heutzutage als Urho-Kekkonen-Museum, ist aber nicht nur für diejenigen sehenswert, die der ›große alte Mann‹ der finnischen Politik interessiert. Denn der Präsident, der sich in seiner Freizeit selbst als Künstler betätigte, legte Wert auf Innenarchitektur, so daß manch edles Stück des zeitgenössischen Designs zu besichtigen ist. Auch die vielen Geschenke, die Kekkonen während seiner langen Präsidentschaft aus dem In- und Ausland erhalten hat, sind zu besichtigen. Außerdem sollten Besucher natürlich auch einen Blick in die Sauna des Hauses werfen, in der auf originelle Weise Geschichte geschrieben wurde.

Bei der Weiterfahrt passiert man nach wenigen hundert Metern zur Linken das **Städtische Kunstmuseum** (Helsingin Kaupungin Taidemuseo; Tamminiementie 6) **5**, das hauptsächlich finnische und französische Kunst des 20. Jh.

zeigt und in einem Holzbau aus den 40er Jahren des 19. Jh. sowie einem jüngeren, gelben Steingebäude untergebracht ist (Café). Auf einer landschaftlich reizvollen Strecke, die über zwei Inseln und an der **Villa Gyllenberg** (Kunstmuseum) vorbeiführt, erreicht man die Gemeinde Espoo.

Die ›Gartenstadt‹ **Tapiola** (schwed.: Hagalund) 6 , deren markantes Wahrzeichen das Hochhaus des finnischen Ölkonzerns Neste Oy ist, fand als bekanntester Satellitenort nahe der Hauptstadt weltweit großes Interesse. Ihre Ursprünge gehen auf die 50er Jahre zurück, als man einerseits den dringenden Bedarf an neuem Wohnraum befriedigen mußte (damals hatte das Land die Aufnahme von 400 000 Flüchtlingen aus Karelien zu bewältigen), andererseits in der Stadtplanung neue Akzente setzen wollte. Die gemeinnützige Organisation Asuntosäätiö konnte für ihr Gartenstadtprojekt einige der namhaftesten finnischen Architekten der Zeit gewinnen. Das erklärte Ziel war, ein am Menschen orientiertes und funktionelles Gemeinwesen mit hohem Serviceniveau für ca. 20 000 Menschen zu schaffen, dabei aber auch die Landschaft in die Bebauung einzubeziehen. Das Resultat entsprach weitgehend den hochgesteckten Zielen und stellt insgesamt eine harmonische Verbindung von Naturnähe und den Anforderungen modernen Wohnens dar. Das betont weiß gehaltene, großzügige Zentrum ist um einen künstlichen See angelegt, hier befinden sich die wichtigsten Verwaltungs- und Geschäftsbauten, der Markt und Hotels. Dahinter erstreckt sich das Wohnviertel, dessen Häuser zwischen Bäumen versteckt und von weitflächigen, grünen Rasenanlagen umgeben sind. Daneben gehören ein eigener Yachthafen, die Uferpromenade, Sportplätze, viele Skulpturen und Springbrunnen zum Stadtbild.

Am besten erschließt sich Tapiola den Besuchern von der Terrasse des zentra-

Das Kulturhaus in Tapiola

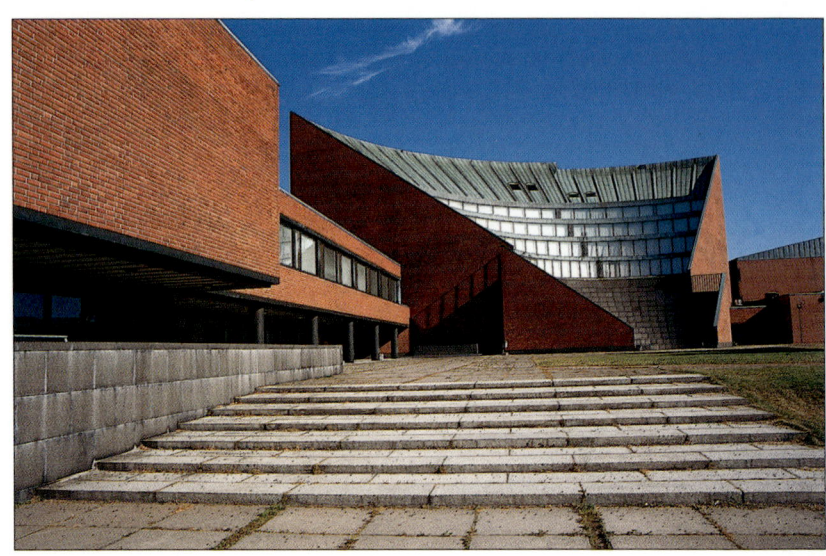

Die von Alvar Aalto gebaute Technische Universität in Otaniemi

len Turms aus, in dessen 13. Etage das Fremdenverkehrsbüro der Stadt untergebracht ist. Anschließend lohnt es sich, einmal rund um das Wasserbassin zu spazieren, um das mehrere moderne Gebäude (Sokos Hotel, Tapiola-Kirche, Kulturzentrum, Schwimmhalle) und eine Freilichtbühne gruppiert sind. Auch der lebhafte Markt und verschiedene Einkaufszentren sind in wenigen Minuten zu Fuß zu erreichen.

Knapp 1 km vom Tapiola-Zentrum entfernt schließt sich im Nordosten, jenseits der Hagalundintie, der Stadtteil **Otaniemi** (schwed.: Otnäs) **7** an, dessen Bebauungsplan von Alvar Aalto stammt und der in seiner Gesamtheit spektakulärer ist als Tapiola. Diese landesweit bedeutendste Hochburg von High-Tech, Lehre und Forschung (1964 wurden die Fachbereiche Technik und Architektur von der Universität Helsinki hierher verlegt) ist für Besucher in erster Linie wegen ihrer Architektur interessant, deren vornehmste Bauten auf

Alvar Aalto zurückgehen, den finnischen Pionier des Modernismus. Der Campus mit Hörsaal und Bibliothek der TU, jenseits der Otaniementie gelegen, ist ein oft gerühmtes Meisterwerk. Das 1966 gebaute, auffällige Kongreßzentrum Dipoli, das sich nur wenige hundert Meter weiter östlich befindet, geht jedoch nicht auf Aalto, sondern auf seine Kollegen Reima Pietilä und Raili Paatelainen zurück. Dieses ungewöhnliche Gebäude aus Natursteinblöcken, Holz und Beton war ursprünglich für die Studentenschaft der TU geplant und ist heute nach der Finlandia-Halle die wohl bekannteste Tagungs- und Kongreßeinrichtung. Und um das Architekturerlebnis komplett zu machen, sollte man auch die Kapelle von Otaniemi (1967) besuchen, die sich am Ende der Halbinsel in einem lichten Fichtenwald versteckt. Kaum ein Gebäude kann die Prinzipien und Vorzüge der finnischen Baukunst besser verdeutlichen als dieses kleine Gotteshaus mit seiner kompromißlos reduzierten Gestalt und seiner schlichten Innen-einrichtung. Die herkömmliche Altarta-fel ersetzten die Architekten Kaija und Heikki Sirén durch ein wandfüllendes Fenster und bezogen damit die Natur, die sich zu jeder Tages- und Jahreszeit anders präsentiert, in die Kapelle ein.

Wenn Sie der hier vorgeschlagenen Rundfahrt folgen möchten, geht es über die breite Hagalundintie (Ring I), die Ta-piola von Otaniemi trennt, ca. 2 km in nördlicher Richtung. Auf dem Weg nach Tarvaspää, einem der meistfrequentier-ten Ausflugsziele in Helsinkis Umge-bung, passiert man den Abzweig zur **Villa Elfvik** 8 (Elfvikintie; ausgeschil-dert), ein schön restauriertes Jugendstil-haus von 1904, das heute als ›Natur-haus‹ fungiert. In der Villa selbst kann man sich Ausstellungen zur Flora und Fauna der Region anschauen und auf hübschen Wanderwegen entlang der Bucht Laajalahti bis zu einem Beobach-tungsturm gehen. Ornithologisch Inter-essierte sollten sich diesen Platz zur Be-obachtung von Wasser- und Zugvögeln nicht entgehen lassen – er ist einer der besten Südfinnlands!

Die meisten Besucher pilgern aber zum nahen **Tarvaspää** 9, dem 1911–13 gebauten ehemaligen Atelier und Haus des Malers Akseli Gallen-Kallela (1865–1931). Der wohl berühmteste finnische Künstler und Interpret des Nationalepos ›Kalevala‹ (s. S. 52) wurde im gleichen Jahr wie sein Freund Sibelius geboren, genoß schon zu Lebzeiten höchste An-erkennung und konnte es sich deshalb leisten, vor den Toren der Hauptstadt eine ›Künstlerburg‹ nach eigenen Plänen errichten zu lassen. Die schloßartige Ju-gendstilvilla samt originaler Einrichtung ist dabei genauso sehenswert wie ihre naturschöne Lage oberhalb der Meeres-bucht und die Sammlungen des Mu-seums. Obwohl Gallen-Kallela sich mit

diesem Atelierhaus, das mittelalterliche und florentinische Elemente vereinigt, einen Traum erfüllt hatte, verbrachte er anfangs nicht allzuviel Zeit in Tarvaspää: Der passionierte Weltenbummler war oft auf Reisen, außerdem ließen der Erste Weltkrieg sowie der Bürgerkrieg ein ruhiges Arbeiten nicht immer zu. Später jedoch kehrte der Künstler zurück und lebte hier bis zu seinem Tod. Neben seinen eigenen Werken zeigt das Mu-seum auch interessante Erinnerungs-stücke an seinen Freundeskreis, zu dem viele führende Persönlichkeiten des eu-ropäischen Kulturlebens jener Zeit ge-hörten (u. a. Maxim Gorkij, Gustav Mah-ler, Edvard Munch, Jean Sibelius und August Strindberg). Das Atelierhaus liegt im Garten eines älteren Hofes von 1860, in dessen Gebäuden sich auch das Café-Restaurant des Museums befindet.

Unmittelbar nördlich von Tarvaspää verläuft die Autobahn 1 (Turunväylä), über die man schnell nach Helsinki zu-rückfindet. Im Stadtteil **Leppävaara** 10, gut 1 km nördlich des Autobahnkreuzes, liegt die massive rote Backsteinkirche (Olli Kuusi, 1979) ein sehenswertes Ziel für Freunde der neueren finnischen Sa-kralarchitektur. Ansonsten begibt man sich auf der Autobahn in die andere (westliche) Richtung und biegt nach etwa 8 km zum Zentrum von Espoo (Es-poon Keskus) ab, einem der fünf Stadt-teile der gleichnamigen Gemeinde, des-sen größte Sehenswürdigkeit die alte **Espoon Kirkko** 11 aus dem 15 Jh. ist. Sie erreichen sie in wenigen Minuten ab der Autobahnausfahrt über die Straßen Espoontie und Kirkkokatu. Das Gottes-haus wurde aus Naturstein über einem rechteckigen Grundriß gebaut und im 19. Jh. mit einem Querschiff ausgestat-tet. Mittelalterlich sind noch das für die finnische Kirchenbaukunst typische Gie-beldreieck aus Backstein und die schönen Kalkmalereien an Wänden und Decke, die bei Restaurierungsarbeiten im 20. Jh. zum Vorschein kamen. In der alten Kirche, die immer noch als Hauptkirche der finnischen und der schwedischsprachigen Gemeinde von Espoo fungiert, finden von Juni bis August stimmungsvolle Nachtkonzerte statt.

Ein weiteres Stück Vergangenheit wird im **Gutshof Glims** 12 lebendig, der nördlich der Autobahn (über die Straßen Espoontie und Turuntie zu erreichen) liegt. Bereits im 16. Jh. wurde das Gehöft erwähnt, der größte Teil von Haupthaus und Nebengebäuden stammt jedoch aus dem 19. Jh. Der Gutshof Glims dient heutzutage als Museum, in dem zahlreiche hier zusammengetragene bäuerliche Utensilien zu sehen sind. Im Sommer werden Besuchern auch Volkstänze und alte Handwerkstechniken vorgeführt.

Der Norden von Espoo ist mit seinen Wäldern, Hügeln und Seen – der größte davon ist der Bodominjärvi – vor allem für Naturliebhaber interessant, die dort wandern, radfahren, an Kanu-Exkursionen teilnehmen und in der kalten Jahreszeit alle Arten von Wintersport betreiben können. **Nuuksio** 13, das schönste Stück Natur, wurde im jüngsten Nationalpark des Landes unter Schutz gestellt. Von Glims oder Espoo-Zentrum aus erreicht man das Wildmark-Gelände am besten über die Nupurilantie, die unmittelbar nördlich parallel zur Autobahn nach Westen führt und von der man in Nupuri rechts auf die Brobackantie abzweigt. Auf einer landschaftlich sehr reizvollen Strecke geht es dann in den Norden, durch die Ortschaft Nuuksio (schwed.: Noux) und entlang dem gleichnamigen, langestreckten See. Die Straße endet am Parkplatz des 28 km^2 großen Nationalparks, in dem viele markierte Wanderwege unterschiedlicher

Länge zu sportlicher Aktivität ermuntern. Daneben sind auch Erkundungstouren per Mountainbike, Kanu oder Pferd möglich, die von mehreren Veranstaltern einschließlich Führung angeboten werden. Nur einen Katzensprung von der Hauptstadt entfernt kann man hier eine unberührte Seen- und Hügellandschaft erleben, die auch Heimat einer artenreichen Tierwelt ist. Mit etwas Glück sichtet man Flughörnchen, Bären, Luchse, Haselhühner, Spechte und Eulen. Und je nach Jahreszeit kann man Beeren und Pilze sammeln oder in den fischreichen Gewässern Forellen, Hechte und Barsche angeln.

Noch etwas näher liegt der See **Bodominjärvi** 14, an dessen Nordende auch kulturelle Akzente zu erwarten sind. Von Glims oder Espoo-Zentrum aus nimmt man hier die Kunnarlantie (die Verlängerung der Espoontie) nach Norden und gelangt in der Siedlung **Oittaa** zum Südufer des Sees (Campingplatz, Badestrand). Entlang dem Westufer des Sees, stets mit herrlichen Ausblicken, geht es dann zur Ortschaft Myllyjärvi, wo sich das ökumenische Zentrum befindet (Myllyjärventie 9). Dessen Kirche, die im byzantinischen Stil mit Ikonostasen und Wandmalereien dekoriert ist, kann nach Absprache besichtigt werden. Sehenswert auch die angeschlossene Ikonenschule, deren Produkte an Ort und Stelle verkauft werden.

Nur wenige hundert Meter entfernt befindet sich in der Siedlung Pakankylä ein weit über Espoo hinaus bekanntes **Automuseum.** Mit rund 130 ausgestellten Oldtimern, Motorrädern und Mopeds gilt es als viertgrößtes seiner Art in Europa.

Ebenfalls ganz nah erstreckt sich nördlich der genannten Sehenswürdigkeiten das herrliche Waldgebiet von **Velskola** mit vielen Seen, Wanderwegen und Badeplätzen. Der **Serena-Frei-zeitpark** ▢15 bei Lahnus ist weithin bekannt für sein Ski-Zentrum, das über gespurte Loipen und Abfahrtspisten, fünf Lifte, Skischule, Geräteverleih etc. verfügt. Ganzjährig nutzbar ist der Wasserpark mit einer Vielzahl von Innen- und Außenpools und einem Wellenbad, daneben kann eine Höhle mit der Werkstatt des Weihnachtsmannes besichtigt werden. Komplettiert wird das touristische Angebot durch Reit- und Wanderwege, Tennisplätze, das großzügige Hotel Korpilampi und das Höhlenrestaurant Granina.

Den Wäldern, Seen und Hügeln im Norden hat Espoos Süden eine reichgegliederte Küste mit vielen Schären und Ausflugsinseln entgegenzusetzen. Die schönste Möglichkeit, diese Gegend kennenzulernen, bieten die regelmäßigen Bootsverbindungen von Tapiola nach Espoonlahti. Wer mit dem Wagen von Espoo-Zentrum in den Süden aufbricht, nimmt am besten die Straße Finnontie, die auf aussichtsreicher Route mitten durch den Zentralpark führt und auf die autobahnähnliche Straße 51 (Länsiväylä/Västerleden) stößt. Empfehlenswert ist ein Abstecher in den Stadtteil **Haukilahti** ▢16, der durch seinen markanten Wasserturm (Haukilahden vesitorni) unschwer zu finden ist. Das wie ein Ufo anmutende Bauwerk beherbergt das gute Restaurant Haikaranpesä (Storchennest), das eine phantastische Aussicht bietet und täglich mit einem Lunch-Buffet aufwartet. Von hier aus sollte man sich bei der Weiterfahrt immer am Küstenverlauf orientieren (Haukilahdenranta, Mellstenintie, Westendintie), eine hübsche Route, die einen am Yachthafen, an Aussichtspunkten über die Schärenwelt vorbei und durch das Stadtviertel Westend und zurück nach Helsinki bringt.

Die nördlich von Helsinki gelegene Gemeinde **Vantaa** (schwed.: Vanda; S. 303) erlebte eine ähnliche Karriere wie die westliche Nachbarstadt Espoo: 1351 zum ersten Mal urkundlich erwähnt, spielte sie lange Zeit eine untergeordnete Rolle, bis sie nach dem Krieg auch vom Aufschwung und Bevölkerungszuwachs der Hauptstadtregion profitierte. Im Jahr 1974 erhielt Vantaa Stadtrechte und stellt heute mit 166 000 Einwohnern das viertgrößte urbane Ballungszentrum des Landes dar. Wie in Espoo gibt es hier ebenfalls mehrere lokale Zentren, zwischen denen sich Industrieanlagen, landwirtschaftliche Betriebe, das große Flufhafengelände und naturbelassene Gebiete ausdehnen. Ein Besuch von Vantaa lohnt sich vor allem wegen des Wissenschaftszentrums Heureka (s. S. 103), ansonsten locken einige Museen und schöne Beispiele älterer und neuerer Architektur. Allerdings ist das Ausflugsziel insgesamt weniger attraktiv als Espoo. Die wichtigsten Sehenswürdigkeiten liegen nahe der Autobahn 137 und können deshalb auch bequem auf dem Weg von oder nach Lahti (s. S. 151ff.) in das Besichtigungsprogramm einbezogen werden.

Am schnellsten gelangt man von Helsinki nach Vantaa, wenn man den Flughafenschildern folgt. Wo die Tuusulantie (Straße 137) den Ringweg III (Europastraße 18) kreuzt, geht es in östlicher Richtung zum Stadtteil **Tikkurila,** das eigentliche Zentrum von Vantaa. Hier findet man ein Ensemble modernerer Bauten, u. a. große Hotels, Verwaltungsgebäude, Einkaufszentren und eine Fußgängerzone.

Wer eine Zeitreise in die Vergangenheit unternehmen möchte, verläßt das Zentrum über die Kuuriritie in westlicher Richtung, wo sich nahe dem Autobahnkreuz schöne Beispiele der älteren und ländlichen Architektur erhalten haben. Vor allem die **Helsinge-Kirche** `17` im gleichnamigen Kirchdorf ist ein Relikt jener Zeit, als sich hier das ehemalige Dorfzentrum von Helsinki befand, bevor es 1640 an seinen jetzigen Standort verlegt wurde. Die dem hl. Laurentius (St. Lars) geweihte Kirche wurde kurz vor der Reformation, im späten 15. Jh., aus Feldsteinen errichtet, allerdings Ende

Kirche (s. S. 99f.). Am Parkplatz vor der Kirche stößt man auch auf ein hölzernes Gemeindemuseum samt Mühle, und in der Nachbarschaft des Dorfes ist manch gut erhaltenes Beispiel eines Dorfmilieus aus dem 18. und 19. Jh. zu bewundern.

Das Gebiet nördlich der Europastraße dominiert der **Internationale Flughafen Helsinki-Vantaa** `19`, der größte des Landes und Heimatflughafen der Fin-

Das Heureka-Wissenschaftszentrum

des 19. Jh. durch ein Feuer zerstört. Bei der ›Restaurierung‹ hat man deutliche Zugaben des 19. Jh. nicht gescheut, so daß das Gotteshaus heute eine merkwürdige Kombination mittelalterlicher und neuzeitlicher Elemente aufweist. Der schöne Feldsteingiebel mit Backsteineinfassung und der alleinstehende Glockenturm erinnern an die alte Espoo-

nair. Insgesamt wird er von 30 Airlines angeflogen, bewältigt täglich etwa 400 Starts und Landungen. Für Vantaa ist der 1500 ha große Flughafen natürlich ein bedeutender Wirtschaftsfaktor, der auch rund 7500 Arbeitsplätze bietet. Gleichzeitig versteht er sich, und das macht die Sache auch für Nicht-Flugreisende interessant, als Schaufenster der finnischen

Heureka: Wissenschaft – ein Kinderspiel

Schon die futuristische Architektur (von Mikko Heikkinen und Markku Komonen) verrät das Außergewöhnliche des Wissenschaftszentrums  in Vantaa, das seit seiner Einweihung 1989 die meistfrequentierte Attraktion der Stadt ist. Nach Archimedes' Satz (»Ich hab's gefunden«) benannt, will Heureka nicht trockene Wissenschaft vermitteln, sondern zur Eigenaktivität auffordern – ein Konzept, dem inzwischen gleich mehrere Museen in Finnland nacheifern. Heureka aber war das erste dieser Art in Skandinavien und ist bis heute das wichtigste geblieben. In über 100 technischen Experimenten aller Art sollen die Besucher nicht nur staunen, sondern auch selbst anfassen, probieren, experimentieren, entdecken, erkennen und erfinden – ein herrlicher Irrgarten für Kinder jeden Alters! Die interaktiven Exponate der ständigen Hauptausstellung befassen sich mit dem menschlichen Körper, den Gesetzen der Physik oder meteorologischen Phänomenen. Daneben gibt es im jährlichen Wechsel themenorientierte Ausstellungen, z. B. zur Geschichte der Menschheit oder den Dinosauriern. Kino und Planetarium des Jules-Verne-Theaters verschaffen mit modernster visueller Technik das Gefühl, mitten im Geschehen zu sitzen. Spannende High-Tech-Spiele oder andere seltene Souvenirs bekommt man im Wissenschafts- Shop Magneeti, und das Restaurant Arkhimedes hält eine breite Palette an Erfrischungen bereit. Die Außenanlagen von Heureka sind ebenfalls interessant gestaltet: Anhand Hunderter von Gesteinsbrocken kann man den geologischen Aufbau Finnlands und anhand von beschilderten Blumenbeeten Carl von Linnés klassisches Pflanzensystem kennenlernen.

Insgesamt also ein überaus lohnendes Ausflugsziel, das eigentlich kein Mindestalter und keine Vorkenntnisse voraussetzt, sondern nur Interesse an der Naturwissenschaft und Wissensdurst. Die relativ weite Entfernung vom Zentrum von Helsinki braucht niemanden abzuschrecken, denn die S-Bahn hält gleich vor der Haustür!

Architektur und Innenarchitektur zur Welt. Die Eröffnung des neuen Terminals mit seinem äußerst attraktiven Interieur im Jahre 1996 hat schon viele Architekturfans angelockt, und die zweite Ausbauphase (1997–99) wird ebenfalls den höchsten Design-Ansprüchen gerecht werden. Besucher, die sich den vielleicht besten Airport Europas anschauen möchten, finden hier nicht nur ein gutes Angebot an Cafeterien und Restaurants, sondern auch das Finnische Luftfahrtsmuseum (Suomen ilmailumuseo) mit einer beachtlichen Sammlung von rund 50 älteren und neueren Flugzeugen sowie anderen Ausstellungsgegenständen, die die Geschichte der finnischen Aeronautik dokumentieren.

Turku – Wiege der finnischen Kultur

■ (S. 300f.) Alle heutigen Hauptstädte der skandinavischen Länder sind Emporkömmlinge, deren jeweilige Vorgängerin immer noch mit der Hauptkathedrale und bedeutenden Lehranstalten das geistige nationale Zentrum repräsentiert – in Norwegen heißt dieses Pärchen Oslo und Trondheim, in Schweden Stockholm und Uppsala, in Dänemark Kopenhagen und Roskilde. In Finnland wurde die Wachablösung von der alten zur neuen Hauptstadt zuletzt vollzogen, nämlich erst 1812, und dies nicht durch eine natürliche historische Entwicklung, sondern durch politischen Druck von außen. Der Zar sah es eben lieber, daß sein neues Großfürstentum von Helsinki aus verwaltet wurde, das näher bei St. Petersburg lag, als von dem zwar größeren, aber zu sehr im Westen verwurzelten Turku/Åbo, das zudem einen verdächtig großen schwedischsprachigen Bevölkerungsanteil besaß.

Daß im Stadtbild ein mittelalterliches Åbo kaum auszumachen ist, bedeutet nicht, daß es keine lange Geschichte gegeben hätte. Immerhin wurde der Ort bereits um 1160 gegründet und 1229 vom Papst als Bischofssitz bestätigt. Als Gegengewicht zur geistlichen Macht und zum Schutz der Stadt ließ der schwedische König um 1280 ein befestigtes Lager für seinen Statthalter und dessen Soldaten anlegen, aus dem sich später die Burg entwickelte. Aus dieser Keimzelle entstand das geistige, administrative und ökonomische Zentrum Finnlands, das sich zwar hauptsächlich als eine ständig von Bränden gefährdete und recht provinzielle Holzhaussiedlung darstellte, aber schon im 14. Jh. mit Burg, Kathedrale, Bischofspalais, Domkapitelhaus, Kloster, zwei Hospitälern und Gildehäusern auch über eine durchaus beachtliche Ansammlung steinerner Bauten verfügte. Die guten Handelsmöglichkeiten führten viele deutsche Kaufleute hierher, die sich bald schon politische Geltung verschafften und z. B. mehr Bürgermeister stellten als Finnen und Schweden zusammen.

Seine Glanzzeit erlebte Turku um 1550, als Herzog Johan die Burg zu einem Renaissanceschloß umbauen ließ und zum Mittelpunkt einer glänzenden Hofhaltung machte. Ein weiterer schwedischer Impuls für die Stadtentwicklung ging im 17. Jh. vom Gouverneur Per Brahe aus, der hier die erste finnische Universität gründete – immerhin fast 200 Jahre früher als Norwegen seine erste Hochschule bekam!

Angesichts dieser langen Geschichte mußte die Verlegung der Hauptstadt ins weniger als halb so große Helsinki auf die Einwohner wie ein Schock gewirkt haben. Weitere Schicksalsschläge ließen nicht lange auf sich warten: 1827 legte ein Großfeuer fünf Sechstel der Holzhaus-Stadt in Schutt und Asche, und ein Jahr später zog dann auch die traditionsreiche Universität nach Helsinki um. Mit dem Wiederaufbau wurde Carl Ludwig Engel beauftragt, der wie schon in Helsinki auf dem Reißbrett eine moderne, durch gleichmäßige Planquadrate gegliederte Stadt entwarf. Im 19. und 20. Jh. bewahrte die Industrialisierung Turku vor dem Abstieg in die Bedeutungslosigkeit. Baumwollspinnereien sowie Zucker- und Tabakfabriken sorgten für Arbeitsplätze, und die Verlegung des Hafens an die Mündung des Aurajoki legte den Grundstein für den

In den Schären vor Turku

Aufbau einer florierenden Schiffsbauindustrie: Bereits Ende des 19. Jh. liefen in der neuen Werft die ersten Eisbrecher vom Stapel! Nach der finnischen Unabhängigkeit kehrten auch Forschung und Lehre an ihren angestammten Platz zurück, 1919 öffnete die Åbo Akademi ihre Pforten wieder, bis heute die einzige schwedischsprachige Universität des Landes, 1922 entstand die finnischsprachige Hochschule Turun Yliopisto. Heute liegt die einst bei weitem größte Stadt des Landes mit 165 000 Einwohnern in der Bevölkerungsstatistik (1997) nach Helsinki, Espoo, Tampere und Vantaa auf dem fünften Platz. Und immer noch stellt der große Fähr- und Indu-striehafen samt Werftbetrieben ein wichtiges Standbein der hiesigen Wirtschaft dar, trotz der Rezession der vergangenen Jahre (trauriger Höhepunkt war 1995 mit einer Arbeitslosenrate von 21,3 %!). Daß Turku aber mit Optimismus in die Zukunft schaut und sich Besuchern außerdem als ausgesprochen junge Stadt präsentiert, liegt an ihren – einschließlich der Handelshochschule – drei anerkannten Universitäten, die mit den hier ansässigen Unternehmen in Technologiezentren aufs engste zusammenarbeiten. Wohin die Reise gehen soll, machen schon die Namen der neuen Wissenschaftskomplexe deutlich: ›BioCity‹, ›DataCity‹ und ›ElektroCity‹.

Zwischen Burg und Dom – Stadtbesichtigung

Die meisten ausländischen Besucher erreichen Turku von seiner schönsten Seite aus, nämlich an Bord einer Ostseefähre aus Schweden bzw. von den Åland-Inseln kommend. Schon viele Seemeilen vor der Stadt werden die riesigen Schiffe in der geradezu atemberaubenden Schärenlandschaft wegen der vielen natürlichen Hindernisse zu einer Zick-Zack-Linie gezwungen.

Am Parkplatz vor den Terminals von **Silja Line** **1** bzw. **Viking Line** **2**, wo auch die Stadt-, Sightseeing- und Überlandbusse starten, beginnt die Stadtbesichtigung. Als Alternative bietet sich für alle, die nicht gut zu Fuß sind, die sogenannte Museums-Buslinie an, die im Sommer täglich 10 bis 18 Uhr verkehrt und alle Sehenswürdigkeiten anfährt. Dabei kann man jederzeit den Bus verlassen und wieder zusteigen. Mit dem Ticket verbunden sind 50 % Preisermäßigung bei den Museen. Lassen Sie deshalb am besten den Wagen an einem der Hafenparkplätze stehen, auch wenn von hier aus die Entfernung zum Zentrum rund 2,5 km beträgt.

Die erste Sehenswürdigkeit wartet ohnehin gleich vis-à-vis: Die **Burg** von Turku (Turun linna) **3** ist die älteste mittelalterliche Burg des Landes und außerdem als wichtigster schwedischer Brückenkopf in Südfinnland eng mit der Geschichte beider Länder verknüpft. 1280 errichtete man auf einer Schäre in der Flußmündung des Aurajoki ein Lagerkastell, von dem aus die Hafeneinfahrt vorzüglich zu kontrollieren war. Im Laufe der Zeit wurde die Anlage immer wieder erweitert und modernisiert, genauso oft allerdings auch von Feinden und Bränden verwüstet. 13 Könige residierten hier während ihrer Besuche in der Pro-

vinz, wobei die Epoche unter Herzog Johan die glanzvollste war. Er ließ 1570–90 die südliche Vorburg anfügen und versuchte, das düstere, mittelalterliche Gemäuer in ein Renaissance-Prunkschloß für sich und seine polnische Gemahlin Katharina Jagellonica zu verwandeln. Der einstige Glanz verblaßte in späterer Zeit zusehends, und bald war die Burg außerdem zu veraltet, um im Zeitalter der Kanonen noch als ernstzunehmende Festung genutzt zu werden. 1614 brach ein verheerender Brand ausgerechnet zu dem Zeitpunkt aus, als Gustav II. Adolf zu Besuch war und beim Mittagessen saß. Der große Feldherr des Dreißigjährigen Krieges konnte damals den Flammen nur mit knapper Not entkommen. Das letzte Zerstörungswerk verrichteten die Bombardierung und der anschließende Brand im Jahre 1941. Um das Kulturdenkmal zu retten, war deshalb eine umfassende Restaurierung notwendig, die erst in den 80er Jahren abgeschlossen wurde. Heute beherbergt die Festung das Historische Museum, das außer den Räumlichkeiten – u. a. Kirche, Bankettsaal, Verliese usw. – Exponate der Frühgeschichte sowie mittelalterliche und neuzeitliche Möbel, Textilien, Glaswaren, Münzen, Waffen, Feuerwehrutensilien und Spielzeug zeigt. Außerdem finden in der Burg regelmäßig Wechselausstellungen und Konzerte statt. Besuchern steht neben einem Café auch ein Souvenirshop zur Verfügung, in dem man u. a. ein Märchen des finnland-schwedischen Dichters Zacharias Topelius (1818–98) auch in einer deutschen Ausgabe (›Das Wichtelmännchen im Åboer Schloß‹) kaufen kann – der ideale Begleiter einer Burgbesichtigung mit Kindern.

Von der Burg aus verläuft parallel zum Aurajoki die Linnankatu (E 18) in Richtung Stadtzentrum, vorbei an einigen

Kalkmalerei im Schloß zu Turku

alten Hafengebäuden, die in jüngerer Zeit zu neuem Leben erwacht sind. Nach etwa 500 m lohnt es sich, am Varvintori-Markt nach rechts zum Flußufer abzubiegen: Hier liegt die schwarzgestrichene hölzerne Dreimastbarke ›**Sigyn**‹ 4 vor Anker, die 1887 in Göteborg vom Stapel lief. Lange Zeit befuhr der elegante Segler unter schwedischer Flagge die Weltmeere bis nach Indochina und Südamerika. 1927 wurde die ›Sigyn‹ in die åländische Seglerflotte eingereiht und für den Holztransport in Nord- und Ostsee benutzt. Vor dem Abwracken

wurde sie 1939 bewahrt, weil die schwedische Universität das 500-Tonnen-Schiff erwarb und sorgfältig restaurierte. Interessierten hat die ›Sigyn‹, in deren Innerem es immer noch nach feuchtem Holz und Teer riecht, also viel von der christlichen Seefahrt zu erzählen.

Danach passiert man einige Anlegestellen für Yachten, Wasserbusse, die Stadtfähre und den **Dampfschiffhafen** 5, wo u. a. auch das historische Dampfschiff ›S/S Ukkopekka‹ zu seinen Ausflugsfahrten in die Schärenwelt oder nach Naantali startet. An dieser Stelle empfiehlt sich ein Schlenker nach Norden. Der Stadtteil mit dem merkwürdigen Namen Port Arthur, dessen Chausseen von eingeschossigen, langgestreckten Holzhäusern gesäumt werden (besonders die Puutarhakatu), entstand zur Zeit des russisch-japanischen Krieges (1904–05), in dem das Zarenreich seine Kolonie, die mandschurische Hafenstadt Port Arthur – heute Lü-ta – verlor. Der Turkuer Stadtteil konnte dafür natürlich nur symbolisch ein Ersatz sein, vielleicht aber erklärt sich der Name auch einfach aus dem Umstand, daß einige am Krieg beteiligte Soldaten hier angesiedelt wurden.

An der neugotischen **Michaelskirche** (Mikaelin kirkko) 6, die 1899–1905 nach Plänen von Lars Sonck gebaut wurde, wendet man sich über die Puutarhakatu wieder Richtung Zentrum, passiert den Mannerheim-Park und die **Katholische Kirche** 7 sowie – in einiger Entfernung – den Hauptbahnhof und sieht an der Einmündung in die Aurakatu linker Hand das 1904 gebaute **Kunstmuseum** 8 (Architekt Nyström). Der auffällige nationalromantische Bau beherbergt die zweitgrößte Sammlung finnischer Kunst vom 19. Jh. bis zur Avantgarde – Gemälde, Plastiken und

Graphik – und überrascht immer wieder durch Wechselausstellungen von höchstem Niveau. Vor dem Museum sieht man einige Standbilder von W. Aaltonen sowie die Skulptur ›Fliegende Schwäne‹ von Mäntynen, ein beliebtes Fotomotiv.

Wenige Minuten von hier entfernt schlägt auf dem großen und lebhaften

Turku

1 Silja Line Terminal 2 Viking Line Terminal 3 Burg 4 ›Sigyn‹ 5 Dampfschiffhafen 6 Michaelskirche 7 Katholische Kirche 8 Kunstmuseum 9 Marktplatz 10 Orthodoxe Kirche 11 Schwedisches Theater 12 Markthalle 13 Apothekenmuseum 14 Stadthaus 15 Domkirche 16 Sibelius-Museum 17 Ett Hem 18 Schwedische Universität 19 Kulturzentrum 20 Aboa Vetus & Ars Nova 21 Seefahrtsmuseum 22 Sommertheater 23 Handwerksmuseum Luostarinmäki 24 Biologisches Museum 25 Stadttheater 26 Wäinö-Aaltonen-Museum 27 ›Suomen Joutsen‹ 28 Stadtfähre Föri 29 Auferstehungskapelle

Marktplatz 9 das volkstümliche Herz
der Stadt. Vor allem im Sommer, wenn
das bunte Treiben bis weit in den Nach-
mittag hinein andauert, drängen sich
Einheimische und Touristen zwischen
den Marktständen, auf denen Obst und
Gemüse, Beeren, Rosinenwurst und
Schärenbrot, Blumen und Pilze, aber
auch Schuhe, Bücher, Secondhand-Tex-
tilien und Alltagsgegenstände feilgeboten werden. Nicht selten spielt auch eine
Band Volks- oder Rockmusik und animiert zu einem Tänzchen unter freiem
Himmel.

Der große Platz geht genauso auf C. L.
Engels Stadtplanung zurück wie einige

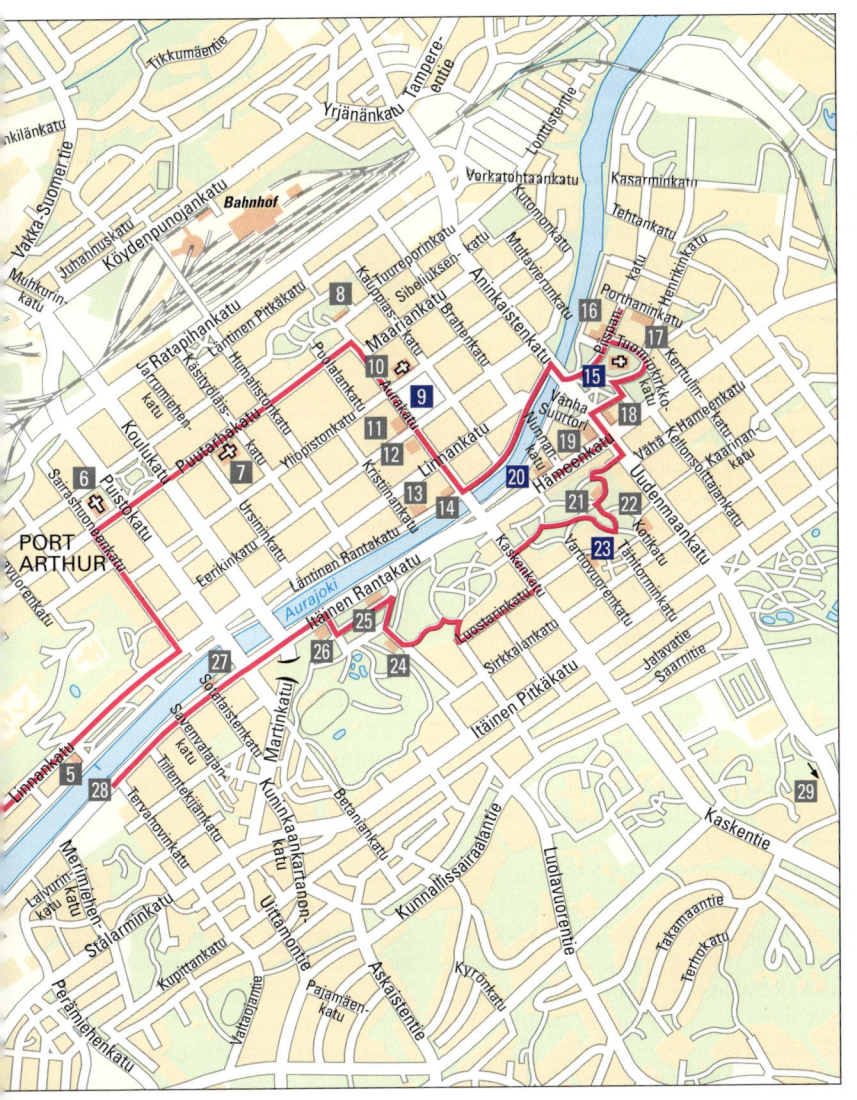

der vornehmsten Bauten in seiner Umgebung, so etwa die 1846 fertiggestellte **Orthodoxe Kirche** 10, ein neoklassizistisches Gotteshaus mit grüner Kuppel und dorischen Säulen. Das letzte Werk des berühmten Architekten kann auch als seine steingewordene Verbeugung vor dem russischen Zaren gesehen werden: Ein orthodoxer Tempel ist an dieser zentralen Stelle im lutherischen Turku jedenfalls nicht gewöhnlich, und geweiht ist er der heiligen Alexandra, der Namenspatronin seines Bauherrn und Auftraggebers.

Gen Westen wird der Marktplatz vom sogenannten Hansaviertel begrenzt, einem interessanten Ensemble von z. T. alten Geschäftshäusern, die durch moderne Passagen miteinander verbunden sind. An der Ecke zur Eerikinkatu erhebt sich das 1838 errichtete, palastartige **Schwedische Theater** 11, und auf der anderen Straßenseite sieht man die hundertjährige, aus Backstein errichtete **Markthalle** 12. Einen Besuch darf man auf keinen Fall versäumen, denn dieses hübsche Gebäude, das ohne weiteres auch im alten Pariser Hallenviertel stehen könnte, bietet im Inneren ein charmantes Ambiente, wo man sich an altmodischen Holzständen mit kulinarischen Spezereien aller Art eindecken kann – seien es Rentierfleisch oder baltische Heringe, Moltebeeren, Shiitake-Pilze oder Räucherlachs. Natürlich darf auch eine Turkuer Spezialität nicht fehlen: Würste mit Graupen und Rosinen.

Von der Markthalle spaziert man nun an der Touristeninformation vorbei zum Ufer des Aurajoki und stößt dort zunächst auf das rostrote **Apothekenmuseum** 13. Untergebracht ist es im ältesten Holzhaus der Innenstadt (um 1700), das nach seinem ehemaligen Besitzer W. J. Qwensel benannt ist. Das Museum zeigt eine komplette Apotheke aus

Detail des Domturmes

Großmutters Zeiten einschließlich Lager und Labor sowie eine restaurierte Großbürgerwohnung des 18. Jh. samt Innenhof mit Backstube, Vorratskammer, Wagenschuppen und Stall.

Der Spaziergang folgt nun dem Aurajoki flußaufwärts, der mit seiner sanften Biegung gerade an dieser Stelle besonders idyllisch ist. Hinter der alten Apotheke passiert man zunächst das Büro des Fremdenverkehrsvereins und unmittelbar vor der Brücke Auransilta das **Stadthaus** 14. Es wurde ursprünglich 1810 als Restaurant gebaut und dient seit 1897 als Domizil der Stadtverordnetenversammlung. Jenseits der Brücke schlendert man an einigen Restaurants vorbei durch ein parkähnliches Gelände, in dem im Sommer ein reges Treiben herrscht. Bereits Zar Alexander I. hatte 1809 die Uferterrasse zu einem Kaisertanz genutzt.

Über die Dombrücke gelangt man auf die andere Flußseite, wo sich unübersehbar das Wahrzeichen der Stadt und Finnlands Nationalheiligtum erhebt, die **Domkirche** 15. Die Kathedrale, Sitz des finnischen Erzbischofs der lutherischen Kirche, wurde zwischen 1229 und 1300 erbaut, doch befand sich hier bereits eine Holzkirche, als im 12. Jh. der schwedische Bischof Henrik die Christianisierung des Landes vorantrieb. Da alle bedeutenden Bischöfe des Mittelalters die Kathedrale erweiterten und Kapellen anfügten und zudem zahlreiche Brände immer wieder Restaurierungsarbeiten notwendig machten, ist die Baugeschichte der Domkirche äußerst kompliziert. Dazu beigetragen haben auch viele Zerstörungen: 1318 verwüsteten Russen den Dom, 1509 plünderten und brandschatzten die Dänen fünf Tage lang die Kirche, und im 18. Jh. fielen erneut russische Soldaten ein, die auch die Gebeine des Heiligen Henrik entführten. Zuletzt verheerte 1827 ein Brand die Innenausstattung, die Dächer und den Turm völlig. Interessierte können im Dommuseum die verschiedenen Bauphasen anhand von Modellen nachvollziehen.

Das Innere ist wegen der hohen Gewölbe und einiger Kapellen, Kalkmalereien, Glasmalereien und Grabmäler interessant. In einem schwarzen Marmorsarkophag werden die sterblichen Überreste von Karin Månsdotter (Kaarina Maununtytär, s. S. 29) aufbewahrt, der einzigen aus Finnland stammenden Königin. In anderen Kapellen sieht man die Grabstätten von Bischöfen und Akteuren des Dreißigjährigen Krieges, insbesondere der Marschälle Åke Tott und Evert Horn, des schottischen Oberst Samuel Cockburn und von Torsten Stålhandske, Oberbefehlshaber der berüchtigten Hakkapeliten (von finn.: *hakka päälle* = hau' drauf!) und einer der grausamsten Soldaten des Krieges. Im

19. Jh. fertigte der russischstämmige Künstler Vladimir Swertschkoff Glasmalereien an, die u. a. diese Kriegshelden zum Thema haben.

Von der Südgalerie des Domes gelangt man ins Dommuseum, in dem sich viele Gegenstände aus den verschiedenen Phasen der Kirchengeschichte befinden, darunter mittelalterliche Holzstatuen, Meßgewänder und rituelle Gegenstände.

Nach der Innenbesichtigung sollte man auch außen um das 88 m lange Bauwerk herumgehen, wo ein Denkmal den Reformator Mikael Olavi Agricola (1508–57) zeigt. Seine Übersetzung des Neuen Testaments war 1548 das erste in finnischer Sprache gedruckte Buch. Der Luther-Schüler machte zwar den Turkuer Dom zum Schauplatz der finnischen Reformation, ist allerdings nicht hier, sondern im heute russischen Wyborg beigesetzt. Unmittelbar nördlich der Kirche, an der Piispankatu, befindet sich das **Sibelius-Museum** 16, das an den bekanntesten finnischen Komponisten erinnert. Begleitet von eingespielter Musik, sieht man originale Notenschriften und Instrumente von Jean Sibelius, daneben aber auch eine Sammlung von über 350 Musikinstrumenten aus der ganzen Welt. In dem kleinen Konzertsaal werden regelmäßig Kostproben aus Sibelius' Lebenswerk gegeben. Hinter dem modernen Bau erstreckt sich zum Fluß hin ein Park mit einer jahrhundertealten Eiche.

Gegenüber dem Sibelius-Museum fällt ein gelbgestrichenes Bürgerhaus mit weißen Fenstereinfassungen und Säulchen auf. Dieser Holzbau beherbergt ein Museum mit dem schlichten Namen **Ett Hem** 17 (ein Heim), das mit einer original erhaltenen Wohnung aus den 30er Jahren des 19. Jh. samt Kunstwerken und Möbeln aufwartet. Fast sieht es so aus, als könnten die ehemaligen Hausherren – Vizekonsul Alfred Jacobsson und seine Gattin Hélène – jederzeit wieder durch die Türe hereinspazieren.

Im Südosten liegt gegenüber dem Dom die **Schwedische Universität** 18, die bereits im 17. Jh. gegründet wurde. Die gelb-weißen Bauten stammen allerdings aus späterer Zeit: Das alte Hauptgebäude der Åbo Akademi entstand 1802–15, und in das südlich gelegene Haus, in dem ursprünglich eine Konditorei untergebracht war, zog die Universität bei ihrer Rückkehr 1919 ein.

In dem kleinen Park südlich der Domtreppe sieht man ein Bronzestandbild von Per Brahe (W. Runeberg, 1888). Der Schwede war 1637–54 Statthalter in Finnland und hat sich u. a. durch die Gründung der Universität um Turku verdient gemacht. Wie das Domviertel vor dem Brand von 1827 aussah, wird auf einer Ansicht unweit der Statue deutlich.

Im Handwerksmuseum Luostarinmäki

Jenseits der breiten Aninkaistenkatu gruppieren sich vier denkmalgeschützte Häuser um den Alten Markt (Vanha Suurtori). Zu den ständigen Einrichtungen des **Kulturzentrums** 19 gehören eine Bibliothek, ein internationales Begegnungszentrum, ein Kinderkulturzentrum und ein Ticketservice für Kulturveranstaltungen in ganz Finnland. Seine einstige Funktion erhält der Alte Markt an den Adventssonntagen zurück, wenn ein weithin bekannter Weihnachtsmarkt im traditionellen Stil abgehalten wird. An Heiligabend versammelt sich hier um 12 Uhr die Bevölkerung vor dem Balkon des Brinkkala-Hauses, um der Verkündung des Weihnachtsfriedens (auf Finnisch und Schwedisch) beizuwohnen – eine Tradition, die sich ununterbrochen vom Mittelalter bis zum heutigen Tag fortgesetzt hat.

Nur einen Steinwurf weiter warten an der Nunnankatu zwei Museen der besonderen Art: **Aboa Vetus & Ars Nova** 20. Im 1995 eingerichteten Aboa Vetus geht es bis zu 7 m in den Turkuer Untergrund hinab, wo Archäologen mittelalterliche Gassen und Kellerräume freigelegt haben. Diese fungieren nun als Ausstellungsräume einer archäologisch-historischen Sammlung, die einen spannenden Einblick in das mittelalterliche Stadtleben ermöglicht. Oberirdisch setzt im angrenzenden Rettigskapalast das Museum für Gegenwartskunst, Ars Nova, einen modernen Kontrapunkt. Beide Museen verfügen über eine vorzügliche multimediale Ausrüstung, die es den Besuchern leicht macht, sich selbständig zu informieren. Auch und gerade Kinder werden ihren Spaß haben, wenn sie auf einem ›Abenteuerrundgang‹ unter Anleitung eines Archäologen spielerisch in Aboa Vetus herumgeführt werden und auf Schatzsuche gehen können. Der gut bestückte

Museumsladen und das angenehme Café – im Sommer mit Terrasse im Innenhof – komplettieren das Angebot.

Von den Museen aus empfiehlt sich ein Abstecher zum begrünten Hügel Vartiovuori (Wachtberg) auf der anderen Straßenseite, zuerst auf den Wasserturm zu und dann schräg nach links zum **Seefahrtsmuseum** 21. Dieses harmonische Kuppelgebäude in aussichtsreicher Lage stammt aus dem Jahr 1819 und wurde von C. L. Engel als Sternwarte entworfen. Immer noch ist der Sternenhimmel Thema der Ausstellung, die sich aber hauptsächlich der Geschichte der örtlichen Seefahrt widmet und u. a. entsprechende nautische Werkzeuge und Gerätschaften, Schiffsmodelle und Gemälde sowie komplette Boote zeigt.

Quer durch den Park, in dem sich auch die Freiluftbühne des **Sommertheaters** 22 befindet, geht es nun nach Süden, wo eines der meistfrequentierten Ausflugsziele von Turku wartet, das **Handwerksmuseum Luostarinmäki** 23. Dabei handelt es sich um einen ganzen Stadtteil mit Handwerker- und Arbeiterhäusern aus dem 18. Jh., der als einziger den großen Brand von 1827 unbeschadet überstand. Im 20. Jh. verfielen die hutzeligen Holzhäuschen immer mehr und standen schließlich fast alle leer – kein Wunder, denn was Besuchern heute pittoresk oder idyllisch erscheint, bedeutete in der Realität ein primitives und beengtes Leben. In Turku erkannte man jedoch den kulturhistorischen Wert dieses Quartiers und setzte es liebevoll instand. Und bereits 1940 waren die meisten Kleinstbetriebe – Blechschmiede, Webereien, Optiker, Perückenmacher und Tabakmanufaktur – wieder orginalgetreu eingerichtet. Daß es im alten Handwerkerdorf recht lebendig zugeht, liegt daran, daß in den Sommermonaten zahlreiche Meister und Gesellen Demonstrationen ihres Könnens geben und im Viertel wie früher geklöppelt, gesponnen, getöpfert und sonstwie gewerkelt wird – besonders während der Ende August stattfindenden Handwerkswoche. Anschaulicher als jedes Geschichtsbuch erzählt das Museum vom alten Turku, auch von den politischen Umständen der damaligen Zeit. In der Druckerei beispielsweise kann man sich in einer Ausgabe der ›Göteborger Handels- und Seefahrtzeitung‹ vom 24. Januar 1905 die von den Russen mit schwarzen Balken zensierten Seiten anschauen. Unfreiwillig komisch: Die des Schwedischen unkundigen Beamten machten die harmlosesten Nachrichten unleserlich, während die durchaus kritische Berichterstattung über den russisch-japanischen Krieg ihrem scharfen Auge entging.

Der schönste Weg vom Handwerksmuseum zum Flußufer zurück führt durch die Grünanlage Samppalinnanvuorti, die man in wenigen Minuten über die Luostarinkatu erreicht. Für das sportliche und kulturelle Leben Turkus ist der Hügel eine feste Adresse: Hier befinden sich das 1960 gegründete Sommertheater an der alten Windmühle, das großzügige Freibad und das Stadion, in dem der wohl berühmteste Sohn der Stadt, Paavo Nurmi, seine ersten Rekorde lief. In einem kleinen Wäldchen am Rande des Sportparks liegt auch das **Biologische Museum** 24, ein schönes, eigens als Museum gebautes Jugendstilhaus aus dem Jahr 1907. Es zeigt eine repräsentative Sammlung einheimischer Tiere und Pflanzen von der südfinnischen Schärenküste bis hinauf nach Lappland, wobei die Dioramen auch die natürliche Umgebung der etwa 30 ausgestopften Säugetiere und rund 150 Vögel darstellen.

Unterhalb des Hügels stößt man am Flußufer auf einige moderne Bauten, so

Die kostenlose Fähre über den Aurajoki verbindet die Stadtteile über den Fluß hinweg

auf das **Stadttheater** 25 mit dem Freiheitsplatz und etwas weiter flußabwärts auf das **Wäinö-Aaltonen-Museum** 26, einem 1967 eröffneten Bau des Architektenpaares Irma und Matti Aaltonen. Der Künstler (1894–1966), der aus der Umgebung der Stadt stammte, ist der bekannteste finnische Bildhauer und schuf im ganzen Land Bronze- und Steinskulpturen im naturalistischen, aber auch im abstrakt-kubistischen Stil. Seine wohl berühmteste Statue zeigt den Wunderläufer Paavo Nurmi und steht ein Stückchen weiter nördlich an der Brücke Auransilta; ein weiterer Abguß ziert den Platz vor dem Olympiastadion in Helsinki (Abb. s. S. 62). Neben einer Dokumentation von Aaltonens künstlerischem Werdegang werden im Museum auch andere Werke (meist Skulpturen) der neueren finnischen Kunst sowie Wechselausstellungen gezeigt, außerdem finden hier Konzerte statt.

Ein schöner Schlußpunkt des Rundganges wartet hinter den beiden Brük-

ken ein Stückchen weiter südlich: Die ›**Suomen Joutsen**‹ 27. Der stählerne Großsegler lief 1902 in St. Nazaire (Bretagne) als Frachtschiff ›Laennec‹ vom Stapel und wurde in den 20er Jahren nach Deutschland verkauft, von wo aus er als ›Oldenburg‹ die Weltmeere befuhr. 1930 erwarb die finnische Kriegsmarine die Fregatte und setzte sie als Schulschiff ›Suomen Juotsen‹ (Finnischer Schwan) ein. Anfang der 60er Jahre bezog sie ihren festen Platz am Aurajoki-Ufer und kann besichtigt werden. Der 1958 gebaute Minenleger in ihrer unmittelbaren Nähe heißt ›Keihässalmi‹ und war eine der ersten Anschaffungen der Marine nach dem Krieg.

Um zum Ausgangspunkt der Stadtbesichtigung zurückzukehren, muß man entweder die nördliche Brücke nehmen oder flußabwärts die kostenlose **Stadtfähre Föri** 28, die das jenseitige Ufer nahe dem Gästehafen anläuft.

Etwas weiter entfernt liegt im Südosten ein für Architekturfans unverzichtbares Besichtigungsziel: Dort befindet sich auf der Anhöhe des Hauptfriedhofes (Turun hautausmaa) eins der Hauptwerke von Erik Bryggman, die **Auferstehungskapelle** 29. Das 1939–41 errichtete Gebäude besteht aus einem separaten Glockenturm sowie einer Kapelle, die durch eine schöne Passage mit der Leichenhalle verbunden ist. Durch seine asymmetrische Raumwirkung, den indirekten Lichteinfall und die schlichte, weiße Wandgestaltung wurde das Gotteshaus zu einem Meilenstein der moderneren finnischen Baukunst.

Ausflug nach Naantali

■ (S. 288f.) Der Ursprung des sympathischen, etwa 15 km nordwestlich von Turku gelegenen 12 500-Einwohner-Städtchens ist das 1443 gegründete Birgittenkloster Monasterium Vallis Gratiae, dessen mittelhochdeutsche Übersetzung Naadhenthal später zum schwedischen Nådendal bzw. zum finnischen Naantali verballhornt wurde. Während die Gründungsurkunde des dänischen Regenten – »Kristoffer, von Gottes Gnaden König von Dänemark, Schweden, Norwegen, der Wenden und der Göten, Burggraf vom Rhein, Herzog von Bayern …« – noch erhalten ist, fehlt eine solche für die Siedlung, die bald schon das Kloster umgab. 1642 mußte Gouverneur Per Brahe diese sozusagen nachreichen, indem er den zweihundertjährigen ›illegalen‹ Zustand bestätigte. Zu diesem Zeitpunkt hatte das Gnadental allerdings seinen Zenit längst überschritten, denn das Mönchs- und Nonnenkloster war durch die Reformation vernichtet worden und damit auch die ökonomische Grundlage der Stadt. Ohne die Einnahmen durch die Pilger, ohne ausreichendes Ackerland und

ohne Privilegien für die Seefahrt blieb den Einwohnern nichts anderes übrig, als sich mit Strümpfestricken zu behelfen, eine von den Nonnen vererbte Kulturtechnik, die in guten Zeiten immerhin den Export von fast 30 000 Paar pro Jahr möglich machte.

Die zweite Blütezeit brach in dem Moment an, als ein gewisser Professor Petter Elfving im 18. Jh. die Heilkraft des Wassers an der Quelle Viluluoto entdeckte. Wundersame Dinge wurden damals über Naantali erzählt, wo man mit Trinkkuren nicht nur Kopfschmerzen bekämpfen, sondern auch Lähmungen, Skorbut und Gicht besiegen könne. Es begann die Epoche des Heil-, Kur- und Badeortes, die ihren Höhepunkt in der ersten Hälfte des 20. Jh. hatte und der die Stadt einige ihrer schönsten Gebäude verdankt. Der Betrieb des Heilbades wurde 1962 eingestellt, lebte aber in den 80er Jahren wieder auf, als man das neue Kurhotel eröffnete. Die nach dem Weltkrieg in den Granit gesprengten Benzin- und Öllager legten schließlich den Grundstein für ein anderes, von Touristen meist nicht wahrgenommenes Naantali – das der Industrie und Energieversorgung. Immerhin ist der Hafen einer der größten des Landes, was eine Reihe von Unternehmen veranlaßte, sich hier anzusiedeln. Außer den Sehenswürdigkeiten finden Besucher in Naantali eine ausgezeichnete touristische Infrastruktur, eine erstaunlich breit gefächerte Restaurant-Szene sowie vielfältige Möglichkeiten der sportlichen Betätigung. Nicht umsonst wurde Naantali 1993 und 1995 zur angenehmsten finnischen Fremdenverkehrsstadt gewählt.

Naantalis größte Sehenswürdigkeit ist natürlich das Kloster, von dem nach Säkularisierung und Bränden allerdings nur noch die **Kirche** übriggeblieben ist.

Schären ohne Grenzen –
Die Inselwelt im Herzen der Ostsee

So wie Finnland ›Land der tausend Seen‹ genannt wird, dürfte die Region zwischen Stockholm und Turku mit gleichem Recht den poetischen Titel ›Meer der tausend Inseln‹ tragen. Eine Karte der zentralen Ostsee zeigt, daß ein breiter Gürtel von Inseln und Inselchen die ›eigentliche‹ Ostsee vom Bottnischen Meerbusen im Norden trennt. Innerhalb dieser amphibischen Welt, die insgesamt als ›Schärenmeer‹ bezeichnet wird, kristallisieren sich drei ›Gärten‹ heraus: der Stockholmer Schärengarten, der Archipel der Åland-Inseln und der Schärengarten von Turku. Bei der Frage, wieviele Schären es denn nun gibt, gehen die Meinungen auseinander: Es kommt halt auf die Definition an! Wenn man nur die zählt, die größer als 0,3 km² sind, kommt man auf fast 100 000 – wohlgemerkt nur in dem genannten Großraum. Diese Zahl ließe sich leicht verdoppeln, würden beispielsweise auch die Inseln vor der schwedischen Küste und vor Helsinki mitgezählt! Ganz zu schweigen von der unüberschaubaren Vielzahl an Klippen, die zwar kleiner als ein Fußballfeld sind, gleichwohl aber ein Ferienhäuschen mit Sauna, einen Bootsschuppen, ein Seezeichen oder einen Stromkabelmast tragen können.

Ist es ein glücklicher Zufall für Touristen, daß ausgerechnet durch dieses Labyrinth die meistfrequentierten Fährverbindungen verlaufen und die Schiffe ununterbrochen zu Zick-Zack-Manövern

gezwungen werden? Tatsächlich folgen die neuzeitlichen Verkehrswege nur einer viele Jahrhunderte alten Route, die bereits die Menschen der Bronzezeit, die Wikinger und die Hanse genutzt haben: Das Inselreich war und ist ein natürliches Sprungbrett zum gegenseitigen Ufer, eine Drehscheibe von Kultur und Handel in der Ostsee. Obwohl nur ein Zehntel des Schärengebietes aus Land, der Rest aber aus Wasser besteht, hatte dieses Meer nie etwas Trennendes, sondern verband immer schon den Osten mit dem Westen. In den 90er Jahren wurde dem verbindenden Charakter des Schärenmeeres auch auf höchster politischer Ebene Rechnung getragen. So beschloß der Nordische Ministerrat, den Stockholmer und Turkuer Schärengarten sowie die Åland-Inseln zu einer gemeinsamen Region zusammenzufassen, für die die gleichen ökologischen Rücksichtnahmen zu gelten haben und die im übrigen auch touristisch als einheitliches Gebiet vermarktet wird – ein Urlaubsparadies ohne Grenzen!

Diese natürliche Brücke zwischen Schweden und Finnland ist ein Produkt der letzten Eiszeit und ihrer Folgen. Eine Klimaverschlechterung führte vor etwa 70 000 Jahren dazu, daß im Norden der Schnee während des Sommers nicht mehr abtaute, sich im Laufe der Zeit verfestigte und zu enormen Gletschern auftürmte. Diese begannen schließlich, alles vor sich niederwalzend, ihren

Marsch nach Süden. In welche Richtung damals die Eismassen ›flossen‹, macht fast jede Felskuppe mit ihrer auf der einen Seite sanft ansteigenden und auf der anderen etwas steiler abfallenden Form deutlich. So gründlich schliffen, schmirgelten und polierten die Gletscher mit dem mitgeführten Geröll den

Nordeuropa, Sibirien und Nordamerika bedeckten. Vor rund 10 000 Jahren hatte der nordwärts wandernde Rand der Gletscher etwa die Stelle verlassen, an der heute der Schärengarten liegt. In den verschiedenen Vorformen der Ostsee tauchten wegen der Landhebung immer mehr Inseln auf und bildeten

Fels, daß die Touristen von heute sich zum Sonnenbaden auf das Urgestein legen können, ohne Unebenheiten mit blauen Flecken büßen zu müssen. Als sich vor 25 000 Jahren das Klima wieder erwärmte, setzte der unendlich langsame Abschmelzprozeß der kilometerdicken Eispanzer ein, die damals

das Sprungbrett für Pflanzen, Tiere und Menschen auf ihrem Weg von West nach Ost. Da dieser Hebungsprozeß heute noch andauert, werden die bestehenden Schären größer, zudem tauchen immer noch neue aus der Ostsee auf.

Sie alle profitieren von einem maritimen Klima, das sich deutlich von dem des benachbarten Festlandes unterscheidet, vor allem durch die geringe Niederschlagsmenge und die vielen Sonnenscheinstunden. Auf den größeren Inseln sind deshalb auch die Bedingungen für die Landwirtschaft bestens; nirgendwo in Finnland werden beispielsweise mehr Kartoffeln angebaut als im inneren Schärengarten. Dort ist auch die Humusschicht am stärksten, weshalb diese Eilande denn auch kaum noch insularen Charakter haben, sondern wie ein weites Bauernland wirken mit wogenden Kornfeldern und saftigen Viehweiden, aber auch mit dichten Laub- und Nadelholzwäldern sowie Binnenseen. Selbst Eschen, Linden und Haselnußbäume können hier wachsen, in geschützten Lagen gedeihen zahlreiche Orchideenarten, und zum Wasser hin säumen Schilfbänder die Ufer. Je weiter es den äußeren Schären und dem offenen Meer zugeht, desto schwieriger haben es Bäume und Pflanzen, sich gegen die Winterstürme zu behaupten. Hier herrschen kahle Klippen vor, auf denen, wenn überhaupt, nur zwergwüchsige Latschenkiefern zwischen den Felsen Fuß fassen können. Das Biotop der Schären ist die Heimat einer artenreichen Fauna, vor allem die Vogelwelt ist reichhaltig vertreten, insbesondere die Eiderente, die im April von der Nordsee her kommt und sich im Schärengarten der Brut und Aufzucht ihrer Nachkommen widmet. Daneben sieht man eine Vielzahl von Möwen, seltene Lummen, Seeadler und Gryllteiste.

Dem ausländischen Besucher stellt sich dieser einzigartige Mikrokosmos oft als pure Idylle dar, in der man Einkäufe per Boot erledigt, in der man allein sein kann, aber nie von der Welt abgeschnitten ist. Das Hin und Her von Postbooten, Fähren, Wasserbussen, Wassertaxis und Wasserflugzeugen ist dafür der beste Beweis. Und mancher spielt mit dem Gedanken, die Schären auch im Winter kennenlernen zu wollen, wenn die Leute auf Skiern zu ihren Inseln laufen oder mit dem Wagen über die dicke Eisdecke fahren.

Man vergißt dabei, daß diese Inselwelt die ganzjährige Heimat von rund 65 000 Menschen ist (städtische Großräume wie Stockholm und Turku natürlich nicht mitgerechnet), die in der Vergangenheit einen harten Lebenskampf auszutragen hatten. Sie waren fast immer auf sich alleine gestellt und konnten ihr Auskommen nur sichern, wenn sie in einer sensiblen natürlichen Umgebung sowohl Land- und Forstwirtschaft als auch Fischerei betrieben, dabei aber sparsam mit den Ressourcen umgingen. Selbst heute noch sind viele Inseln im Herbst isoliert, wenn nämlich das Eis noch keine Autos trägt, aber schon zu hart für eine Bootsrinne ist. Selbstverständlich waren das keine guten Voraussetzungen, um auch die jungen Leute auf den Schären zu halten. Diese wanderten scharenweise in die festländischen Städte aus, wo es gut bezahlte Arbeitsplätze, Modernität und jede Mengen Vergnügungen gab. In den 50er und 60er Jahren verloren manche Eilande auf diese Weise ein Drittel ihrer Bevölkerung, und die alte Schärenkultur schien dem Untergang geweiht. Daß es dann ganz anders kam, ist einer verbesserten Infrastruktur mit neuen Straßen, durch Eisbrecher freigehaltenen Fährstrecken und den modernen Kommunikationstechniken zu verdanken. Einen entscheidenden Anteil an der Tatsache, daß mittlerweile der Bevölkerungsrückgang gestoppt werden und Kulturtechniken überleben konnten, hat daneben auch der Fremdenverkehr.

Der wuchtige Feldsteinbau, malerisch auf einer Anhöhe oberhalb des Boots- und Yachthafens und inmitten eines schönen Parks gelegen, ist leicht zu finden, schon von weitem weist der mit Holzschindeln gedeckte Glockenturm den Weg. Ein Besuch der dreischiffigen, 1462 fertiggestellten Hallenkirche lohnt sich unbedingt, einerseits wegen des außergewöhnlich harmonischen, hellen Raumeindrucks, andererseits wegen der vielen Einrichtungsgegenstände, die sich trotz der vielen Brände erhalten haben. Aus katholischer Zeit sind dies einige edle Holzplastiken, die eiserne Weihekrone der Nonnen, ein gotisches Hostiarium und ein Flügelaltar des 15. Jh., später kamen u. a. die Renaissance-Kanzel (16. Jh.), Wappenschilder und das Votivschiff hinzu. Das Pietà-Gemälde an der Nordwand wurde der Kirche von Katharina Jagellonica geschenkt und stammt angeblich aus der Schule El Grecos. Im Sommer bildet die Klosterkirche mit ihrer guten Akustik den vornehmen Rahmen für die weithin bekannten Musikfestspiele von Naantali. Vor dem Westportal erinnert ein Gedenkstein an den Mönch Jöns Budde (1461–91), der im Kloster u. a. Heiligenlegenden aus dem Lateinischen ins Schwedische übersetzte und deshalb als ›erster Schriftsteller Finnlands‹ gilt.

Westlich der Kirche kommt man auf einem Pfad durch den naturbelassenen Park zu einem kleinen Holzpavillon mit Ausguck, der von erhöhter Warte aus einen herrlichen Blick auf die Insel- und Wasserlandschaft um Naantali freigibt. Deutlich zu sehen ist hier auch der Granitbau **Kultaranta** (Goldstrand) auf der Insel Luonnonmaa, der 1916 nach Plänen von Lars Sonck im nationalromantischen Stil errichtet wurde. Wohl jedes Landeskind wird dieses Haus kennen, denn seit 1922 dient es dem jeweiligen finnischen Staatspräsidenten als Sommerresidenz. Das Gebäude ist für die Öffentlichkeit nicht zugänglich, dafür aber zu bestimmten Zeiten der herrliche Park mit seinen Nutzpflanzen und Rosengärten, Springbrunnen und Skulpturen. Auch sonst lohnt sich ein Besuch der großen Insel, die durch die Ukkopekka-Brücke mit Naantali verbunden ist, und auf der man Badestrände, Binnenseen, prächtige Gutshöfe und das Heimatmuseum Käkölä findet.

Das nächstliegende Ziel ist aber erst einmal der **Bootshafen,** der sich direkt unterhalb des Klosterberges ausbreitet und von äußerst hübschen Restaurants, Cafés und Biergärten gesäumt wird. Ein Blick auf die hölzernen Verzierungen, schlanken Säulen, geräumigen Terrassen und verglasten Veranden zeigt, daß die meisten dieser Gaststätten aus Naantalis großer Zeit als Seebad stammen. Ein weites Feld übrigens für kulinarische Expeditionen, bei denen man in einigen Restaurants allerfeinste Fisch- und Seafoodgerichte geboten bekommt. Nichts könnte schöner sein, als hier an einem sonnigen Tag das quirlige Treiben zu beobachten, das Ein- und Auslaufen der Yachten, der Wasserbusse aus Turku oder des historischen Dampfschiffes ›Ukkopekka‹, die flanierenden Besucher, die sich auf den hölzernen Stegen und Drehbrücken drängen, und die Angler, deren Fänge die gute Wasserqualität beweisen. Daß Schwedisch oft die dominierende Sprache zu sein scheint, hängt weniger mit Naantalis Bevölkerung zusammen als vielmehr mit den vielen Seglern, die vom Königreich durch den Archipel der Åland-Inseln und den Schärengarten herüberkommen.

Besonders turbulent geht es alljährlich am 27. Juli zu: Dann feiert man in der Stadt seit über 100 Jahren das ›Fest des Siebenschläfers‹, eine Art Karneval

Blick auf den Hafen und die Klosterkirche von Naantali

mit Prämierung der originellsten Verkleidung. Die Schlafmütze, die an diesem Tag nicht rechtzeitig aus den Federn kommt – inzwischen ein vorher ausgeloster Vertreter der lokalen Prominenz – wird unter dem Gelächter der Zuschauer ins Hafenbecken geworfen.

Die pittoreske **Altstadt,** in der fast alle Häuser unter Denkmalschutz stehen, erstreckt sich zwischen Hafen und Torikatu (Marktstraße). Die Bausubstanz stammt zum größten Teil aus dem 18. bzw. dem Anfang des 19. Jh. und repräsentiert eine eigenwillige Form von ›Stadthöfen‹. Denn die Einwohner der damaligen Zeit blieben Bauern, auch wenn sie ihren Häusern einen bürgerlichen Anstrich gaben mit Toren, Dachstübchen, Säulen und Gesimsen. Die geschlossene Straßenfront läßt nicht erahnen, daß sich dahinter Innenhöfe mit Schmiede, Mühlen und Viehställen befanden. Heute sind unter den Walmdächern fast aller dieser Holzbauten Restaurants, Boutiquen, Kunstgalerien und Hotels eingezogen. Das ursprüngliche Ambiente bewahrt der Hof Hiilola (Katinhäntä 1), der zusammen mit zwei benachbarten Häusern als Stadtmuseum dient. Die alten Blockhäuser und Katen mit schmalen Durchgängen, die kulturhistorische Sammlung und die Windmühle können viel vom Leben früherer Zeiten erzählen, außerdem lädt der üppige Garten zu einem vergnüglichen Spaziergang ein.

Für Besucher mit Kindern ist das **Muminland** (Muumimaailma) auf der Insel Kailo (Brückenverbindung) ein unverzichtbarer Programmpunkt. Der Themenpark lockt u. a. mit Theatern, dem Mumin-Tal, der Abenteuerinsel Väski und einem Kuriositäten-Museum ganze Heerscharen von Touristen an, die mit einer bandwurmartigen Miniatur-Eisenbahn hierher kommen. Das Personal der Attraktion sind überdimensionierte Figuren aus Tove Janssons Kinderbüchern, die inzwischen Generationen junger (und älterer!) Leser in ihren Bann gezogen haben. Wer also dem Mumintroll und seinen Eltern, Homsa, der eiskalten Morra, der kleinen My oder dem Snorkfräulein inmitten ihrer eigenen kleinen Welt begegnen möchte, darf sich diesen Ausflug nicht entgehen lassen.

Auf dem ›Königsweg‹ von Turku bis zur russischen Grenze

Für wen sollte man die Empfehlung aussprechen, von der Westküste bis zur Ostgrenze zu fahren? Sicher nicht für diejenigen, die von der Nordlandsehnsucht getrieben werden, die – kaum mit der Fähre in Turku angekommen – möglichst schnell zum Polarkreis, nach Lappland, zu Rentieren und zur Mitternachtssonne aufbrechen möchten. Bei wem sich Urlaubsgefühle auch ohne die absolute Einsamkeit der Nordkalotte einstellen, wird auf dieser Strecke wohl kaum enttäuscht werden. Die Natur ist nicht grandios, aber trotzdem schön, das Wetter im Sommer stabil, die Schärenwelt einzigartig. Und, aus historischer Perspektive betrachtet, befindet sich hier im Süden sogar das eigentliche Finnland, wofür die Vielzahl kultureller Attraktionen genügend Beweise liefert. Immerhin wohnten in dieser Region schon vor 8000 Jahren Menschen, früher als in jedem anderen Teil des Landes. Deren Lebensraum hatte freilich kaum etwas mit dem heutigen Aussehen der Küste gemein, denn noch um 1500 v. Chr. war der Meeresspiegel 13 m höher als heute, und immer noch dauert der nacheiszeitliche Prozeß der Landhebung an.

Immer schon bot diese Landschaft, die sich buchstäblich aus dem Meer erhoben hat, dem Menschen ideale Bedingungen. Durch die vorgelagerte Inselwelt konnten in frühen Zeiten Fischer, Robbenfänger und Händler gefahrlos die Küste und das System der Binnenseen erreichen. Als ab dem 13. Jh. die Herrscher der nordischen Reiche eine geeignete Route für ihre Kuriere suchten, konnten sie auf diesen uralten Fahrweg nach Rußland zurückgreifen. Der ›Königsweg‹ (finn.: Kuninkaantie) wurde bald von Handelsstationen, Märkten und Befestigungen gesäumt. Der dänisch-norwegische König ließ auf diesem Weg Post und Waren von Oslo nach Stockholm bringen, die schwedischen Kuriere brachen von dort mit Booten und Fähren zu den Åland-Inseln und nach Turku auf, und auf der finnischen Seite gab es seit dem 13. Jh. eine Verbindung von Turku nach Wyborg. In der russischen Zeit war die Strecke Turku–Salo–Helsinki–Hamina–Wyborg–St. Petersburg nicht nur für die Postzustellung und den Transport von Soldaten oder Handelsgütern wichtig, sondern auf diesem Weg wurden auch ständig neue Ideen und Moden zwischen West und Ost ausgetauscht.

Das moderne Gegenstück des Königsweges ist die Europastraße (E 18), die weit im Westen in Belfast ihren Anfang nimmt und bis Stockholm verschiedene Meere überwinden muß. Die Fährverbindungen Kapellskär–Naantali oder Stockholm-Turku stellen den Anschluß nach Finnland her – hier heißt er Suuri Rantatie (Großer Küstenweg) oder Suuri Postitie (Großer Postweg) –, wo der Weg über Helsinki bis zur russischen Grenze und weiter nach St. Petersburg fortgesetzt werden kann.

Über Parainen nach Karppoo

Auf diesem ersten Ausflug in die einzigartige, friedliche Welt der Inseln, Schären und Klippen zweigt man schon vom Königsweg ab, noch bevor die Reise so richtig begonnen hat. Deshalb ist der

Abstecher etwa als Ganz- oder Mehrtagesausflug ab/bis Turku auch für diejenigen interessant, für die die Strecke nach Helsinki oder weiter nach Osten gar nicht auf dem Reiseplan steht. Nur knapp 10 km sind es bis **Kaarina** 1, wo der Gutshof Kuusisto einen Besuch lohnt. Das ehemalige Wohnhaus der Regimentsobersten wurde 1738 im karolinischen Stil errichtet und kann besichtigt werden (Führungen). Im westlichen Stadtteil Ylikylä zweigt die ›Große Schärenstraße‹ (180) ab, die über einige Inseln und z. T. mächtige Hängebrücken nach **Parainen** 2 (S. 290) führt. Diese von allen Seiten meerumschlungene Stadt (schwed.: Pargas) lebte früher fast ausschließlich von ihrer reichen Kalkgrube, die immer noch die größte im Tagebau betriebene des Landes ist (Kalkmuseum). In den letzten Jahren kam der Fremdenverkehr als zweites Standbein der hiesigen Wirtschaft hinzu und bietet den rund 12 000 Einwohnern zusätzliche Arbeitsplätze. Für Touristen ist Parainen zum einen wegen seiner Infrastruktur als Tor zum Turkuer Schärengarten wichtig, zum anderen hat der Ort selbst mit seinen Kanälen, Museen und einem guten Freizeitangebot einiges zu bieten. Mitten im Zentrum liegt z. B. eine mit Al-secco-Malereien geschmückte Feldsteinkirche

aus dem frühen 14. Jh., in der zwei Statthalter des schwedischen Königs beigesetzt sind. Nebenan ist in der Agricola-Kapelle die sogenannte Per Brahe-Bibel ausgestellt, die erste in finnischer Sprache gedruckte Bibel. Östlich des Kirchhofes schließt sich das Altstadtviertel Gamla Malmen mit engen Gassen und pittoresken Holzhäuschen an, darunter auch das hübsche Café Fredrikan tupa. Und im Heimatmuseum auf dem Hembygdsvägen erinnert das Lenin-Zimmer an den russischen Revolutionär, dessen Flucht in Turku begann (s. S. 125).

So angenehm ein Aufenthalt in Parainen auch sein mag, für das, was an Inselerlebnissen weiter westlich wartet, kann er nur die Ouvertüre sein. Die Straße 180 erschließt dabei auf einer rund 65 km langen, wunderschönen Route die größten Eilande, wobei man teils über Brücken mit prächtiger Aussicht geleitet wird, teils aber auch die (kostenlosen) Fähren benutzen muß. Hinter Parainen geht es ein Stückchen über die Insel Stortervolandet, dann über weitere bewaldete Trabanten bis zum Sund vor Lillandet, der mit einer Fähre überwunden wird. Auf der anderen Seite gelangt man über Storlandet zum Zentralort **Nauvo** (schwed.: Nagu) 3. Hier ist das Hotel Strandbo mit Touri-

steninformation und gutem Restaurant die erste Adresse, ansonsten gibt es Ferienhäuser, Charterboote und Yachthafen zu mieten, man kann Angeltouren buchen oder einen warmen Sommertag an sandigen Badebuchten oder auf Granitklippen verbringen.

Nach Benutzung einer weiteren Fähre kommt man zur kleinen Gemeinde **Korppoo** (schwed.: Korpo) **4**, die mitten im Turkuer Archipel liegt. Eine alte Feldsteinkirche aus dem 14. Jh. beweist die lange Geschichte dieser alten Fischersiedlung, die Interessierten auch im Heimatmuseum nahegebracht wird. Im Hafen des benachbarten Galtby kamen 1959 die ersten Fähren von Schweden an, heutzutage sieht man die riesigen Ungetüme mehrmals täglich vorbeifahren und das Inselchen Utö mit Leuchtturm und Lotsenstation passieren. Wen es noch weiter nach Westen zieht, der gelangt mit der dritten Fährverbindung zur Gemeinde **Houtskari** (schwed.: Houtskär), zu der allein mehr als 1600 Schären und Klippen gehören – Platz genug also für die nur 730 Einwohner. Schon in der Bronze- und Eisenzeit lebten hier Menschen, deren Grabhügel sich bis auf den heutigen Tag erhalten haben. Ihre modernen Nachfahren haben komfortable Feriendörfer, Pensio-

nen und Restaurants gebaut und nehmen Fremde auf Angeltouren oder Bootsfahrten mit. Besucher, die es bis hierhin geschafft haben, sollten weder einen Besuch der hübschen Kreuzkirche von 1703 versäumen, noch eine Besteigung des Borgberges, wo auf dem Aussichtsturm an schönen Tagen der Blick weit über den Skiftetsund bis zu den Åland-Inseln geht.

Über Dragsfjärd zur ›Blauen Muschel‹ und nach Hanko

Auf dem zweiten Ausflug in die Schären biegt man hinter Piikkiö rechts auf die Straße 181 ab und fährt, am Pemarvik-Vogelschutzgebiet vorbei, durch weites Bauernland zuerst nach Sauvo, dann zur Nachbarinsel mit dem Zentralort **Kimito** (schwed.: Kemiö). Im Heimatmuseum Sagalund sind lokale Segelschiffe zu bewundern, die die lange Reise bis nach Australien unbeschadet überstanden haben. Ab hier geht es auf der 183 weiter nach **Dragsfjärd 5**, einer zweisprachigen Gemeinde, von der aus Boots- und Angeltouren in das Laby-

Von Turku bis zur russischen Grenze

rinth aus Inseln und Meer organisiert werden, und wer Anfang Juli hierher kommt, bekommt das renommierte Baltic Jazz Festival quasi als Zugabe. Beliebte Ausflugsziele in der näheren Umgebung sind beispielsweise Bengtskär mit dem höchsten skandinavischen Leuchtturm (Museum, Cafeteria), das malerische Fischerdorf Högsåra (Bootsverbindung), der Gutshof Söderlångvik und das Hüttenwerksmuseum bei Dalsbruk. Wenn man schon einmal hier ist, sollte man auf alle Fälle auch der Straße 183 über Brücken und eine kurze Fährstrecke bis zu ihrem Ende bei **Kasnäs** 6 folgen. Hier erstreckt sich, etwa 100 km von Turku entfernt, eine einzigartige Inselwelt, die aus insgesamt 41 000 kargen Inselchen und Schären besteht – ein Teil ist im 220 km^2 großen Schärengarten-Nationalpark (Saaristomeren kansallispuisto) naturgeschützt. Im ganzjährig geöffneten Besucherzentrum ›Blaue Muschel‹ (Sinisimpukka, schwed.: Blåmusslan) kann man sich einen Überblick über die Wunderwelt der Schären im und über Wasser verschaffen. Das moderne, rot-graue Ausstellungsgebäude ist mit audiovisuellen Programmen ausgestattet und verfügt u. a. auch über ein Aquarium und einen Naturpfad.

Wer diese ohnehin schon angenehme Tour noch um weitere phantastische Natureindrücke bereichern will, macht hinter der Brücke bei Strömma einen kleinen Bogen nach Norden und gelangt über Matilda (schwed.: Mathildedal) nach **Teijo** 7. Angesichts der Sunde und Meeresküsten, der Vielzahl von Binnenseen und einer moderaten Hügellandschaft ist leicht verständlich, wieso hier eines der beliebtesten Freizeitzentren im weiten Umkreis entstehen konnte. Das Angebot ist übrigens nicht auf die warme Jahreszeit beschränkt: Immerhin verfügt die Region von Teijo

über das größte Slalom-Abfahrtszentrum im südwestlichen Finnland.

Eine interessante Station auf dem Königsweg ist die weitläufige Gemeinde **Perniö** (schwed.: Bjärnö) 8, ein seit Jahrhunderten beliebter Rastplatz mit mehreren alten Kirchen und prächtigen Gutshöfen. Südlich des Zentrums liegen die Kirche St. Laurentius (1480) und frühgeschichtliche Megalithgräber. In Tenhola (schwed.: Tenala) wartet eine Feldsteinkirche aus dem 14. Jh. mit zahlreichen Adelswappen auf Besucher.

12 km weiter gelangt man zum idyllischen **Tammisaari** 9 (S. 296f.). Da die Mehrheit der 14 700 Einwohner schwedischsprachig ist, ist der Name Ekenäs bekannter, beide bedeuten übrigens Eichenkap. Die Geschichte des Städtchens geht auf Gustav Vasa zurück, der mit seiner Gründung im Jahre 1546 dem estnischen Tallinn Konkurrenz machen wollte. Aus dieser Zeit ist im Zentrum nichts mehr erhalten: Das älteste Baudenkmal ist die schöne Feldsteinkirche von 1624 mit ihrer barocken Innenausstattung. Dahinter ragt eine kleine Halbinsel in die Meeresbucht, auf der sich im Altstadtviertel Barkkens udde Holzhäuschen aus dem 18. und 19. Jh. aneinanderreihen. Hier findet man auch das um 1900 auf Pfählen über dem Wasser erbaute Sommerrestaurant Knipan. Ansonsten wartet der Ort mit Heimatmuseen, zwei Bootshäfen, dem Naturpark Ramsholmen und einer guten touristischen Infrastruktur auf, die Tammisaari auch als Nachtquartier empfiehlt. Den besten Überblick über die Kleinstadt, ihre dichtbelaubten Parks und die Inselwelt erhält man vom alten Wasserturm auf dem ›Mühlenhügel‹ Myllymäki. Und wer die wasserreiche Umgebung näher kennenlernen möchte, kann vom Nordhafen aus mit den Wasserbussen zu Minikreuzfahrten aufbrechen, die auch

Vladimir Iljitsch Uljanow, genannt Lenin
Deckname ›Doktor Müller‹

Man schreibt das Jahr 1907, und in Turku herrscht bitterkalter Winter mit grimmigen Frostnächten. Schon seit Wochen türmen sich Eisschollen im Hafen und lassen kein Schiff mehr durch. In einer besonders eisigen Nacht, in der der Wind einem die Tränen in die Augen treibt und niemand freiwillig vor die Haustüre geht, verläßt ein Mann den Zug an der kleinen Bahnstation Littoinen kurz vor Turku. Trotz der Kälte macht er sich zu Fuß auf, mit hochgeschlagenem Mantelkragen, und kämpft sich gegen Schnee und Wind bis in das Zentrum der Hafenstadt vor.

Den Leuten von Turku muß dieser Mann merkwürdig vorgekommen sein, nicht nur wegen des ungewöhnlichen Zeitpunkts seines Besuches, sondern auch, weil er den angebotenen Schnaps dankend ablehnt. Auf Nachfrage erklärt er, daß er Dr. Müller heiße, deutscher Geologe sei und Turku so bald als möglich per Schiff verlassen wolle. Doch der Finnische Meerbusen ist teilweise zugefroren, und alle Schiffe liegen weit draußen in eisfreien Gewässern. Mit einem Pferdegespann macht sich der seltsame Besucher durch Wind und Wetter auf, bis er zu einer Schäre kommt, hinter der das Eis brüchig wird. Die letzte Strecke zum wartenden Schiff erreicht Dr. Müller schließlich auf Skiern.

So abenteuerlich begann die Flucht eines Mannes, der weder Dr. Müller hieß noch Geologe war, sondern in St. Petersburg als Staatsfeind Nummer Eins galt: Vladimir Iljitsch Uljanow, genannt Lenin. 1907 diente Turku ihm als Sprungbrett ins Exil, wo er seine Rückkehr vorbereiten konnte. Damals war noch nicht abzusehen, daß die Flucht, die Lenin bis nach Neapel brachte und später dann auf nicht minder abenteuerliche Weise im berühmten plombierten Eisenbahnwaggon zurück, die Welt verändern sollte.

Der Besuch in Turku war übrigens nicht Lenins einziger in Finnland. Im Gegenteil hielt er sich etwa ein dutzend Male hier auf, versuchte, als Lokomotivheizer verkleidet, den zaristischen Schergen zu entkommen und führte die ersten beiden Kongresse seiner Partei in Tampere durch. Dieses Land hatte jedoch nicht nur für den Mann mit dem Decknamen Dr. Müller größte Bedeutung, sondern auch er für Finnland: Er war es, der seit 1905 immer wieder das Selbstbestimmungsrecht der Finnen und anderer Völker im russischen Reich betont hatte. Er war es, der das zaristische System stürzte und damit Finnland die Unabhängigkeit ermöglichte. Und er war der erste, der am Silvestertag des Jahres 1917 den jungen Staat Finnland diplomatisch anerkannte. Man muß also nicht sonderlich erstaunt sein, wenn man eine Lenin-Büste in Turku, ein Lenin-Zimmer im Heimatmuseum von Parainen oder ein Lenin-Museum in Tampere entdeckt …

zum 50 km² großen Nationalpark Tammisaari-Schärengarten (Tammisaaren Saaristo) führen.

Rund 40 km in südwestlicher Richtung sind es von Tammisaari auf der gut ausgebauten Straße 25 bis nach **Hanko** 10 (S. 271). Die Stadt, die bei der schwedischsprachigen Mehrheit der etwa 11 500 Einwohner Hangö heißt, ist in historischer, landschaftlicher und touristischer Hinsicht ein äußerst interessantes Ausflugsziel. Die strategisch wichtige Lage in Verbindung mit dem geschützten Naturhafen, der bereits 1270 erwähnt wird, machte den Ort immer schon zu einem Anlaufpunkt der Seeleute – schließlich führte die traditionelle Segelroute vom schwedischen Roslagen nach Rußland, sozusagen der Königsweg auf dem Wasser, zwangsläufig an dieser exponierten Stelle vorbei. Das eindrucksvollste Dokument jener Zeit ist der Steilfelsen der Insel Hauensuoli (Hechtdarm, schwed.: Gäddtarmen) südlich des Zentrums: Hier malten seit jeher Seeleute, Beamte und Soldaten ihre

Namen auf den Granit oder meißelten ihre Wappen ein; noch heute sind knapp 600 Zeichnungen und Felsbilder zu sehen, die ältesten aus dem 15. Jh. In der russischen Zeit erhielt Hanko die Stadtrechte (1874) und mauserte sich zu einem vor allem bei russischen und finnischen Gästen beliebten Seebad. Ein weiterer Meilenstein der Stadtentwicklung war der Anschluß an das Eisenbahnnetz, von dem sowohl der Hafen als auch der Fremdenverkehr enorm profitierten. Nach dem Winterkrieg mußten die Finnen Hanko an die Sowjetunion zwangsverpachten, die den Hafen ab 1940 als Marinestützpunkt nutzte und erst nach einer Belagerung durch finnische Soldaten zur Rückgabe der Stadt gezwungen wurde. All das ist heute längst Geschichte, die in mehreren interessanten Museen aufbereitet wird.

Mit einem überdurchschnittlich guten Klima, einem breitgefächerten Sportangebot, fast 400 Veranstaltungen pro Saison – Höhepunkt ist die international besetzte und weithin bekannte Segelre-

gatta Anfang Juli – ist Hanko *die* finnische Sommerstadt. Beste Bedingungen auch für Wasserratten, denn immerhin hat die gleichnamige Insel eine Küstenlinie von 130 km, wovon 30 km aus feinsandigen Stränden bestehen. Ein Zentrum der sommerlichen Aktivitäten ist der Osthafen, mit seinen zwei Marinas, Restaurants, Cafés, modernsten Serviceeinrichtungen und abendlichem Entertainment der größte und bestausgerüstete des Landes.

Das eigentliche Zentrum erstreckt sich zwischen Bahnhof, Osthafen und der bewaldeten Halbinsel Puistovuoret (Parkberg). Will man sich zunächst einen Überblick verschaffen, empfiehlt sich die Auffahrt auf den Wasserturm, wo man 50 m ü.d.M. eine weite Sicht nach allen Seiten hat. Ebenfalls auf dem Vartiovuori (Wachtberg) erhebt sich die neugotische, 1892 vollendete Kirche. Auf dem Spaziergang hinunter zum Osthafen lohnt sich ein Besuch im Festungsmuseum, das man nahe dem Wasser im Granstedt-Park findet. In den bequem zu Fuß zu erreichenden Buchten weiter östlich gelangt man zu schönen Sandstränden und gepflegten, mit Statuen und Denkmälern geschmückten Parks. Das Emigrantendenkmal erinnert an die Auswanderung von einer halben Million Finnen, die 1880–1930 ihre Heimat in Hanko verließen, um in Australien, Kanada oder den USA ein neues Leben zu beginnen. Hinter der Halbinsel des Parkberges ist der hochherrschaftliche Holzbau des Casinos einen Abstecher wert und nördlich davon die Orthodoxe Kirche, ein mit Mosaiken geschmücktes, hölzernes Gotteshaus von 1896. Eine weitere Attraktion schließlich stellt südlich der Innenstadt an der Meerenge zwischen Tullisaari und Kobben das bereits erwähnte ›Gästebuch der Schären‹ (s. S.126) dar.

Von Tammisaari nach Helsinki

Nach dem Ausflug zum finnischen Südkap folgt man ab Tammisaari wieder dem alten Königsweg, der für die Strecke nach Porvoo allerdings zwei Varianten aufweist und Reisende vor die Qual der Wahl stellt. Die landeinwärts gerichtete Route über die Straße 25 mag für Kulturtouristen die interessantere sein: In **Karjaa** (schwed.: Karis) lohnt ein Besuch des stattlichen Holzpalais Mustio (Svartå), das 1792 nach Entwürfen von Erik Palmstedt errichtet wurde und heute als Hotel dient. Auch die 1470 geweihte Feldsteinkirche mit ihrem edlen Interieur ist äußerst sehenswert. Ein kurzer Schlenker nach Westen führt dann über **Pinjainen** (schwed.: Billnäs; Wasserkraftwerkmuseum und Axtmuseum) nach **Pohja** (schwed.: Pojo) mit einer ausnehmend schönen, der Jungfrau Maria geweihten Feldsteinkirche aus dem 15. Jh. Unmittelbar nördlich liegt **Fiskari,** dessen alte Eisenhütte bereits 1649 errichtet wurde. Ein Museum dokumentiert deren Geschichte anhand von ca. 3000 Exponaten. Die kunsthandwerkliche Tradition von Fiskari wird seit 1994 im ›Design Village‹ fortgeführt, einem Arbeitsplatz von über 30 Künstlern und Designern (Ausstellungen und Verkauf). Die mit 15 000 Einwohnern größte Stadt an dieser Route ist schließlich **Lohja** (schwed.: Lojo). Die aus Granit gebaute St. Laurentiuskirche aus dem 14. Jh. beherbergt ein großes Triumphkruzifix, ihr Inneres wurde 1510–22 fast komplett mit Kalkmalereien ausgestattet. Der in der Nähe der Stadt anstehende Kalkstein ist schon seit langem für den Bergbau genutzt worden, daran erinnert u. a. das Kalkgrubenmuseum von Tytyri, in dem es mehr als hundert Meter tief in die Erde hinabgeht. Auch der Herrenhof Gustafsberg in Krikniemi (schwed.: Gerknäs), der unter anderem Admiral Ehrensvärd, General Adlercreutz und Marschall Mannerheim gehörte, ist einen Ausflug wert.

Hinter Lohja beschreibt die zur Autostraße ausgebaute 25 einen Bogen um die Hauptstadtregion und stößt in Porvoo wieder auf die Küstenstraße. Kürzer ist der Weg über die E 18 via Espoo und Vantaa.

Die südliche Alternative ist idyllischer und folgt fast immer dem Küstenverlauf, wobei man anstelle der verkehrsreichen Hauptstraße 51 die 170 wählen sollte. Eine erste Zwischenstation bietet sich in **Snappertuna** 11 an, dessen imposante Burgruine Raseborg aus dem 14. Jh. stammt und um 1550 verlassen wurde. Ebenfalls sehenswert sind die Holzkirche von 1688 und das Heimatmuseum Forngården mit einer bäuerlichen Anlage aus dem 18./19. Jh. Das schön gelegene **Fagervik** 12 besticht durch eine hübsche Holzkirche und die alte, 1646 gegründete Eisenhütte. Die nächste Gemeinde heißt **Inkoo** (schwed.: Ingå) 13 und ist mit dem großen Bootshafen ein Zentrum des Schärentourismus. Der 5000-Seelen-Ort besitzt einige guterhaltene Holzgebäude, darunter die Inkoo-Kirche von 1335 mit einem Wandgemälde zum Thema ›Totentanz‹.

Durch Degerby (schöne Dorfkirche) geht es weiter nach Osten, wo sich die Küstengemeinde **Kirkkonummi** 14 (S. 281) ausdehnt. Ein Viertel der rund 27 000 Einwohner sind schwedischsprachig und nennen ihre Stadt Kyrkslätt. Der in beiden Namen enthaltene Bestandteil ›Kirche‹ bezieht sich auf das sehenswerte Feldstein-Gotteshaus im alten Dorfzentrum, das aus dem 13. Jh. stammt. Nördlich des Ortes bieten etwa 100 Seen jede Menge Entfaltungsmöglichkeiten für Sport- und Naturfans. Am

Ufer des Hvitträsk zieht ein gleichnamiges Gebäude Besucher aus nah und fern an: Hier hat mitten im Wald die Crème der nationalromantischen finnischen Baukunst, die Architekten Eliel Saarinen, Armas Lindgren und Herman Gesellius, 1902–04 ein gemeinsames Atelier und Wohnhaus errichtet, das hinsichtlich der Materialien, der äußeren Form und der Innenausstattung alle ihre Ideen verkörpert. Museum, Restaurant und Café komplettieren diese einzigartige Schöpfung aus Holz und Natursteinen.

Den Wäldern, Wiesen und Seen des Nordens hat Kirkkonummi im Süden eine weitverzweigte Schärenlandschaft und eine Küstenlinie von 150 km entgegenzusetzen. Ein Großteil davon umgibt die Halbinsel **Porkkala,** die in ganz Finnland wegen ihrer dramatischen Nachkriegsgeschichte bekannt ist. Ab 1944 an die Sowjetunion als Kriegsmarinebasis zwangsverpachtet, war sie ein Gradmesser der politischen Beziehungen beider Länder und ständiger Zankapfel, bis sie schließlich 1956 vorzeitig an Finnland zurückgegeben wurde. An diese Zeit erinnert in Kolsarby, im Süden der Halbinsel, ein russischer Friedhof.

Kurz hinter Kirkkonummi erreicht man Espoo und damit die Hauptstadtregion (s. S. 70ff.). Will man die Kapitale aus welchem Grund auch immer meiden, folgt man der Europastraße, die als Ring III einen nördlichen Bogen durch die Gemeinde Vantaa (s. S. 101ff.) mit dem Internationalen Flughafen beschreibt.

Von Helsinki bis zur russischen Grenze

Auf dem zweiten Teilstück von Helsinki zur russischen Grenze verläuft der Königsweg mal nördlich, mal südlich der E 18. Will man den Spuren der ehemali-

Auch abseits der Küste bietet Südfinnland idyllische Szenerien

gen Kuriere möglichst authentisch folgen, muß man auf dem Weg von der Hauptstadt nach Porvoo einen etwas umständlichen Kurs über Kerava und Sipoo steuern, bei dem es zwar durchaus etwas zu sehen und zu erleben gibt (in Kerava das Kunstmuseum, eine Mittelalterkirche, viel moderne Architektur und den überdachten Vergnügungspark ›Planet Fun Fun‹; in Sipoo die alte Kirche aus dem 15. Jh.), dafür ist aber der Zeitaufwand auch ziemlich groß. Anders als sonst soll hier also einmal die Autobahn bzw. Schnellstraße empfohlen sein, und wer es partout auf Nebenstrecken abgesehen hat, kann ja die kleine und kurvenreiche Parallelstrecke über Östersundom (schöne Kapelle von 1754) nehmen.

Auf dem schnellsten Weg sind knapp 50 km bis **Porvoo** `15` (S. 291f.) zurückzulegen, wo ein etwas längerer Stopp zum touristischen Pflichtprogramm gehört – schließlich ist die (nach Eingemeindungen) 40 000 Einwohner zählende Stadt eine der schönsten und historisch bedeutsamsten des Landes. Wenige Kilometer vor dem Ortszentrum verläßt man die Autobahn über die Straße 170, die automatisch in die Mannerheiminkatu übergeht, Porvoos Hauptverkehrsader. Man überquert den Porvoonjoki, dessen vorzüglicher Naturhafen an der Mündung schon in der Frühzeit einen regen Handelsplatz entstehen ließ, der um 1200 mit einer starken Festung gesichert wurde. Dieser ›Burg am Fluß‹ (schwed.: Borgå) verdankt die Stadt ihren lautmalerisch ins Finnische übernommenen Namen. Eins ihrer Wahrzeichen, die malerischen, roten Speicherhäuser aus dem 18. Jh., sieht man am besten von der Brücke aus oder von der schmalen Gasse am diesseitigen Ufer. Hier wurden früher Salz und andere Kolonialwaren gelagert, die seinerzeit per Schiff ins Land gebracht wurden. Und damit möglichst viele Händler in den Genuß der guten Flußlage kamen, machte man die Grundstücke besonders schmal. Über die Lagerscheunen schweift der Blick zur Domkirche und flußaufwärts zur alten Brücke Sillanmäki, einem originalen Stück des Königsweges. Nördlich davon erhebt sich der Schloßhügel Linnanmäki, auf dem Interessierte die spärlichen Überreste der erwähnten Burg entdecken können. Am jenseitigen Ufer gibt es beiderseits der Mannerheiminkatu Parkplätze, von wo aus man per pedes linker Hand zur Altstadt aufbricht. Die schmalen, z. T. recht steilen und mit groben Feldsteinen gepflasterten Gassen, die den Stadtrundgang zu einer ziemlich beschwerlichen Angelegenheit machen können, zeugen davon, daß der Bebauungsplan noch aus dem Mittelalter stammt: Schon 1346 hatte Porvoo die Stadtrechte erhalten, als zweiter finnischer Ort nach Turku. Die meisten Holz- und Steinhäuser, die man auf dem Spaziergang zur Domkirche passiert, sind allerdings erst nach einem Großbrand im Jahre 1760 aufgeführt wurden. So z. B. das alte Rathaus (1762–64), in dessen Obergeschoß sich früher die Ständeversammlung traf, während im Erdgeschoß Läden und das Spritzenhaus untergebracht waren. Heute beherbergt der schöne, rostrote Bau das Stadtmuseum. Daneben sieht man das sogenannte Holm-Haus, in dem Gemälde von Albert Edelfelt und Plastiken ausgestellt sind. Weitere interessante Gebäude sind das Domkapitelhaus, das ehemalige Gymnasium und einige der alten Wirtshäuser, für die Porvoo als bedeutende Zwischenstation am Königsweg früher bekannt war. Im Zentrum der Altstadt erhebt sich unübersehbar die Kathedrale, das einzige aus dem Mittelalter erhaltene Gebäude. Das Gotteshaus wurde 1414–18 aus Feldsteinen errichtet, ist heute weiß gekalkt und zeigt

nach Westen einen herrlichen Backsteingiebel. Wie bei fast allen Mittelalterkirchen des Landes steht der Glockenturm abseits der Kirche. Diese wurde 1723 zum Bischofssitz erhoben, dem bis heute alle schwedischsprachigen Gemeinden Finnlands angehören. Im Innern weist der dreischiffige Bau im Chorbereich schöne Gewölbemalereien auf und überrascht ansonsten durch seine doppelten Emporen. Hier wurde im Jahre 1809 ein Grundstein für die finnische Unabhängigkeit gelegt, als Zar Alexander I. den ersten Landtag im Dom einberief und dabei versprach, die bestehenden Gesetze und Rechte zu achten, dem Großfürstentum einen autono-

Die roten Speicherhäuser am Porvoonjoki

men Status zu gewähren und »das finnische Volk zur Nation zu erheben«.

Eine weitere, von fast allen inländischen Touristen besuchte Attraktion liegt auf der anderen (südlichen) Seite der Mannerheiminkatu. Dort befindet sich in Hafennähe jenes Haus, in dem der Nationaldichter Johan Ludvig Runeberg 1852–77 als Lehrer tätig war (Museum). Dieser pflegte in seiner Porvooer Zeit ein ungewöhnliches Frühstück einzunehmen, das nur aus süßem Gebäck und einem Gläschen Schnaps bestand. Runebergs Frau Fredrika kreierte daraus eine heute ›Runeberg-Törtchen‹ genannte Spezialität: gezuckertes Gebäck aus Brotteig, mit Punsch angefeuchtet

und von einer Apfelkompott-Haube gekrönt. Vor allem am 5. Februar, dem ›Runeberg-Tag‹, bekommt man dieses Törtchen in den Cafés und Konditoreien der Stadt. Der Sohn des Ehepaars Runeberg, Walter, machte später als Bildhauer Karriere. Seine Skulpturen trifft man an vielen Stellen in Finnland. In Porvoo sind einige seiner Plastiken im Nachbargebäude des Runeberg-Hauses ausgestellt.

Nächste Station ist die alte Gemeinde Pernaja (schwed.: Pernå) mit einer Feldsteinkirche aus dem 14. Jh. und einem Mikael-Agricola-Denkmal. Von hier aus ist es nur noch ein kurzes Stück bis **Loviisa 16** (S. 287), einem Ort mit heute

etwa 8500 Einwohnern, den die schwedischsprachigen unter ihnen Lovisa nennen. Als der schwedische König Adolf Frederik im Jahr 1742 eine Inspektionsreise durch die Provinz unternahm, fand er die Lage des alten Pferdegutes Degerby so ideal, daß er hier eine Grenz- und Festungsstadt zum nahen Rußland hin gründete und ihr den Namen seiner Gattin Lovisa Ulrika gab.

Wer von der E 18 (Umgehungsstraße) abzweigt und über die Helsingintie auf das Zentrum zufährt, wird zunächst vom hohen Turm der neugotischen Backsteinkirche (1865) begrüßt. Sie markiert den Eingang zu einem Stadtviertel, das Mitte des 19. Jh. von dem Architekten Georg Chiewitz im neoklassizistischen Stil errichtet wurde. Die Mannerheiminkatu, eine wunderschöne, sechsreihige Lindenallee, führt durch die Neustadt und zu den wichtigsten Sehenswürdigkeiten. Gegenüber der Kirche erinnert das Sibelius-Haus mit Ausstellungen und Konzerten an den Aufenthalt des Komponisten; in seinem Sommerhaus in Loviisa schuf er 1892 die Symphonie ›Kullervo‹. Ebenfalls an der Mannerheiminkatu erhebt sich einige Schritte weiter als besonderes Schmuckstück das Rathaus (1862) vor einem rechteckigen Platz. Auf der anderen Straßenseite beginnt die Gamla Degerby oder Gamla stadsdelen genannte Altstadt, durch deren idyllische, schmale Gassen man unbedingt einen kleinen Spaziergang unternehmen sollte. Kern der Holzhausstadt ist der Degerby-Hof von 1680, eines der ältesten Holzgebäude des Landes, das heute das gemütliche Restaurant Degerby Gille beherbergt. Um den Hof gruppieren sich mehrere andere Holzhäuser, einige davon mit Schiffsmodellen in den Fenstern, zudem locken schöne, verschwiegene Ecken und gemütliche Cafés.

Etwas mehr Zeit braucht man für den Besuch der Seefestung Svartholm in der Bucht von Loviisa, etwa 10 km vom Zentrum entfernt. Im Sommer werden von der Anlegestelle Laivasilta aus regelmäßig Bootsausflüge angeboten, bei denen man das geschichtsträchtige Inselchen mit seiner Zick-Zack-Bastion, den alten Geschützen und seinem Restaurantschiff näher kennenlernen kann.

Nördlich des Königsweges (E 18) Richtung Kotka liegt **Ruotsinpyhtää** (schwed.: Strömfors) **17**, dessen Zentrum von der alten, vorzüglich restaurierten Eisenhütte (1695) dominiert wird, eine unverzichtbare Sehenswürdigkeit für Liebhaber historischer Industrieanlagen. Ein Schmiedemuseum, eine Werkstatt für Künstler und Kunsthandwerker sowie die achteckige Kirche aus dem 18. Jh. (schöne Altartafel) sind Attraktionen in unmittelbarer Nähe. Außerdem stehen Gästen Einrichtungen wie Hotel, Restaurant, Sommercafé und Kanuvermietung zur Verfügung.

Ein Stopp auf dem weiteren Weg zum 35 km entfernten Kotka empfiehlt sich noch in **Pyhtää** (schwed.: Pyttis) **18**, dessen mit Wandmalereien geschmückte Mittelalterkirche sehenswert ist.

Von der Abfahrt der Europastraße sind es einige Kilometer bis zum Ortszentrum von **Kotka** **19** (S. 282). Die mit 56 000 Einwohnern recht große Stadt liegt auf einer Insel (Kotkansaari), die durch zwei Mündungsarme des Kymijoki gebildet wird. Weder die Anfahrt über die Brücke noch ein oberflächlicher Orientierungsgang animieren zu einem längeren Aufenthalt: Moderne Zweckbauten, Finnlands größter Exporthafen und Industrie prägen das Bild. Doch mögen Kotkas Geschichte, einige Baudenkmäler und das hohe Niveau touristischer Dienstleistungen die Stadt auch für Touristen interessant machen, abgesehen davon, daß Unterkünfte weiter östlich rar gesät sind und viele nach einer Zwischenübernachtung von hier aus ihren Weg zur Seenplatte oder in den Norden beginnen. Eigentlich geht der Ort auf die Russen zurück, die im 18. Jh. nach ihren Erfolgen über Schweden zur Sicherung der Grenze starke Festungen bauten. Von diesen Bauten ist kaum etwas erhalten, da 1855 die britische Flotte im Krimkrieg ganze Arbeit leistete und mit Ausnahme der orthodoxen Kirche alle Gebäude zerstörte. Wer sich für die kriegerische Vergangenheit interessiert, sollte das Provinzmuseum auf der Kotkankatu besuchen, das neben historischen Dokumenten auch Textilien, Porzellan und Münzen zeigt. Oder man besichtigt den ehemaligen russischen Flottenstützpunkt von Routsinsalmi (schwed.: Svensksund) und die Festungsinsel Varisaari (Bootsverbindung), wo noch die eindrucksvollsten Relikte jener Zeit zu sehen sind. Ansonsten ist die erwähnte orthodoxe Kirche St. Nikolaus (1795) im Stadtpark einen Besuch wert, ebenso der nahe Marktplatz. Daneben dürfen sich Architekturfreunde nicht das Rathaus von 1935 entgehen lassen, das Kotkas Aufschwung zur Industrie- und Hafenstadt widerspiegelt, das 1907 von Eliel Saarinen entworfene Gewerkschaftshaus, sowie die 1898 vollendete lutherische Kirche im neugotischen Stil. Der preisgekrönte Wasserpark Sapokka lockt nahe dem Zentrum mit einer gestalteten Naturlandschaft voller Bäche und Wasserfälle, einem Steingarten und einer überbordenden Blumenpracht, während im Zentralhafen der historische Eisbrecher ›Tarmo‹ und andere Museumsschiffe zu besichtigen sind. Wen es auf's Wasser hinauszieht, der wird seine helle Freude an der Insel Haapasaari haben, die weit draußen inmitten eines kleinen Archipels liegt (regelmäßige Bootsausflüge). Den besten Überblick über Stadt, Land und Hafen erhält man vom Aussichtsturm Haukkavuori auf der Keskuskatu (mit Café und Ausstellungen).

Die wohl interessanteste Sehenswürdigkeit liegt jedoch einige Kilometer vor der Stadt, kurz hinter der Autobahnausfahrt (Abzweig nach rechts; ausgeschildert): Das Naturschutzgebiet Langenkoski mit den Stromschnellen und der Fischerhütte des Zaren. Ein von der Eiszeit glattgeschliffener Granitfelsen dient als natürlicher Parkplatz, von dort führt ein Fußweg rechter Hand zu den Langinkoski-Katarakten hinab. Die Angelmöglichkeiten waren an dieser Stelle des lachsreichen Flusses schon immer so gut, daß sich das Kloster von Valamo (s. S. 212) bereits in den 90er Jahren des 18. Jh. die Fischereirechte sicherte. Auch Zar Alexander III., ein begeisterter Angler, nutzte mehrmals diese Möglichkeiten und ließ sich ein repräsentatives Blockhaus bauen, das er 1889 mit seiner Gattin Maria Feodorowna einweihte. Das rustikale Gebäude mit seinem mächtigen Kamin, der originalen Einrichtung und vielen Porträts der Zarenfamilie ist heute ein Museum, das man auf Filzlatschen erkunden kann. Für die Betriebsamkeit an diesem Ort sorgen vor allem inländische Touristen, was beweist, daß auch die republikanischen Finnen ganz gerne einmal royalistische Luft schnuppern wollen. Wer an der ›Fischerhütte‹ des Zaren seine Urlaubspost einwirft, wird übrigens mit einem Sonderstempel belohnt. Der Abstecher ist außerdem auch aus landschaftlichen Gründen lohnend, denn die (recht bescheidenen) Langinkoski-Schnellen sind der Mittelpunkt eines 28 ha großen Naturreservats. Um den Besuch schließlich stilvoll zu beenden, könnte man anschließend in das nette, historische Café

Zur Residenz der Zaren –
Ausflug nach St. Petersburg

Sankt Petersburg, Petrograd, Leningrad und wieder St. Petersburg – schon die Namen, die die größte Stadt an der Ostsee getragen hat, erzählen Geschichte. Die Metropole, die 1712–1918 Hauptstadt Rußlands war und heute mehr Einwohner hat als ganz Finnland, ist eine der kunstträchtigsten, großartigsten und spannendsten Städte Europas – Grund genug, auch im Rahmen eines Finnland-Urlaubs einen Abstecher einzuplanen. Die Reise per Bus oder Bahn ist problemlos, doch wird ein gültiges Visum verlangt und müssen die Plätze durch ein finnisches Reisebüro reserviert sein. Da der Trip in den Osten über sechs Stunden Fahrzeit beansprucht, sollte auch für eine Unterkunft gesorgt sein.

Das eigentliche Ziel St. Petersburg ist weitaus jünger; als offizielles Gründungsdatum gilt das Jahr 1703, als man mit dem Bau der Peter-und-Paul-Festung begann. Keine europäische Hauptstadt wurde auf einem ungeeigneteren Terrain errichtet, denn Zar Peter d. Gr. bestimmte zum Bauplatz seines ›Fensters zum Westen‹ ausgerechnet das sumpfige Mündungsdelta der Newa – Natur und Menschen hatten zu gehorchen. Ohne Übertreibung läßt sich also sagen, daß eines der größten und schönsten Stadtensembles Europas seine Existenz der Hybris eines absolutistischen Herrschers verdankt.

Das Zentrum St. Petersburgs gliedert sich in vier, durch das Newa-Delta gebildete Viertel, die Seiten genannt werden. Auf der Petrograder Seite, die aus mehreren Inseln besteht, liegt die Keimzelle der Stadt, die Haseninsel mit der erwähnten **Peter-und-Paul-Festung.** Das überragende Werk der Festungsanlage, die einen der gefürchtetsten Kerker des Zarenreiches beherbergte, ist die Kathedrale, deren vergoldete Turmspitze von Anbeginn an Wahrzeichen der Stadt war. In der Kirche fanden fast alle Romanows seit Peter dem Gr. ihr Grab. Die Zaren-Sarkophage sind übrigens erstaunlich schlicht, wenn auch bis zu 6,5 t schwer und aus edelstem Material.

Die Wassiljewski-Insel mit der Akademie der Wissenschaften, der Universität und der Akademie der Künste ist St. Petersburgs geistiger Mittelpunkt. Ihr gegenüber liegt am nördlichen Ufer der Newa die Wyborger Seite mit dem Finnischen Bahnhof, auf dem im Herbst 1917 Lenin ankam – und heute die Zugtouristen aus Helsinki. Das für den Kurzbesucher interessanteste Gebiet ist jedoch die Moskauer oder Große Seite mit der Ermitage und dem Newski-Prospekt: Die **Ermitage** läßt das Herz eines jeden Kunstfreundes höher schlagen, nicht nur wegen der Sammlungen selbst, die u. a. einige Höhepunkte der westeuropäischen Malerei zu bieten hat. Denn Kunst ist auch die Gebäudegruppe an sich, die aus mehreren, zu unterschiedlichen Zeiten erbauten Teilen besteht. Den Kernbau bildet der

Winterpalast (1754–82) in üppigem Petersburger Barock; in einem Vorgängerbau starb 1725 Peter d. Gr. Die der Newa abgewandte Seite des Winterpalastes wird durch den **Schloßplatz** und das 580 m messende Halbrund für Generalstab und Außenministerium städtebaulich vervollkommnet. In der Mitte des Paradeplatzes steht die Alexandersäule, mit 47,5 m Höhe eine der höchsten Triumphsäulen der Welt, die zur Erinnerung an den russischen Sieg über Napoleon errichtet wurde. Unweit der Alexandersäule und der Ermitage liegt die **Admiralität;** hier lief 1712 das erste Schiff Peters d. Gr. vom Stapel. Lange schon ist die Werft aber dem Marineministerium gewichen. Im Mittelpunkt der gewaltigen Anlage aus dem Anfang des 19. Jh. erhebt sich der markante Turm mit seiner spitzen, vergoldeten Nadel, die deutlich Bezug auf die Peter-und-Paul-Kathedrale nimmt.

Drei große Achsen gehen strahlenartig von der Admiralität ab. Diese und die konzentrischen Halbkreise der Kanäle machen die Admiralität, und nicht die Ermitage, zum städtebaulichen Zentrum der Großen Seite. Der südliche Straßenstrahl verbindet die Admiralität mit der **Isaaks-Kathedrale,** die zwar ebenfalls aus dem 19. Jh. stammt, aber von ganz anderer Erscheinung ist: Eine der gewaltigsten Kuppeln der Welt beherrscht den Zentralbau, dessen Außenfassade im Stil der italienischen Renaissance klar gegliedert ist. Im Gegensatz dazu zeigt das Innere gigantische Imponier-Architektur, die übrigens den Etat des Zarenreiches fast bis zum Staatsbankrott belastete.

Auch der **Newski-Prospekt,** die berühmteste Straße der Stadt, geht von der Admiralität ab. Der bis zu 60 m breite und 4,5 km lange Newski ist *die* Kultur-, Einkaufs- und Verkehrsader,

kurz: der Stolz der Petersburger, die in der Sowjet-Ära erfolgreich die Umbenennung des Newski in Straße des 25. Oktober verweigerten. Am Newski zeigt sich wohl am besten die neue Zeit: Luxusläden und Luxushotels gibt es wieder, Cafés und Restaurants, in denen man gerne Platz nimmt. Die Hauptattraktionen der Straße liegen maximal 1 km von der Admiralität entfernt, eine Strecke, die man gut zu Fuß bewältigen kann. Öffentliche Verkehrsmittel oder Taxi dagegen sind notwendig, um die beiden bekanntesten Klosteranlagen, das Alexander-Newski-Kloster und das Smolny-Kloster am Rand des eigentlichen Zentrums zu erreichen.

Neben den Hauptsehenswürdigkeiten der Innenstadt sollte man bei einem Besuch der Metropole auch eine der Sommerresidenzen der Zaren besichtigen, die alle weniger als 50 km von der Ermitage entfernt liegen. Aus dem ›Perlengeschmeide St. Petersburgs‹ sei hier besonders **Peterhof** empfohlen, kann man doch gerade an dieser Anlage nicht nur das Selbstverständnis des Absolutismus, sondern auch die Vorlieben der einzelnen Zaren (Peter d. Gr., Elisabeth, Katharina d. Gr.) und den Gang der Geschichte am besten nachverfolgen. Peterhof, das ebenso wie vier weitere Zarenschlösser der Umgebung im Zweiten Weltkrieg fast vollständig zerstört und bis heute originalgetreu wieder aufgebaut wurde, verdankt seinen besonderen Ruf aber nicht nur der Tatsache, daß es die erste und größte Palastanlage der Umgebung ist. Eine ganz große Attraktion stellen auch die weitläufige Parkanlage mit Blick auf den Finnischen Meerbusen und die rund 150 Fontänen dar. Die ›Große Kaskade‹ am Hauptschloß ist ein wahres Meisterwerk und ebenso Höhepunkt wie Abschluß der gesamten Anlage.

Blick auf die orthodoxe Kirche in Hamina

Keisarinnajan Kahvila (am Parkplatz) einkehren.

Sofern man ab Kotka nicht die Schnellstraße über Kouvola in Richtung Seenplatte gewählt hat, folgt man dem Königsweg (E 18) noch ein Stückchen weiter nach Osten und erreicht bald die Kleinstadt **Hamina** 20 (S. 271), die im Vergleich zu Kotka interessanter ist und ein weitaus hübscheres Gepräge hat. Der mit 10 000 Einwohnern überschaubare Ort besaß schon im 15. Jh. eine Kirche und erhielt 1635 als schwedisches Fredrikshamn die Stadtrechte. Die

Schweden waren auch die ersten, die den vorher unbedeutenden Flecken zur Grenzfestung ausbauten, nachdem Wyborg im Jahr 1721 im Nordischen Krieg an Rußland gefallen war. In diesem Zusammenhang bekam Frederikshamn seine heute noch erhaltene sternförmige Anlage, die den damals modernen städtebaulichen Idealen der Renaissance und den Theorien des französischen Festungsexperten Vauban entsprach. Doch der erste Besitzerwechsel ließ nicht lange auf sich warten: Nach dem Revanchekrieg 1741–43 konnte

Rußland seine Grenze bis zum Kymi-joki ausdehnen und nutzte nun seiner-seits Frederikshamn/Hamina als Grenz-feste gegen das feindliche Schweden. In die Geschichte ging 1809 der Vertrag von Hamina ein, durch den Finnland endgültig an das Zarenreich fiel. Als Zeichen des guten Willens erklärte man in St. Petersburg jedoch schon 1812 Hamina, Wyborg und alle im Jahr 1721 abgetretenen Gebiete als zu Finnland gehörig. Der wechselvollen Geschichte verdankt Hamina eine höchst gemischte Architektur: schwedische Bauten, russische, finnische aus der Zeit des Großfürstentums und finnische seit der Unabhängigkeit. Es sind aber gar nicht so sehr die einzelnen Mosaiksteinchen, sondern das Gesamtbild, das sich höchst effektvoll in Szene setzt: Einen solch radialen Stadtplan mit sternförmig auf den Mittelpunkt zulaufenden Straßen findet man sonst in Finnland nirgendwo! Schade nur, daß es keinen erhöhten Aussichtspunkt gibt, denn das Ebenmaß dieser Anlage wird am besten aus der Vogelperspektive deutlich.

Jede Straße führt auf das Rathaus zu, das mitten auf einem großen, achteckigen Platz steht. Obwohl älteren Ursprungs, erhielt es sein heutiges Aussehen samt oktogonalem Turm im Jahre 1840 durch C. L. Engel. Während das Rathaus die weltliche Macht repräsentiert, ist die geistige in den beiden Kirchen zu Hause: Auf der einen Seite sieht man die 1839–43 errichtete lutherische Kirche, ein turmloses Gotteshaus, das zu den vornehmsten Werken des Architekten Engel zählt. Und auf der anderen Seite erhebt sich hinter einem Glockenturm die zwei Jahre zuvor gebaute orthodoxe Kirche St. Peter und Paul, ein kuppelbekrönter Zentralbau mit sehenswerter Ikonostase. Als Garnisonsstadt verfügt Hamina darüber hinaus über Ba-

stionen und andere Befestigungen sowie Kasernen und Militärschulen. Auf einem kleinen Rundgang sollte man sich dabei den achteckigen Flaggenturm Lipputorni (1790), die Hauptwache (1774), das Stabsgebäude, das Offizierskasino und die Kadettenschule anschauen, die alle an oder nahe der Kadettikoulunkatu liegen. Zu den angenehmen Seiten der Stadt gehört neben den Parks und Sehenswürdigkeiten auch ein touristisches Angebot, das u. a. kleine Pensionen und einen Campingplatz, die hundertjährige Bäckerei Resenkov, den Gästehafen Tervasaari und Bootsausflüge zur Schäreninsel Pitäjänsaari umfaßt.

Hinter Hamina endet die Route nach rund 40 km auf der E 18 an der russischen Grenze. Wer für das letzte Stückchen eine Alternative zur Hauptverkehrsader sucht, kann die kleine Küstenstraße 351 nehmen, auf der man jedoch keine Ausblicke auf die Ostsee erwarten und die wegen ihrer außerordentlich vielen Kurven kein zügiges Vorwärtskommen garantieren kann. Kurz vor der Grenzstation bei Vaalimaa zweigt eine Landstraße in nördlicher Richtung nach Lappeenranta ab – die beste Möglichkeit, von der finnischen Südostecke ins Saimaa-Seengebiet zu gelangen (s. S. 139ff.). Wer noch nie ›nach Rußland‹ geschaut hat, sollte vorher aber vielleicht noch einige Minuten investieren und auch ganz bis zur Grenze durchfahren, von der aus noch 233 km bis St. Petersburg (finn.: Pietaari) zurückzulegen sind. Interessant, wie sich in den letzten Jahren der ehemals so düstere und stark bewachte ›Eiserne Vorhang‹ zu einem modernen Servicecenter mit neuer Halle und Café gewandelt hat. Die Vielzahl der Trucks, Busse und Pkws, die hier abgefertigt werden, zeigt die Bedeutung der Grenzstation für den Waren- und Personenverkehr im neuen Europa.

Vom Seengebiet nach Westen: Quer durch Südfinnland

Wer durch das Landesinnere von der russischen Grenze zur Westküste (oder umgekehrt) fährt, erlebt einen Großteil dessen, was idealtypisch für Finnland steht: eine unaufhörliche Abfolge von blauen Seen und grünen Wäldern, Kulturstädte wie Lappeenranta, Lahti, Hämeenlinna und Tampere, mittelalterliche Burgen und Kirchen, beste Beispiele moderner Architektur, außergewöhnliche Museen, traditionsreiche Glashütten und Monumente der High-Tech- und Industrienation. Die Route beginnt in Südkarelien mit seiner russisch-finnischen Mischkultur, führt durch die ›Nationallandschaft‹ am Höhenrücken Punkaharju zum Saimaa-Gebiet, der größten europäischen Seenplatte, und über Mikkeli weiter nach Lahti. Von hier aus gelangt man über Hämeenlinna ins

›Grüne Herz Finnlands‹, der westlichen Seenplatte mit seinem wirtschaftlichen und kulturellen Zentrum Tampere. An reiner Fahrzeit wäre die Strecke in nur zwei bis drei Tagen zu schaffen – wie viele es dann tatsächlich werden, hängt vom Interesse an den Sehenswürdigkeiten oder Städten, von den eventuell eingeplanten Outdoor-Aktivitäten und von der Ausführlichkeit des Besichtigungsprogrammes ab.

Entlang der russischen Grenze

Wählt man die Grenzstation Vaalimaa im äußersten Südosten des Landes als Startpunkt, geht es auf der Straße 7 geradewegs nach Norden. Ein Stopp lohnt

Quer durch Südfinnland

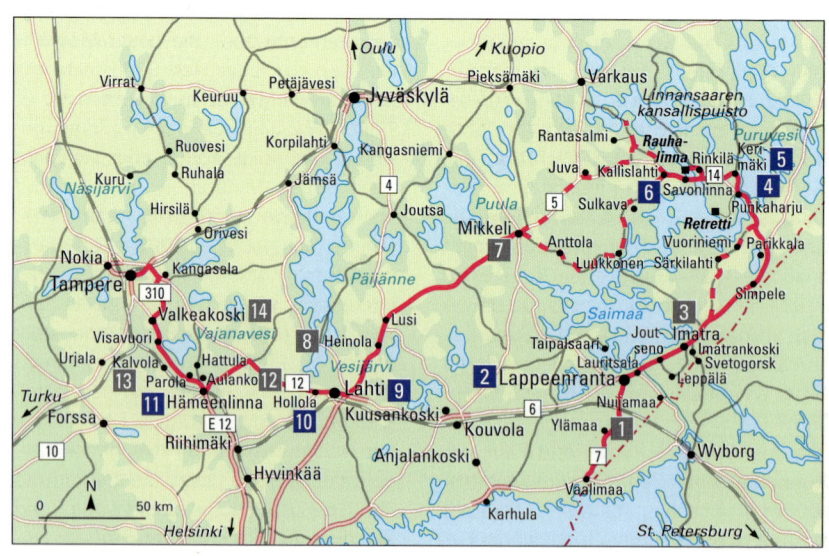

in **Ylämaa** 1, wo seit den 40er Jahren der Halbedelstein Spektrolik abgebaut wird, dessen starke Farbigkeit von dunkelbraun bis tiefblau reicht. Mineralien, Juwelen, Edel- und Halbedelsteine sind bis heute das wirtschaftliche und touristische Standbein der Gemeinde – es gibt ein Edelsteindorf und -museum mit Exponaten aus aller Welt, Goldschmiedewerkstätten, eine Edelsteinschleiferschule und im Juli eine internationale Juwelen- und Mineralienmesse.

Das administrative, wirtschaftliche und kulturelle Zentrum Südkareliens ist **Lappeenranta** 2 (S. 286f.). Im Jahr 1649 verlieh Generalgouverneur Per Brahe dem seit dem Mittelalter bekannten Marktflecken Lapvesi die Stadtrechte, die Königin Kristina kurz darauf bestätigte. Bei dieser Gelegenheit erhielt die Stadt auch ihren schwedischen Namen Villmanstrand, der mit ›Ufer des wilden Mannes‹ übersetzt werden könnte. Doch Rußland lag nah, und die Zeiten waren kriegerisch, weshalb die Schweden 1721 mit dem Bau eines Bollwerkes begannen, das die Truppen des Zaren jedoch 20 Jahre später in nur fünf Stunden einnehmen konnten. Durch die Schlacht von Lappeenranta wurde der aufstrebende Ort nicht nur vollständig zerstört, sondern ging gleichzeitig im russischen Reich auf, weit eher also als der Rest des Landes. Nun waren es die Russen, die auf Befehl Katharinas II. Lappeenranta mit einer mächtigen Festung ausstatteten, die die neue Westgrenze des Reichs schützen sollte. Erst durch die Etablierung des russischen Großfürstentums Finnland wurden Stadt und Land wiedervereinigt, und es kehrten friedlichere Zeiten ein.

Mit dem Bau des Saimaa-Kanals in den 50er Jahren des 19. Jh. verbesserte sich die Verkehrsanbindung an Wyborg und St. Petersburg erheblich, und Lappeenranta stieg um die Jahrhundertwende zu einem internationalen Kurort auf, der vor allem bei den reichen Russen beliebt war. Nach den Umwälzungen im Osten bot sich die Stadt mit ihrer ausgezeichneten Infrastruktur in den 90er Jahren für expansionswillige Unternehmen als Tor zum nur 200 km entfernten St. Petersburg an. Heute liefert z. B. der Sportartikel-Konzern Reebok seine für Rußland bestimmten Waren im hiesigen Freihafen ab. Finnische Speditionsfirmen übernehmen dann die Verteilung nach Osten, denn die Hafenlagerung in St. Petersburg ist für viele westliche Unternehmen noch zu riskant und erfordert zudem extrem lange Lösch- und Beladungszeiten. Rund zwei Drittel ihres Umsatzes erzielt Lappeenrantas Wirtschaft inzwischen in St. Petersburg! Die west-östliche Drehscheibe funktioniert natürlich auch in umgekehrter Richtung, etwa wenn Autoreifen aus Japan per Eisenbahn über Sibirien nach Lappeenranta transportiert werden. Vor allem aber lebt der örtliche Fremdenverkehr von den russischen Touristen, die dafür sorgen, daß die Stadt hinsichtlich des Tax-Free-Umsatzes direkt hinter Helsinki rangiert. Das High-Tech-Zentrum Kareltek und die Technische Hochschule tun ihr übriges, daß die 56 000 Einwohner ziemlich gelassen in die Zukunft schauen können.

Wie in fast jeder finnischen Stadt sind auch in Lappeenranta Markt und Hafen die lebhaftesten Orte, wobei letzterer eine fast perfekte Umbauung aufweist. Wer sich hier während der warmen Jahreszeit in das bunte Treiben stürzt und an Yachten, Ausflugsbooten, Restaurantschiffen und Musikgruppen vorbei flaniert, versteht sofort Lappeenrantas Beinamen ›finnische Sommerstadt‹.

Die Halbinsel, die den Hafen im Westen begrenzt, wird fast gänzlich vom russischen Festungsviertel (Linnoitus) eingenommen. Viele der alten Holzhäuser innerhalb der Befestigungswälle sind liebevoll restauriert und dienen heute als Privatwohnungen, Ateliers, Werkstätten, Museen oder Cafés. Wer die Hauptstraße der Festung, die Kristiinankatu mit ihrem groben Kopfsteinpflaster, bis zum Ende durchgeht, passiert hinter der Wyborg-Pforte zunächst das Kavallerie-Museum, das im ältesten Gebäude der Stadt (1772) untergebracht ist. Sein Thema ist natürlich die Geschichte der traditionsreichen finnischen Reiterei, die im Sommer auch von entsprechend uniformierten Herren dargestellt wird, die durch die Anlage spazieren. Nördlich schließt sich das Südkarelische Kunstmuseum an, dem auf der anderen Straßenseite die orthodoxe Kirche von 1785 gegenüberliegt, immerhin das älteste Gotteshaus der Ostkirche in Finnland. Es ist der Jungfrau Maria geweiht und zeigt innen wie außen Stilmerkmale des abgemilderten russischen Barock. Noch weiter nördlich lohnt das Südkarelische Museum einen Besuch, in dem u. a. ein Modell der Stadt Wyborg ausgestellt ist.

Kauppakatu heißt die Verlängerung der Kristiinankatu zur Stadtseite, woraus man schließen kann, daß man auf ihr den Marktplatz mit Kaufhalle erreicht. Dessen architektonische Umgebung ist eher langweilig-modern, um so spannender aber geht es auf dem eigentlichen Markt mit seinem finnisch-russisch-karelischen Stimmengewirr zu. Nur einen Steinwurf entfernt findet man über die Valtakatu zum schönen Park Keskuspuisto, in dem sich die hölzerne Lappee-Kirche erhebt, eine kunsthistorische Rarität von 1794. Als einzig erhaltene Doppelkreuz-Kirche repräsentiert sie einen früher in Ostfinnland recht häufigen Typ, dessen Grundriß zwei sich überlagernde Kreuze bilden. Was das in der

Praxis bedeutet, zeigt im Innern der Blick nach oben, wo hölzerne Verstrebungen dieses Meisterwerk der Zimmermannskunst zusammenhalten. Ziemlich weit von der Kirche entfernt steht auf einer Anhöhe im Park ihr hölzerner Glockenturm auf Ziegelsteinbasis, der 1856 errichtet wurde.

Wer sich für Architektur interessiert, sollte sich außerdem das alte Rathaus auf der Kauppakatu nicht entgehen lassen, einen von C. L. Engel entworfenen Holzbau (1824), sowie die zweistöckige Lappeenranta-Stadtkirche, die als ehemalige russische Garnisonskirche im neubyzantinischen Stil errichtet wurde und auf der Lönnrotinkatu nahe der Festung steht. Auf der Suche nach weiteren Sehenswürdigkeiten zeigt der Blick von der Aussichtsplattform des Wasserturms, daß solche in erster Linie landschaftlicher Natur sind: Das verwirrende Labyrinth des mit 4380 km^2 größten finnischen und viertgrößten europäischen Sees **Saimaa** beginnt gleich im Hafen und zieht sich schier endlos Richtung Norden hin. Da außerdem die ebenfalls recht großen Gewässer Pihlajavesi, Haukivesi, Puruvesi, Orivesi, Pyhäselkä, Kallavesi und Haapajärvi durch Flüsse und Kanäle mit ihm verbunden sind, kann man mit Fug und Recht von der größten Seenplatte Europas sprechen. Der Saimaa-See stellt sich in nüchternen Zahlen eindrucksvoll genug dar: Küstenlinie 14 850 km, 13 710 Inseln, größte Tiefe über 90 m, ca. 3000 km schiffbare Kanäle und Flüsse und 56 Passagier- und Yachthäfen! Doch damit ist kein Wort über seine Schönheit gesagt, über das Mäander der engen Kanäle und die Weite der offenen See, über die kahlen Granitklippen, die dichten Kiefernwälder oder einladenden Sandstrände. Oder über die Stimmung, die sich je nach Jahres- und Tageszeit oder Witterung

Orthodoxe Kirche in Lappeenranta

anders einstellt. Den Saimaa-See muß jeder Besucher für sich entdecken, am besten natürlich mit dem Boot – sei es als einsamer Kanut, als Freizeitkapitän einer gecharterten Yacht in geselliger Runde oder als Gast einer Kreuzfahrt. Wer als Autotourist in Lappeenranta ein bißchen Zeit übrig hat und sozusagen als Kostprobe eine kleine Uferrunde drehen möchte, kann über die Straße 408 nach **Taipalsaari** fahren, wo rechts der Strecke eine große, gelbe Kuppelkirche samt Glockenturm auf Besucher wartet, und sich dann auf z. T. unasphaltierten Wegen nach **Lauritsala** durchschlagen. Von der großen Brücke am Ortseingang

beweist der Blick auf die Zellulose-Fabrik mit Flößen, Holzlagern, Eisenbahn und LKW-Ungetümen, daß der natürliche Reichtum durchaus profitabel genutzt wird. In Lauritsala selbst sollte man sich dann auch die moderne, 1969 gebaute Kirche (Toivo Korhonen und Jaako Laapotti) anschauen, deren dreieckige Form von oben beleuchtet wird und die deshalb den Beinamen ›Himmelslicht‹ trägt.

Die folgende Etappe nach Imatra, auf der es kaum eine Alternative zur verkehrsreichen Schnellstraße 6 gibt, verläuft am östlichen Ufer des Saimaa-Sees. Unmittelbar hinter dem Abzweig zur Grenzstation Nuijamaa überquert man den **Saimaa-Kanal**. Die alte Idee, das finnische Seensystem mit der Ostsee zu verbinden, wurde 1856, am Tag der Thronbesteigung Zar Alexanders II., verwirklicht. Der 58 km lange Kanal, der bei Wyborg in den Finnischen Meerbusen mündet, war für die damalige Zeit technisch anspruchsvoll, da man mächtige Granitbarrieren beseitigen und eine Höhendifferenz von 76 m durch 28 Schleusen ausgleichen mußte. Nach

Holzflöße auf dem Saima-See

Auflage, die Wasserstraße instand zu setzen und für den modernen Schiffsverkehr nutzbar zu machen. Daß dies geglückt ist, beweist die Statistik: Der heutige auf 43 km verkürzte und mit nur 8 Schleusen bestückte Kanal befördert jährlich 1,5 Mio. Tonnen Fracht und 40 000 bis 50 000 Passagiere. Im Zuge des politischen Wandels im Osten ist es heutzutage sogar möglich, von Lappeenranta aus mit der ›MS Karelia‹ einen visafreien Tagesausflug nach Wyborg zu unternehmen! Wer sich für die Bau- und politische Geschichte dieses historischen Wasserweges näher interessiert, sollte nicht nur den Verkehr an einer der Schleusen beobachten, sondern sich auch das Saimaa-Kanal-Museum anschauen.

Über Joutseno erreicht man die 32 000-Einwohner-Gemeinde **Imatra** 3 (S. 277). Der industriell geprägte Ort, der nur 7 km vom russischen Svetogorsk entfernt liegt, wäre keine besondere Erwähnung wert, gäbe es da nicht die berühmten Vuoski-Fälle und die südkarelische Landschaft, die vom Blau des Saimaa-Sees und dem Grün des Höhenrückens Salpausselkä geprägt wird.

Der direkte Weg zu den Katarakten zweigt etwa 5 km vor Imatra rechts von der Straße 6 ab (Imatrantie) und führt zum Kruunupuisto-Park im Stadtteil Imatrankoski. Dort brachen nach der Eiszeit die Wassermassen des Saimaa-Sees durch das Gestein und schufen sich schäumend ihre Bahn in Richtung Ladogasee. Das imposante Naturschauspiel faszinierte seit jeher die Reisenden, u. a. auch Zarin Katharina II. Und schon früh begannen die Finnen, diese Attraktion zu vermarkten. Um die hohen Besucher angemessen zu beherbergen, ließ der finnische Senat 1903 das Valtionhotelli

dem Winterkrieg verfiel der Kanal, weil die Karelische Landenge (und damit die Hälfte des Kanals) nun zur Sowjetunion gehörte. Die Wiedereröffnung im Jahre 1968 gilt zu Recht als diplomatisches Meisterstück des Staatspräsidenten Urho Kekkonen. Was sonst keinem Politiker, keiner Regierung der Welt geglückt war, hatte er erreicht: Die UdSSR verpachtete ein Stück ihres Territoriums an einen anderen Staat! Für 50 Jahre konnte nun Finnland über den Kanal selbst und zwei schmale Landstreifen an seinen Seiten verfügen, freilich mit der

(Staatshotel) errichten, ein außerordentlich schönes Jugendstilgebäude, in dem Zar Nikolaus II. des öfteren zu Gast war. Es folgten weitere Herbergen – insgesamt über zwanzig! – und in der Hochsaison trafen in Imatra täglich 14 Züge aus St. Petersburg ein. 1921–29 zwängte man das schäumende Wasser respektlos in das Korsett eines Kanals und führte es dem – damals freilich hypermodernen – Wasserkraftwerk zu. Immer noch ist das Stauwerk das größte der Republik und versorgt weite Teile Süd- und Ostfinnlands mit Strom. Immerhin werden im Sommer täglich für eine halbe Stunde die Schleusen geöffnet, so daß die Wassermassen wieder durch ihr altes Bett tosen können, bewundert von Hunderten von Zuschauern, die sich auf der Brücke drängen. Touristen wird dabei allerdings ein gutes Timing abverlangt, da das Schauspiel an Werktagen erst um 19 Uhr stattfindet – vermutlich will man damit einige zur Übernachtung in Imatra zwingen! Eventuelle Wartezeiten können genutzt werden, indem man auf markierten Pfaden durch den Park wandert, sich dort alte Felszeichnungen, Skulpturen und natürlich auch das Valtionhotelli anschaut. Nach schweren Beschädigungen im Krieg wurde es mehrfach restauriert und strahlt nun wieder im alten Glanz.

Durch den Stadtteil Mansikkala gelangt man anschließend auf die Schnellstraße zurück und passiert nach etwa 6 km Vuoksenniska, wo man links des Weges die 1956 von Alvar Aalto entworfene ›Kirche mit drei Kreuzen‹ besuchen sollte. Für das interessante Gotteshaus samt benachbartem Gemeindezentrum wurden – typisch für Aalto – gebogene und gerade Elemente aus Beton, Kupfer, Holz und Glas kombiniert. Außergewöhnlich sind die etwa hundert Fenster unterschiedlicher Größe und Formen.

Die nächsten 65 Kilometer bis Savonlinna können auf der Schnellstraße 6 zügig immer ganz nah der russischen Grenze zurückgelegt werden. Ornithologisch Interessierte dürfen das Vogelschutzgebiet bei Parikkala nicht verpassen: Der See Siikalahti ist der vogelreichste des Landes und dient vielen seltenen Arten als Brut- oder Ruheplatz. Auf dem Gelände gibt es ein Informationszentrum, einen Beobachtungsturm und markierte Wanderwege.

Eine idyllischere Alternative zur verkehrsreichen Straße 6 ist die westlich verlaufende 406 über Särkilahti und Vuoriniemi, die kurz vor Punkaharju wieder auf die Route stößt. Ausgangspunkt des Ausfluges um **Punkaharju** 4 (S. 292) ist das gleichnamige Dörfchen mit Bahnhof, Bootsanleger, Restaurant und Touristeninformation. Dann geht es auf die bewaldete Kiesmoräne, die bis zu 26 m hoch, 7 km lang, an der schmalsten Stelle nur 5 m breit und von einer eindrucksvollen Seen- und Insellandschaft umgeben ist. Nach etwa 2 km sollte man die neue Straße samt Eisenbahnlinie verlassen und über die ungleich schönere alte Straße (Harjutie) fahren – ein unbeschreibliches Erlebnis, zumal unter dem Licht der Abendsonne. Wer bisher noch kein Finnland-Fan geworden ist, wird es spätestens hier oder aber nie mehr! Selbstredend steht Punkaharju unter Naturschutz, und das schon seit langer Zeit. Denn bereits die Zaren hatten das Außergewöhnliche der Landschaft erkannt und 1843 den Höhenrücken zum ›Park der Krone‹ erklärt. Natur ist jedoch längst nicht alles, was dieser Flecken Erde zu bieten hat. Als populäres Reiseziel wartet Punkaharju mit einem der Umgebung entsprechenden Angebot an Freizeitaktivitäten und mit Unterkünften aller Art auf. Dazu gehört auch das Staatshotel (Valtionho-

Retretti –
Kunstschätze im unterirdischen Tresor

Vom Englischen *retreat* abgeleitet, verspricht der Name Retretti Rückzug und Zuflucht. Diese Erwartung kann das 1983 bei Punkaharju eröffnete Museum befriedigen, und zwar auf eine solche überraschende Weise, die es sicher zu den ungewöhnlichsten und sehenswertesten Kunstzentren Skandinaviens macht. Neben seiner oberirdischen, konventionell musealen Architektur besitzt das Gebäude nämlich einen unterirdischen Komplex, der 25 m tief in den Fels gesprengt wurde und dessen labyrinthartige Gänge insgesamt 3000 m² Ausstellungsfläche ergeben. Den Rückzug von der Außenwelt tritt man über Stahltreppen und durch

dunkle Korridore an, deren nackter Fels die Natur nicht versteckt, sondern im Gegenteil als wichtigen Teil in den Kunstgenuß einbezieht. Unversehens fühlt man sich in Griegs ›Höhle des Bergkönigs‹ versetzt, die man teils als Höhlenforscher, teils als Museumsbesucher erkundet: Die Exponate der wechselnden Ausstellungen sind geschickt in diese unterirdische Märchenwelt eingebunden und bilden einen reizvollen Kontrast zum rohen Gestein, aus dem Wassertropfen in einen kleinen Teich fallen. Dabei nimmt die Natur der Kunst nichts weg und umgekehrt – diese einzigartige Balance gehört zu den ungewöhnlichsten Erfahrungen, die man in Retretti machen kann. Daß die Präsentationen mittelalterlicher, klassisch-moderner oder avantgardistischer Kunst in diesem Ambiente bestehen können, liegt natürlich auch an ihrer hohen Qualität. Ob nun die Anfänge des finnischen Films dokumentiert, Schätze der Zaren oder eine Matisse-Retrospektive gezeigt werden, stets sind die Ausstellungen von außergewöhnlichem Rang und gehören zu den meistbesuchten des Landes. Auch die phantastische Akustik der Höhlenwelt wird für Kulturereignisse genutzt: Ein großer Felsensaal ist zu einer 1000 Besucher fassenden Konzerthalle ausgebaut, in der im Zusammenhang mit den Savonlinna Opernfestspielen hochkarätige Theater-, Opern- oder Konzertvorstellungen gegeben werden.

telli), das bereits 1845 unter Mitwirkung von Zar Nikolaus I. fertiggestellt wurde und damit die älteste Herberge des Landes ist. Damals diente das Gebäude als Domizil des kaiserlichen Waldhüters und als Unterkunft für Besucher. Als deren Zahl immer mehr zunahm, waren Erweiterungen und ein zusätzliches Gebäude auf dem benachtbarten Hügel (die sogenannte Villa der Kaiserin) notwendig. Der mehrfach renovierte Holzbau repräsentiert nun die Architektur des ausgehenden 19. Jh. in Vollendung und besticht im Innern u.a. durch ein wunderbar eingerichtetes – und nebenbei auch vorzügliches! – Restaurant.

Im krassem Gegensatz zur Einsamkeit des Valtionhotelli steht der Trubel, der im nahen Vergnügungspark Kesämaa (Sommerland) und manchmal auch auf den Campingplätzen in seiner Umgebung herrscht. Wer nicht mit Kindern reist, kann auf solche Vergnügungen leicht verzichten, während es Kulturtouristen schwerfallen dürfte, das Museum **Retretti** (s. S. 145) links liegen zu lassen. Unweit von Retretti entstand 1993 das Forstmuseum **Lusto,** dessen Architektur und Präsentation mittlerweile mehrfach preisgekrönt ist. Sein Grundthema sind die ökologischen, biologischen und wirtschaftlichen Aspekte des finnischen Waldes, ergänzt durch Sonderausstellungen etwa zur Flößerei oder zur Brandrodung. Dem Museum ist ein Forschungsinstitut samt Arboretum angeschlossen, das Dutzende verschiedener Nadelbäume umfaßt und auf Wanderwegen und Naturlehrpfaden, auch mit Führer, erkundet werden kann.

Bevor es zum 22 km entfernten Savonlinna weitergeht, sei ein kurzer Abstecher zur Ortschaft **Kerimäki** 5 empfohlen. Unübersehbares Wahrzeichen und im wahren Wortsinn größte Sehenswürdigkeit ist jene Holzkirche, die die Bauern der Ortschaft, Männer und Frauen, in dreijähriger Arbeit bis 1847 errichteten. Viel ist darüber spekuliert worden, warum eine solche kleine Gemeinde nicht nur eine große, sondern sogar die größte Holzkirche der Welt brauchte. Eine Anekdote besagt, die Bauern hätten die in Fuß angebenen Maße des Architekten A. F. Granstedt irrtümlich als Meter interpretiert – aber das gehört wohl in den Bereich der Legende. Die Architektur der Kuppelkirche, die über kreuzförmigem Grundriß errichtet wurde, ist neoklassizistisch, ihre Abmessungen sind gewaltig: Länge 45 m, Breite 42 m, Höhe des Innenraums 27 m, 3400 Sitzplätze. Das in zwei Geschosse unterteilte Innere erscheint luftig und hell, hat außer dem grandiosen Raumeindruck aber nur wenige interessante Details zu bieten – so z. B. die Kanzel, die alten Öfen und das Gebälk der hölzernen Verstrebungen. Passend zum Gotteshaus sind auch die Dimensionen des freistehenden hölzernen Glockenturms, dessen Untergeschoß aus massiven Feldsteinen gemauert wurde.

Savonlinna

6 (S. 294f.) Wie Kerimäki oder Lappeenranta gehört auch Savonlinna noch in jene Grenzzone zwischen Ost und West, die in der Vergangenheit immer wieder Schauplatz von Schlachten und Kriegen war. Deutlich wird das an der Geschichte der Burg Olavinlinna, die 1475 von den Schweden als Grenzbollwerk gegründet wurde und von Anfang an ein Hauptangriffsziel der Russen war. Vielen Belagerungen hielt sie stand, bis schließlich 1742 doch der zaristische Doppeladler gehißt wurde. Die Russen modernisierten und erhöhten die Türme und verteidigten Olavinlinna gegen die

Blick auf die Burg Olavinlinna

nun einsetzenden schwedischen Angriffe. Erst als ganz Finnland russisches Großfürstentum geworden war, kehrte Ruhe ein. Die jetzt nutzlos gewordene Festung diente – wie die Burg von Hämeenlinna – eine Zeitlang als Staatsgefängnis und wurde mehrfach durch Brände beschädigt. Die Republik Finnland setzte schließlich erfolgreich Anstrengungen daran, das Baudenkmal zu restaurieren. Das malerisch auf mehreren, durch Brücken miteinander verbundenen Inseln gelegene Städtchen Savonlinna entwickelte sich erst später im Schutz der Burg. Stadtrechte erhielt die Siedlung 1636 von Generalgouverneur Per Brahe. Doch während die Festung allen Angriffen trotzte, wurde der Ort in den russisch-schwedischen Kriegen mehr als einmal dem Erdboden gleichgemacht. Die letzten Zerstörungen brachte die Bombardierung Savonlinnas im Winterkrieg. Der Wideraufbau der heute 29 000 Einwohner zählenden Stadt wurde im modernen Einheitsstil durchgeführt, so daß sich eine Besichtigung auf das Zentrum konzentrieren kann, wo allein noch einige pittoreske Gassen und hübsche Baudenkmäler erhalten sind.

Erstes und wichtigstes Besichtigungsziel ist natürlich die Burg Olavinlinna, die man, aus östlicher Richtung kommend, schon von der Brücke aus sieht. Trutzig und malerisch zugleich thront sie auf einer kleinen Granitinsel vor dem Stadtzentrum. Zweifellos ist die Festung mit ihren drei starken Rundtürmen und Zickzack-Bastionen die schönste Finnlands, wenn nicht sogar Skandinaviens. Der Weg dorthin führt über eine Pontonbrücke, die mit einem Schiffsmotor zur Seite gefahren wird, wenn ein Ausflugs- oder Frachtschiff den engen Kanal passieren will. Das sorgfältig restaurierte Innere wartet mit zwei Museen auf: Im Historischen Museum werden Geschichte und Architektur des Bauwerks erläutert, das Orthodoxe Museum zeigt Ikonen und Kultgegenstände der Ostkirche. Zuschauertribünen und Bühne im Burghof erinnern daran, daß die beeindruckenden Gemäuer mit ihrer hervorragenden Akustik alljährlich im Juli Hauptveranstaltungsort des Savonlinna Opernfestivals sind, einem unbestrittenen Höhepunkt des europäischen Festspielsommers. Im Burghof, der bei Regen mit einem Segeltuch abgedeckt wird, geben alljährlich internationale Bühnen Gastspiele von Weltrang, werden neben Dauerbrennern wie ›Aida‹, ›Macbeth‹, ›Zauberflöte‹ und ›Der fliegende Holländer‹ auch junge finnische Opernkompositionen inszeniert. Wer allerdings hofft, noch kurzfristig Karten für die Opernaufführungen zu bekommen, wird enttäuscht – meist muß man schon ein Jahr im voraus Plätze reservieren.

Unmittelbar vor der Burg, entlang der Strandpromenade und der Parallelstraße Linnankatu, zeigt sich Savonlinna von seiner schönsten Seite. Mehrere Holzhäuser erinnern an das Ende des 19. Jh., als sich die Stadt als Kurbad eta-

blieren konnte; heute sind dort Cafés und Galerien eingezogen. Wer durch den hübschen Park am Ufer entlang geht, hat immer die Olavinlinna vor Augen, deren Insellage ein Glücksfall für jeden Fotografen ist. Auf diesem Spaziergang kommt man auch zur Nachbarinsel Riihisaari, deren alter Getreidespeicher das Provinz- und Saimaa-Museum beherbergt. Teil der Ausstellung sind drei Museumsschiffe, die viel über die Geschichte der Saimaa-Seefahrt erzählen können. Weiter westlich geht es am Sandstrand vorbei zum Marktplatz, dessen sommerliches Treiben allemal den Besuch wert ist. Dort starten im Passagierhafen die verschiedenen Dampf- und Motorboote zu ihren Sightseeingausflügen über die Saimaa-Seenplatte, und dort ist auch das Restaurantschiff ›S/S Hopeasalmi‹ vertäut. Vom Marktplatz führt eine Brücke zur Nachbarinsel, wo sich hinter dem Tottintori-Platz mit der Touristeninformation der Turm der Domkirche erhebt, ein neugotischer

Blick auf Mikkeli und die Papierfabrik

Backsteinbau von 1878. Geht man vom Marktplatz über die Hauptstraße Olavinkatu zum Ausgangspunkt zurück, passiert man die sogenannte Kleine Kirche (Pikkukirkko), die 1845 als orthodoxes Gotteshaus für die russische Garnison erbaut wurde und heute lutherisch ist.

Über Mikkeli nach Lahti

Da Savonlinna inmitten mehrerer Seensysteme liegt, bietet es natürlich auch die besten Möglichkeiten, sich ausgiebig in dieser Marchenwelt umzuschauen sei es mit den Sightseeingbooten, mit gemieteten Kanus, Fahrrädern oder dem eigenen Wagen. Die Liste der naturschönen Plätze würde ein ganzes Buch füllen, und oft empfindet man gerade die Stellen als besonderes Highlight, die man abseits der großen Autostraßen entdeckt hat. Aus diesem Grund sollen hier für den Weg nach Mikkeli einige Varianten vorgeschlagen werden. Nur 14 km von Savonlinna entfernt und auf einer halbstündigen Bootsfahrt ab dem Marktplatz zu erreichen wartet beispielsweise im Nordwesten ein ganz besonderer architektonischer Leckerbissen: **Rauhalinna** (Friedensburg). Nils Weckman, General im Dienste des Zaren, ließ dieses Holzschlößchen um 1900 im byzantinischen Stil erbauen und schenkte es seiner Gattin zur Silberhochzeit. Heute dient das verschnörkelte Gebäude mit seinem Ausguck als Sommerhotel und Restaurant. Ebenfalls nordwestlich von Savonlinna liegt der Nationalpark Linnansaari (Linnansaaren kansallispuisto). Dieses landschaftlich sehr abwechslungsreiche Gebiet umfaßt Wälder, Höhenrücken, Seen und über 60 Inseln und ist auch bekannt als eines der letzten Rückzugsgebiete der seltenen Saimaa-Robbe *(phoco annellata),* die auf der WWF-Liste der vom Aussterben bedrohten Tierarten steht. Dieser geringelte Seehund wurde wahrscheinlich durch die nacheiszeitliche Landhebung überrascht, als die Verbindung zur Ostsee abriß und aus der ehemaligen Meeresbucht der Süßwassersee Saimaa wurde.

Eine andere, vielleicht noch reizvollere Variante zweigt in Kallislahti südlich von der Straße 14 nach **Sulkava** ab. Das sympathische Städtchen ist wegen der alljährlichen Ruderregatta bekannt, bei der rund 3000 Teilnehmer ihre Kräfte auf einer 65 km bzw. 75 km langen Strecke rund um Partalansaari, der zweitgrößten Binnensee-Insel des Landes, messen. Innerhalb der Gemeindegrenzen befindet sich auch der 4 km lange, von Seen umrahmte Höhenrücken Vilkaharju, sozusagen eine verkleinerte Ausgabe des Punkaharju. Und nahebei fällt der 55 m hohe sogenannte Festungsberg (Linnavuori) steil in den See ab, auf dem noch Überreste von Steinwällen einer 800 Jahre alten Fliehburg zu sehen sind. Ab Sulkava geht es dann auf reizvoller Strecke über Anttola nach Mikkeli.

Mikkeli ⑦ (S. 287f.), Hauptstadt des Verwaltungsdistrikts Ostfinnland (Itä-Suomen lääni) und der Diözese, wurde erst 1838 gegründet und hat heute rund 33 000 Einwohner. Seine Geschichte reicht allerdings weiter zurück, denn die Gemeinde Savilahti, auf deren Boden Mikkeli entstand, war schon im Mittelalter ein bekannter Handelsort und Zentrum der historischen Provinz Savo. 1743, als fast alle Ortschaften um den Saimaa-See an die Russen fielen, blieb diese Gemeinde als einzige bei Finnland. In der jüngeren Vergangenheit hat Mikkeli insofern Geschichte geschrieben, als Marschall Mannerheim hier während dreier Kriege (Bürger-, Winter- und Lappland-Krieg) sein Hauptquartier aufschlug. Mit ihrer einfallslosen Nachkriegsbebauung verdient die Stadt heute nicht gerade das Etikett ›pittoresk‹, doch können Besucher aus der perfekten Infrastruktur und einigen Sehenswürdigkeiten Nutzen ziehen, vor allem aber aus der herrlichen Umgebung, die von einem der nördlichsten Saimaa-Ausläufer bestimmt wird.

Die Straße 5 durchquert die gesamte Stadt in West-Ost-Richtung und trennt dabei gewissermaßen die kulturellen von den natürlichen Sehenswürdigkeiten. Südlich findet man die schönsten Seen, Badestrände und Waldgebiete, aber auch den Pfarrhof Kenkävero, der gründlich renoviert und zu einem Zentrum für Kunsthandwerker umgebaut wurde. Nördlich der Verkehrsader breitet sich die 1842 von C. L. Engel entworfene rasterförmig angelegte Stadt aus. Aus jener Zeit stammen das Regierungsgebäude der Provinz und die sogenannte Neue Kirche auf der Otavankatu, ein Holzbau auf dem Grundriß eines doppelten Kreuzes mit freistehendem Glockenturm. Viel älter ist die steinerne Sakristei auf der Porrassalmenkatu am nördlichen Stadtrand, die zur um 1320 errichteten Kirche der Landgemeinde gehörte und heute als Ausstellungsraum religiöser Kultgegenstände dient. Drei Blocks weiter südlich erhebt sich auf dem Naisvuori-Hügel ein 1912 gebauter Aussichtsturm mit Café, von dem man einen vorzüglichen Überblick über Seen, Inseln und die Stadt gewinnt. Nicht weit entfernt befindet sich das Hauptquartiermuseum, das sich aus bereits erwähnten Gründen mit Marschall Mannerheim beschäftigt: kein unbedingtes Muß für den durchschnittlichen Finnland-Besucher, doch hilfreich, wenn man sich für diesen wichtigen Teil der politischen Geschichte der Republik interessiert. Von den gut zehn anderen Museen Mikkelis soll an dieser Stelle

nur das Kunstmuseum mit seiner höchst beachtlichen Sammlung finnischer Malerei und Skulptur genannt sein. Und als Beispiele sehenswerter Architektur verdienen Erwähnung: die neugotische Domkirche (1897), die orthodoxe Kirche (1957) und, besonders eindrucksvoll, der weiße Glas-Beton-Palast der Konzert- und Kongreßhalle von Arto Sipinen (1988), die man in schöner Lage am Ufer des Pankalampi-Sees findet.

Heinola 8 (S. 271f.) erreicht man entweder über die alte Straße 5 oder die neue, autobahnähnliche Umgehungsstraße, die mit der imposanten Heinola-Tähti-Brücke, eine der längsten des Landes, den Seearm überquert. Seit 1839 besitzt Heinola die Stadtrechte und hat, nach den Eingemeindungen der letzten Jahre, rund 22 000 Einwohner: Provinzleben mit ein wenig Industrie, einigen Lehranstalten, einem Sanatorium für Rheumakranke und touristischen Einrichtungen wie Hotels, Campingplätze, Ausflugsboote. Umgeben ist das Ganze von fischreichen Flüssen und einer Seenlandschaft, die zu einer richtigen finnischen Sommerstadt dazu gehört. Alle Sehenswürdigkeiten sind leicht zu finden, denn von der alten Straße 5, auf der man geradewegs zum Zentrum geleitet wird, zweigen die wichtigsten Straßen ab. Die Lampikatu führt zu einem Vogelpark am Kirkkolampi-Teich, wo in vier Volieren etwa 100 Vogelarten untergebracht sind, darunter sowohl tropische Exemplare als auch alle einheimischen Raubvogelarten. Dem jederzeit zugänglichen Gelände ist auch ein ›Vogel-Krankenhaus‹ angeschlossen, in dem kranke Tiere aufgepäppelt werden. Der Heinola-Kirche an der Siltakatu, ein achteckiges, hölzernes Gotteshaus aus dem Jahr 1811, fügte C. L. Engel 1843 den freistehendem Glockenturm zu. Wenige Schritte dahinter erhebt sich der

Wasserturm, der wie in so vielen finnischen Städten ein Panoramacafé trägt. Westlich der Hauptstraße führt die Kirkkokatu zum Park des Regierungspräsidenten (Maaherranpuisto), der von Gebäuden des 18. und 19. Jh. umgeben ist. Architektur, Einrichtung und Garten des Aschan-Hauses sind komplett aus dem 18. Jh. erhalten und können nun als Museum besichtigt werden. Vorbei am Kunstmuseum und dem sehenswerten Stadtmuseum erreicht man das Ufer des Jyrängönvirta, das von einem äußerst schönen Strandpark gesäumt wird. Dort findet man neben dem Sommertheater auch die Anlegestelle der Kreuzfahrtschiffe und als botanische Besonderheit die größte Zarenpappel (populus petrowskiana) des Landes. Als natürlichen Pfeiler nutzt die Brücke zum gegenüberliegenden Ufer die Insel Siltasaari, auf der sich eine Fischräucherei mit Lachsteich, Café und Minizoo niedergelassen hat. Häufig sieht man hier auch Angler, die zappelnde Regenbogenforellen aus dem Jyrängönvirta holen.

Auf der 34 km langen Strecke zwischen Heinola und Lahti passiert man die Ortschaft Vierumäki mit ihrer bekannten Sporthochschule. Falls sich ein Fahrer opfert, kann der Rest der Reisegruppe diese Strecke aber auch auf einer herrlichen Kreuzfahrt zurücklegen, bei der es über drei Seen und durch zwei Kanäle geht; man trifft sich dann in Lahti am neuen Passagierhafen wieder!

Lahti 9 (S. 285f.), die mit 95 000 Einwohnern siebtgrößte Stadt des Landes, war ursprünglich ein kleines, zur Gemeinde Hollola (s. S. 155) gehörendes Dorf am alten Handelsweg nach Wyborg, das erst 1905 die Stadtrechte erhielt. Ältere Baudenkmäler sind also

Eine der Sprungschanzen in Lahti

Im Mukkula-Ferienzentrum bei Lahti

nicht zu erwarten, und da das Wirtschaftsleben der Stadt hauptsächlich industriell geprägt ist – vor allem durch den Möbelbau (Asko) –, mag sich mancher Tourist fragen, ob sich ein Besuch von Lahti (sprich: Lach-ti!) überhaupt lohnt. Sicher gibt es für Liebhaber romantischer Städte bessere Adressen in Europa, doch werden Touristen, die an moderner Architektur, kulturellem Leben, Stätten sportlicher Glanztaten und an stadtnaher Natur interessiert sind, den Aufenthalt nicht bereuen. Um mit dem ersten anzufangen: Lahtis weitgehend nüchternes Erscheinungsbild wurde schon 1912 vom nationalromantischen Architekten Saarinen mit dem Rathaus bereichert, es folgte Altmeister Alvar Aalto mit der Kreuzkirche, und Stadttheater sowie -bibliothek repräsentieren beste finnische Baukunst der Neuzeit. Wie Tampere ist Lahti außerdem für seine erstklassige Konzert- und Theaterszene berühmt und besitzt ein international anerkanntes Stadtorchester.

Daß die Stadt wenigstens dem Namen nach vielen Ausländern etwas sagt, liegt aber vor allem an ihrer Bedeutung als Wintersportzentrum, die der des norwegischen Lillehammer entspricht. Unzählige internationale Wettbewerbe wurden hier bereits ausgetragen, die nächsten sportlichen Großereignisse werden die Nordische Skiweltmeisterschaft im Jahre 2001 und die Skilanglauf-Weltmeisterschaft im Jahre 2002 sein, vielleicht gefolgt – so hofft man in der Stadt – von den Olympischen Winterspielen im Jahre 2006. Im Sommer verwandelt sich die Wintersportmetropole Lahti in ein Ferienparadies, das seinen Reiz dem Bergrücken Salpausselkä (Umfriedungsberg) und zahllosen Gewässern verdankt. Der Päijänne, zweitgrößter und mit 104 m tiefster See Finnlands, beginnt hier und lädt zu ausgedehnten Kreuzfahrten ein, die bis Jyväskylä oder durch den Keitele-Kanal bis nach Pielavesi nordwestlich von Kuopio reichen. Das trinkbare Wasser des Sees wird außerdem von vielerlei Fischen bevölkert, die wiederum für Angler jeden Anspruchs interessant sind. Dementsprechend groß ist das touristische Angebot, das u. a. die Begleitung von Berufsfischern, Netzfischen, Eislochangeln im Winter oder einen Kurs ›Angeln für Frauen‹ umfaßt.

Bester Startpunkt für eine Stadtbesichtigung ist der zentral gelegene

Marktplatz, auf dem während der Vormittagsstunden landwirtschaftliche und kulinarische Erzeugnisse der Region feilgeboten werden. An seinem östlichen Ende beginnt die Mariankatu, eine städtebaulich interessante, mit einem Grünstreifen geschmückte Achse, deren hochgelegene Endpunkte zwei der wichtigsten Gebäude Lahtis markieren. Wandert man auf ihr nach Süden, vorbei an der Statue ›Die Freiheit‹ (1921), gelangt man zum Rathaus. Der hohe, 1912 fertiggestellte Ziegelsteinbau im Stil der finnischen Nationalromanik gilt als eines der wichtigsten Werke des Architekten Eliel Saarinen und kann im Rah-

men von Führungen besichtigt werden. Ihm steht auf der nördlichen Seite, knapp 1 km entfernt, die Kreuzkirche von 1978 gegenüber, das moderne Wahrzeichen der Stadt. Seinen Namen trägt der letzte von Alvar Aalto geschaffene Sakralbau wegen der quadratischen Fensterchen zur Stadtseite, die insgesamt ein großes Kreuz ergeben. Aaltos Verbeugung vor seinem Vorgänger Saarinen wird daran sichtbar, daß er diesen Teil der Kirche dem Rathaus gegenüber stellte und dafür auch das gleiche Material verwandte, nämlich dunkel gebrannte Ziegelsteine. Das dreieckige Innere der Kirche ist schlicht und hell gehalten, mit den für Aalto typischen klaren Linien. Das Gotteshaus, das von einem 40 m hohen Glockenturm überragt wird, umgibt ein Friedhof mit Soldatengräbern und Aaltonens Statue ›Freiheits-Genius‹.

Die Kreuzkirche ist zwar die größte, aber natürlich nur eine von vielen weiteren interessanten Kirchen in der Stadt. Finnlandtypisch ist auch das vielfältige Angebot an Museen und Galerien, deren Besuch mehrere Tage beanspruchen würde. Hier nur drei Tips, falls es trotz des stabilen Sommerwetters einmal regnen sollte: Auf einem Hügel westlich des Rathauses erhebt sich weithin sichtbar die rot-weiße Stahlkonstruktion des größten Rundfunksenders Skandinaviens. Zu seinen Füßen ist in der ehemaligen Rundfunkstation das Radio- und Fernsehmuseum untergebracht, das sich mit etwa tausend technischen Geräten und Trickfilmen an alle wendet, die an Mediengeschichte interessiert sind. Das Historische Museum auf der Lahdenkatu ist in einem ehemaligen Herrenhaus (1897) zwischen Marktplatz und Hafen untergebracht. Hier werden kulturhistorische Artefakte und Möbel der Region gezeigt, daneben aber auch Bestände des Historischen Museums von Wyborg und Wechselausstellungen. Das Kunst- und Plakatmuseum schließlich, das man nahe der Kreuzkirche auf der Vesijärvenkatu findet, zeigt hauptsächlich finnische Gegenwartskunst, aber auch internationale Werke und Werbeplakate verschiedener Epochen. Freunde der neueren Architektur sollten unbedingt vom Kunstmuseum über die Kirkkokatu ostwärts gehen: Nach wenigen Schritten sieht man zuerst das 1983 fertiggestellte Stadttheater (Pekka Salminen), dann die 1990 gebaute Stadtbücherei (Arto Sipinen), die durch ihre ungewöhnliche räumliche Of-

fenheit besticht. Ohne trennende Wände und erleuchtet durch viele Fenster, von denen keins dem andern gleicht, spricht das Haus die unverkennbare Sprache des ›freundlichen Funktionalismus‹, die die finnische Architektur heute auszeichnet.

Da man sich nicht nur Lahti selbst, sondern auch die Umgebung anschauen möchte, ist zunächst vielleicht ein Panoramablick über das Gewirr von Stadtvierteln, Seen und Wäldern angebracht. Einen solchen erhält man von der Aussichtsterrasse des 50 m hohen Wasserturms auf der Juustilankatu, viel besser aber noch von der 113 m hohen Großen Sprungschanze des Sportzentrums, das unübersehbar im Westen der Stadt liegt und von dieser Schanze dominiert wird. Auf der überdachten und einer offenen Aussichtsplattform kann man am eigenen Leibe die Überwindung spüren, die die Skispringer angesichts der Tiefe aufbringen müssen. Neben dem alles überragenden Betonbauwerk stehen, übersichtlich nach ihrer Größe gestaffelt, die Mittlere (90 m) und die Kleine Schanze (64 m) aus Stahl sowie drei Trainingsschanzen. Um den Parkplatz gruppieren sich das Stadion mit Zuschauertribünen, die Eissporthalle, eine Touristeninformation und ein Café-Restaurant. In der Simulationskabine des Skimuseums kann schließlich jeder selbst den virtuellen Sprung in die Tiefe wagen. Für sportlich Aktive ist das weite Gelände jedoch nicht nur im Winter interessant, denn die Loipen der Biathleten und Skilangläufer dienen im Sommer als Trimmdich-Pfade und Radwanderwege. Unterhalb der Sprungschanzen und mit diesen durch einen Sessellift verbunden liegt außerdem das schönste Freibad der Stadt.

Schön schwimmen kann man übrigens auch im Ferienzentrum Mukkula, das sich 5 km nördlich des Zentrums am Vesijärvi-See befindet. Rund um ein historisches Gutshotel mit Restaurant wurde dort ein Naherholungsgebiet eingerichtet, das mit Sommerpavillon, Campingplatz, Badestrand, Bootsanleger und breitem Sportangebot einschließlich entsprechendem Geräteverleih keine Wünsche offenläßt.

Wer, vielleicht durch diese kleine Liste neugierig geworden, einen längeren Aufenthalt in Lahti einplant, wird feststellen, daß die Zeit nie reichen wird, das umfangreiche Freizeit- und Kulturangebot richtig auszukosten. Gleich vier Yachthäfen, etliche Hallen- und Freibäder, mehrere Familienparks und Festivals zu jeder Jahreszeit garantieren, daß Langeweile jedenfalls nicht aufkommen wird.

Von Lahti nach Tampere

Will man nicht von Lahti zurück zur Hauptstadt (etwa über Riihimäki und Hyvinkää; s. S. 227), sondern weiter in westlicher Richtung fahren, bietet sich als nächste Station das etwa 80 km entfernte Hämeenlinna an, das man am schnellsten über die gut ausgebauten Straßen 12 und 10 erreicht. Für die ersten 15 km sei jedoch die Straße 316 empfohlen, die vom Hafen in Lahti nach Nordwesten führt. Hinter dem Freizeitzentrum Messilä gelangt man in die alte Gemeinde **Hollola** 10, die gleich mit mehreren kulturhistorischen Highlights aufwartet. Der Gutshof Pyhäniemi besitzt soviel historisches Ambiente, daß er mehrfach von finnischen Filmregisseuren als Drehort ausgewählt wurde. Der Hof beherbergt heute eine beachtliche Kunstsammlung. Danach geht es am 1902 gebauten, stimmungsvollen Café Kunnantupa vorbei zur Mittelalterkirche von Hollola, einer der größten

des Landes. Der Feldsteinbau aus dem 14. Jh. ist der Jungfrau Maria geweiht und trägt an beiden Giebeln Ziegelsteindekorationen. Außerordentlich schön ist auch das Innere der zweischiffigen Kirche mit seinen Gewölben. Beachtung verdienen dort u. a. mehrere mittelalterliche Holzskulpturen, Begräbniswappen, die Emporen und die Kanzel. Neben der Kirche fällt der hohe Glockenturm auf: Er wurde von C. L. Engel entworfen und 1848 fertiggestellt.

Zurück auf der Hauptstraße, passiert man schließlich 4 km vor **Hämeenlinna** (schwed.: Tavastehus) 11 (S. 270f.) eine Ziegelsteinmühle aus dem 19. Jh., die vor einigen Jahren restauriert und in ein Mühlenmuseum verwandelt wurde. Ein anderer lohnender Abstecher führt auf einer 5-Kilometer-Stichstraße vorbei am riesigen 18-Loch-Golfplatz zum hübsch gelegenen Jagdschloß Vanjalinna. Das repräsentative Gebäude des Privatiers Carl Wilhelm Rosenlew stammt vom Anfang des 20. Jh. und dient heute als Hotel und Konferenzort. Schließlich gelangt man über eine Brücke in das kleine, freundliche Städtchen mit seinen knapp 45 000 Einwohnern. Das Verwaltungszentrum des Bezirks Südfinnland hat zwar auch heute noch einen Namen als Schul- und Garnisonsstadt, ist in seiner Bedeutung jedoch längst vom viel größeren Tampere überholt worden. Aus der ersten Ära des 1639 gegründeten Ortes ist außer der Kirche (1798) nichts Nennenswertes erhalten, da eine Feuersbrunst 1831 fast alle Gebäude in Schutt und Asche legte. Der Wiederaufbau hat einige hübsche Holz- und Steinarchitektur hervorgebracht, vor allem rund um Hämeenlinnas ›gute Stube‹, den Marktplatz. Hier findet man auch die Rundkirche, die unter Gustav III. als kleine Kopie des römischen Pantheon in Auftrag gegeben worden war, daneben das gelb-weiße Haus der Provinzverwaltung, das 1832 nach Plänen von C. L. Engel vollendet wurde, das Rathaus im Stil der Neorenaissance, einen hübschen Park mit Springbrunnen und in der Nähe die Touristeninformation. Nur einen Block weiter westlich steht auf der Hallituskatu (Nr. 11) jenes Haus, in dem am 8. Dezember 1865 Jean Sibelius geboren wurde, der berühmteste Sohn der Stadt. In dem einstöckigen, originalgetreu eingerichteten Holzgebäude werden Kindheit und Jugend des Komponisten wieder lebendig, natürlich untermalt durch einige seiner bekanntesten Melodien. Sibelius und seinem Lebenswerk begegnet man in Hämeenlinna außerdem in Straßennamen, Bronzestatuen und den Konzerten, die im Spätsommer und an seinem Geburtstag abgehalten werden.

In einem schönen Holzhaus im neoklassizistischen Stil an der Lukiokatu Nr. 6 zwei Blocks weiter nördlich ist das Historische Museum untergebracht, nebenan kann im Palander-Haus (Nr. 4) eine originale gutbürgerliche Einrichtung besichtigt werden. Noch ein Stückchen weiter nördlich erhebt sich innerhalb eines Parks am Seeufer die Burg, nach der die Stadt ihren Namen trägt (*linna,* schwed.: *hus*) und die die Provinz Häme (schwed.: *Tavast*) gegen die Feinde im Osten verteidigen sollte. Ihre Gründung (wie auch die der Stadt Stockholm) geht auf den Reichsverweser Birger Jarl zurück, der argwöhnisch das Aufblühen des Nowgoroder Reiches beäugte und um 1239 einen Kreuzzug gen Osten führte, der hauptsächlich den schwedischen Besitzstand sichern sollte. Damals war die Burg ein ziemlich einfaches, rechteckiges Lagerkastell aus Feldsteinen, umgeben von Urwäldern und heidnischen Finnen, die Tavastehus weniger als Vorposten der Zivilisation, son-

dern eher als Zwingburg empfunden haben dürften. Im Laufe der Zeit veränderte sich die Feste gewaltig in Aussehen und Größe, vor allem während des 14. und 15. Jh., als Ziegelstein als Baumaterial bevorzugt wurde. 25 Jahre nach einem Besuch Gustavs II. Adolf anno 1614 zog der Generalgouverneur Per Brahe in die Gemäuer ein und ließ südlich gleich eine ganze Stadt anlegen: Der Ort ist also vierhundert Jahre jünger als die Burg. Da schon in schwedischer Zeit der militärische Sinn der Festung schwand, funktionierte man sie kurzerhand in einen Getreidespeicher um. Unter russischer Oberhoheit wurde dieser wiederum in ein Staatsgefängnis verwandelt, wobei für die Um- und Neubauten kein geringerer als C. L. Engel verantwortlich zeichnete. Seit 1956 hat man mit immensem finanziellem Aufwand versucht, die Zweckentfremdung rückgängig zu machen und das ursprüngliche Aussehen zu rekonstruieren. Jeder, der die Backsteindekoration im Burghof oder den Königssaal mit seinem gotischen Fächergewölbe gesehen hat, wird dies als gelungen bezeichnen. Die Räumlichkeiten nutzt heutzutage außerdem das finnische Historische Museum für wechselnde Ausstellungen.

Lohnt außer diesen Highlights Hämeenlinna einen längeren Aufenthalt? Sensationen sind in dem Provinzstädtchen nicht zu erwarten, aber mit ausreichenden Zeitreserven könnte man am See entlangspazieren, dem Kunstmuseum einen Besuch abstatten, das nahe dem Jugendstil-Bahnhof am anderen Ufer liegt, oder sich im ›Postkartenhaus‹ Raritäten und Kuriositäten anschauen. Das touristische Angebot umfaßt Unterkünfte und Restaurants aller Art und empfiehlt die Stadt für eine Zwischenübernachtung. Besucher, die ähnlich motorsportbegeistert sind wie die Finnen, werden sich wahrscheinlich die bekannte Ahvenisto-Rennstrecke samt benachbartem Automuseum nicht entgehen wollen lassen. Vor allem aber ist die waldreiche Umgebung mit der Seenplatte reizvoll und lockt zu Exkursionen per Fahrrad, Kanu oder Ausflugsboot. Außerdem ist Hämeenlinna der südliche Endhafen einer der schönsten und berühmtesten Schiffsrouten Finnlands: der ›Silberlinie‹. Ihre weißen Wasserbusse legen auf dem Weg in den Norden u. a. in Aulanko und Hattula an (s. u.) und erreichen schließlich nach 8stundiger Fahrt die Großstadt Tampere. Für Autotouristen, die in einer kleinen Gruppe reisen, ergibt sich die Möglichkeit, auf dem Weg nach Tampere wechselseitig die ›Silberlinie‹ zu nutzen: Eine Teilgruppe nimmt das Schiff, die andere fährt mit dem Wagen. Unterwegs, z. B. an der Hängebrücke Sääksmäen silta (Restaurant, Badestrand), werden dann die Plätze getauscht.

Zwei außerordentlich schöne Ausflugsziele in der nächsten Umgebung von Hämeenlinna passiert man auf einer kleinen Rundfahrt um den See Vanajavesi. Das Freizeitzentrum von **Aulanko** 12 umfaßt u. a. ein renommiertes Hotel, das bereits 1936 im funktionalisti-

schen Stil entstand und 1969 erweitert wurde, weitere Unterkünfte, ein Feriendorf samt Campingplatz und einen weithin bekannten Golfplatz findet man in der Nachbarschaft am Seeufer. Auf der anderen Seite erstreckt sich ein Park, den Oberst Hugo Standertskjöld (1844–1931) anlegen ließ – das Geld dazu hatte er sich als Waffenfabrikant im zaristischen Rußland verdient. Das 152 ha große Gelände steht heute im Rang eines Nationalparks, dessen teils gestaltete, teils naturbelassene Waldlandschaft zur Erkundung einlädt. An Schwanenteichen, einer romantischen ›Burg‹ aus Granitquadern, zwei Seen und exotischem Baumbestand vorbei gelangt man dabei zum massiven Granit-Aussichtsturm, der sich 33 m über dem Aulanko-Hügel und 118 m über dem See erhebt und einen weiten Blick über die Schönheit des Nationalparks bietet.

An der E 12 passiert man auf dem Weg nach Tampere zunächst ca. 18 km hinter Hämeenlinna die Kleinstadt **Kalvola** 13, die vor allem wegen der 1881 gegründeten Glashütte Iittala bekannt ist. In der Werkstatt kann man nicht nur den Entstehungsprozeß von Gläsern, Vasen, Tellern und Kannen beobachten, sondern sich auch selbst in dieser Tech-

Gemalte Bibel der Armen –
Die Heilig-Kreuz-Kirche von Hattula

Die Kunstgeschichte Finnlands ist nicht eben arm an mittelalterlichen Feldsteinkirchen, deren rustikal-schlichtes Äußere in starkem Kontrast zum verschwenderisch ausgemalten Inneren steht. Trotzdem ist die Heilig-Kreuz-Kirche in Hattula von ganz besonderer Ausstrahlung und zählt zu den kostbarsten kunsthistorischen Schätzen des Landes. Das um 1350 errichtete Gotteshaus, das sich inmitten eines stimmungsvollen, umfriedeten Kirchhofs erhebt, ist neben dem Turkuer Dom die einzige mittelalterliche Kirche aus Ziegelsteinen in Finnland. Während der etwas abseits stehende Glockenturm erst 1813 hinzu kam, sprechen die mit Blendnischen verzierten Gibelfelder und die drei von schweren Gewölben bedeckten Kirchenschiffe die Sprache der ländlichen Gotik. Der kreuzförmige Grundriß von Schiffen, Sakristei und Vorhalle soll vielleicht die Reliquien der Kirche symbolisieren, denn in katholischer Zeit galt Hattula als eines der bedeutendsten Wallfahrtsziele Skandinaviens, weil man hier einige Splitter des Heiligen Kreuzes aufbewahrte. Heute pilgern Kulturtouristen zur Kirche, um sich die nicht weniger als 190 Szenen des Alten und Neuen Testamentes anzuschauen, die sich auf Wänden, Gewölben, Decken und Pfeilern im Innern ausbreiten. Die Gemälde wurden um 1510 in al-secco-Technik angebracht und sollten in eindringlichen, bisweilen auch charmant-naiven Bildern den leseunkundigen bäuerlichen Gläubigen als *biblia pauperum*, als gemalte Armenbibel, dienen. Hier hatten diese ein ganzes Glaubensgebäude – von der Erschaffung der Welt bis hin zur Passion Christi, von Heiligenlegenden bis zur Geschichte des Heiligen Kreuzes – konkret vor Augen, waren beeindruckt von den dargestellten Wundern und erschreckt von den Qualen, die die Verdammten nach dem Jüngsten Gericht zu erleiden hatten. Noch heute ist man von den packenden Illustrationen gefangen, deren ursprüngliche Farbintensität im Lauf der Zeit nur wenig gelitten hat. Ebenfalls beachtlich ist der ungewöhnlich reichhaltige Bestand an mittelalterlichen Holzskulpturen.

nik versuchen. Im Glasmuseum sieht man berühmte Iittala-Produkte wie die Aalto-Vasen neben Beispielen des neuesten Designs, und selbstverständlich ist auch ein Shop angeschlossen, in dem u. a. Ware mit kleinen Fehlern zu deutlich reduzierten Preisen verkauft wird. In unmittelbarer Nähe der Glashütte sorgen das hübsche Café Puntteli, Geschäfte der nicht minder bekannten Firmen Arabia und Aarikka, eine Fazer-Schokoladenfabrik mit Verkaufsladen und ein Delikatessengeschäft mit Wild- und Fischgerichten und Honig dafür, daß fast alle Shopping- und kulinarischen Gelüste befriedigt werden.

Bei der Weiterfahrt sollte man gut 10 km hinter Kalvola die Europastraße auf Höhe der Hängebrücke (mit Rastplatz, Terrassenrestaurant und Strandbad) verlassen und die reizvollere Straße 310 wählen. Nahebei befindet sich in Visavuori auf der Halbinsel Rautunselkä das Emil-Wikström-Museum, für Kunstfreunde die größte Sehenswürdigkeit der Region. Das Heim und Atelier des finnischen Bildhauers (1864–1942), den die meisten durch seine monumentalen ›Fackelträger‹ am Hauptbahnhof von Helsinki kennen, wurde von ihm selbst entworfen. Neben Wikströms Skulpturen und Zeichnungen sind in einem Pavillon auch Karikaturen des Zeichners Kari Suomalainen ausgestellt. Über Sääksmäki mit einer sehenswerten Mittelalterkirche erreicht man **Valkeakoski** 14 (S. 303), eine 21 000-Einwohner-Gemeinde, die unübersehbar von der Papierindustrie lebt. Der industrielle Charakter verliert sich, wenn man entlang dem Seeufer zu den beiden Kanälen flaniert. Die Wirtschaftsgrundlage des Ortes ist Thema zweier Museen: Das Freiluftmuseum Kaupilanmäki dokumentiert das Leben der Papierfabrikarbeiter ab 1870, und das Industriemu-

seum Myllysaari zeigt die Entwicklung Valkeakoskis vom Mühlendorf zum modernen Gemeinwesen. Auch Natur hat die Stadt zu bieten: ein weitverzweigtes Seengebiet, an dem sich Strandbäder, Hotels und Campingplätze befinden und die allerbesten Wassersport- und Angelmöglichkeiten bieten. Einen guten Überblick erhält man vom Wasserturm Jyräänmäki mit seiner Aussichtsplattform und Café.

Auch hinter Valkeakoski ist die Straße 310 für den Weg nach Tampere die reizvollere Alternative zur Europastraße: Sie verläuft nahe am Seeufer und führt zur Kleinstadt Kangasala mit dem Automobil- und Straßenmuseum ›Mobilia‹. Dort beginnt auch der schmale Höhenrücken Keisarinharju, der ähnlich wie der Punkaharju zwei mit unzähligen Inseln bestückte Seen trennt. Diese phantastische Natur war es, die den Dichter Zacharias Topelius zu seinem Lied ›Sommertag in Kangasala‹ angeregt hat.

Industriestadt zwischen den Seen: Tampere

■ (S. 297f.) Mit 183 000 Einwohnern ist Tampere (schwed.: Tammerfors) die nach Helsinki und Espoo drittgrößte Stadt des Landes und außerdem die größte Skandinaviens, die im Binnenland liegt. Doch obwohl die Küste der Ostsee recht weit entfernt ist, stellt Wasser hier ein allgegenwärtiges Element dar: Die schmale Landzunge, auf der sich Tampere entwickelte, trennt die beiden großen Seen Näsijärvi und Pyhäjärvi und wird von den Stromschnellen Tammerkoski durchschnitten, denen die Stadt ihren Namen verdankt (schwed.: *fors* = Wasserfall). Daneben gibt es innerhalb der Gemeindegrenzen nicht weniger als zweihundert kleinere Seen, die von den Einwohnern sommers wie winters intensiv für Freizeitaktivitäten genutzt werden.

Die Geschichte des Ortes reicht weit zurück, schon um 1000 n. Chr. war die Landenge besiedelt. Mehrere begüterte Höfe und Mühlen sind aus dem 15. Jh. belegt, ebenso ein 200-Seelen-Dorf mit Marktplatz aus dem 17./18. Jh. Im Jahre 1779 beschloß der Schwedenkönig Gustav III., dieses Dörfchen an der Stromschnelle in eine moderne Handels- und Handwerkerstadt zu verwandeln, die das Zentrum der ganzen Region werden sollte. Der Wunsch des Gründungsvaters ging in den mehr als zweihundert Jahren städtischer Geschichte in Erfüllung, beflügelt im 19. Jh. vor allem durch die Industrialisierung. Den Anfang machte 1820 der Schotte James Finlayson, der in Tampere die Finnische Baumwollspinnerei gründete und damit den Grundstein zu einem Weltkonzern legte. Die Wasserkraft der 1 km langen Katarakte nutzten in der Folge auch andere Betriebe, insbesondere solche der Stahl-, Metallverarbeitungs-, Maschinenbau-, Papier- und Textil-Industrie, so daß sich bald der Beiname des ›finnischen Manchester‹ einbürgerte. Im Zuge der Stahl- und Wirtschaftskrise wurde in der jüngeren Vergangenheit aus dem Vorreiter der Industrialisierung jedoch ein Sorgenkind, u. a. gebeutelt von rund 19 % Arbeitslosigkeit. Wie in Manchester, Glasgow oder dem Ruhrgebiet waren auch in Tampere Strukturveränderungen unumgänglich, mußte die Schwerindustrie der High-Tech weichen. Neue Erwerbszweige in den Bereichen Informations-, Energie-, Umwelt- und Gesundheitstechnologie entstanden, unterstützt von modernen Forschungs- und Lehrbetrieben wie der Universität und der Technischen Hochschule. Die neuen Produktionsstätten sind jedoch in die Randbezirke ausgelagert, während die alten und düsteren Fabrikgebäude an der Stromschnelle umgebaut wurden und mittlerweile Büros, Galerien, Bouti-

Tampere
1 Touristeninformation   2 Koskikeskus
3 Kehräsaari   4 Arbeitertheater TTT
5 Alexanderkirche   6 Stadtbibliothek Metso
7 Aussichtsturm   8 Freilichttheater
9 Pispala   10 Tampere Kunstmuseum
11 Amuri Arbeitermuseumsviertel
12 Särkänniemi   13 Häme-Provinzmuseum
14 Kunstzentrum Mältinranta
15 Museumszentrum Vapriikkii   16 Finlaysons-Palast   17 Frenckells   18 Keskustori
19 Tampere Theater   20 Domkirche
21 Bahnhof   22 Tampere-Halle   23 Universität   24 Orthodoxe Kirche   25 Kaleva-
Kirche   26 Hervanta   27 Viikinsaari

quen, Theater und schicke Geschäftszentren beherbergen.

Während das alte Klischee vom ›industriellen Tampere‹ also nur noch bedingt und im modernen Sinn seine Berechtigung hat, machte sich die Stadt auch einen Namen auf kulturellem Gebiet. Mit rund 20 Museen, aufsehenerregenden Beispielen neuzeitlicher Architektur sowie Veranstaltungen und Festivals von internationalem Rang hat Tampere zu jeder Jahreszeit etwas zu bieten. Vor allem aber ist die außergewöhnlich rege Theaterszene berühmt, deren etablierte Schauspielhäuser sowie rund 40 Laienbühnen es auf jährlich über tausend Vorstellungen mit mehr als einer halben Million Zuschauer bringen und Tampere den Ruf eingebracht haben, *die* finnische Theaterstadt zu sein. Da dieses interessante Gemeinwesen außerdem in eine herrliche Natur eingebettet ist und das Landschaftserlebnis – z. B. an Bord eines Dampfers auf dem ›Dichterweg‹ oder der ›Silberlinie‹ – direkt vor der Haustüre beginnt, ist ein Aufenthalt in Tampere auch für Touristen reizvoll, die weder an urbanen Zentren noch am Kulturangebot interessiert sind.

Ein guter Startpunkt für eine Stadtbesichtigung ist die ausgeschilderte **Touristeninformation** 1, die am östlichen Ufer des Flusses Tammerkoski liegt und im Gebäude einer Textilfabrik von 1896 untergebracht ist. Aus der gleichen Zeit stammt das benachbarte Gebäude di-

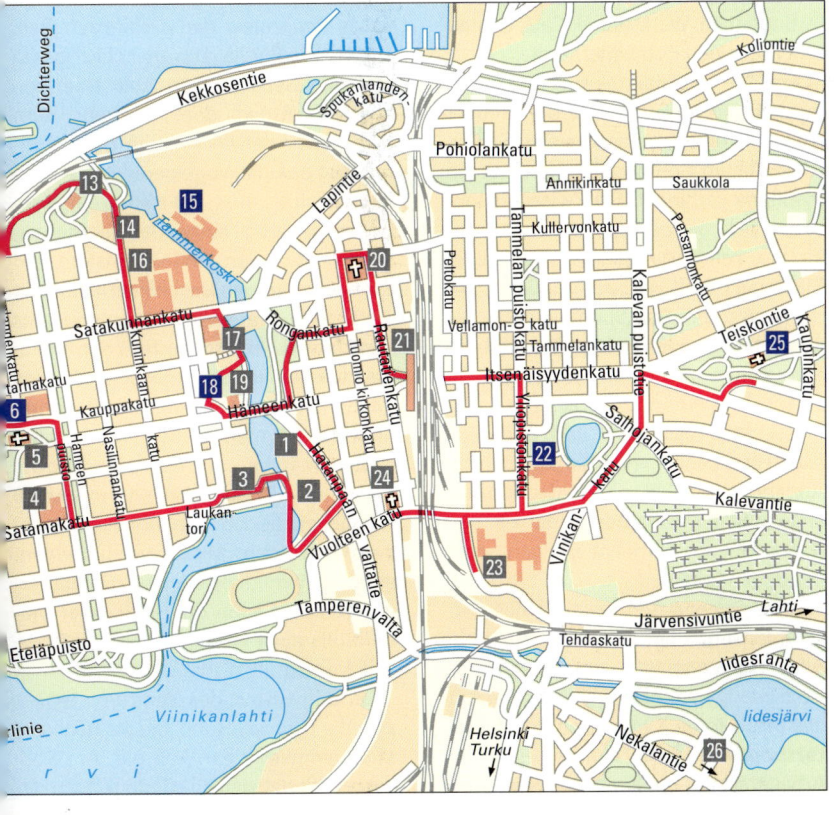

rekt am Flußufer, heute die Heimat des Kunstgewerbezentrums Verkaranta. Etwas weiter südlich, jenseits des 18stöckigen Ilves-Hotelturmes, kann man am Einkaufszentrum **Koskikeskus** 2 den Wagen abstellen und die weiteren Sehenswürdigkeiten zu Fuß ansteuern. Dazu gehört ebenfalls dieser 1988 fertiggestellte Konsumtempel mit seiner auffälligen Klinker- und Glasarchitektur. Als 60 000 m² große ›Stadt in der Stadt‹ geplant, lohnt das multifunktionale Einkaufszentrum mit seinen vielen Pflanzen und einem Mini-Bach auch dann den Besuch, wenn man nicht auf Shopping aus ist. Von hier aus gelangt man über eine Fußgängerbrücke zum westlichen Ufer, wo der ehemalige Ziegelstein-Fabrikkomplex **Kehräsaari** 3 heute rund 50 Boutiquen, Werkstätten, Café, Restaurant und einen Pub beherbergt.

Am Kai des Marktplatzes Laukantori machen die weißen Boote der ›Silberlinie‹ fest, eine traditionsreiche Schiffsroute, die im Sommer Tampere mit Hämenlinna verbindet. Ein Zwischenstopp bietet sich beispielsweise in Visavuori an, wo sich das Atelier des finnischen Bildhauers Emil Wikström befindet und der Karikaturist Kari Suomalainen einen Ausstellungspavillon hat. Die ›Silberlinie‹ eignet sich auch bestens dafür, einen erholsamen Urlaubstag auf dem Wasser zu verbringen und dabei die Aussicht ebenso wie das kulinarische Angebot zu genießen. Von den meisten angelaufenen Stationen aus ist eine Rückkehr nach Tampere übrigens auch per Bus möglich.

Zwei Querstraßen westlich des Laukantori biegt man rechts in die breite Allee Hämeenpuisto ein und passiert nach wenigen Schritten den 1985 fertiggestellten roten Klinker-Bau des **Arbeitertheaters** 4 (TTT), auch ›Haus der Arbeiterschaft‹ genannt, in dessen Räu-

men sich das einzige Leninmuseum der Welt befindet. Der russische Revolutionär hatte nicht nur zu Finnland eine besondere Beziehung (s. S. 125), sondern auch zu Tampere, wo die ersten Kongresse seiner verbotenen Partei stattfanden und er zum ersten Mal mit Stalin Bekanntschaft machte. Fotodokumente und andere Erinnerungsstücke beleuchten die politische und private Seite der Leninschen ›Finland Connection‹.

Einen Block weiter kommt man zu einem Platz mit dem Freiheitsmonument (1921), der im Westen von einem Park mit der neugotischen **Alexanderkirche** 5 (1881) begrenzt wird. In starkem Kontrast dazu steht nördlich des Platzes die **Stadtbibliothek Metso** 6, ein außergewöhnliches und anspruchsvolles Bauprojekt der Architekten Raili und Reima Pietilä. Das mehrfach preisgekrönte Gebäude von 1986 trägt seinen Namen nach dem Auerhahn, dem Wappentier der Provinz, an den es zumindest aus der Vogelperspektive auch tatsächlich erinnert. Mit seinen gerundeten, wellenartig ineinander übergehenden Wänden, den großen Fenstern und der haubenartigen Dachkonstruktion gilt die Stadtbücherei zu Recht als Pietiläs Meisterwerk. Im Erdgeschoß der Bibliothek wurden ein Steinmuseum und das ›Mumintal‹ eingerichtet, in dem originale Illustrationen zu Tove Janssons beliebten Märchen zu sehen sind sowie mehr als 40 Schaukästen, in denen Abenteuer aus den Muminbüchern nachgestellt wurden. Mit Diavorführungen, einer Multimediashow und Computerprogrammen kann die Heimat der Mumintrolle auch visuell und interaktiv erlebt werden.

Im Südwesten des Zentrums erhebt sich die Pyynikki-Höhe, die als höchstes Moränenmassiv der Welt gilt. Am Südhang befindet sich ein Gedenkstein, der

Blick auf das Kraftwerk am Tammerkoski

die Uferlinie des Yoldia-Meeres kennzeichnet, aus dem sich der Höhenrücken nach der Eiszeit erhob. Den besten Überblick über das 70 ha große Gelände, das fast zur Gänze von Kiefern bedeckt ist und den Einwohnern der Stadt als beliebteste Jogging- und Skistrecke dient, hat man vom alten **Aussichtsturm** 7, in dessen Sockel ein Café untergebracht ist. Weiter im Süden befinden sich unterhalb des Bergrückens am Pyhäjärvi-See Sandstrände, Hotelanlagen und das **Freilichttheater** 8 mit seiner drehbaren Zuschauertribüne.

Über die Pyynikki-Höhe sollte man auch zum idyllischen Quartier **Pispala** 9 wandern. Diese Arbeitersiedlung der Jahrhundertwende, deren Holzhäuser und Hütten sich dicht an dicht an die steilen Moränenhänge zwischen den Seen Pyhäjärvi und Näsijärvi schmiegen, steht heute unter Denkmalschutz, ebenso wie die engen Gassen, die Pispala-Treppe mit ihren 237 Stufen oder der hohe Turm der alten Schrotfabrik. Alle zwei Jahre (1996, 1998 usw.) wird hier ein großes Volkstanz- und Musikfestival (Pispalan Sottiisi) veranstaltet.

Ebenfalls westlich, aber etwas näher zur Zentralbibliothek liegen zwei ganz unterschiedliche Museen: Das **Tampere Kunstmuseum** 10 beeindruckt weniger wegen seiner Ausstellungen (finnische und regionale Kunst des 19. Jh.) als vielmehr wegen seiner Architektur: Das Gebäude wurde 1838 von C. L. Engel als

Kronmagazin des Zaren entworfen. Wenige Schritte nördlich davon dokumentiert das **Amuri Arbeitermuseumsviertel** 11, das im Zuge der Industrialisierung als erstes proletarisches Stadtviertel Finnlands entstand, mit seinen 32 originalen Arbeiterwohnungen, zwei Läden und einer Bäckerei die Lebensverhältnisse am Ende des 19. Jh.

Weiter nördlich, jenseits der Kortelahti-Bucht, nimmt der Vergnügungspark **Särkänniemi** 12 eine Halbinsel im Näsijärvi-See ein. Neben dem üblichen Allerlei an Amüsement und Spielgeräten finden Besucher hier auch ein interessantes zoologisches und wissenschaftliches Angebot, u. a. ein Aquarium mit angeschlossenem Delphinarium, einen Kinderzoo und ein Planetarium. Am Kai startet außerdem der historische Schaufelraddampfer ›Finlandia Queen‹ zu seinen Ausflügen durch das Seenlabyrinth. Überragt wird Särkänniemi vom 168 m hohen Näsinneula-Turm, dessen Drehrestaurant die weit und breit beste Aussicht bietet. Zu dessen Füßen stellt das Sara-Hildén-Kunstmuseum ein Highlight für alle Kunst- und Architekturfreunde

dar. Das nach der Kunstmäzenin und Unternehmerin benannte Haus wurde 1979 vom Architekten Pekka Ilveskoski konzipiert, der in bester finnischer Tradition Funktionalität mit Naturnähe verband. Durch die großflächigen Fenster scheint das Blau des Sees in die Ausstellungsräume, in denen etwa 2500 Werke finnischer und internationaler Künstler präsentiert werden, darunter Spitzenwerke der klassischen Moderne (u. a. Paul Klee, Joan Miró, Henry Moore, Victor Vasarely und Christo).

Östlich der Halbinsel erstreckt sich auf der anderen Seite der breiten Verkehrsader Kekkosentie ein Park, der außer einem Springbrunnen und einer schönen Aussicht zwei weitere Museen zu bieten hat. Das **Häme-Provinzmuseum** 13 ist im ehemaligen Fabrikanten-Herrenhof Näsilinna untergebracht und wendet sich mit seiner Sammlung von der Steinzeit bis ins 19. Jh. an kulturhistorisch interessierte Besucher. Nur wenige Schritte entfernt wurde 1982 das **Kunstzentrum Mältinranta** 14 in einem ehemaligen Wasserwerk eingerichtet. Vom kleinen Park dahinter hat

man einen schönen Blick über die Stromschnellen auf die riesige ehemalige Maschinenbaufabrik Tampella Oy, in deren alten Industriehallen 1997 das jüngste und ehrgeizigste Ausstellungsprojekt der Stadt eröffnet werden konnte, das **Museumszentrum Vapriikkii** **15** Unter einem Dach sind hier gleich mehrere hochkarätige Präsentationen vereinigt, mit denen Tampere seinen guten Namen als Kulturstadt nochmals aufgewertet hat. Mit dem Technologie-Museum, dem Museum für Naturgeschichte, dem Finnischen Schulmuseum und dem Stadtmuseum Tampere bietet der Komplex genügend Anreize, um hier einen ganzen Tag zu verbringen.

Am diesseitigen Ufer geht es auf der Stadtbesichtigung wieder südwärts, vorbei an der großen ehemaligen Finlayson-Fabrik, dem Anstoß und Herz der städtischen Industrialisierung. Ein guter Standort also für das Zentralmuseum der Arbeiterbewegung. Das **Finlaysons Palast** **16** genannte Haupthaus im Stil des Historismus stammt von 1899 und beherbergt heute ein Restaurant. Nahebei sieht man die Kirche, die Wilhelm von Nottbeck, der damalige Besitzer der Textilfabrik, 1879 eigens für seine Arbeiter errichten ließ.

Frenckells **17**, eine weiteres Industriedenkmal, befindet sich unmittelbar südlich am Ufer der Tammerkoski-Stromschnellen. Der achteckige Schornstein erinnert noch daran, daß sich hier einst die erste Papierfabrik des Landes befand. Heute werden die Räumlichkeiten von kommunalen Behörden, einem Theater und einem Tanztheater eingenommen. Parallel zum Ufer und am Zeitungslesesaal der Bibliothek vorbei, der in der alten Stadtbücherei von 1925 untergebracht ist, kommt man anschließend zum **Keskustori** **18**, dem ›Zentralen Platz‹ und gleichzeitig der ›guten Stube‹

von Tampere. Bis in die 30er Jahre wurde hier der Markt abgehalten, eine Tradition, die neuerdings an jedem ersten Montag im Monat wieder zum Leben erweckt wird. Schon 1775 war Keskustori im Bebauungsplan Gustavs III. als Mittelpunkt der zukünftigen Stadt vorgesehen, so daß es nicht verwunderlich ist, hier einige der repräsentativsten Baudenkmäler von Tampere vorzufinden. Der Springbrunnen in seiner Mitte wurde 1882 von der Textilfabrik Finlayson den Frauen der Stadt geschenkt, die sich hier kostenlos Wasser holen durften. Das älteste Gebäude am Platz ist die 1824 fertiggestellte und von Carlo Bassi entworfene Alte Kirche. Ihr separater Glockenturm ist einige Jahre jünger und stammt von C. L. Engel; seine Uhr war die erste öffentliche der Stadt und hat nur einen Zeiger. Der Kirche steht auf der Westseite des Platzes das Rathaus von 1890 gegenüber, von dessen Balkon während des Generalstreiks im Jahre 1905 das ›Rote Manifest‹ gegen die russische Unterdrückung verlesen wurde. Wer alte Postkarten oder Tampere-Literatur sucht, sollte einmal in den Rathauskeller hineinschauen.

Im Süden setzt die schöne Markthalle von 1901 einen deutlichen Jugendstilakzent, flankiert von Wohn- und Geschäftshäusern, die ebenfalls um die Jahrhundertwende entstanden. In den liebevoll restaurierten Gebäuden haben sich einige Cafés und Restaurants mit viel nostalgischer Atmosphäre niedergelassen, die zum Verweilen einladen – am schönsten vielleicht das Restaurant Astor.

Verläßt man den Keskustori über die Hauptstraße Hämeenkatu in östlicher Richtung, passiert man linker Hand das **Tampere Theater** **19**, das 1913 fertiggestellt wurde und sich zu einem der renommiertesten Schauspielhäusern des Landes entwickelt hat. Auf der monumentalen Brücke Hämeensilta mit den vier Statuen des Bildhauers Wäinö Aaltonen überquert man die Tammerkoski-Stromschnellen und gelangt zum Ausgangspunkt des Rundganges.

Eine Stadtbesichtigung wäre aber unvollständig, würde man sich auf dieser Seite nicht auch einige der zahlreichen Sehenswürdigkeiten anschauen. Im Norden wäre da z. B. die **Domkirche** 20, eines der Wahrzeichen der Stadt. Der 1902–07 nach Plänen von Lars Sonck errichtete Feldstein- und Granitbau mit seinem steilen, roten Ziegeldach und spitzen Türmen gilt als eine der Hauptschöpfungen der finnischen Nationalromantik. Die Gemälde des Künstlers Hugo Simberg (1873–1917) stießen wegen ihrer etwas morbiden und anzüglichen Darstellung damals auf heftige Kritik. Im Vergleich zur Domkirche wirkt der 1936 gebaute **Bahnhof** 21 nüchtern und funktional. Ihn durchquert man durch eine unterirdische Geschäftspassage und gelangt zur alten Zollkammer von 1901 und weiter zum Sorsapuist-Park, der von der riesigen **Tampere-Halle** 22 dominiert wird. Dieses modern-protzige Kongreßzentrum, das größte Skandinaviens, entstand 1990 nach Plänen von Sakari Aartelo und Esa Piironen und sollte den Anspruch einer Weltstadt architektonisch unterstreichen. Mit vielen verglasten Flächen und interessanten Details ist die Außenfront zur Seeseite am schönsten. Innen stellt sich die Tampere-Halle als grandioser Ereignis-Raum dar. Sein Herzstück ist der große Konzertsaal, der nicht nur Architekturgeschichte geschrieben hat, sondern mit seiner akustischen Extraklasse zahlreiche Orchester aus aller Welt beeindrukken konnte.

An die Tampere-Halle schließt sich südlich, jenseits der Kalevantie, das Haupthaus der **Universität** 23 an, das

1960 entstand und inzwischen von neueren Nebengebäuden flankiert wird. Folgt man der Straße etwa 500 m Richtung Innenstand, passiert man sofort hinter der Brücke über die Eisenbahngleise die **Orthodoxe Kirche** 24, das wohl stilreinste neubyzantinische Gotteshaus Skandinaviens. Der Klinkerbau wurde 1899 nach Plänen des russischen Architekten T. V. Jassikov fertiggestellt und beeindruckt mit seinen sieben Zwiebeltürmchen, die die sieben Sakramente der orthodoxen Kirche symbolisieren. Ihre Gemeinde ist mit etwa 800 Gläubigen eine der größten des Landes.

Einen Kilometer weiter östlich, nahe der Stadtautobahn, wartet ein Architekturerlebnis ganz anderer Art, nämlich die 1966 fertiggestellte **Kaleva-Kirche** 25. Das erste Werk des Architektenpaares Reima und Raili Pietilä für Tampere, das sich auf dem Liisankallio-Hügel inmitten eines Viertels mit typischer Nachkriegsbebauung erhebt, löste wegen seiner ungewöhnlichen und radikalen Form zunächst heftige Kontroversen aus, wurde gleichzeitig aber auch zu einer vielbesuchten Pilgerstätte für Studenten und Liebhaber moderner Baukunst. Über dem symbolträchtigen Grundriß eines Fisches ragen die schlichten, weiß gehaltenen Betonkörper in die Höhe. Sie umschließen einen monumentalen Raum, der durch 18 schmale Fenster ausgeleuchtet wird, die vom Boden bis zur Decke reichen. Die einzigen farbigen Elemente sind das Kiefernholz der Bänke, der Orgelfassade und des Altars sowie die Klinker des Bodenbelages.

Vielleicht regt der Kirchenbesuch ja auch dazu an, sich etwas eingehender mit dem Lebenswerk von Reima und Raili Pietilä zu beschäftigen. Diese haben sich in Tampere außer in der Kaleva-Kirche und der Stadtbibliothek Metso vor allem in der Trabantenstadt **Hervanta** 26 verewigt. Inmitten der phantasielosen Fertigbausiedlung der 60er und 70er Jahre haben sie dort markante Akzente setzen können: Einmal durch das Gemeinde- und Freizeitzentrum, dessen rote, gerundete Ziegelwände fast schon anheimelnd-romantisch wirken. Und zum anderen durch das Einkaufs- und Geschäftszentrum, dessen Metallkonstruktion die industrielle Vergangenheit Tamperes widerspiegeln will.

Wer über so viel Architektur und Kultur besichtigungsmüde geworden ist, hat innerhalb der Stadtgrenzen jede Menge Möglichkeiten zur Erholung und Entspannung. Beispielsweise in der Frei-

zeitoase **Viikinsaari** 27, einer grünen Insel, die man auf einer 20minütigen Bootsfahrt von Laukontori aus erreicht. Auf Viikinsaari erwartet Sie einerseits eine abwechslungsreiche Natur mit dichter Vegetation, sauberen Badestränden und idyllischen Wanderpfaden. Andererseits besitzt die Insel eine gute touristische Infrastruktur mit Spiel- und Minigolfanlagen, Grillplätzen, einer Sauna am Strand und einem modernen Bootshafen. In diesem Familienpark kann man sich Ruderboote und Angeln ausleihen, an traditionellen Tanzveranstaltungen teilnehmen oder es sich im gemütlichen Sommerrestaurant Wanha Kaidesaarl gutgehen lassen.

Blick in die Kaleva-Kirche

Der Westen

Entlang der Küste von Turku nach Tornio

Selbst wenn man entlang der Westküste auf der Schnellstraße ohne Abstecher direkt nach Lappland fährt, wird man die 766 km zwischen Turku und Tornio schwerlich an einem Tag schaffen können. Und auch, wer Zwischenaufenthalte in Pori (ab Turku 139 km), Vaasa (ab Pori 193 km) und Oulu (ab Vaasa 333 km) einplant, hat ein gedrängtes Vier-Tage-Programm vor sich, bei dem aus einer entspannenden Landschaftsfahrt schnell eine reine Kilometerfresserei werden kann. Die Empfehlung lautet also, so viel Zeit wie möglich im Reisegepäck zu haben, zumal die Nebenstrecken zwar idyllischer sind, aber eben auch länger. Wählt man die küstennahe Variante, die bis Oulu den Beinamen ›Sonnenroute‹ trägt, erlebt man eine schöne, fast immer flache Meereslandschaft mit kleinen Dörfern, pittoresken Küstenstädtchen und den unverhofften Anblick ausladender Sandstrände mit Dünen und turbulentem Badeleben, den langsamen Übergang vom üppigen Süden mit seiner reichen kulturellen Vergangenheit zum kargen Norden südlich des Polarkreises. Immer wieder lohnen sich Abstecher zu Mittelalterkirchen und Bootshäfen oder per Fähre Ausflüge in die nahe Schärenwelt. Im übrigen eignet sich die ›Sonnenroute‹ auch bestens für ausdauernde Fahrradfahrer. Der Bottnische Meerbusen, dessen Ostküste man hierbei zur Gänze kennenlernt, ist gleichzeitig das historische Tor zum Nachbarland Schweden. Immer noch ist in vielen Hafenstädten die Bevölkerungsmehrheit schwedischsprachig, und Orts- oder Straßennamen tauchen auf den Landkarten oder Stadtplänen fast immer in zwei Versionen auf.

Von Turku nach Pori

Ausgangspunkt für die Fahrt in den Norden ist die alte Hauptstadt Turku (s. S. 104ff.), wo man sich zum ersten Mal zwischen zwei Alternativen für die Weiterfahrt entscheiden muß: Kulturelle Highlights erwarten diejenigen, die von der Schnellstraße 8 in Richtung Mynämäki rechts zum nahen **Nousiainen** 1 abbiegen (Straße 201) und dort dem Hinweisschild zur 3 km entfernten Henriks-Kirche (Henrikinkirkko) folgen. Auf einem Hügel oberhalb des Hirvi-Flüßchens erhebt sich das massive Feldsteingebäude, das ungewöhnlicherweise sowohl zum Westen als auch zum Osten einen mehreckigen Chor aufweist und von einem schwarzen Holzschindeldach bekrönt ist. Das jetzige, dreischiffige Gotteshaus ist um 1300 vollendet worden, somit eines der ältesten Finnlands, und besticht im Innern vor allem durch die Raumwirkung der Backsteinpfeiler und der gekälkten Gewölbe. Auch einige interessante Malereien und Einrichtungsgegenstände sind zu sehen, doch gründet sich der Ruf der Henriks-Kirche weniger auf ihre Architektur, als vielmehr auf die Tatsache, daß hier Finnlands Nationalheiliger seine letzte Ruhestätte fand. Der vermutlich aus England stammende Henrik wurde 1152 Bischof von Uppsala und ging kurze Zeit später zusammen mit Bischof Erik auf Missionsreise nach Finnland, wo er vom Papst zum ersten Bischof des Landes ernannt wurde. Sein Tod und die angeblichen Wunder des Bischofs machten ihn, obwohl niemals vom Papst heiliggesprochen, zum Nationalheiligen – ein ähnliches Schicksal erfuhr übrigens auch der schwedische Erik. Henriks Leichnam wurde in Nousiainen beigesetzt, wahrscheinlich in einer hölzernen Vorgängerkirche am gleichen Platz. Der prächtige Sarkophag flämischen Ursprungs (1515–20) zeigt Messingplatten, in die Szenen aus dem Leben von Bischof Henrik eingraviert sind. Eine Kopie befindet sich im Nationalmuseum von Helsinki.

Die Kirche von **Mynämäki** 2 ist bereits von weitem sichtbar. Ungewöhnlich sind die Ausmaße und die reichhaltige Ausstattung des aus dem 13.–14. Jh. stammenden, dreischiffigen Baus. Henrik Fleming (1584–1650), der schwedische Statthalter von Narwa, der in Mynämäki zu Hause war, schenkte der Kirche eine Kanzel, ließ noch zu Lebzeiten ein Epitaphium anbringen und bereits 1632 sein steinernes Grabmonument herstellen. Es zeigt den Adeligen mit seiner ersten Frau Ebba Bååt als Tote in zweifacher Ausführung: Oben sieht man das Ehepaar, gut gekleidet und wie soeben entschlafen. Darunter aber wurde vom Bildhauer die ungewöhnliche und gruselige Darstellung ihrer verwesenden Leichname angebracht, denen Schlangen aus dem Totenschädel kriechen und die von Kröten angefressen werden…

Alternativ zu der beschriebenen Etappe kann man ab Turku näher dem Küstenverlauf folgen, ab Naantali sogar über Brücken und per Fähre eine kleine Schärenrundfahrt via Merimasku unternehmen. Auf dem 1655 erbauten Gutshof Louhisaari bei **Askainen** 3, dessen Hauptgebäude die in Finnland sonst seltene Palastarchitektur repräsentiert, wurde 1867 der finnische Marschall und Staatsmann C. G. E. Mannerheim geboren (s. S. 35). In Mietoinen biegt man ab auf die Straße 192 nach **Taivassala**,

Von Turku nach Tornio

einer kleinen Fischergemeinde mit hübscher Kirche, Bootshafen, Privatpensionen und herrlicher Umgebung. Von hier aus führt eine 16 km lange Stichstraße über diverse Dämme und die beeindruckende Kaitainen-Brücke weit hinaus in das Schärenmeer. Als äußerer Vorposten liegt dort die von Gustav III. gegründete und nach ihm benannte Ortschaft **Kustavi** 4 (schwed.: Gustavs), die sich ganz dem sommerlichen Fremdenverkehr verschrieben hat. Dem Archipel der Åland-Inseln ist man hier ganz nah, und entsprechend bunt stellt sich das Bild der Yachten, Autofähren, Wasserbusse und jener Boote dar, die die alte Postroute befahren (s. S. 121ff.). Einer längeren Seereise bedürfte es allerdings nicht, denn Schären ohne Ende gibt es schon in Kustavis eigenen Gemeindegrenzen – rund 2000 haben Statistiker gezählt. Im Gästehafen Vuosnainen, der dem Ortskern gegenüberliegt, bündeln sich die Aktivitäten der Freizeitkapitäne und der Sommergäste, von denen die meisten eins der etwa 3000 Ferienhäuschen in der Umgebung bezogen haben. Auch kulturell hat Kustavi einiges zu bieten: die Dorfkirche von 1783, ein Handwerkerzentrum, den Schoner ›Helena‹ sowie ein Heimatmuseum auf der gegenüberliegenden Insel. Und ganz weit draußen trotzt der bereits 1833 gebaute Leuchtturm von Isokari Wind und Wetter.

Das gemeinsame Ziel der beiden Alternativstrecken heißt auf Finnisch **Uusikaupunki** 5 (S. 301f.) und auf schwedisch Nystad. Der 1617 von Gustav II. Adolf gegründete Ort ist einer der ältesten am Bottnischen Meerbusen und ging in die Geschichte durch den Friedensschluß von 1721 zwischen Schweden und Rußland ein. Aus der Gründungszeit stammt der rechtwinklige Stadtplan mit seinem Straßenraster, der

Besuchern die Orientierung erleichtert – das nur 17 600 Einwohner zählende Städtchen ist aber ohnehin sehr überschaubar. Einen ersten Überblick kann man sich vom Wasserturm auf dem zentrumsnahen ›Mühlenhügel‹ Myllymäki (ausgeschildert) verschaffen. Seinen Namen trägt der Hügel nach den vier altertümlichen Windmühlen, die inmitten eines hübschen Parkgeländes plaziert sind. Unterhalb des Myllymäki reizt der angenehme Ort zu einem Spaziergang, auf dem man viele gut erhaltene, herrschaftliche Holzbauten sieht, insbesondere entlang der beiden Straßen Ylinenkatu und Alinenkatu sowie ihrer Querstraßen. In einigen sind interessante Museen eingerichtet, so z. B. das Kulturhistorische Museum (Ylinenkatu 11) und das ›Haus des Seglers‹ aus dem 18. Jh. (Myllykatu 20). Wie in jeder südfinnischen Stadt lohnt auch hier der Marktplatz einen Besuch, in dessen Nähe sich die Neue Kirche (1863) befindet. Ihre Vorgängerin, die Alte Kirche von 1629, liegt weiter im Westen der Stadt an der Rantakatu. Das touristische Leben entfaltet sich an warmen Sommertagen vor allem am Gäste- und Yachthafen Pakkahuone mit seiner Promenade und vielen Cafés. Auf der Halbinsel ihm gegenüber sieht man das moderne Kulturzentrum Crusell nebst Hotel, das nach dem in Uusikaupunki geborenen Komponisten B. H. Crusell benannt ist und als Mittelpunkt der alljährlichen ›Crusell-Woche‹ mit Kammermusik-Konzerten aufwartet. Wer vom Marktplatz aus über die Siltakatu zur Halbinsel fährt, sieht sofort hinter der Brücke die Gebäude des ehemaligen Elektrizitätswerkes. Diese beherbergen seit Mitte der 90er Jahre ein höchst amüsantes Museum, nämlich das Dynamozentrum der Firma Bonk. Die ›Firma Bonk‹ hat es freilich nie gegeben, und die dort ausgestellten Maschi-

Vom ›Mühlenhügel‹ Myllymäki eröffnet sich ein schöner Blick auf Uusikaupunki

nen haben ebenfalls alle einen Schönheitsfehler: sie funktionieren nicht!

Die nächste etwa 50 km lange Etappe bis Rauma sollte man auf der kleinen Landstraße 196, der ›Sonnenroute‹ zurücklegen, die stets ganz nahe der Küste verläuft. Allen, die inzwischen die finnischen Landkirchen kennen und schätzen gelernt haben, sei unterwegs der Abstecher über die Straße 1973 ans Herz gelegt. Denn die alte Opferkirche (Uhrikirkko) von **Pyhämaa** 6, seit langer Zeit ein Wallfahrtsziel der Seefahrer, kann mit Fug und Recht als Sensation bezeichnet werden. Der rotgestrichene, turmlose Holzbau stammt aus dem 17. Jh. und ist von außen eher unscheinbar. Sein Inneres jedoch ist auf jedem Quadratzentimeter mit Malereien bedeckt, die in naiv-charmanter Darstellung Szenen des alten und neuen Testamentes, Ranken, Ornamente und Bibelzitate enthalten. Umgeben ist die Opferkirche von einem stimmungsvollen Friedhof und der neuen Kirche (1804) mit einer markanten, metallverkleideten Turmspitze.

Einen längeren Spaziergang sollte man auf jeden Fall für die nächste Sta

tion einplanen: **Rauma** 7 (S. 292f.). Die 18 500 Einwohner zählende und auf schwedisch Raumo genannte Gemeinde verdankt ihre Entstehung einem günstigen Naturhafen (s. Abb.) und bekam schon 1442 die Stadtrechte, damit ist sie die drittälteste des Landes. Das früheste Baudenkmal, die Dreifaltigkeitskirche (14. Jh.), ist freilich nur noch in Ruinen zu sehen, weil sie 1640 bei einem Brand zerstört wurde. Die letzte in einer ganzen Reihe verheerender Feuerbrünste brach 1682 aus, weshalb die Altstadt als eines der besterhaltenen und größten Holzhausareale Skandinaviens gilt. Diesem Umstand trug 1991 die UNESCO Rechnung, indem sie die etwa 600 Gebäude umfassende Altstadt in ihre Liste des Weltkulturerbes aufnahm. Zwar gibt es auch in der Neustadt einiges Sehenswerte, etwa den Hafen mit dem Aussichtsturm Kiikartorni, doch sollte sich eine Stadtbesichtigung auf dieses einzigartige Ensemble konzentrieren. Dazu

steuert man die ausgeschilderten Parkplätze nahe der im 15. Jh. gegründeten Heilig-Kreuz-Kirche an; eine Statue des Franz von Assisi deutet an, daß es sich hierbei um ein ehemaliges Gotteshaus des Franziskanerordens handelt. Von hier aus gelangt man über die Isikirkkokatu in das enge Straßennetz der Altstadt, deren Gebäude überwiegend aus dem 16. und 17. Jh. stammen. Als am Ende des 19. Jh. mit der Blütezeit der Segelschiffahrt der Wohlstand ausbrach, wurden die bis dahin bescheidenen Häuschen vergrößert und die Straßenfassaden neu verkleidet, dekoriert und mit Portalen ausgestattet. Daß Alt-Rauma keinen musealen Eindruck hinterläßt, liegt daran, daß in die historische Bausubstanz inzwischen Geschäfte aller Art, Boutiquen, Cafés, Galerien und Restaurants eingezogen sind. Auf dem Rundgang gelangt man zunächst zum Alten Rathaus, dem hervorstechendsten Gebäude der Altstadt, für dessen Fertig-

stellung (1776) eigens eine Ziegelfabrik errichtet werden mußte. Früher waren in dem Gebäude der Ratssaal, die Stadtwache, ein Laden und zwei Gefängniszellen untergebracht, heute beherbergt es ein Museum, in dem viele Gegenstände u. a. aus der Seefahrt und Spitzenklöppelkunst ausgestellt sind. Für letztere ist Rauma weithin bekannt, und noch immer gibt es eine Klöppelspitzen-Werkstatt, die im Sommer regelmäßig Kunsthandwerk-Demonstrationen veranstaltet, und geschickte Klöpplerinnen treffen sich alljährlich Ende Juli während der ›Spitzenwoche‹.

Hinter Markt und Rathaus folgt man der Kauppakatu nach links und passiert das Marela-Haus, das vielleicht schönste Beispiel für den Wohlstand, den die Segelschiffahrt mit sich brachte. In dem Gebäude ist eine originalgetreu eingerichtete Wohnung eines Reeders im Stil der Jahrhundertwende zu sehen. Wenige Schritte weiter östlich gelangt man

zum Pinnala-Haus, das 1795 fertiggestellt wurde und heute das international renommierte Kunstmuseum von Rauma beherbergt. Gezeigt werden hier hauptsächlich Wechselausstellungen mit Gegenwartskunst, die ›Rauma Biennale Balticum‹ ist Kunstfreunden im ganzen Ostseeraum ein Begriff.

Nach knapp 50 km erreicht man **Pori** 8 (S. 290f.), mit 77 000 Einwohnern fast schon eine Großstadt. Als der Ort anno 1558 von Herzog Johan als Björneborg (Bärenburg) gegründet wurde, stand dahinter die Absicht, dem Handel am Bottnischen Meerbusen neue Impulse zu geben. Die Voraussetzungen waren ideal, denn damals mündete der Kokemäenjoki-Fluß an dieser Stelle ins Meer und bildete einen vorzüglichen Hafen. Daß der erwünschte Aufschwung immer wieder unterbrochen wurde, lag einerseits an zahlreichen Stadtbränden (besonders schlimm in den Jahren 1640 und 1852), andererseits an der Landhebung,

›Stilleben‹ in Pori

durch die die Küste stetig nach Westen verschoben wurde – heutzutage beträgt die Entfernung zum Meer etwa 15 km. In Pori machte man aus der Not eine Tugend: Auf der einen Seite wurde nach jedem Großfeuer das Stadtbild modernisiert und das schachbrettartige Straßenraster angelegt. Auf der anderen Seite verlagerte man die Einrichtungen, die zum Überleben einer Industrie-, Hafen- und Handelsstadt notwendig sind, und folgte dem zurückweichenden Meer. Gerade in den 90er Jahren wurden und werden große Investitionen unternommen, um die Wettbewerbsfähigkeit des neuen Tiefseehafens Mäntyluoto zu verbessern, der bereits jetzt der wichtigste finnische Spezialhafen für Im- und Exporte aus Übersee ist. Attraktiver als Hafen und Industrie ist für Besucher die touristische Infrastruktur, mit der Pori aufwarten kann. An erster Stelle

ist dabei das lebendige Kulturleben zu nennen, für das stellvertretend das finnische Theater, gut bestückte Kunstmuseen, Galerien und Musikveranstaltungen wie das renommierte Pori-Jazzfestival genannt seien.

Die wichtigsten Sehenswürdigkeiten im Zentrum liegen alle nahe beieinander und sind bequem per pedes auf einem kleinen Rundgang zu erreichen. Dieser beginnt am besten am Alten Rathaus (Pohjoispuisto), das nahe am Fluß liegt und allein schon wegen seines hohen, verspielten Glockentürmchens nicht zu übersehen ist. Gebaut wurde das harmonische und repräsentative Haus 1841 nach Plänen des Architekten C. L. Engel. Es beherbergt heute u. a. die Touristeninformation, so daß auch das schöne Innere öffentlich zugänglich ist. Und im Untergeschoß stellt der Rathauskeller eine verläßliche Adresse für alle dar, die

die hiesige Küche probieren möchten. Der hübsche Blumenpark vor dem Rathaus war früher Marktplatz, der nun auf einem größeren Areal zwei Straßenzüge weiter östlich eine neue Heimat gefunden hat.

Flankiert wird das Rathaus von anderen ebenfalls sehenswerten Häusern: Das Gebäude unmittelbar westlich stammt von 1872 und beherbergt nicht nur das erste finnische, sondern mit seinem edlen Interieur auch das wohl schönste Theater des Landes. Im Osten schließt sich an das Rathaus das prächtige Stadthaus an, das nach Plänen von August Krook 1895 für einen reichen Apotheker vollendet wurde. Es heißt, der Bauherr habe den Architekten eigens nach Venedig geschickt, um sich dort inspirieren zu lassen! In den 60er Jahren kaufte die Stadt Pori das palastartige Haus und brachte dort die städtische Verwaltung unter.

Zwei Straßenzüge weiter östlich ragt die neugotische Keski-Pori-Kirche inmitten eines Parks zwischen den Brücken über den Kokemäenjoki-Fluß auf. Das Backstein-Gotteshaus mit seinem gußeisernen Turmhelm wurde 1863 vollendet und ist innen mit Glasmalereien, Fresken und einem interessanten Altarbild von Wilhelm Ekman geschmückt.

Von hier aus spaziert man auf der Uferpromande Eteläranta wieder zurück, vorbei an modernen Skulpturen, Restaurant- und Caféschiffen, Bootsanlegern, Bänken und Grünanlagen. Auf Höhe des Rathauses wird die Uferstraße von einem niedrigen, aber ausladenden ehemaligen Packhaus gesäumt, das 1857 entworfen und 40 Jahre später erheblich erweitert wurde. Im Innern dieses neoklassizistischen Baus ist das bedeutende Kunstmuseum von Pori untergebracht, das neben einer permanenten Sammlung auch Wechselausstellungen finnischer und ausländischer Künstler zeigt. Nur wenige Schritte flußabwärts gelangt man zum zweiten wichtigen Museum von Pori, dem 1888 gegründeten Museum der Provinz Satakunta. Das Gebäude stammt aus den 70er Jahren und breitet in einer umfangreichen und vielseitigen Sammlung auf drei Etagen die Geschichte von Pori und der gesamten Region aus. Man sieht dort u. a. Funde aus der Bronze- und Eisenzeit, nachgestellte Straßenszenen und Stilmöbel vom Mittelalter bis zum Jugendstil.

Die Insel, die sich gegenüber zwischen den Mündungsarmen des Kokemäenjoki erstreckt, heißt Kirjurinluoto und ist das beliebteste Naherholungsgebiet innerhalb der Stadtgrenzen. Wer über die Fußgängerbrücke dorthin spaziert, findet einen Naturpark mit Wanderwegen und Teichen, einen einladenden Sandstrand und Veranstaltungsplätze wie Sommertheater und Spielpark. Kirjurinluoto ist gleichzeitig der Hauptschauplatz des berühmten Jazzfestivals im Juli. 1997 gaben 700 Musiker innerhalb einer Woche 160 Konzerte, die insgesamt 120 000 Zuschauer anzogen. In dieser Zeit tönt und klingt es nicht nur auf der Hauptbühne, sondern auch in vielen anderen Konzertsälen, in Kneipen oder Clubs sowie auf Poris Straßen.

Unter den vielen anderen Attraktionen der Stadt soll an dieser Stelle nur das Juselius-Mausoleum genannt sein, das sich auf dem Friedhof von Käppärä befindet – etwa 1,5 km westlich des Zentrums. Dort ließ der reiche Geschäftsmann F. A. Juselius 1899–1902 dieses ungewöhnliche Grabdenkmal für seine Tochter bauen, die mit 11 Jahren verstorben war. Die ursprünglich von Akseli Gallen-Kallela stammenden Fresken im Innern wurden leider zerstört und mußten später vom Sohn des Künstlers rekonstruiert werden.

Nach Vaasa

Wer auf schnellstem Wege von Pori in den Norden fahren möchte, nimmt die Straße 8 in Richtung Vaasa. Viel interessanter ist natürlich die ›Sonnenroute‹, die zunächst zu einer weit in den Meerbusen hinausragenden Halbinsel mit dem Sandstrand von **Yteri** führt. Der langgestreckte, von Dünen gesäumte Sandstrand zählt zu den schönsten an der gesamten Ostsee. Die Freizeitanlage (Hinweisschild ›Yterin sannat‹) mit Kurhotel, Campingplatz, Restaurants, Surfzentrum, Tennis- und Golfplätzen, Reitmöglichkeiten sowie kilometerlangem Bade- und FKK-Strand läßt keine Wünsche offen und kann nur bei ausreichenden Zeitreserven richtig genutzt werden.

Einen guten Überblick über die Halbinsel bietet ein Stückchen weiter das Panoramacafé des Kaanaa-Wasserturms. Dahinter zweigt die Hauptstraße zum neuen Tiefseehafen Mäntyluoto ab, während man auf der ›Sonnenroute‹ über eine beeindruckende Brücken- und Dammkonstruktion geradewegs in die Schärenwelt gelangt. Unbedingt zu empfehlen ist hier der Abstecher zur Insel **Reposaari,** einem meerverbundenen Fischerdorf mit idyllischer Holzbebauung und einem modernen Trawler-Hafen. Die norwegischen Seeleute, die den Ort häufig aufsuchten, sammelten im 19. Jh. Geld für eine Kirche, die also nicht zufällig an ein Gotteshaus aus dem norwegischen Fjell erinnert.

Über die neue Brückenstraße, die die Strecke für Reisende in den Norden erheblich abkürzt, erreicht man in **Ahlainen** 9 wieder das Festland. Das schöne, gelbgestrichene Gotteshaus stammt von 1796, während der freistehende, rote Glockenturm vom Architekten C. L. Engel 1832 entworfen wurde. Kurz vor der Kirche zweigt die Straße 268 nach Norden ab und führt auf abwechslungsreicher Strecke, vorbei an Gehöften, Waldhainen und Feldern, in 28 km zum Fischerdorf **Merikarvia**. Die Gaststätten oder Fischräuchereien bieten sich für eine Pause an, und wer mehr Zeit

Die Kirche von Ahlainen

haben sollte, kann von hier aus per Wasserbus oder Mietboot Ausflüge in die Oura-Inselwelt unternehmen.

Die nächste Station an der Küstenstrecke heißt **Siipyy** 10 bzw. auf Schwedisch Sideby. Am Ortseingang entdeckt man einen alten hölzernen Glockenturm mit einer Almosen-Figur, hinter dem über den Mauerresten der abgebrannten alten Kirche ein modernes Gotteshaus (1972) erbaut wurde. Nahebei bietet das Heimatmuseum Kilen mit Windmühle, Fischerhütte, Bauernhof und Gaststätte einen interessanten Einblick in das bäuerliche Leben des vorigen Jahrhunderts.

Über die Straßen 660 und 8 gelangt man anschließend zum Dörfchen **Lapväärtti** 11 (schwed.: Lappfjärd), dessen große Kirche schon von weitem über den Feldern aufragt. Das 1852 vollendete Ziegelsteingebäude in Form eines griechischen Kreuzes bietet über 3000 Besuchern Platz und ist damit angesichts der kleinen Landgemeinde eindeutig überdimensioniert! Sehenswert sind die von Säulen getragenen Gewölbe im Innern, aber auch der hölzerne Glockenturm und das in einem alten Magazin untergebrachte Gemeindehaus.

Wenige Kilometer weiter zweigt man von der Straße 8 linker Hand nach **Kristiinankaupunki** 12 (S. 282) ab und genießt vor dem Damm den Panoramablick auf die hübsche Stadt. Diese ist eine Gründung des Gouverneurs Per Brahe, der ihr 1649 aus gutem Grund den Namen Kristinestad gab: Erstens hieß die damalige Königin Kristina, zweitens auch die Ehefrau des Grafen. Das Gemeinwesen entwickelte sich zwar nicht wie erhofft, war andererseits aber auch weniger von Bränden oder anderen Katastrophen betroffen, so daß es mit seinen gut erhaltenen Holzhäusern und romantischen Gassen vom ört-

Der Bettler von Siipyy

lichen Fremdenverkehrsamt zu Recht als ›lebendes Idyll‹ vermarktet wird.

Sofort hinter dem Damm sieht man linker Hand das neue Gebäude der Touristeninformation nebst angeschlossenem Café, das sich mit seiner hübschen Außenterrasse für eine Pause anbietet. Auch wer hier nicht einkehren möchte, sollte sich wenigstens das raumfüllende Schiffsmodell im verglasten Inneren anschauen. Hinter dem rechteckigen Marktplatz geht eine Allee geradewegs auf das Rathaus von 1856 zu, das vierte in der 350jährigen Geschichte der Stadt. Über die Aitakatu gelangt man vom Rathaus in wenigen Schritten zur Ulrika-Elonora-Kirche, einem aus rotgestrichenen Planken errichteten Gebäude mit stark geneigtem Turm. Das Innere wirkt mit seinem offenem Gebälk rustikal und erinnert nicht nur wegen der Votivschiffe an die Seefahrt. Die Mehrzahl der Einrichtungsgegenstände ist allerdings in die Neue Kirche umgezogen, einen Backsteinbau von 1897 weiter südlich. Auf dem ummauerten Kirchhof verdienen außerdem der hölzerne Glockenturm sowie die Grabdenkmäler vornehmer Reeder- und Kapitänsfamilien Beachtung. Nördlich des Kirchhofs sind noch Zollstuben von 1680 und 1720 erhalten, wo jeder, der damals in die Stadt wollte, seinen Zoll zu bezahlen hatte. Kristiinankaupunki wäre keine finnische Stadt, wenn es hier nicht auch mindestens ein Museum gäbe; tatsächlich sind es deren sechs. Besonders eindrucksvoll ist der Kaufmannshof der Familie Lebell, dessen Einrichtung das Leben in der Küstenstadt in den Jahren von 1750 bis 1850 veranschaulicht. Es sind aber nicht nur diese Einzelbauwerke, die den 9000-Einwohner-Ort so interessant machen, sondern das gemütliche Kleinstadtmilieu in seiner Gesamtheit. Unter den schönen Straßenzügen sind die Brunström-Gasse nördlich des Zentrums und die Kissanpiiskaajankatu (Katzenpeitschergasse) im Süden hervorzuheben.

Beim Verlassen des Städtchens muß man nicht erneut den Steindamm benutzen, sondern kann vom Ortszentrum aus über die Merikatu nach Norden fahren, vorbei an der luxuriösen Holzvilla Carlsro (1896; Museum), und sich auf Nebenstraßen bis Närpes (schwed.: Närpiö) durchschlagen. Wer unterwegs Lust auf einen charmanten Schärenort bekommt, sollte einige Inselchen überbrücken und **Kaskinen** (schwed.: Kaskö) einen Besuch abstatten. Die Gemeinde hat zwar die Stadtrechte, aber nur 2000 Einwohner und ist bestens für einen geruhsamen Aufenthalt geeignet.

Auffallend an **Närpes** 13 sind die vielen Gewächshäuser und Plastikplanen, unter denen 30 % aller Gurken des Landes und 60 % aller Tomaten heranreifen

– der Beiname ›Gewächshaus Finnlands‹ kommt also nicht von ungefähr. Und Kulturtouristen sollten sich in Närpes die Steinkirche aus dem 15. Jh. nicht entgehen lassen, die von Dutzenden sogenannter Kirchenställe umgeben ist: hölzerne Buden, in denen Kirchenbesucher früher ihre Pferde und Kutschen unterbrachten.

Die knapp 100 km bis Vaasa bieten schöne Küstenszenerien und Fischerdörfer – Zeit, die Landschaft zu genießen, ohne auf Highlights achten zu müssen. Ein Stopp lohnt in Solf, 15 km vor dem Ziel, wo im Handwerkerdorf Stundars 50 alte österbottnische Gebäude (Werkstätten, Bäckereien und Tante-Emma-Läden) zusammengetragen wurden und heute Handwerker ihr Können demonstrieren. Weithin bekannt sind auch die Hochzeitsfeste und Gelage nach alter Sitte, zu denen im Sommer Touristen herzlich eingeladen sind.

Vaasa 14 (S. 302f.) ist keine jener europäischen Städte, die man als unbedingt sehenswert oder gar romantisch einstuft. Solche Attribute gehen gemeinhin mit steingewordener oder im Stadtplan bewahrter Geschichte einher, zu der Vaasa einfach keine Zeit hatte. Zwar wurde die Hafenstadt schon 1606 gegründet (also nicht von Gustav Vasa, wie man glauben könnte, sondern vom schwedischen König Karl IX., der aber natürlich auch aus der Vasa-Dynastie stammte), doch legten mehrfach Kriege und Feuersbrünste dieses Gemeinwesen in Schutt und Asche. Nach dem letzten Brand von 1852 blieben einzig zwei Gebäude unzerstört zurück, und da die Landhebung aus Vaasa schon längst eine Binnenstadt gemacht hatte, entschloß man sich gleich zu einer Neugründung 6 km weiter westlich. Nach Plänen des Architekten Carl Axel Setterberg entstand eine großzügige Stadtan-

Die Kunsthalle in Vaasa

lage, für die, um weiteren Bränden vorzubeugen, breite Alleen charakteristisch waren sowie viele Häuser im neugotischen Stil. Doch auch von dieser Neuschöpfung ist nur wenig erhalten, denn die finnische Modernisierungssucht der 70er Jahre zollte dem Historismus keinerlei Respekt und zog Plattenbauten hoch, die man damals vielleicht praktisch, heute aber nur furchtbar findet. Daß Vaasa trotzdem von vielen Touristen besucht wird, hat drei Gründe: Erstens liegt die Stadt an der schmalsten Stelle des Bottnischen Meerbusens; die Verbindung zum schwedischen Umeå dauert nur 4 Std. und wird ganzjährig befahren. Zweitens hat Vaasa eine günstige ›reisestrategische‹ Lage zwischen Turku und Oulu und bietet sich deshalb als Zwischenstation an. Drittens gibt es nun doch einige sehenswerte Gebäude und Museen und außerdem eine beachtliche Infrastruktur, die zumindest einen kurzen Aufenthalt lohnen. Ein vierter, historischer Grund interessiert

hauptsächlich Finnen: Nach Erlangung der Unabhängigkeit Ende 1917 waren die politischen Verhältnisse im Süden so verworren, daß Marschall Mannerheim (s. S. 35) seine Truppen in Vaasa versammelte, das in zaristischer Zeit (1855–1917) offiziell den Namen Nikolainkaupunki/Nikolaistad (nach Nikolaus I.) getragen hatte und das er zu seiner provisorischen Hauptstadt ernannte. Von hier aus rollte er im Kampf der ›Weißen‹ gegen die ›Roten‹ Finnland sozusagen von Nord nach Süd auf, bis schließlich die ›wahre Hauptstadt‹ Helsinki die ihr zugedachte Rolle übernehmen konnte.

Heute ist Vaasa das wirtschaftliche, administrative und kulturelle Zentrum der Region Österbotten und hat rund 55 000 Einwohner. Darunter sind viele junge Leute, denn mit der Universität, finnischen und schwedischen Handels- und Fachhochschulen, dem Designzentrum Westfinnland und vielen anderen Schulen ist Vaasa eine der wichtigsten Ausbildungsstätten des Landes. Knapp

ein Drittel der Einwohner spricht Schwedisch und schreibt seine Heimatstadt Vasa. Das Zentrum wird von den beiden Hauptachsen Vaasanpuistikko und Hovioikeudenpuistikko bestimmt, zwischen denen die wichtigsten Institutionen und Gebäude plaziert sind. Im Osten liegt der große, fast quadratische Marktplatz, an dem es natürlich auch eine (sehr schöne!) Markthalle gibt, und der westlich von Hotels und dem Einkaufszentrum Rewell flankiert wird. Geht man von hier aus meerwärts, passiert man zunächst das Rathaus von 1878–83 samt angeschlossener Kunsthalle. An der Rathausstraße (Raastuvankatu) erhebt sich der Wasserturm, dessen Aussichtsplattform einen weiten Panoramablick über Stadt, Hafen und Inseln bietet. Inmitten eines schönen Parks unmittelbar westlich liegt die eindrucksvolle, 1862–67 im neugotischen Stil errichtete Stadtkirche, Vaasas Wahrzeichen. Einen Block weiter stößt man auf das Kunstmuseum Tikanoja, das außer finnischer Malerei des 19. und 20. Jh. auch europäische Kunst der klassischen Moderne zeigt und u. a. Werke von Gauguin, Matisse und Picasso im Bestand hat.

Am Oberlandesgericht kreuzt die Vaasanpuistikko die Uferstraße Rantakatu mit weiteren Sehenswürdigkeiten: im Norden, nur wenige Schritte vom Binnenhafen entfernt, Nandor Mikolas Galerie auf der Sisäsatama, das jüngste der vielen Kunstmuseen in Vaasa. Mehr noch lohnt aber das Provinzmuseum für Österbotten einen Besuch. Es dokumentiert die Tier- und Pflanzenwelt der Region und verfügt außerdem über eine ausgezeichnete Sammlung finnischer, deutscher und holländischer Maler ab dem 16. Jh. Im Süden, einige hundert Meter hinter dem Fischereihafen, gelangt man zum Gustavsborg-Park mit dem Freilichtmuseum Bragegården, in dem typische Bauten der österbottnischen Bauernkultur bewahrt sind.

Nach Westen hin führt die Verlängerung der Vaasanpuistikko über eine Brücke zur Insel Vaskiluoto, auf der sich der Fähr- und Industriehafen befindet, aber auch zwei Attraktionen für die ganze Familie: ›Wasalandia‹, ein sommerlicher Vergnügungspark mit allerlei

Spielgerät, Veranstaltungen, Cafés und ›Tropiclandia‹, ein Spaßbad mit Wasserrutschbahn, Wellenbetrieb, Saunas usw., das in einem auffälligen, zylindrischen Glasgebäude untergebracht ist. Hinter dem angeschlossenen Hotel mit mehreren Restaurants, Nightclub und Kurbetrieb erstreckt sich zum Ufer ein schöner Park mit Strandbad.

Wenn auch die Stadt nicht unbedingt als urbane Perle zu gelten hat, kann die nähere Umgebung dafür hinreichend entschädigen. Sowohl der wald- und seenreiche Osten als auch die westliche Inselwelt halten perfekte Landschaftserlebnisse und mehrere kulturelle Highlights bereit. Alt-Vaasa (Vanha Vaasa) in der Gemeinde Mustasaari (schwed.: Korsholm) ist ein beliebtes Ausflugsziel, dessen Kirchen- und Burgruine von den Anfängen der Stadt erzählen. Erhalten und außerordentlich schön ist die Gemeindekirche von Mustasaari, für die das ehemalige Hofgericht von 1776 im barocken Stil umgebaut wurde. Ihr edles Interieur mit seinen säulengetragenen Emporen ist im Sommer regelmäßig Schauplatz von Musikfestspielen.

Im Bottnischen Meerbusen ist Vaasa ein weitverzweigter Schärengarten vorgelagert, der mit seinen Badeklippen, Campingplätzen, Sandstränden, Angelmöglichkeiten, Fahrradrouten, Ferienhäuschen und Yachthäfen alles bietet, was man von einer westfinnischen Urlaubsregion erwarten kann. Einen ersten Überblick erlauben die Minikreuzfahrten, die im Sommer täglich vom Fischereihafen (Kalaranta) in Vaasa und vom ›Tropiclandia‹-Bootssteg aus starten. Auch Autofahrern wird durch die Straße 724 ein gutes Stück Schärenherrlichkeit erschlossen, zumal die große Insel Raippaluoto seit Oktober 1997 durch Finnlands längste Brücke (1045 m) mit dem Festland verbunden ist.

Nach Oulu

Zwischen Vaasa und Oulu ist die ›Sonnenroute‹ über weite Strecken mit der Straße 8 identisch – ein gut ausgebauter, schnurgerader Verkehrsweg, auf dem Einheimische die Höchstgeschwindigkeit von 100 km/h oft weit überschreiten. Die flache Landschaft hält keine Sensationen bereit: Gehöfte, Weiden, Felder, hölzerne Vorratskammern auf Stelzen, Gewächshäuser und Pelztierfarmen bestimmen das Bild. Durch die Gemeinden Maksamaa (schwed.: Maxmo) und Oravainen (schwed.: Oravais) geht es gen Norden, bis die Straße 727 eine schönere, küstennahe Alternative bietet. Erstes Ziel entlang der Strecke ist **Uusikaarlepyy** 15 (schwed.: Nykarleby), das im Gegensatz zu Vaasa mit einer Fülle romantischer Holzhäuser aufwarten kann, darunter eine Kirche von 1708. Auf dem Gut Kuddnäs (Museum) nördlich des Zentrums wurde 1818 Zacharias Topelius geboren, einer der bedeutendsten finnischen Schriftsteller. Schnauferlfans werden sich das Eisenbahnmuseum mit der originalen Dampflok von 1902 (Superbreite 600 mm) nicht entgehen lassen, während Seeromantiker sich vielleicht zur vorgelagerten Leuchtturminsel übersetzen lassen möchten.

Das geschichtsträchtige 20 000-Seelen-Städtchen **Pietarsaari** 16 (S. 290) heißt bei der schwedischsprachigen Bevölkerungsmehrheit Jakobstad. Bereits im Jahre 1652 gründete die Gräfin Ebba Brahe die Stadt und benannte sie nach ihrem verstorbenen Gatten, dem Adeligen Jacob de la Gardie. Von der günstigen Lage am Bottnischen Meerbusen beflügelt, sorgte die Schiffsbauindustrie für einen frühzeitigen Aufschwung, ergänzt durch die erste finnische Tabakmanufaktur anno 1762. Deren markante Uhr in Form eines Globus ist immer noch das Wahrzeichen der Stadt. Nahebei steht auch die Holzkirche von 1731, und wer sich, durch diese Bauten angeregt, noch weiter in die Historie Jakobstads vertiefen möchte, sollte das Museum im Bürgerhaus Malm (Storgatan 2) besuchen. In weit nördlichere Gefilde führt das neue Arktische Museum Nanoq (Fäboda), zweifellos ein Highlight für Kulturtouristen. Und da diesen auch der Name des finnischen Nationaldichters Johan Ludvig Runeberg (s. S. 51) etwas sagt, sollten sie sich nicht nur dessen Denkmal im Rathauspark, sondern auch sein Geburtshaus nahe dem Campingplatz ›Svanen‹ anschauen.

Pietarsaaris Einwohner sind für ihren Gemeinschaftssinn bekannt: In mühevoller Kleinarbeit bauten sie nach Originalzeichnung eine Galeasse des 18. Jh. Die Seetüchtigkeit der ›Jacobstads Vapen‹ wurde auf der Jungfernfahrt nach Schweden (1994) bewiesen, heutzutage nimmt der romantische Segler Touristen zu Schärenkreuzfahrten an Bord – in der Sommersaison auch nachts!

Zur Weiterfahrt nach Kokkola empfiehlt sich die knapp 40 km lange ›Straße der sieben Brücken‹ (749), die einen weiten Bogen durch die herrliche Schärenwelt schlägt. **Kokkola** 🔢 (S. 282) ist ein Küstenstädtchen mit 35 600 Einwohnern, von denen 20 % schwedischsprachig sind. Seine Lebensader ist der Hafen, einer der längsten am Bottnischen Meerbusen, der seit 1997 mit einer 13 m tiefen Fahrrinne auch für große Ozeanliner geeignet ist. Hier starten auch die Fährschiffe zum schwedischen Skellefteå, immerhin die weltweit nördlichste reguläre Fährverbindung zwischen zwei Ländern.

Von 1620 – damals wurde der Ort unter Gustav II. Adolf als Karleby gegründet – sind keine Baudenkmäler erhalten, dafür aber das alte Holzhaus-

quartier Nerista im Zentrum, an dessen zwölf Straßenzügen Hunderte von Häusern aus dem 18. und 19. Jh. stehen. Im Bereich der nach dem Stadtgründer benannten Kustaa Aadolfinkatu, der Torikatu und der Isokatu findet man die repräsentativsten Gebäude, darunter das Rathaus von 1842, das von C. L. Engel entworfen wurde und der Touristeninformation gegenüberliegt, sowie das alte Handelshaus der Stadt (1803), in dem sich eine bedeutende Gemäldesammlung befindet (Renlund-Museum, Isokatu Nr. 9). Nur wenige Schritte entfernt, auf der Pitkänsillankatu Nr. 28 beherbergt das ehemalige Schulhaus aus dem Jahre 1695, einer der ältesten hölzernen Profanbauten Skandinaviens, das Historische Museum.

Eine weitere interessante, allerdings auch recht bescheiden dimensionierte Merkwürdigkeit hält der Englische Park nördlich des Flüßchens Kaupunginsalmi bereit: Dort ist eine englische Barkasse ausgestellt, die 1854 während des Krimkrieges den Finnen (bzw. Russen) bei einem Landungsversuch in die Hände fiel – eine ähnliche Kriegsbeute kann keine andere Stadt der Welt aufweisen!

Neben den genannten Attraktionen macht die Umgebung Kokkolas Reiz aus. Einer der schönsten Ausflüge startet im Sommer fast täglich am Mustakari Yacht-Club (mit populärem Sommerrestaurant): Mit der ›MS Elbatar‹ geht es zur 17 km vor der Stadt gelegenen Insel Tankari, einer kleinen Gemeinde mit Fischerkirche (1754), Seehundjäger-Museum, Leuchtturm (1889), ornithologischer Station, Gästehaus und Café.

Auf der Straße 8 sind es ab Kokkola noch 65 km bis zum Ferienort **Kalajoki** 🔢. Sein größtes touristisches Kapital sind die ausladenden Sanddünen, um die sich in der kurzen Sommersaison ein

Die angeblich nördlichsten Dünen der Welt

turbulentes Badeleben entfaltet, das so hoch im Norden wohl niemand vermutet hätte. Zwar stimmt die Eigenwerbung von den ›nördlichsten Sanddünen der Welt‹ nicht, doch lohnt sich der kurze Abstecher von der Hauptstraße allemal. Hinter den Dünen erstreckt sich ein riesiger Campingplatz mit Pool, Tanzdiele und Restaurants. Weitere Unterkünfte machen den 9500-Einwohner-Ort zum geeigneten Standquartier für die Erkundung des waldreichen Hinterlandes. Dort bieten die Flüsse Pyhäjoki, Vääräjoki, Siiponjoki und Lestijoki phantastische Möglichkeiten für Kanuten und Angler. 17 km vor der Küste warten zwei Leuchtturminselchen (Maakalla und Ulkokalla), die es bis heute geschafft haben, ihre 1620 vom schwedischen König verliehenen Autonomierechte zu bewahren.

Über Pyhäjoki, das wegen seiner Sandstrände, dem Freilichtmuseum und dem fischreichen Fluß ebenfalls bei Sommerfrischlern beliebt ist, erreicht man die knapp 350 Jahre alte Seefahrtsstadt **Raahe** 19 (schwed.: Rahe), deren Lebensgrundlage heute das nahe Eisen- und Stahlwerk ist. Der von Per Brahe gegründete und nach ihm benannte Ort hat seine große, von Handel und Seefahrt bestimmte Zeit längst hinter sich. An sie erinnern noch der schachbrettartige Aufbau der Altstadt rund um das Denkmal des Stadtgründers und etwa 200 z. T. restaurierte hölzerne Bürgerhäuser aus dem 19. Jh.: Ein interessantes Ensemble, das sich zwar längst nicht so hübsch in Szene setzt wie Rauma, aber trotzdem jede Menge Architekturdetails und Fotomotive bietet. Mögliche Besichtigungsziele auf einem kleinen Stadtrundgang sind die Granitkirche von 1912 und das Stadtmuseum, in dem Raahes maritime Geschichte im Mittelpunkt steht. Das in einem alten Packhaus untergebrachte Museum stellt annähernd 10 000 Gegenstände aus der Segelschiff-Ära aus, darunter auch den angeblich ältesten Taucheranzug der Welt.

Hinter Raahe durchschneidet die Schnellstraße 8 eine Halbinsel und führt durch eine wenig attraktive Landschaft zur Provinzhauptstadt **Oulu** 20 (S. 289f.). Vor der Fahrt in die lappländische Einsamkeit hat man hier die letzte Möglichkeit, Großstadtatmosphäre zu schnuppern – in den bescheideneren finnischen Verhältnissen, versteht sich. Immerhin ist die auf Schwedisch Uleåborg genannte Stadt mit 110 000 Einwohnern die sechstgrößte des Landes, zudem das Zentrum der Provinz und Diözese Oulu. Ihre Geschichte als Marktort reicht bis ins Mittelalter zurück, als man den in den Urwäldern hergestellten Teer mit Booten zur Mündung des Oulujoki brachte und verschiffte. Aus diesem uralten Gewerbe entwickelte sich später das wirtschaftliche Standbein von Oulu, das im 18./19. Jh. zu einem der weltweit größten Teer-Exporthäfen aufstieg. Kaum zu glauben, daß die Segelschiff-Flotten des Kontinents, daß Handel und Wandel, daß auch die großen Kriege der Napoleonischen Zeit entscheidend auf diesen Stoff aus den nordfinnischen Wäldern angewiesen waren und daß zumindest in dieser Beziehung Oulu ein wenig Weltgeschichte mitgeschrieben hat. Der Hafen ernährte damals ein ganzes Heer von Agenten und Zwischenhändlern, die das Teergeschäft organisierten und im Gegenzug Salz importierten – die Köhler draußen in der Wildnis waren arm wie Kirchenmäuse, von ihrer schweren Arbeit gezeichnet und wußten wohl gar nicht, in welchem Maß sie zum Aufschwung von Oulu beitrugen, das damals nicht umsonst ›Stadt der Händler‹ genannt wurde.

Die Stadt als solche geht auf die Burg zurück, die 1590 unter Johan III. auf der Insel Linnansaari zum Schutz gegen die Russen aufgeführt worden war. Schwedenkönig Karl IX. ließ diese anno 1605 erneuern und verfügte die Errichtung einer Stadt gegenüber der Insel. Nach dem Großfeuer von 1822, dem letzten in einer ganzen Reihe, wurde Oulu nach Plänen von C. L. Engel im modernen Stil wieder aufgebaut und entwickelte sich in rasantem Tempo weiter, auch nach der großen Zeit des Teerexports. Zu Industrie und Handel gesellten sich ab 1959 die Universität sowie Forschungs- und Technologiezentren, so daß Oulu auch in Zukunft seine traditionelle Rolle als intellektueller Kristallisationspunkt Nordfinnlands spielen wird.

Das Stadtbild ist weitgehend modern, weist aber auch viele Bauten im neoklassizistischen Stil auf. Wer von der Autobahn ins Zentrum fährt, kommt auf der Rajalantie am Automuseum (mit Café) vorbei, in dem sich Oldtimerfans ca. 50 historische Fahrzeuge anschauen können. Über die Straßen Linningantie, Puistokatu und Aleksanterinkatu wird man anschließend zum Hafen geleitet, wobei eine orthodoxe Kirche am Wegrand liegt. Auf dem unmittelbar am Hafen gelegenen Marktplatz (Kauppatori) mit seiner schönen Halle kann man sich an lokalen Spezialitäten gütlich tun. In unmittelbarer Nähe erinnern alte Salzspeicher an vergangene Zeiten, während nur einen Steinwurf entfernt Stadttheater und Stadtbibliothek, beide nordwestlich auf einer künstlichen Insel plaziert, die Architektur der 70er Jahre repräsentieren. Wenn man Oulu nicht in einem Wägelchen des Sightseeing-Busses ›Potnapekka‹ besichtigen will, geht man vom Marktplatz über die Kauppurienkatu stadteinwärts und stößt dort auf die turbulente Fußgängerzone Routuaari mit einer Vielzahl an Kneipen, Cafés und Shoppingmöglichkeiten. Auf dieser gelangt man in nördlicher Richtung zum Stadthaus, einem innen und außen ansehnlichen Bau von 1894. Ein

Stückchen weiter erhebt sich zur Rechten die Domkirche, die in ihrer jetzigen Form die Handschrift von C. L. Engel trägt, genauso wie das gegenüberliegende Gymnasium (Oulun lyseo).

Zu zwei weiteren Attraktionen kommt man von hier aus nach zehnminütigem Fußweg am günstigsten über die Kasarmintie. In dem alten Fabrikgebäude linker Hand ist heute das Kunstmuseum (Oulun taidemuseo) untergebracht, das vor allem nordfinnische Kunst zeigt. Gegenüber wurde 1989 das Wissenschaftszentrum Tietomaa eröffnet. Ähnlich wie in Heureka (s. S. 103) werden hier kleinen und großen Besuchern Wissenschaft, Technik, Naturphänomene oder Sinnestäuschungen nicht trocken, sondern auf durchaus unterhaltsame Weise und mit allerlei ›Experimenten zum Anfassen‹ nahegebracht. Ergänzend kann man sich Filme zum Thema auf der riesigen Kinoleinwand anschauen, das angeschlossene Uniform- und Medaillenmuseum besuchen oder auch eine Glasbläserei.

Für den Rückweg sollte man die Brücke zur benachbarten Insel wählen und durch den Stadtpark Hupisaaret/ Ainola-Park flanieren, einem beliebten Ausflugsziel mit Sommertheater, Spielplätzen und Gewächshäusern. Dort findet man auch das Nord-Österbotten-Museum (Pohjois-Pohjanmaa museo), eins der bedeutendsten des Landes. Ausgestellt sind Exponate aus dem Wirtschaftsleben der Region (Segelschifffahrt, Teerherstellung), Münzen, Waffen, Kleidung, Schmuck, Möbel etc., interessante Funde der Meeresarchäologie und eine beachtliche Sammlung zur samischen Kultur.

Nördlich des Parks drängt sich der Oulujoki durch ein Labyrinth kleinerer Inseln, die alle durch Brücken untereinander und mit der Stadt verbunden sind.

Inmitten des Koskikeskus (Stromschnellenzentrum) genannten Flußabschnitts liegt auch das Inselchen Linnansaari (schwed.: Borgholmen), auf der man die Ruinen der im 18. Jh. zerstörten Festung bewundern kann.

Knapp 7 km vor der Küste liegt die Insel Hailuoto (schwed.: Karlö), mit 25 km Länge und 15 km Breite die größte im Bottnischen Meerbusen. Wer Ruhe und Entspannung sucht und genügend Zeit mitbringt, sollte sich von der (kostenlosen) Autofähre dorthin übersetzen lassen – kleine Fischerdörfer, reetgedeckte Holzhäuschen, alte Windmühlen, Sandstrände und eine artenreiche Vogelwelt warten auf Entdecker.

Ca. 15 km östlich des Stadtzentrums repräsentieren im Freilichtmuseum Turkansaari 29 Gebäude die alte Bauern-, Holzfäller- und Teerarbeiterkultur. Die malerisch auf einer Flußinsel gelegene Anlage kann man von Oulu aus mit der ›M/S Lempi‹ ansteuern.

Von Oulu nach Tornio

Für die letzte Etappe der Westküstenstraße hat man kaum Alternativen zur gut ausgebauten E 75. Auch die Sehenswürdigkeiten sind nun, wo bald die Grenze nach Lappland überquert wird, rar gesät. **Haukipudas** immerhin, die erste größere Gemeinde hinter Oulu, besitzt eine sehr schöne Holzkirche von 1762, die Mikael Toppelius mit Wandmalereien geschmückt hat. 14 km weiter nördlich mündet der Iijoki an einer Kleinstadt mit dem schönen Namen **Ii** in den Meerbusen. An seinen Ufern reizen hübsche Holzhäuschen, reiche Vogelbestände und sogar Badestrände zum Anhalten – einer davon, Vihkosaari, ist nur 150 m von der Europastraße entfernt!

Die Stromschnellen Kukkolankoski

Das bereits lappländische **Kemi** 21 (S. 280f.) liegt an der Mündung des Kemijoki, dem mit 512 km längsten Fluß Finnlands, und ist ein wichtiger Verkehrsknotenpunkt: Ab hier kann man auf der E 4 weiter nach Schweden fahren, über Tornio und die E 8 nach Norwegen, oder am Strom entlang auf der E 75 nach Rovaniemi. Darüber hinaus ist die 25 000-Einwohner-Stadt ein bedeutender Wirtschaftsstandort, vor allem wegen des Hafens und der hier verschifften Holzprodukte. Damit ist Kemi eigentlich hinreichend beschrieben, denn von einer ›Perle des Bottnischen Meerbusens‹, wie das örtliche Fremdenverkehrsamt die Stadt anpreist, ist auch mit gutem Willen nicht viel zu entdecken. Immerhin gibt es ein ganz gutes Übernachtungsangebot, und wer sich vor der Weiterfahrt vom gesichtslosen, modernen Zentrum nicht von einem Stadtbummel abhalten läßt, sollte sich zumindest die Edelsteingalerie auf der Kauppakatu nicht entgehen lassen, mit 3000 rohen oder geschliffenen Steinen eine der größten Europas. Hier kann man auch die vergoldete Krone bewundern, die 1918 für den zum finnischen König gewählten Prinz Friedrich Karl von Hessen hergestellt wurde, bevor dieser das Amt dankend ablehnte. Weiter sind originalgetreue Nachbildungen von Kronjuwelen oder der Imperial State Crown ausgestellt, die Queen Elizabeth II. bei Festen trägt. Einen Besuch wert sind auch die neugotische Kirche von 1902 und das Stadthaus von 1940 mit Aussichtsterrasse. Daneben lohnt sich ein Blick in das Kemi Kunstmuseum im Kulturzentrum, das ältere und jüngere finnische Werke zeigt, darunter viele aus Lappland.

Am südlichen Ortseingang wird außerdem der 7 km lange Abstecher zum Hafen Ajos empfohlen, wo im Sommer der Eisbrecher ›Sampo‹ (mit Café) vertäut liegt. Dieser 30jährige Veteran zeigt freilich erst zwischen Dezember und April, welche Kraft noch in ihm steckt: Dann schippert er Touristen (darunter auffallend viele Japaner) hinaus in den zugefrorenen Meerbusen. Wer will, kann dabei ein Bad in den eiskalten Fluten nehmen, geschützt durch eine dicke Spezialkleidung. Die ist auch nötig, denn in harten Wintern beträgt die Außentemperatur bis zu minus 40 °C, und die ›Sampo‹ muß sich dann durch eine 1,5 m dicke Eisdecke quälen.

Interessanter als Kemi ist die gleich nördlich anschließende Gemeinde **Keminmaa** 22. Der Ort war früher für die guten Lachsfangmöglichkeiten bekannt, bis die Wasserkraftwerke den Fischen den Weg flußaufwärts versperrten. Acht

Kraftwerke sind es inzwischen, von denen der Kemijoki gezähmt wird. Innerhalb der Gemeindegrenzen liegt Taivalkoski, das als industrielle Attraktion besichtigt werden kann. Daneben hat man eine ›Angelstraße‹ eingerichtet, über die der Strom wieder mit Forellen und Lachsen bevölkert werden soll. Ansonsten kann das Zentrum von Keminmaa mit Baudenkmälern unterschiedlicher Epochen aufwarten. Am ältesten ist die Feldstein-Kirche von 1521, in deren Chor der mumifizierte Leichnam des 1629 verstorbenen Pfarrers Nikolaus Rungius beigesetzt ist. Die Kirche von 1827 ist ein typisches Beispiel des Neoklassizismus und wurde – natürlich! – von C. L. Engel entworfen. Und das Amtsgebäude von 1986 repräsentiert beste finnische Bauschule der Moderne (Architekt: Kimmo Kuismanen) und ist auch wegen der Laserskulptur im Turm sehenswert, die ›Polarstern und Nordlicht‹ darstellen will.

In **Tornio** 23 (S. 299f.) hat man 766 km nördlich von Turku den Endpunkt der Westküstenroute erreicht. Vor der Weiterfahrt nach Schweden, Norwegen oder in den finnischen Norden lohnt es sich, die 23 000-Einwohner-Stadt, die auf Schwedisch Torneå heißt, etwas näher kennenzulernen. Auf einer Insel in der Mündung des Tornionjoki (schwed.: Torneälv) und an der Nordspitze des Bottnischen Meerbusens gelegen, ist sie ein natürlicher Brückenkopf und profitiert stets von den Handelsmöglichkeiten zu beiden Richtungen. Der Tornionjoki ist seit 1374 Grenzfluß zwischen den beiden Ländern; schon damals war Tornio als Marktort bekannt und erhielt 1621 die Stadtrechte.

Viele werden Tornio auch als Nachtquartier einplanen, allerdings ist das Angebot an Unterkünften der besseren Kategorie eingeschränkt. Ausweichmöglichkeiten bieten die Campingplätze der Umgebung, Jugendherbergen sowie das nahe schwedische Haparanda.

Wer von Kemi über die E 4 kommt, erreicht das Zentrum über eine lange Brücke, die jedoch *nicht* die Grenzbrücke ist, wie viele meinen. Denn der breite Flußarm im Osten ist noch vollständig finnisch, und die Grenze verläuft in der Mitte des nur wenige Meter breiten westlichen Arms. An der Südspitze der Insel gelangt man automatisch zum Green Line Welcome Center mit Touristeninformation, Café und Tax-Free-Shop. Von hier aus ist das überschaubare Städtchen schnell erkundet, wobei man den Wagen getrost stehen lassen kann. Zu den Sehenswürdigkeiten gehören vor allem drei Gotteshäuser, das erste befindet sich direkt auf der anderen Seite der Europastraße: die orthodoxe Kirche aus dem 19. Jh. Einige hundert Meter weiter nördlich markiert an der Kirkkokatu die Alte Kirche den historischen Kern der Stadt. Mit dem Baudatum 1686 ist sie nicht nur die älteste Holzkirche in Lappland, sondern gleichzeitig auch eine der schönsten. Dazu trägt der hohe, schindelgedeckte Turm ebenso bei wie das ungewöhnlich reichhaltige barocke Interieur mit Holzschnitzereien, prächtiger Kanzel und bemalter Decke. Von ausgesuchter Schönheit ist auch der kleine, sechseckige Glockenturm von 1735.

Der Park nördlich der Kirche wird von Sportanlagen und dem Wasserturm (Vesitorni) dominiert, dessen Aussichtsplattform mit Café einen weiten Blick über Stadt, Fluß und nach Schweden erlaubt. Noch etwas weiter gibt es einen 18-Loch-Golfplatz, auf den man in Tornio besonders stolz ist und der den Anhängern dieses Sportes nachdrücklich empfohlen sein soll: Erstens handelt es sich um einen anspruchsvollen und schön gelegenen Course, zweitens kann man hier im hellen Sommer selbst um Mitternacht noch spielen, und drittens liegt er – ein Unikum – sowohl in Schweden als auch in Finnland: eine ›offene Grenze‹ im besten Wortsinn also!

Seit 1973 ist das Dorf Alatornio (Nieder-Tornio) eingemeindet, dessen altes Zentrum auf der südlichen Nachbarinsel liegt. Dort befindet sich auch das dritte Gotteshaus der Stadt, die Alatornio-Kirche von 1797. Ihrer Dimensionen – sie ist die größte Kirche in Nordfinnland – und ihrer ausgewogenen klassizistischen Bauformen wegen ist sie ein Highlight für Architekturfans und sollte nicht versäumt werden, auch wenn man dazu einen etwas umständlichen Weg über zwei Brücken zurücklegen muß.

An Ausflugszielen in der näheren Umgebung muß an erster Stelle natürlich das schwedische Haparanda genannt werden, das ja sofort vis-à-vis zu finden ist, und dessen Besuch nur in seltensten Fällen von Grenzkontrollen begleitet wird. Ganz nah und unbedingt sehenswert sind außerdem die Stromschnellen von Kukkolankoski, die größten freifließenden des Landes. Die knapp 10 km lange Tour auf der Europastraße flußaufwärts lohnt sich aus vielerlei Gründen, sei es, um das Naturschauspiel zu betrachten, sei es, um den Einheimischen beim Kescherfang der Maränen zuzuschauen oder um den leckeren Fisch gegrillt zu kosten. Noch ein Stückchen weiter befindet sich bei Matkakoski übrigens eine zweite, kaum weniger eindrucksvolle Stromschnelle. Und wer das Erlebnis vertiefen möchte, hat die Möglichkeit, an einer der in Tornio angebotenen Raftingtouren teilzunehmen.

Kreuz und quer über die Åland-Inseln

■ (S. 266ff.) Etwas übertrieben könnte man formulieren, daß der westlichste Landesteil Finnlands soweit westlich liegt, daß er gar nicht mehr richtig finnisch ist! Und tatsächlich unterscheidet sich dieser Archipel nicht nur durch seine geographische Lage. Åland besteht aus 6500 Inseln und noch mehr Schären, Klippen und Riffe mit einer Gesamtfläche von 1450 km², die auf einem rund 10 000 km² großen Gebiet verstreut liegen. Die sechs größten Inseln sind durch Straßen und Brücken miteinander verbunden, zwischen den anderen größeren Inseln verkehren Fähren. Die höchste Erhebung, der Orrdals klint, ist zwar nur 129 m hoch, doch wirken weite Teile des Archipels keineswegs flach. Die abwechslungsreiche Landschaft prägen Sunde, Buchten und Sandstrände, kahle Granitklippen und dichte Wälder, weites Bauernland und sturmzerzauste Küstenpartien sowie das allgegenwärtige Wasser. Klimatisch begünstigt – auf den Ålands gibt es die meisten Sonnenscheinstunden des Landes! – weisen die Inseln eine artenreiche Flora und Fauna auf. Doch nicht nur Naturliebhaber werden an dem Archipel ihre helle Freude haben, auch für Kulturtouristen gibt es genügend zu entdecken. Immerhin waren die Ålands schon im 7. Jh. eines der am dichtesten bewohnten Gebiete Skandinaviens, und viele Gräber oder andere Funde aus der Eisen- und Wikingerzeit belegen die lange Besiedlungsdauer. Mächtige Feldsteinkirchen, die ältesten Finnlands, erzählen von der Frühzeit des Christentums, Burgruinen berichten von der schwedischen Herrschaft, Festungsanlagen und die Hauptstadt Mariehamn von der russischen Epoche.

Das åländische Wirtschaftswunder

Die Finnen stöhnen über ihre hohe Arbeitslosigkeit. Fast alle Gotländer, Öländer oder Bornholmer beklagen die Strukturschwäche ihrer Insel. Alle Skandinavier beschweren sich über die steuerliche Belastung. Und ganz Europa ist über die Rezession besorgt. Aber nichts von alledem trifft auf die 25 000 Åländer zu! Deren wirtschaftliche Lage kann im Gegenteil nicht nur als gut, sondern sogar als glänzend charakterisiert werden. Die Erwerbslosigkeit, die in Finnland zeitweilig die 20 %-Marke überschritt, stieg auf den Inseln nie über 8 %. Der Lebensstandard gehört zum höchsten in Europa, und das Pro-Kopf-Einkommen entspricht dem der USA.

Die Antwort nach der Ursache dieser außerordentlichen wirtschaftlichen Erfolgsstory liegt, wie bei so vielem, was die Inselgruppe betrifft, auf dem Meer. Die Seefahrt ist für rund 40 % des åländischen Bruttosozialproduktes verantwortlich und stellt jeden dritten Arbeitsplatz. Die Handelsflotte bringt es auf 1,6 Mio. Bruttoregistertonnen – was mehr als der Hälfte der gesamten finnischen Tonnage entspricht! Nur die Ägäis-Insel Chios kann es in dieser Beziehung mit den Åländern aufnehmen.

Zwar segeln inzwischen viele åländische Schiffe unter der Flagge der Bahamas oder Finnlands, doch hat immer noch eine riesige Flotte Mariehamn als Heimathafen, u. a. die größten Tankschiffe des Landes. Den wichtigsten Sektor der einheimischen Seefahrt bildet jedoch der Fährbetrieb. Alljährlich nutzen 11–12 Mio. Fahrgäste die åländischen

Fähren, die wie die ›Silja-Europa‹ zu den gigantischsten der Welt gehören. Solche ›schwimmenden Hotels‹ mit ihrer gut funktionierenden Unterhaltungs- und Einkaufsmaschinerie fahren Milliardengewinne ein, für die weniger die eher günstigen Beförderungstarife verantwortlich sind als vielmehr die Einnahmen aus Glücksspiel und zollfreiem Verkauf an Bord. Davon profitieren jedoch nicht nur Geschäftsleute wie Anders Wiglöf, der derzeit mächtigste Insel-Tycoon, der mit seinen Tax-Free-Geschäften eine Milliarde Umsatz macht. An dem Business sind vielmehr fast alle Åländer beteiligt, da sie per Volksaktien die eigentlichen Schiffseigner sind. Wenn sich beispielsweise die Aktien der Reederei Eckerö oder der im Kreuzfahrtgeschäft engagierten Birka Line auf über 7000 Aktionäre verteilen, bedeutet das ein finanzielles Engagement und eine Gewinnbeteiligung von fast jedem

åländischen Haushalt. Dies ist auch der Grund, warum die autonome Provinz in Sonderverhandlungen mit der EU darauf drängte, daß der zollfreie Einkauf über das Jahr 1999 hinaus auf ihren Schiffen gestattet werde. Da sich die geschickten Åländer in Brüssel durchsetzen konnten, ist vorerst kein Ende des Geldsegens abzusehen. Und wie bisher werden auch zukünftig von den Gewinnen aus dem Fährgeschäft einige Millionen für soziale Zwecke abgezweigt.

Im Kielwasser der gewinnträchtigen Handelsflotte segeln viele andere, ebenfalls profitable Wirtschaftszweige. Beispielsweise Banken oder Versicherungen wie die Alandia, bei der rund 500 ausländische Schiffe versichert sind. Auch der boomende Fremdenverkehr trägt dazu bei, daß die Åländer gelassener als die meisten Europäer in die Zukunft blicken können. Von rund 100 000 Gästen, die in den 60er Jahren die Inseln

Der Sund zwischen Lumparland und Ängö

besuchten, stieg die Zahl kontinuierlich auf rund 1,5 Mio. an – damit können die Ålands mehr Touristen pro Einwohner verzeichnen als Spanien. Und zu guter Letzt hat man auch noch Land- und Forstwirtschaft, die am Anfang der insularen Erfolgsstory standen. Wichtigster Arbeitgeber ist hier der Großbetrieb Ab Chips, der vor allem Kartoffelchips herstellt. Der Standort des Unternehmens ist kein Zufall: Schließlich wachsen die besten finnischen Kartoffeln auf Åland.

Ein Paradies für ...

Der inflationäre Gebrauch des Wortes ›Paradies‹ hat auch vor den Werbeprospekten der åländischen Tourismusindustrie nicht halt gemacht, doch selten ist dessen Verwendung so berechtigt wie hier. Das können alle Segler bestätigen, die dieses herrliche Revier erkundet, auf menschenleeren Schären Einsamkeit und Ruhe genossen oder in einem der 14 idyllisch-betriebsamen Yachthäfen angelegt haben. Auch Golfer werden in den höchsten Tönen von den paradiesischen Zuständen auf den Ålands schwärmen – beispielsweise vom Course in der historischen Umgebung des Schlosses Kastelholm, der mit zweimal 18 Loch nicht nur einer der größten Skandinaviens ist, sondern mit Sicherheit auch einer der schönsten. Fahrradfahrer werden den guten Zustand der Radwege, die gute Beschilderung sowie die drei eigens eingerichteten Fahrradfähren loben. Und Sportangler die idealen Möglichkeiten des herbstlichen Hechtfangs. Touristen kommt zugute, daß für alle genannten Aktivitäten inzwischen Paketangebote existieren, die die notwendigen Reisevorbereitungen auf ein Minimum reduzieren. Welchen Sport man auch ausüben mag – ein Paradies

für Naturliebhaber sind die Inseln allemal, und zwar zu jeder Jahreszeit. Der Frühling wird durch Schneeglöckchen und die kleinen gelben Tussilago angekündigt, einer typisch åländischen Pflanze. Bald darauf breiten sich ganze Anemonenteppiche aus und bedecken die Insel mit einem Blütenmeer. Blumen und grüne Zweige sind es auch, die zu Stundenglasmotiven, Sonnensymbolen und Kronen geflochten werden und zusammen mit Segelbooten die Mittsommerstange schmücken. Diese wird als Höhepunkt des Mittsommerfestes in allen Gemeinden aufgestellt und kann bis zum Spätsommer als wahres volkstümliches Monument und Stolz eines jeden Dorfes bewundert werden. Im Juli und Anfang August, wenn fast immer die Sonne vom blauen Himmel scheint und sich das Wasser in Binnenseen und an den Sandstränden auf angenehme Badetemperaturen erwärmt, herrscht touristische Hauptsaison. Da sich die Besucherströme aber über den ganzen Archipel verteilen und ohnehin mehr als genug Platz vorhanden ist, kann kein Gefühl der Überfüllung aufkommen. Im Herbst, wenn die meisten Gäste die Ålands verlassen haben, leuchten die Ebereschen in flammendem Gelb, und Wanderer machen sich auf die Suche nach Pilzen und Beeren. Und selbst die kalte Jahreszeit bringt immer mehr Inselliebhaber in die Region, die hier trotz der geringen Schneehöhe Wintersport oder Eisangeln betreiben können.

Solcherart von der Natur bevorzugt, verwundert es nicht, daß die Inseln einen großen Kreis von treuen Stammgästen haben. Dazu gehören auch die Seeschwalben, die jedes Jahr im April/Mai aus der Antarktis eintreffen, nach einem Nonstop-Rekordflug über den Atlantik und entlang der afrikanischen und europäischen Küste.

Die Stadt der tausend Linden: Mariehamn

■ (S. 266ff.; Åland-Inseln) Mariehamn, die einzige Stadt der Ålands, nimmt eine schmale Landenge zwischen zwei vorzüglichen Naturhäfen ein. Als sie 1861 von Zar Alexander II. gegründet und nach der Kaiserin Maria Alexandrovna benannt wurde, lebten noch nicht einmal drei Dutzend Menschen hier. Die Blütezeit des åländischen Schiffsverkehrs im 19. und 20. Jh. und die Entscheidung des Völkerbundes, den Inseln einen autonomen Status zu verleihen, sorgten für einen rasanten Aufschwung, der sich auch im Stadtbild bemerkbar machte. Zwar berechtigen die derzeit knapp 11 000 Einwohner nicht zur Vergabe des Etiketts ›Großstadt‹, doch stellt sich die åländische Kapitale gerade in den Sommermonaten fast schon als betriebsame ›kleine Metropole‹ dar. Dazu trägt natürlich in erster Linie der rege Fährverkehr bei, der alljährlich über 1,5 Mio. Besucher nach Mariehamn bringt (80 % aus Schweden), sowie ca. 45 000 Touristen, die mit dem eigenen Boot anreisen.

Das hübsche und überschaubare Städtchen ist großzügig angelegt und verspricht mit seinen Yacht- und Fährhäfen maritimes Flair. Zahlreiche gemütliche Restaurants, Straßencafés, Hotels und Casinos erinnern daran, daß die Stadt seit der Jahrhundertwende als Kurort einen Namen hat. Einige Museen, Festivals und mehrere Beispiele

Mariehamn 1 Viking-Terminal 2 Birka-Terminal 3 Åländische Höhere Seefahrtsschule 4 ›Pommern‹ 5 Wasserturm 6 St. Göran-Kirche 7 Stadthaus 8 Ålandsmuseum 9 Landtag 10 Kaufmannsmuseum 11 Stadtbibliothek 12 Seefahrtsviertel

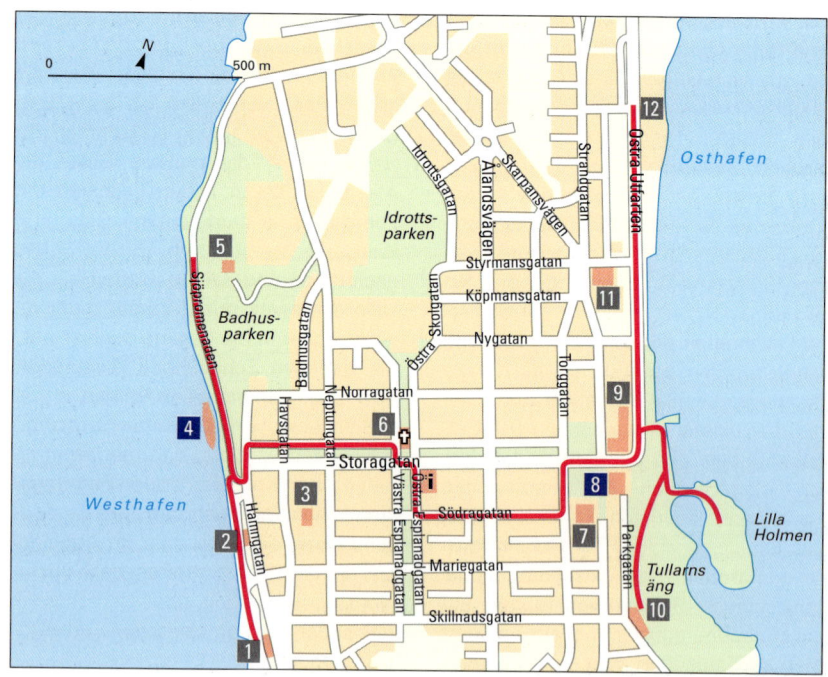

anspruchsvoller Architektur setzen kulturelle Highlights, während Rad- oder Wanderwege sowie Badestrände und Naturschutzgebiete auch den Erholungswert nicht zu kurz kommen lassen.

Die meisten Besucher erreichen Mariehamn am Westhafen, der die fast immer eisfreie Meeresbucht Svibyviken abschließt. Noch vor einem halben Jahrhundert starteten hier Großsegler zu Handelsreisen rund um den Globus. Heute legen hier die Luxusfähren an, ab und zu kommt auch ein Kreuzfahrtschiff zu Besuch. Im Süden des Hafens, unterhalb des ›Lotsenborges‹, befindet sich der **Viking-Terminal** 1 der gleichnamigen Fährgesellschaft. Nur einen Steinwurf entfernt lockt im Sommer der Ålandspark, von örtlichen Touristikern etwas hochtrabend ›Mariehamns Tivoli‹ genannt, mit allerlei Spielgeräten, Karussells, Minizoo, Cafés und Gartenanlagen Besucher jeder Altersgruppe an.

Nördlich schließt sich der moderne **Birka-Terminal** 2 an, hinter dem sich jenseits der Havsgatan die **Åländische Höhere Seefahrtsschule** 3 erhebt. Das markante Gebäude, das 1939 nach Plänen des renommierten Architekten Lars Sonck fertiggestellt wurde, bildet zusammen mit dem Stadthaus im Osten die Pole eines städteplanerischen Entwurfs, die durch die Doppelachse der Nördlichen Esplanade und der Storagatan verbunden sind. Die Straßen selbst sowie die von ihnen eingerahmte Grünanlage werden von großen Linden gesäumt, auf die sich Mariehamns Beiname ›Stadt der tausend Linden‹ bezieht. Drei Linden sind es auch, die zusammen mit einem Anker das Stadtwappen zieren. Bevor man die etwa 1 km lange Esplanade bis zum Osthafen entlangspaziert, lohnt es sich, noch ein wenig die Szenerie an der westlichen Uferpromenade zu genießen. Der auffäl-

ligste Blickfang ist hier das Museumsschiff ›**Pommern**‹ 4, ein Viermastsegler, der 1903 in Glasgow von Stapel lief. Die ›Königin der Segelschiffe‹ ist die einzige Viermastbarke der Welt, die bis heute in ihrem ursprünglichen Zustand erhalten ist. 1923 wurde der Frachtensegler von Gustaf Erikson (s. S. 200) erworben und als Getreidetransporter zwischen Australien und England bzw. Dänemark eingesetzt. Mit einem Rekord von 75 Tagen für diese Strecke war sie einer der schnellsten Segler um Kap Horn. Seit 1939 liegt die ›Pommern‹ festvertäut im Westhafen und dient seit 1953 der Stadt als Museumsschiff, das nicht nur vergangene Seemannsherrlichkeit wieder lebendig werden läßt, sondern mit einer Fotoausstellung auch eine 1934 durchgeführte Reise nach Australien dokumentiert. Das Schiff ist Teil des Åländischen Seefahrtsmuseum, das sich gleich oberhalb des hübschen Parkes befindet. Im Museum werden Erinnerungsstücke an die große Epoche der Segelschiffe gezeigt – u. a. Modelle, Galionsfiguren und Gemälde. Das Prunkstück ist jedoch der Kapitänssalon der Viermastbarke ›Herzogin Cecilie‹, die 1936 im Ärmelkanal auf Grund lief.

Hinter dem Seefahrtsmuseum erstreckt sich der Badhusparken mit seiner hohen, farbenprächtigen Mittsommerstange bis zum **Wasserturm** 5, von dem man eine weite Aussicht hat. Und will man das maritime Ambiente noch ein wenig länger genießen, lohnt sich ein Spaziergang über die Sjöpromenaden bis zum ÅSS-Pavillon. Die hübsche Jugendstilvilla mit Gartenwirtschaft und Restaurant gehört der Åländischen Segelgesellschaft und ist ein beliebter Treffpunkt bei Skippern, Einheimischen und Touristen.

Schlendert man anschließend über die Norra Esplanadgatan nach Osten,

Zwischen Finnland und Schweden:
Die ›Selbständigkeit‹ der Ålands

E s wäre zu leicht, den besonderen Status der Åland-Inseln dadurch zu erklären, daß der Archipel jahrhundertelang zu Schweden gehörte. Denn das trifft ja auch auf das übrige Finnland zu, das zusammen mit den Ålands nach dem verlorenen Krieg 1808–09 an Rußland abgetreten wurde. Die Tatsache, daß dieser Landesteil auch heute noch vollkommen schwedischsprachig ist, hat also eher damit zu tun, daß sich die Insulaner stets dem westlichen Königreich näher gefühlt haben als den Finnen im Osten, und daß die verwandtschaftlichen Bande

auch ethnisch nachweisbar sind. Als Finnland 1917 unabhängig wurde, wollten sich die Åländer folgerichtig Schweden anschließen, was jedoch die große Politik verhinderte. Denn die junge Republik Finnland war nicht bereit, das Selbstbestimmungsrecht der Völker, auf das sie sich selbst berufen hatte, auch der Inselgruppe zuzugestehen. Immerhin bot Helsinki den Åländern eine gewisse Form der inneren Selbstverwaltung an, was man dort aber mehrheitlich ablehnte. Die Åland-Frage wurde zu einem Politikum, das den Völkerbund auf den Plan rief. Dieser beschloß 1921, daß die Inselgruppe zwar als Landesteil Finnlands anzusehen sei, die Republik aber Rücksicht auf die sprachliche, ethnische und kulturelle Sonderrolle der Åländer zu nehmen habe. Ein finnisch-schwedisches Abkommen sicherte schließlich diesen Status, mit dem sich die Insulaner inzwischen nicht nur angefreundet haben, sondern auch vorzüglich durch die Klippen der Weltpolitik und Wirtschaft navigieren konnten.

Wie sieht nun der Status der ›autonomen Provinz Åland‹ konkret aus und welche Vorteile bietet er den Betroffenen? Daß Åland seit 1954 eine eigene Flagge hat (rotes Kreuz im gelben Feld auf blauem Grund), seit 1984 eigene Briefmarken herausgibt sowie seit 1993 ein eigenes Postwesen besitzt, könnte ja als bloße symbolische Geste abgetan werden. Viel wichtiger sind da schon die Garantien, die der finnische Reichstag für die schwedische Sprache und Kultur der Åländer geleistet hat und die politischen Kompetenzen, die das eigene Parlament (Lagting) in Mariehamn besitzt. Dessen 30 Abgeordnete werden jedes vierte Jahr neu gewählt und bestimmen ihrerseits die Regierung. Auch im Nordischen Rat hat man eine eigene Vertretung. Die Voraussetzung für das aktive und passive Wahlrecht ist das åländische Heimatrecht, sozusagen eine lokale Staatsangehörigkeit, die man nur durch Geburt erhält oder die finnische Bürger erwerben können, die seit fünf Jahren ununterbrochen auf den Ålands gelebt haben. Dieses Heimatrecht ist übrigens auch Voraussetzung, um auf den Inseln Grundbesitz erwerben oder ein Gewerbe betreiben zu dürfen. Mit Ausnahme der Ressorts Außenpolitik, Rechts-, Zoll- und Währungswesen, die in der Hand des Mutterlandes bleiben, können damit die Åländer tatsächlich über ihre eigenen Belange selbst bestimmen und genießen Privilegien, wie sie sonst in Europa nur Dänemark seinen autonomen Landesteilen Grönland und den Färöer-Inseln eingeräumt hat. Die Sonderrolle wird beispielsweise bei der Verteidigungspolitik deutlich: Schon nach dem Krimkrieg (1853–56) hatten die westlichen Alliierten durchgesetzt, daß auf dem Archipel keine Befestigungen errichtet und keine Truppen stationiert werden durften. Diese Art der Entmilitarisierung wurde niemals rückgängig gemacht, und insofern hat sich für Åland die in Skandinavien heiß diskutierte Frage nach nuklearwaffenfreien Zonen nie gestellt. Die Entmilitarisierung bedeutet auch, daß die Åländer von der Wehrpflicht befreit sind.

Die weitgefaßte Autonomie und selbständige Gesetzgebung ermöglicht es den Åländern zudem, selbst zu bestimmen, ob die von Finnland abgeschlossenen internationalen Verträge auch auf dem Archipel in Kraft treten. So bedeutete das finnische ›Ja‹ zur EU nicht zwangsläufig die Mitgliedschaft der Insulaner, die sich erst in einer eigenen Volksabstimmung dem Votum anschlossen – und zwar mit einer überwältigenden Mehrheit von 73,6 %. Da sich zuvor auch die Schweden für die Europäische Union ausgesprochen hatten, kam diese Wahl nicht überraschend. In der kurzen Zeit ihrer EU-Angehörigkeit konnten die Åland-Inseln einen wirtschaftlichen Sonderstatus und weitere Vergünstigungen aushandeln, damit der Archipel auch in Zukunft auf eigenen Füßen stehen kann. Dabei machte man das Argument geltend, daß die Provinz in besonderem Maße von der Seefahrt, dem Tourismus und anderen Dienstleistungsbranchen abhängig sei. Auf diese Weise erhielt Åland beispielsweise das Recht, niedrigere Steuersätze als die europäischen Minimumquoten – z. B. bei der Mehrwertsteuer – zu erheben oder auf Schiffen und in Flugzeugen Tax-Free-Waren auch noch nach 1999 zu verkaufen, wenn dies sonst in der EU nicht mehr gestattet sein wird.

Daß sich das Åland-Modell einer autonomen Region für die Insulaner, die ihre Eigenständigkeit lieben und bewahren, als funktionstüchtig erwiesen hat, beweisen die Ausstellungen und Feiern anläßlich des 75jährigen Jubiläums der Selbstverwaltung im Jahre 1997. Fairerweise sollte dabei erwähnt werden, daß die vorbildliche Toleranz des Mutterlandes einen gehörigen Anteil daran hat, daß es heutzutage keinerlei Animositäten gibt und die Einwohner stolz darauf sind, sowohl Åländer als auch Finnen zu sein.

kommt man an vielen repräsentativen Holzhäusern vorbei, deren architektonische Details verraten, daß sie einst den wohlhabenden Schiffseignern als Wohn- und Büroräume dienten. Etwa auf halber Strecke kreuzt der Weg die Doppelachse der Westlichen und Östlichen Esplanade, in deren Schnittpunkt etwas zurückgesetzt die **St. Göran-Kirche** 6 von 1927 liegt. Der nationalromantische Granit- und Ziegelsteinbau mit seinem schlanken Dachreiter ist eines der ersten Werke des Architekten Lars Sonck in Mariehamn. Schräg gegenüber passiert man die Touristeninformation und gelangt schließlich zu einem Park, der im Süden von einem Hügel mit dem blockhaften **Stadthaus** 7 begrenzt wird – auch dies ein Werk von Lars Sonck.

Östlich davon lohnt das **Ålandsmuseum** 8 den Besuch, sozusagen das ›Nationalmuseum‹ der autonomen Provinz. 1981 wurde es vom Europarat zum ›besten Museum des Jahres‹ gekürt. Themen der umfangreichen Ausstellungen sind åländische Geschichte, Kultur und Natur, ergänzt durch Diashows und wechselnde Präsentationen. Im Gebäude befindet sich auch das Kunstmuseum mit einem großen Bestand von Gemälden einheimischer Künstler. In dem modernen weißen Haus aus Marmor und Ziegelstein jenseits der Lindenallee schlägt das politische und administrative Herz der autonomen Provinz: Dort ist der **Landtag** 9 mit Selbstverwaltung (Självstyrelsegård) und einem Tagungszentrum untergebracht.

Hier hat man das östliche Ende der Landenge erreicht, die von der Meeresbucht Slemmern begrenzt wird. Dort, wo sich heute unzählige Yachten an den Bootsanlegern des Gasthafens – einem der größten der Ostsee! – und die Boote von Mariehamns Segelverein (MSF) drängen, wo Besucher vor Restaurant-

schiffen, Café-Pavillons und Verleihstationen für Fahrräder, Mopeds und Autos anstehen, machten früher die Schärendampfer fest. Ruhe und Erholung findet man auf **Lilla Holmen** (Kleine Insel), einem traditionsreichen Seebad mit kleinem Sandstrand, Café, Pier, Vogelhaus und Minizoo. Dieses Inselchen ist durch eine Brücke mit Tullarns äng (Wiese des Zöllners) verbunden, einer unter Naturschutz stehenden Hainwiese, die besonders im Frühling eine Augenweide für alle Blumenfreunde ist. Ihren Namen trägt sie nach Mariehamns erstem Zollverwalter, der den Park bereits um 1860 anlegen ließ. Wer sich für Handel und Wandel der Jahrhundertwende interessiert, findet am südlichen Rand der Grünanlage das **Kaufmannsmuseum** 10, dessen Laden original erhalten ist. Direkt nebenan befindet sich ein kleines, rotgestrichenes Holzhäuschen Övernässtuga, das als ältestes Gebäude der Stadt gilt.

In nördlicher Richtung führt die breite Uferstraße Östra Utfarten parallel zum Osthafen aus der Stadt hinaus, vorbei am Landtag, dem inselweit besten Hotel Arkipelag und der hellblauen, postmodernen **Stadtbibliothek** 11 von 1989 mit ihrem charakteristischen Glockenturm. Ein Stückchen weiter entsteht zur Rechten ein **Seefahrtsviertel** 12 nach traditionellen Vorbildern einschließlich einer kompletten Schiffsschmiede. Dort sieht man – sofern sie nicht auf Fahrt sind – drei Segelschiffe, die einige Enthusiasten in mehrjähriger Arbeit gebaut haben: 1988 entstand nach alten Plänen die Galeasse ›Albanus‹, 1993 der Dreimast-Gaffelschoner ›Linden‹, die genaue Kopie eines 1920 in Mariehamn gebauten Schiffes gleichen Namens, und 1996 wurde der Fischtransporter ›Sumpen‹ fertiggestellt. Diese Schiffe, die sich per Volksaktie im Besitz vieler Åländer befin-

den, können von Vereinen, Firmen oder Schulklassen gechartert werden.

Zum Ausgangspunkt des Spazierganges bzw. zur Lindenallee geht man am besten über die Torggatan zurück, die hinter der Stadtbibliothek beginnt. Sie ist die Haupteinkaufsstraße des Archipels und wird im Sommer teilweise in eine Fußgängerzone verwandelt. Neben Institutionen wie der Polizei, der Hauptpost und Banken, die sämtlich in ansprechenden modernen Gebäuden untergebracht sind, findet man hier Reisebüros, Kneipen, Boutiquen und sonstige Geschäfte sowie die neue Einkaufspassage Sittkoffs.

Über das ›Feste Åland‹ und die benachbarten Inseln

Das unüberschaubare Gewirr von Buchten, Binnenseen, Meeresstraßen und Kanälen macht es fast unmöglich, auf einer Karte nachzuvollziehen, welche Teile der Provinz Inseln oder nur Halbinseln bzw.

Landzungen sind. Mit der Hauptinsel, dem sogenannten ›Festen Åland‹, auf der auch Mariehamn liegt und die einen Anteil von 70 % an der Landmasse des Archipels hat, sind inzwischen jedoch mehrere Gemeinden durch Brücken verbunden, so daß der Begriff im erweiterten Sinn alle Teile der Provinz meint, die man von Mariehamn aus ohne Fähre oder Boot erreichen kann.

Von Mariehamn (s. S. 194ff.) führt die Straße 1 zur Insel Eckerö. Sie ist nicht nur die westlichste Gemeinde des Archipels und damit auch Finnlands, sondern zudem die klimatisch begünstigte ›Sonnenseite Ålands‹. Noch auf der Hauptinsel liegt in der Gemeinde Hammarland die gedrungene **Katharinenkirche 1**, die aus dem 13./14. Jh. stammt. Eine weitere schöne Kirche passiert man auf der Insel Eckerö, etwa auf halber Strecke zwischen der Brücke und dem Fährhafen: **St. Lars 2**. Der festungsähnliche Feldsteinbau wurde im 14. Jh. errichtet und zeichnet sich durch einen kompakten Westturm aus, der die gleiche Breite wie das Kirchenschiff hat. Im Inneren,

Gustaf Erikson und der Klub der Kap Horn-Fahrer

Obwohl die Åländer viel eher Bauern als Fischer oder Seefahrer waren, hatte das Meer, über das ihre Vorfahren schließlich auch auf die Inselgruppe gekommen waren, für sie immer eine existentielle Bedeutung. Denn Salz, Eisen oder andere Produkte, die sie nicht besaßen, mußten auf dem finnischen oder schwedischen Festland gegen Überschüsse an Holz und Lebensmitteln eingetauscht werden. Aus diesem Grund erwarben sich die Insulaner frühzeitig Kenntnisse im Schiffsbau, die um so wichtiger wurden, als man begann, die Reisen auszudehnen. Nach und nach wurden so aus Bauern Seefahrer und Reeder und wandelte sich die åländische Agrargesellschaft, vor allem in der zweiten Hälfte des 19. Jh., dem Höhepunkt der sogenannten Bauernseefahrt-Ära. Rund 300 Frachtsegler wurden 1850–1920 aus dem zähen Holz der Inselkiefern gebaut und damit der Grundstein für den åländischen Wohlstand gelegt. Denn vom Aufschwung profitierte die gesamte Bevölkerung, da fast alle Anteile an den Schiffen besaßen – ein Frachter konnte so im Besitz von bis zu 50 Bauern sein. Bis heute gibt es nirgendwo auf der Welt so viele Reeder auf einem so kleinen Flecken Erde wie in Mariehamn.

Die ausgedehnten Seefahrten der åländischen Bauern haben im Laufe der Zeit legendäre Figuren genau wie tragische Schicksale hervorgebracht, Geschichten von märchenhaftem Reichtum und grandiosen Pleiten. Unter den vielen, die sich in dieser Szene tummelten, stellte ein Mann alle anderen in den Schatten: Gustaf Erikson, der auch als ›König der Segelschiffe‹ tituliert wurde. Nachdem er 40 Jahre die Weltmeere befahren hatte, etablierte sich Gustaf Erikson 1913 als Reeder in Mariehamn. In jener Zeit war der Siegeszug der Dampfschiffe nicht mehr aufzuhalten, doch setzte Erikson weiterhin auf die Segelschiffahrt. Denn kapitale Windjammer konnte man seinerzeit zu Spottpreisen erwerben, was Erikson im großen Stil betrieb – bald hatte er sich eine Flotte von 40 Großseglern billig zusammengekauft, darunter auch die ›Pommern‹, ›Pamir‹, ›Passat‹ und ›Herzogin Cecilie‹, damals der größte Segler der Welt. Was nach spleeniger Nostalgie oder Seefahrer-Romantik aussah, war tatsächlich ein genialer Schachzug des alternden Kapitäns. Der günstige Kaufpreis hatte sich meist schon nach der ersten Reise amortisiert, und da die Segler gut unterhalten und wirtschaftlich betrieben wurden, wurde Erikson in kürzester Zeit reicher als fast jeder Motorboot-Reeder. Die legendären Segeltörns dieser Schiffe, die nicht nur untereinander, sondern auch gegen die motorisierte Konkurrenz um die Wette fuhren, verlängerten die Segelschiff-Ära auf den Ålands um 40 Jahre – bis zum Zweiten Weltkrieg! Jeder Törn ging einmal um den Globus, immer den Strömungen und großen Winden folgend.

Transportiert wurde hauptsächlich Holz aus Skandinavien, das man um das Kap der Guten Hoffnung herum nach Australien brachte. Dort wurden die Großsegler mit Getreide beladen, bevor es via Kap Horn zurück nach Europa ging. Gustaf Erikson war bereits zwei Jahre tot, als die ›Passat‹ und ›Pamir‹ 1949

Nur eine Handvoll betagter Seefahrer, die damals mehrfach um die berüchtigte Südspitze Lateinamerikas segelten, sind noch am Leben und bilden den Klub der Kap Horn-Fahrer. Aber alle åländischen ›Kaphorniers‹ verband bis ins hohe Alter eine enge Freundschaft, geprägt durch das wochenlangen Zu-

ihre letzte Weizenfracht aus Australien anlandeten. Die Reederei Erikson gibt es übrigens immer noch und wird von Gustafs Enkelin Gun geleitet, allerdings mit zwei gravierenden Unterschieden zum Betrieb ihres Großvaters: Das Unternehmen ist inzwischen ausgeflaggt und hat seinen Hauptsitz in Nassau/Bahamas. Und die moderne Flotte ist natürlich komplett motorisiert.

Für die jungen åländischen Seeleute, die an Bord der Erikson-Schiffe um die Welt segelten und dabei an legendären Wettfahrten – den sogenannten Getreiderennen – teilnahmen, war der Törn weniger romantisches Abenteuer als vielmehr harte und gefährliche Arbeit.

sammenleben an Bord, die Erinnerung an gemeinsame Abenteuer in Australien (wo viele mehr Freunde und Bekannte hatten als daheim in Mariehamn) und das Segeln selbst.

Die Ära der Großsegler ist auf den Inseln bis heute lebendig – nicht nur durch das Museumsschiff ›Pommern‹. So findet man die prächtigen Schiffe etwa als Motiv auf den åländischen Briefmarken, die übrigens der Sohn eines Kap-Horn-Fahrers gestaltet hat. Und in Mariehamn tragen alle Taxen auf ihrem Nummernschild den Namen eines Frachtseglers – wer ein solches Taxi benutzt, bekommt über das jeweilige Schiff eine kleine Infobroschüre.

dessen gesamte Länge eine gewölbte Holzdecke überspannt, befindet sich u. a. eine aus Gotland importierte mittelalterliche Marienstatue aus Holz.

Die Straße endet am Fährhafen Berghamn im Dorf **Storby** 3, von wo täglich die Auto-Passagierfähren zum schwedischen Grisslehamn starten. Übrigens ein Vorgang, der gerne von Einheimischen beobachtet wird – nicht ohne Grund, denn immerhin hält jeder dritte Inselbewohner Anteile an der Eckerö-Reederei. Schon im Mittelalter war die alte Zollbrücke südlich des Fährhafens eine wichtige Station des sogenannten Königsweges (s. S. 121ff.). Zwischen 1638 und 1910 wurde hier die Post von und nach Schweden umgeschlagen. Die gefährliche 40 km lange Strecke mußte mühselig per Ruderboot zurückgelegt werden, und wenn die Ostsee zufror, schob man die Boote in schweißtreibender Arbeit übers Eis. Die legendäre Postroute hatte ihre Helden genauso wie ihre tragischen Opfer: Anno 1711 z. B. kamen 17 Männer bei einem Wettrudern um. Zur Erinnerung an die uralte Tradition des Postruderns wird an jedem zweiten Samstag im Juni eine Regatta mit Repliken der ehemaligen Boote abgehalten, eine eindrucksvolle Veranstaltung, die im jährlichen Wechsel mal in Storby und mal in Grisslehamn startet. Auch das monumentalste Gebäude weit und breit erinnert an jene Epoche: Das 1828 vollendete und von keinem geringeren als C. L. Engel entworfene Post- und Zollhaus des Zaren wirkt in diesem ländlichen Umfeld überdimensioniert, und man kann sich vorstellen, daß die hochherrschaftliche Architektur einen ganz bestimmten Zweck verfolgte. Hier, am westlichsten Punkt des Reiches, wollte sich das zaristische Rußland als Großmacht darstellen und, ganz nebenbei, auch den schwedischen König ein wenig

ärgern. Das Postamt von Eckerö beherbergt heutzutage ein Postrudermuseum, eine im russischen Empirestil eingerichtete Wohnung sowie ein Café. Teile des Hauses werden als Hotel genutzt.

Einen Abstecher zum knapp 2 km nördlich gelegenen Fischerdorf Käringsund sollte man sich nicht entgehen lassen: Rund 50 altertümliche Seebuden und Bootshäuser stehen auf Stelzen in der Bucht, auch eine Fischräucherei gibt es. Ganz in der Nähe finden sich ein herrlicher, von Dünen gesäumter Sandstrand, ein 1995 eingerichtetes Jagd- und Fischereimuseum, ein Rotwild- und Wildschweingehege sowie eine moderne Ferien- und Hotelanlage mit Boots- und Fahrradverleih.

Verläßt man Mariehamn in nördlicher Richtung, gelangt man auf der Straße 2 zunächst nach Jomala. Ein kleiner Schlenker nach rechts führt zur **St. Olofskirche** 4, die auf einem uralten Thingplatz liegt. Das von einem stimmungsvollen Friedhof umgebene Gotteshaus ist mittelalterlichen Ursprungs (13. Jh.), wurde jedoch im 19. Jh. durch ein Querschiff erweitert und umgebaut. Trotzdem konnten sich im Innern einige Kalkmalereien erhalten, immerhin die einzigen aus spätromanischer Zeit in Finnland.

In Godby, mit etwas mehr als 800 Einwohnern einer der größten Orte außerhalb der Hauptstadt, biegt die Strecke 2 nach Osten ab und führt auf **Kastelholm** 5 zu, die einzige mittelalterliche Burg der Provinz. Der 1388 zum erstenmal erwähnte Bau wurde bis zum 16. Jh. mehrfach verändert und erweitert. Hier verweilte König Gustav Vasa 1556 einige Monate, und hier ließ dessen Sohn, Herzog Johan, seinen Halbbruder Erich XIV. einkerkern (s. S. 28f.). Doch als Stützpunkt der schwedischen

Krone verlor Kastelholm nach und nach an Bedeutung, mehrfach wüteten Brände und hinterließen eine Ruine, die zusehends verwahrloste. Seit den 80er Jahren versucht man nun, das ursprüngliche Aussehen der Burg zu rekonstruieren – die schon fertiggestellten Teile können auf einer Führung besichtigt werden. Nur wenige hundert Meter von der Burg entfernt kann ein ehemaliges staatliches, Vita Björn (Weißer Bär) genanntes Gefängnis besichtigt werden, das von 1784 bis 1975 ununterbrochen genutzt wurde. Dem ›Weißen Bären‹ gegenüber liegt der Gasthof Jan Karlsgården und auf der anderen Straßenseite ein gleichnamiges, in den 30er Jahren gegründetes Freilichtmuseum. Es beherbergt u. a. einige komplett erhaltene Bauernhöfe, Wasser- und Windmühlen, Fischerkaten, Ställe, Saunas und natürlich auch einen großen Mittsommerbaum. Nirgendwo ist auf den Åland-Inseln die Landkultur des 18. und

19. Jh. besser dokumentiert – das reizvolle, hügelige Gelände mit weiter Sicht auf die Bucht nimmt man als zusätzliches Plus gerne mit.

Hügelig ist auch die weitere Strecke gen Osten, an Granitklippen, Wäldern und Weiden vorbei. Schon weit vor der Brücke zur Nachbarinsel Prästö kündigen vereinzelte Mauern und Ruinen das nächste Besichtigungsziel an, die ehemalige russische Festung **Bomarsund** **6**. Mit ihrem Bau wurde gegen 1830 begonnen, doch was als ›Gibraltar des Nordens‹ für eine ständige Besatzung von 5000 Mann geplant war, wurde 1854 im Krimkrieg durch den Bombenhagel einer englisch-französischen Flotte vollständig zerstört. Trotzdem sind die wenigen noch erhaltenen Ruinen, die an bizarre zyklopische Mauern erinnern, eindrucksvoll genug. Heute ist kaum mehr vorstellbar, mit welchem Arbeitseinsatz die mindestens 2000 Arbeiter, zumeist Kriegsgefangene aus den russisch-türki-

Åland-Inseln

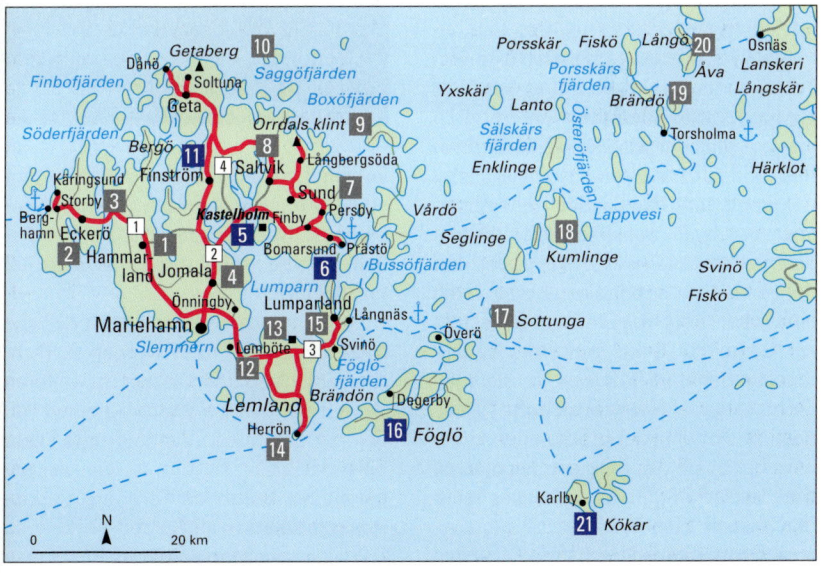

*Aussicht vom Notvikturm bei
der Festung Bromarsund*

schen Kriegen, hier das größte Bauvorhaben der Åland-Inseln realisierten. Allein die ringförmige Hauptfestung war 290 m lang, beherbergte 2500 Soldaten und war mit 115 Kanonen bestückt. Mehrere Magazine, eine Kommandatur und eine richtige Vorstadt einschließlich Krankenhäuser, Kanonentürme sowie Telegraphengebäude z. T. kilometerweit entfernt, waren bereits ganz oder teilweise fertig, als der Krimkrieg das Fort in Schutt und Asche legte.

Wollte man alle Relikte der ehemaligen Festung aufsuchen, müßte man dafür einen ganzen Tag einplanen. Es empfiehlt sich also eine Auswahl der eindrucksvollsten Stätten. Dazu gehören vor allem der kanonenbestückte Notvikstornet, den man auf einem Waldweg etwa 1 km nördlich der Hauptstraße erreicht, die Mauerreste der Hauptfestung nahe der Brücke, und auf der Insel Prästö das Bomarsundmuseum im Lotsenhaus sowie der jüdische, muslimische und griechisch-orthodoxe Friedhof.

Am Fähranleger an der Ostküste von Prästö endet die Straße 2, und wer nicht zur Insel Vårdö übersetzen will, muß ab hier auf gleicher Strecke bis hinter Bromarsund zurückfahren. Im Weiler Finby empfiehlt sich dann jedoch ein Abstecher auf z. T. unasphaltierter Straße nach rechts (alternativ etwas später auf der Höhe von Kastelholm), wo es durch eine wald- und hügelreiche Landschaft zur Gemeinde Sund geht. Ihre bedeutendste Sehenswürdigkeit ist die idyllisch gelegene **Johanneskirche** 7 aus dem 13. Jh., eine der größten des Archipels. Vor allem das Interieur des mächtigen, zweischiffigen Gotteshauses lohnt den Besuch: Zu bewundern sind u. a. einige fragmentarisch erhaltene Kalkma-

lereien, ein riesiges Triumphkruzifix von etwa 1280, ein vermutlich preußischer Marienschrein aus dem 15. Jh. und sieben weitere Holzstatuen aus dem 14. und 15. Jh.

Einige hundert Meter östlich der Kirche zweigt man nach Norden in Richtung Saltvik ab und passiert im weiteren Verlauf auf diesem Waldweg einen Hügel, auf dem einst Ålands größte Fliehburg der Eisenzeit thronte. Von der sogenannten Borgboda Fornborg sind allerdings kaum noch Spuren sichtbar. In Saltvik ist die **Marienkirche** 8 sehens-

wert, die auf einem uralten, schon in der Wikingerzeit bekannten Platz steht, auf dem damals das örtliche Thing abgehalten wurde. Das jetzige Gotteshaus aus Feldsteinen löste 1280 einen hölzernen Vorgängerbau ab, ist allerdings im 19. und 20. Jh. mehrfach umgebaut und erneuert worden. Innen verdienen u. a. das frühgotische Triumphkruzifix und ein gotländischer Taufstein Beachtung.

Mit genügend Zeit lassen sich von Saltvik aus reizvolle Abstecher in die Umgebung unternehmen, vor allem in die weiter östlich gelegenen Wälder, wo

sich auch **Orrdals klint** 9 erhebt, mit 129 m ü. d. M. der höchste Punkt auf den Ålands. Auf dem Weg zum Aussichtsturm, der natürlich die entsprechend weite Aussicht bietet, passiert man die rekonstruierte ›Steinzeit-Siedlung‹ von Långbergsöda, deren primitiven Zelte und Stangenhäuser dokumentieren, wie die ersten Åländer gelebt haben mögen. Während der Hochsaison demonstriert das passend gekleidete Personal, wie z. B. Steinäxte hergestellt wurden und animiert zu einer Paddeltour mit dem Einbaum.

Die Fortsetzung der Route führt in weitem Bogen durch fruchtbares Bauernland um die Bucht von Saltvik und stößt schließlich auf die Straße 4. Hinter der Kirche von Geta mit ihrem freistehenden Glockenturm sollte man rechts nach Soltuna (Restaurant, Café, Glasbläserei) abbiegen und dem **Getaberg** [10] einen Besuch abstatten. Mit 98 m ist er zwar nicht so hoch wie der Orrdals klint, dafür setzt sich sein rotgestrichener hölzerner Aussichtsturm um so eindrucksvoller in Szene. Von hier aus führt ein insgesamt 4,5 km langer Naturlehrpfad zur sogenannten Grotte. Angesichts der ziemlich kleinen Höhle mag man kaum glauben, daß dort die Einwohner von Geta im 18. Jh. Zuflucht vor russischen Soldaten fanden.

Auf der Rückfahrt nach Mariehamn sollte man dem am westlichen Ufer des Vandö-Sees entlangführenden Weg den Vorzug gegenüber der Straße 4 geben. Dabei gelangt man auch nach Finström, dessen größte Sehenswürdigkeit die **Michaelskirche** [11] ist, das wohl schönste Gotteshaus der Provinz und inmitten eines Kirchhofs mit z. T. malerischen alten Gräbern plaziert. Ihre ältesten Teile stammen vom hölzernen Vorgängerbau aus dem 12. Jh., während das steinerne Kirchenschiff samt Chor aus dem 13. und 14. Jh. datieren. Der jüngste Baukörper ist der gotische Turm (15. Jh.) mit schindelgedecktem Helm und vier seitlichen Spitzen. Das Innere weist mit schweren Gewölben und durchbrochenen Pfeilern eine im Norden ungewöhnliche Architektur auf. Ebenso bemerkenswert ist der gute Erhaltungszustand der Kalkmalereien (15. Jh.) und Holzskulpturen, wobei der Schutzpatron der Kirche, der Erzengel Michael, gleich mehrfach dargestellt wurde.

Die letzte der Hauptrouten auf dem ›Festen Åland‹, die Straße 3, führt unmittelbar nördlich der Hauptstadt nach Osten, vorbei am Sandstrand des Slemmern zur Rechten und am pittoresken Bauerndorf Önningeby zur Linken. Auf einer modernen Schwingbrücke wird an-

Die Brigitta-Kirche in Lemland

schließend der Lemström-Kanal überquert, der 1882 auf Befehl des Zaren gebaut wurde. Ein lohnendes Ausflugsziel entlang der Strecke ist zunächst die Ruine der **St. Olofs-Kapelle** 12 von Lemböte, die man wenige Kilometer hinter dem Lemström-Kanal auf einer Stichstraße erreicht. Weiter geht es auf landschaftlich schöner Strecke zur Insel Lemland, wo die mittelalterliche **Brigitta-Kirche** 13 einen Besuch lohnt. Der Feldsteinbau stammt in seinen ältesten Teilen aus dem 13. Jh. und weist einige schöne Kalkmalereien sowie einen Altarschrein aus dem 15. Jh. auf. Etwas weiter ist es bis **Herrön** 14 an der südlichsten Spitze des ›Festen Ålands‹, doch entschädigen die herrliche Natur und eine erfrischende Seebrise für die Anfahrt. In Lumparland lockt schließlich die **St. Andreas-Kirche** 15, ein kleines, aber hübsches hölzernes Gotteshaus aus dem Jahre 1720. Die Straße endete an der Fährstation Långnäs, über die regelmäßige Schiffsverbindungen zu den östlichen Inseln des Archipels bestehen.

Die entfernteren Trabanten

In touristischer Hinsicht trennt sich an den Fährstationen von Prästö, Vårdö, Svinö oder Långnäs die Spreu vom Weizen. Denn die zahlreichen Tagesbesucher, die jeden Sommer zu Zehntausenden in Mariehamn ankommen, schaffen gerade mal einen Spaziergang durch die Hauptstadt und vielleicht noch per Auto, Fahrrad oder Bus ein Ausflugsziel auf dem ›Festen Åland‹. Wer zu den entfernteren Inseln aufbricht, darf sich als ›echter Åland-Urlauber‹ bezeichnen, d. h. er bringt mindestens einige Ferientage im Urlaubsgepäck mit oder reist von vorneherein mit dem eigenen Boot an. Die meisten der kleinen und kleinsten Schären sind sowieso nur auf einem individuellen Segeltörn zu erreichen, während die größeren Trabanten in der Regel über gepflegte Marinas – 14 sind es insgesamt – verfügen, in denen die Freizeitkapitäne festmachen könne. Da der åländische Schärengarten jedoch zu Recht als eines der schönsten Segelreviere in der Ostsee gilt, sind diese maritimen Campingplätze in der kurzen Saison stets ausgelastet. In vielerlei Hinsicht haben es die Fahrradfahrer am besten, die keine Angst haben müssen, von einer Fähre nicht mitgenommen zu werden oder keinen Marina-Liegeplatz zu bekommen und denen überdies drei spezielle Fahrradfähren zur Verfügung stehen.

Jede Insel, die einer der sechs ›Schärengarten-Kommunen‹ angehört, hat ihren eigenen Reiz und unverwechselbaren Charakter, der sich zumeist über eine jeweils andersartige Landschaft definiert. Hier das passende Urlaubsziel zu finden, dürfte angesichts der Vielfalt nicht schwerfallen. Unter den Eilanden, die mehr als ›nur‹ Natur zu bieten haben, verdienen Föglö, Kökar, Brändö und Kumlinge eine besondere Erwähnung.

Das 105 km² große **Föglö** 16 (ca. 600 Einwohner) liegt der Hauptinsel am nächsten und besitzt im pittoresken Hauptort Degerby eins der schönsten åländischen Dörfer. Daß Degerby im 19. Jh. eine wichtige Zwischenstation entlang dem vielbefahrenen Handelsweg nach Turku war, beweisen mehrere hölzerne Villen, von denen die Zollkammer im Jugendstil die prächtigste ist. Trotz seiner geringen Größe versprüht der Ort, der etwa jede Stunde per Fähre von Svinö aus erreichbar ist, mit seinen Cafés, Restaurants und dem Gästehafen den Charme einer traditionsreichen Kleinstadt. Auf einem geruhsamen Spa ziergang sollte man sich das kleine Föglö-Museum anschauen und an Blumengärten und alten Kapitänshäusern vorbei zum traditionsreichen Gasthof Enigheten wandern. Ansonsten lockt Föglö mit einer wunderschönen Natur, die alle typischen Landschaftsbilder des Schärengartens aufweist und sich für ausgedehnte Entdeckungstouren per pedes, Fahrrad oder dem Auto anbietet. Eine gut ausgebaute Straße führt beispielsweise über mehrere Brücken und eine Pendelfähre bis hinauf nach Överö.

Nördlich von Överö liegt **Sottunga** **17**, die kleinste Gemeinde der Ålands und Finnlands. Die meisten ihrer etwa 140 Einwohner arbeiten in der Landwirtschaft. Man muß die Fähre von Överö nicht verlassen, um Sottungas größte Sehenswürdigkeit zu betrachten, denn die Holzkirche aus dem 18. Jh. liegt vis-à-vis zum Anleger. Wer trotz der allenfalls bescheidenen touristischen Infrastruktur der Insel an Land geht, kann u. a. schöne Wanderungen oder Fahrradtouren bis zum Fischerdorf Skaget im Norden unternehmen.

Von Sottunga aus gelangt man per Fähre mit Zwischenstopp auf Seglinge zur nördlich gelegenen Insel **Kumlinge** **18**. Vom Fähranleger führt eine Straße entlang dem Ufer zum gleichnamigen Dorf hinauf, das in seiner Feldsteinkirche einen kunsthistorischen Schatz besitzt. Das der Heiligen Anna geweihte Gotteshaus stammt aus dem 15. Jh., der hölzerne Glockenturm von 1767. Im Gegensatz zum eher einfachen Äußeren steht das Innere des eingewölbten Kirchenraums, dessen originale Kalkmalereien fast komplett erhalten sind. Der Marienschrein aus dem 13. Jh., der früher der Kirche von Sund (s. S. 204) gehörte, ist der älteste auf den Inseln.

Von Kumlinge oder Vårdö läuft eine Fähre die 500-Einwohner-Insel **Brändö** **19** an, wobei unterwegs oft auch das Eiland Lappo mit Schärenmuseum, Yachthafen und Restaurant angelaufen wird. Die Fähre legt in Torsholma an, von wo eine geradezu atemberaubende Straße über etliche Brücken und Mini-Inseln nach Norden führt. Hinter der 1893 erbauten Holzkirche von Brändö zweigt eine Route nach Westen ab, die in Fiskö endet, während man auf der Hauptstrecke bis nach Åva und **Långö** **20** kommt. Da dort eine 30-Minuten-Fährverbindung nach Finnland (Osnäs) besteht, kann diese Inselkette auch als west-östliche Transitstrecke genutzt werden. Beschreiben lassen sich die 22 km von Torsholma nach Åva nicht, denn das Gefühl, geradewegs über das Wasser zu fahren, muß wirklich erlebt werden.

Ebenfalls per Fähre von Sottunga aus zu erreichen ist die südlichste Gemeinde der Åland-Inseln. **Kökar** **21** nimmt aufgrund ihrer herben Naturschönheit und ihrer bewegten Vergangenheit eine Sonderstellung ein. Zwischen 1400 und 1600 lebten hier Hunderte von Bootsmannschaften, die Ostseehering und Dorsche fingen, und regelmäßig machten Handelsschiffe auf ihrer Passage entlang dem ›Königsweg‹ Station. Heutzutage ist Kökar mit 350 Bewohnern – die meisten davon Selbstversorger – die zweitkleinste Gemeinde Ålands. Von der reichen Vergangenheit erzählt aber die Kirche, die in phantastischer Lage oberhalb der rötlichen Granitklippen der Westküste thront und mehr Gläubige faßt, als Menschen auf der Insel leben. Das Gotteshaus mit seinem hohen, roten Schindeldach wurde mit Hilfe einer Kollekte aus ganz Schweden 1784–85 errichtet, nachdem russische Soldaten die alte Holzkirche niedergebrannt hatten. Das der Heiligen Anna geweihte Gebäude ist vor einem stimmungsvollen Friedhof mit alten Eisenkreuzen umgeben und besitzt

Der Yachthafen Karlby auf Kökar

einen hölzernen, freistehenden Glockenturm, der damals auch als Leuchtfeuer
diente. Nur wenige Schritte entfernt
sollte man sich die Überreste der ehemaligen Klosterkeller anschauen, die zu
einer Kapelle umfunktioniert und mit
einem flachen Dach geschützt wurden.
Von etwa 1400 bis zur Reformation lebten in diesem einzigen Kloster des Archipels Franziskaner – auch das ein Beweis
dafür, daß die Gemeinde Kökar damals
bevölkerungsreicher war als heute.

Die einzige Ortschaft heißt Karlby und
liegt an der Südküste. Hier findet man
eine Fischräucherei, einen Kiosk und den
Yachthafen, einen der beliebtesten Treff-
punkte für Tourensegler aus Schweden
oder Finnland. An der Anlegestelle mit
Café, Restaurant und dem architektonisch anspruchsvoll gestalteten Hotel
Brudholl geht es daher im Sommer
recht turbulent zu – ganz im Gegensatz
zum weitgehend einsamen Rest dieses
wunderschönen Fleckchens Erde.

Mittel-
finnland

Entlang der Ostgrenze nach Lappland

Ganz weit im Osten, vor (und hinter) der russischen Grenze, liegt Karelien. Diese historische Provinz ist nicht nur die östlichste des Landes, sondern auch die östlichste Region Westeuropas, eine geschichtsträchtige Schnittstelle, die von beiden Seiten kulturell beeinflußt wurde, die deswegen aber auch – und ebenfalls von beiden Seiten – leidvolle Erfahrungen machen mußte. Für die Finnen verkörpert diese Landschaft in vielerlei Hinsicht die ureigene Seele Suomis, eine unverfälschte Natur und Kultur, die in der Malerei Akseli Gallen-Kallelas, in der Literatur Elias Lönnrots und in der Musik von Jean Sibelius künstlerisch verdichtet wurde. Viele Finnen können sich keinen besseren Platz vorstellen, um in einem einsamen Ferienhaus die hellen Sommerwochen zu verbringen, in der urwüchsigen Wildnis zwischen Joensuu und Kuusamo zu wandern und im Winter Skilanglauf zu betreiben, oder die hier besonders farbenprächtige *ruska,* jene fünfte Jahreszeit zwischen Sommer und Herbst, zu genießen. Durch Karelien, dessen Brauchtum und orthodoxe Tradition noch heute aufspürbar sind und das als ›Land der Runensänger‹ legendenumwoben ist, führt die Route parallel zur russischen Grenze nach Norden. Bevor man das Reich der Mitternachtssonne erreicht, durchquert man die einsame und wilde Urnatur zwischen Joensuu und Kuusamo. Da jedes Kind einen Namen braucht, wird diese Strecke als ›Straße der Runen und Grenzen‹ vermarktet, sozusagen als Gegenstück zur westlichen ›Sonnenroute‹ entlang dem Bottnischen Meerbusen. Rei-

◁ *Das orthodoxe Kloster Uusi-Valamo*

sende in Zeitnot – die in Finnland keiner haben sollte! – orientieren sich dabei immer an der Straße 6, doch auch dann ist der Süd-Nord-Transit nicht an einem Tag zu schaffen. Immerhin sind es von Helsinki nach Rovaniemi auf der Ostroute gut 1000 km bzw. 670 km ab Savonlinna – und entsprechend mehr, wenn man den ein oder anderen Abstecher unternimmt bzw. am Ende einen etwas größeren Bogen über Kemijärvi nach Rovaniemi fährt.

Von Karvio nach Kuhmo

Vom Vorprogramm hängt es ab, wo für den Einzelnen die ›Straße der Runen und Grenzen‹ beginnt. Geeignete Startpunkte wären beispielsweise Vaalimaa (s. S. 137), Lappeenranta (s. S. 139ff.) oder Imatra (s. S. 143), von denen man über die 6 jeweils leicht nach Joensuu findet. Möchte man vorher jedoch noch Savonlinna (s. S. 146ff.) besichtigen oder sich im Saimaa-Seengebiet näher umschauen, gibt es eine Strecken-Alternative nach Joensuu, die bestens als Einführung zum Thema Karelien geeignet ist: die Straße 23, die man von Helsinki über Lahti, Mikkeli und Varkaus erreicht und von Savonlinna via Enonkoski und Heinävesi. Hinter Karvio zweigt eine kleine Straße nach Norden ab, die zum (ausgeschilderten) Kloster von **Lintula** (Lintulan luostari) **1** führt. Auf den ersten Blick erinnert die moderne Anlage wenig daran, daß es sich hier um ein orthodoxes Kloster handelt, dessen Nonnen beispielsweise die Bienenwachskerzen für alle orthodoxen Kirchen Finnlands herstellen. Doch ein

Spaziergang durch den gepflegten Garten bis zur Kapelle, ein Besuch der Kirche und vor allem ein Gespräch mit den Nonnen im Café oder am Souvenirstand macht deutlich, daß man es hier mit einem spirituellen Außenposten der Ostkirche zu tun hat.

Besser noch und auch architektonisch faßbar wird das im benachbarten Mönchskloster **Uusi-Valamo** (Neu-Valamo) **2**. Auch hier ist der Eindruck erst einmal neuzeitlich: Verbotsschilder für Raucher und unpassende Kleidung, ein großer Parkplatz für Besucher. Nachdem man sich über eine Brücke aber der weitläufigen Anlage genähert hat und die vergoldeten Zwiebeltürme der Kirche sieht, fühlt man sich nach Rußland versetzt. Tatsächlich ist das Mönchskloster ein Ableger von Valamo, das seit dem 12. Jh. auf einer Insel im Ladogasee existierte und seit jeher ein Zentrum des orthodoxen Glaubens war. 1940 verließen nach dem Winterkrieg etwa 200 Mönche das berühmte Kloster und ließen sich hier am Juojärvi nieder. Die Gründer von Neu-Valamo sind inzwischen alle gestorben, doch durch die finnischen Novizen, die gerade in den 90er Jahren wieder zahlreich Einkehr und Askese suchen, lebt ein Stück der altrussischen Kultur weiter. Besuchern, die an ihrem Leben teilhaben wollen, bieten die Mönche im eigenen Klosterhotel Unterkunft, wer nur einen kurzen Einblick gewinnen möchte, sollte sich die Kirche von 1977 und die sakralen Schätze im Orthodoxen Museum anschauen, insbesondere den vergoldeten 800-kg-Kronleuchter und die wertvolle Muttergottes-Ikone.

Joensuu **3** (S. 278f.), wirtschaftliches und kulturelles Zentrum Nord-Kareliens, ist schnell über die Straße 23 erreicht.

Entlang der Ostgrenze nach Lappland

Die orthodoxe Kirche und die Finnen

Bei der Einfahrt in den Hafen von Helsinki scheinen die grünen Kuppeln der lutherischen Domkirche über der Stadt zu schweben. Kommt man jedoch dem Marktplatz näher, schiebt sich ein anderes Gotteshaus in den Vordergrund: ein roter Ziegelsteinbau mit vergoldeten Zwiebeltürmchen, die Uspenski-Kathedrale, die größte orthodoxe Kirche Westeuropas. Nicht nur in der Kapitale, sondern in den meisten finnischen Städten sind West- und Ostkirche eng benachbart, liegen sich das lutherische und das orthodoxe Gotteshaus gegenüber, entweder als entgegengesetzte Endpunkte der gleichen Straße oder nur durch einen Park getrennt. Nicht immer sind die Ostkirchen sofort an der Architektur zu erkennen, z. B. in Turku, wo das Zentrum der Orthodoxie von C. L. Engel im neoklassizistischen Stil errichtet wurde. Doch meist macht nicht nur das Interieur mit seinen Ikonostasen und bemalten Gewölben, sondern auch schon das neubyzantinische Äußere deutlich, wes Geistes Kind der Bau ist.

Die Vielzahl der orthodoxen Kirchen und Gebetshäuser *(tsasounas)* täuscht über die Bedeutung des orthodoxen Christentums in Finnland hinweg. Gerade 57 000 Mitglieder, also nur rund 1 % der Bevölkerung, umfaßt die Gemeinde. Trotzdem bilden die finnisch-orthodoxe und die evangelisch-lutherische die beiden Staatskirchen – obwohl die Republik laut Verfassung eigentlich ein konfessionsloser Staat ist!

Die Frage, wieso die Ostkirche zumindest baulich in Finnland so stark vertreten ist, kann nur durch einen historischen Rückblick geklärt werden. Dabei könnte man zunächst meinen, das orthodoxe Element sei eine direkte Folge der finnischen Zugehörigkeit zum russischen Reich, die 1809 begann. Der Zar wollte das autonome Großfürstentum mit Gotteshäusern seines Glaubens schmücken, und seine Beamten und Soldaten sollten ihren Ritus in gewohnter Umgebung ausüben können. Tatsächlich sind in jener Zeit die meisten orthodoxen Kirchen in Finnland gebaut worden, doch geht die Geschichte dieser Glaubensrichtung in Finnland viel weiter zurück.

Seit der Kirchenspaltung im Jahre 1054 ist das Christentum in eine abend- und eine morgenländische Richtung getrennt, die beide versuchten, ihren Einfluß auszudehnen und noch heidnische Gebiete in ihrem Sinne zu missionieren. Dazu gehörten auch die am Rande Europas lebenden Finnen, die nun zwangsläufig und fast gleichzeitig zum Objekt von Christianisierungsversuchen aus beiden Richtungen wurden. Von Konstantinopel aus verbreitete sich die Ostkirche über den Balkan und die Ukraine bis nach Nowgorod und Moskau. Bereits im 12. Jh. war das Valamo-Kloster auf einer Insel im Ladogasee gegründet und damit karelisches (also finnisches) Siedlungsgebiet erreicht worden. Zur gleichen Zeit stießen die Schweden auf ihren Kreuzzügen von Westen her vor. Wie immer in der Kirchengeschichte ging es auch und vor allem um politische Macht, in diesem Fall um die Einflußsphäre von Schweden auf der einen und von Nowgorod auf der anderen Seite. Beide Mächte stießen in Karelien aufeinander, das über Jahrhunderte hinweg zum Zankapfel und Spielball zwischen Ost und West wurde. Jede neue Grenzziehung in Karelien bedeutete auch eine Verschiebung der Trennungslinie zwischen abend- und morgenländischem Kulturerbe.

Man kann sich vorstellen, daß das für die Betroffenen am schlimmsten war. Denn welchem politischen Herrn sie zu dienen hatten, war den Bauern wahrscheinlich herzlich gleich. Doch wenn der über Generationen ausgeübte Glaube mit seinen charakteristischen Ritualen und seinem jeweils andersartigen Festtagskalender aufgegeben werden mußte, war das mehr als nur ein starker Eingriff in ihr Alltagsleben – es berührte die Wurzeln ihres Selbstverständnisses als gläubige Menschen. Immer waren die Karelier die Leidtragenden der andauernden schwedisch-russischen Kriege. Besonders schlimm aber erging es ihnen im 17. Jh., als die schwedische Großmacht alle Orthodoxen zum lutherischen Glauben zwangsbekehrte. Unter umgekehrten Vorzeichen erklärte man die karelischen Gemeinden 1764 zu einem Teil der Diözese St. Petersburg, deren Metropolit das Haupt der russischen Kirche war. Erst als 1809 ganz Finnland in das russische Reich integriert wurde, begannen – auch im religiösen Sinn – friedlichere Zeiten. Kurz darauf entwickelte die Orthodoxie jedoch verschiedene nationale Richtungen, von denen auch die Finnen ergriffen wurden. Nicht mehr das Kirchenslawische, sondern das Finnische sollte bei der Liturgie verwendet werden, und national gesinnte Priester sowie die ›Bruderschaft der Heiligen Sergej und Hermann‹ arbeiteten auf eine größere Selbständigkeit gegenüber der russischen Kirche hin. Die Bestrebungen mündeten in der Errichtung einer eigenen finnisch-orthodoxen Diözese im Jahre 1892.

Als Finnland 1917 unabhängig wurde, respektierte die lutherische Mehrheit die vorwiegend in Karelien lebenden Orthodoxen und gestand ihnen den Rang einer zweiten Staatskirche zu. Obwohl in der Sowjetunion Kirchen und Klöster geschlossen wurden, bestand das Patriarchat von Moskau weiter, doch aus verständlichen Gründen ordnete sich das orthodoxe Erzbistum Finnland dem ökumenischen Patriarchen in Istanbul unter.

Durch die Kriege 1939–44 fand die Entwicklung eine jähe Unterbrechung. Karelien, der traditionelle Wohnort der Orthodoxen, war an die UdSSR gefallen und damit ca. 170 Kirchen und Bethäuser sowie 92 % des kirchlichen Eigentums. Der Flucht von Gläubigen, Mönchen und Nonnen folgte eine Zerstreuung der Ostkirche über ganz Finnland. Eine Sonderrolle spielte lange Zeit das von geflohenen Mönchen gegründete Kloster Uusi-Valamo (s. S. 215), das sich als Keimzelle des Konservatismus weder vom Moskauer Patriarchen, noch von der kirchenslawischen Sprache, noch vom julianischen Kalender lösen wollte. Erst 1970 gingen auch dessen eigensinnige Mönche wieder in allen Belangen mit der finnisch-orthodoxen Kirche konform.

Im Nachkriegs-Finnland fand die orthodoxe Kirche großzügige staatliche Unterstützung, u. a. beim Bau von 13 Kirchen und 44 Bethäusern. Anstelle von Wyborg wurde Kuopio als Sitz des

Erzbischofs ausgewählt, von wo aus Mittel- und Ostfinnland verwaltet werden; Südfinnland untersteht der Diözese Helsinki, West- und Nordfinnland der Diözese Oulu.

Bei aller Zersplitterung lebt die orthodoxe Tradition in Ostfinnland am stärksten weiter, dort, wo sich nach 1944 die meisten Karelier niederließen. In Städtchen wie Ilomantsi oder Nurmes, vor allem aber in den kleinen karelischen Dörfern an der russischen Grenze gehört das orthodoxe Leben zum unverwechselbaren regionalen Kolorit. Die Zwiebelturm-Kirchlein mit ihrer Ikonenwand (Ikonostase), die den Altar vom Kirchenraum trennt, dem russischen Kreuz, dessen unterster Querbalken schräg gestellt ist, und den bei Prozessionen getragenen Kirchenfahnen (Horuqven) sind keine Relikte vergangener Zeiten! Und auch die farben-prächtigen *praasniekka,* Weihefeste zu Ehren des jeweiligen Kirchenpatrons und Höhepunkte des orthodoxen Kirchenjahres, sind Ausdruck eines tief verwurzelten karelischen Glaubens, trotz aller neuzeitlicher Vermarktung für Touristen. Lange Zeit schien es so, als sei die Ostkirche dem Untergang geweiht, würde sie früher oder später der finnischen Modernität zum Opfer fallen. Doch seit Ende der 70er Jahre finden die Gebetshäuser wieder verstärkt Zulauf und haben die Klöster keine Nachwuchssorgen mehr. Das ist ein erfreuliches Zeichen, auch über die Spiritualität hinaus, die der einzelne Gläubige hier erfährt. Denn Finnlands besondere kulturhistorische Rolle an der Nahtstelle von West und Ost wird auch und gerade am Nebeneinander von lutherischer und orthodoxer Kirche sichtbar.

Der heute rund 50 000 Einwohner zählende Ort wurde 1848 an der Mündung des Pielisjoki-Flusses in den See Pyhäselkä gegründet und erst nach den Gebietsverlusten im Winterkrieg als karelische Kapitale installiert. Für Joensuus Wirtschaftsleben sind neben der traditionellen Holzverarbeitung auch die Universität und andere Lehrinstitutionen von großer Bedeutung, ebenso der Fremdenverkehr und in zunehmendem Maße der Handel mit Rußland.

In der überschaubaren Stadt mit ihrem rechtwinkligen Straßenmuster fällt eine Orientierung leicht. Ihre Hauptachse ist die Siltakatu, die Joensuu in West-Ost-Richtung durchquert und über die Museumsinsel auf die andere Flußseite führt. An ihr liegt der große Marktplatz, auf dem in den Sommermonaten pulsierendes Leben herrscht und wo Rindenbrot *(pettuleipä),* Piroggen oder andere karelische Spezialitäten angeboten werden. Gen Osten wird der Marktplatz von einem hübschen Park und dem Rathaus begrenzt, einem von Eliel Saarinen entworfenen Jugendstilbau (1914) mit markantem Turm. Dahinter lohnt sich ein Spaziergang über die Uferpromenade flußaufwärts, an der einige hübsche Holz- und Steinhäuser stehen und an der die ›M/S Vinkeri‹ und andere Boote zu ihren Fluß- und Seekreuzfahrten ablegen. Vom Ufer hat man auch einen guten Blick auf die Flußinsel Ilosaari mit dem Nordkarelien-Museum.

Drei Blocks westlich kommt man über die Siltakatu vom Marktplatz zur Querstraße Kirkkokatu, wo das Kunstmuseum die zweite wichtige Adresse für Kulturtouristen darstellt. Es präsentiert finnische Kunst von den 50er Jahren des 19. Jh. bis zur Moderne sowie einige chinesische und klassische Exponate. Ihren

Namen trägt die Straße nach den beiden größten Kirchen der Stadt: Die lutherische Kirche am südlichen Ende, die 1903 im neugotischen Backsteinstil fertiggestellt wurde, und am Nordende die orthodoxe Nikolaus-Kirche von 1887.

Nicht verpassen sollte man auch den lebhaften Jarmanka-Flohmarkt, der im Sommer täglich in der Stadtmitte stattfindet und sich zu einer festen Institution für Schnäppchenjäger entwickelt hat. Unter den etwas weiter vom Zentrum entfernten Sehenswürdigkeiten verdienen der Botanische Garten der Universität (Botania) und die Utra-Kirche eine besondere Erwähnung. Ersterer liegt an der Heinäpurontie am westlichen Stadtrand und präsentiert in fünf Gewächshäusern samt großem Außengelände rund 1000, darunter auch tropische Arten sowie alle in Nordkarelien heimischen Pflanzen. Auf dem Gelände befin-

det sich auch die Haupttribüne für das alljährliche karelische Gesangsfestival, das bis zu 11 000 Sänger nach Joensuu führt. Sollte man im Juni in der Stadt sein, gehört die Teilnahme an diesem Spektakel fast schon zur touristischen Pflicht. Die alte Utra-Kirche schließlich liegt vom Marktplatz aus etwa 8 km flußaufwärts und wurde komplett in massiver Blockhaustechnik gezimmert.

Eine östliche Variante führt von Joensuu über die Straße 74 zum 73 km entfernten **Ilomantsi** 4 (S. 276f.), wo man auf die erwähnte ›Straße der Runen und Grenzen‹ stößt. Ilomantsi ist die östlichste Gemeinde Finnlands, ihre knapp 8000 Einwohner sind noch am stärksten den karelischen Traditionen verhaftet – was besonders bei den orthodoxen Kirchen- und Volksfesten deutlich wird. Nirgendwo wird eine *praasniekka* (S. 216) feierlicher und farbenprächtiger begangen als hier, weshalb inzwischen schon Pauschalurlauber zu den Weihefesten anreisen.

Karelisches findet sich auch im Wappen der Gemeinde, das die Kantele, ein bereits im Nationalepos ›Kalevala‹ erwähntes Musikinstrument, in dreifacher Ausführung zeigt. Die Verse (Runen) der ›Kalevala‹ wurden in Ilomantsi traditionell von sogenannten Runensängern rezitiert. Wie sich so etwas anhört, erfährt man im Runonlaulajan Pirrti, dem ›Haus der Runensänger‹, das außer karelischem Liedgut vom Band Fotos der berühmtesten Barden und viele seltene ›Kalevala‹-Ausgaben präsentiert. Das schwarz-weiße Blockhaus im karelischen Stil findet man im ›Dichterdorf‹ Parppeinvaara, eine Art Freilichtmuseum unmittelbar südlich des Zentrums. U. a. sind auf dem Gelände eine Handarbeitsstube, Unterstände aus dem Winterkrieg, ein orthodoxes Bethaus und das karelische Restaurant Parppeinpirtti versammelt. Karelisches Lokalkolorit vermittelt im Ort auch die 1891 erbaute orthodoxe Kirche St. Elias mit ihrem alten Friedhof.

Nördlich von Ilomantsi beschreibt die ›Straße der Runen und Grenzen‹ bis Lieksa einen 135 km langen Bogen parallel zur russischen Grenze. Auf einem asphaltierten, aber schmalen Weg (522) kommt man durch eine Bilderbuchlandschaft mit bewaldeten Bergrücken, Seen und Mooren, die im Nationalpark Patvinsuon naturgeschützt ist. Markierte Pfade laden dort zu kürzeren oder längeren Wanderungen ein, bei denen man sicher auch einen der hier zahlreichen Biberdämme entdecken wird.

Wenige Kilometer vor der Ortschaft Lieksa geht rechter Hand ein Weg zu den gut 20 km entfernten Ruunaa-Stromschnellen ab, die den Fluß Lieksanjoki über viele Kolometer in ein schäumendes Wildwasser verwandeln. Beste Voraussetzungen also für ein Rafting-Abenteuer, das im Sommer täglich angeboten wird. Genausogut kann man in dem Gebiet aber auch wandern und angeln. Alle Aktivitäten werden im Informationszentrum von Neitikoski gebündelt, wo man auch Unterkünfte in Wohnwagen oder Campinghütten vermittelt. Obwohl recht weit vom Ortszentrum entfernt, befindet man sich an den Ruunaa-Stromschnellen doch noch innerhalb der Gemeindegrenzen von **Lieksa** 5 (S. 287), einer 17 000-Einwohner zählenden Kleinstadt, die mit über 4000 km² aber zu den flächenmäßig größten Ortschaften Skandinaviens gehört. Die eigentliche ›Stadtmitte‹ mit Hotels und anderen Serviceeinrichtungen befindet sich dort, wo der Lieksanjoki in den Pielinen-See mündet. Die wichtigste Sehenswürdigkeit am Platz ist das erstaunlich umfangreiche Freilichtmuseum Pielinen, das auf einer Halbinsel im Fluß liegt. Rund 70 komplett erhaltene Hütten und Gehöfte aus drei Jahrhunderten erzählen, wie die Karelier lebten und arbeiteten, sowohl die besser Gestellten und die bäuerlichen Großfamilien, als auch die einfachen Waldarbeiter, Köhler oder Flößer. Etwas weiter südlich, auf der Halbinsel Sarkkila jenseits der Bucht, ist im Herrenhaus Sarkkilan Hovi das großbürgerliche Leben konserviert. Außer der idyllischen Lage am See und der neoklassizistischen Architektur sind die dortigen Ausstellungen von Kunsthandwerk, Industriedesign und anderen Themen interessant.

Sehenswert ist weiterhin die lutherische Kirche (es gibt im Ort auch eine 1960 gebaute orthodoxe), die 1982 nach Plänen der renommierten Architekten Raili und Reima Pietilä entstand. Die zeltartige Konstruktion vereinigt moderne Glaselemente mit karelischer Block-

Typisch karelisch: das Bomba-Haus bei Nurmes

haus-Bautradition und steht in starkem Kontrast zu einem von C. L. Engel entworfenen Glockenturm, der zur abgebrannten Vorgängerkirche gehörte. Im Innern des Gotteshauses kann man eine Holzskulptur von Eva Ryynänen bewundern, der vielleicht bekanntesten zeitgenössischen Holzbildhauerin Finnlands. Werke der 1915 geborenen Künstlerin sind heute in Metropolen wie New York oder London ausgestellt, sie selbst bevorzugte aber das einfache Landleben und richtete ihr Atelier in einem hohen, ehemaligen Kuhstall ein. Dieses eindrucksvolle Studio befindet sich ca. 30 km südlich von Lieksa an der Straße nach Vuonislahti im Dörfchen Paateri, dazu gehören auch eine 1991 gebaute Kirche in Blockhaus-Technik und ein modernes Galeriecafé.

Ansonsten bietet Lieksa Natur in Hülle und Fülle, ein weites Feld also für Freizeitaktivitäten aller Art. Und wem die Wandergebiete innerhalb der Gemeindegrenzen nicht genügen, sollte sich mit der Fähre zu den bis zu 347 m hohen **Koli-Bergen** 6 übersetzen lassen. Von den kahlen Bergkuppen ergeben sich einige der schönsten Panoramablicke des Landes, die immer auch Künstler magisch angezogen haben. Das Blau der Seen sowie die zu jeder Jahreszeit andere Färbung und Stimmung der Natur machen den gleichnamigen Nationalpark zu einem der beliebtesten Reiseziele der Region. Einen lauten Kontrapunkt zur Stille der Wälder kann man übrigens erleben, wenn man sich in der letzten Juliwoche in Lieksa aufhält. Dann nämlich treffen sich Blechblasinstrumentalisten aus allen Teilen des Landes in der Stadt zu einem Festival!

Auf der Hauptstraße sind es nur gut 60 km bis **Nurmes** 7 (S. 289), einer Gemeinde mit 11 000 Einwohnern. Das eigentliche Zentrum der ›Stadt der Birken‹ mit dem rechtwinkligen, 1879 vom Zaren abgesegneten Stadtplan, besetzt eine schmale Landzunge im Pielinen und weist in einigen Vierteln noch eine geschlossene, idyllische Holzhausbebauung auf. Die bekannteste Attraktion der Stadt findet man jedoch nicht hier, sondern gut 2 km weiter südlich in Ritoniemi. Dort wurde am Seeufer ein karelisches Dorf mit dem Bomba-Haus als Mittelpunkt nachgebildet. Der Namenspatron war ein gewisser Jegor Bombin, der seinerzeit im heute russischen Teil das größte Haus Kareliens gebaut hatte. Dieses in charakteristischer Art schwarzgestrichene Holzgebäude mit unverkleideten Rundbalken und kunstvoll verstrebtem Deckengebälk diente als Vorbild für das hiesige Bomba-Haus, das 1978 fertiggestellt wurde. Wer allerdings unverfälschtes Brauchtum erwartet, wird feststellen müssen, daß des Guten etwas zuviel getan wurde. Denn das ›karelische Dorf‹ entpuppt sich als quirliges Touristenzentrum mit Freilichttheater, Souvenirladen, Sommermarkt, großem Golfplatz und einem neuen Kurbetrieb in der Nähe. Trotzdem lohnt sich ein Besuch, allein schon wegen der Architektur, des Restaurants mit karelischen Spezialitäten und der herrlichen Natur am Seeufer, die man sportlich und erholsam erleben kann. Und während der Bomba-Festivalwoche, die alljährlich im Juli stattfindet, bekommt man von Folkloregruppen aus der gesamten Region tatsächlich authentische finnougrische und karelische Kultur geboten. Außerdem besteht immer die Möglichkeit, sich vom Trubel im orthodoxen Gebetshaus zurückzuziehen.

Von Nurmes geht es auf der Straße 75 weiter zum 83 km entfernten Kuhmo. Die erste Teilstrecke führt immer in der Nähe des etwa 100 km langen Flusses Saramajoki entlang, dessen Stromschnellen eine beliebte Herausforderung für Kanuten und Schlauchbootfah-

rer darstellen. Auch sonst bietet die Region Aktivurlaubern paradiesische Möglichkeiten, sei es zum Angeln, zum Wandern, zum Mountain-Biking oder zum Skifahren. Ein Zentrum solcher Aktivitäten ist das Dorf Saramo, in dem man auch Unterkünfte findet und im ›Fischerhaus‹ (Kalastajatalo) gemütlich essen kann.

Die landschaftlich überaus reizvolle Szenerie setzt sich anschließend in der historischen Landschaft Kainuu fort. Deren größter Teil wird von der Gemeinde **Kuhmo** 8 (S. 282f.) eingenommen, die trotz ihrer nur 13 000 Einwohner knapp 5500 km^2 umfaßt und deutlich größer ist als Helsinki oder jede andere Stadt des Landes! Klar, daß damit Kuhmo mehr Natur zu bieten hat als urbane Attraktionen, doch kommen auch Kulturtouristen auf ihre Kosten: Die an den Pajakkajoki-Stromschnellen im Zentrum gelegene Bücherei (Nuurmela u. a., 1988) ist ein hier unerwartetes Monument bester finnischer Architektur. Auch das neue Kuhmo-Haus ist überzeugend gestaltet, und vollends überrascht wird man, wenn man sich die Liste jener Spitzenmusiker anschaut, die zum alljährlichen Kammermusikfestival im Juli nach Kuhmo kommen. In die Vergangenheit führt das neue, 3 km nördlich des Zentrums errichtete ›Kalevala‹-Dorf, das mit ähnlicher Konzeption wie das karelische Bomba-Dorf von Nurmes Touristen anziehen will.

Jeder Naturfreund wird von den Wäldern, Hügeln und sauberen Gewässern der Gemeinde begeistert sein. Im Kainuu-Natur-Informationszentrum, 3 km außerhalb des Zentrums, werden audiovisuell wertvolle Einsichten in das natürliche Habitat und die Bedingungen der Forstwirtschaft vermittelt. Die Stromschnellen, von denen einige mitten in der Stadt liegen, sind ein lohnendes Ziel für anspruchsvolle Wildwasser-Kanuten oder Rafting-Fans. Früher mußte über solch schwierige Wasserwege der Teer transportiert werden, ein wichtiges Standbein der hiesigen Wirtschaft. Eine Teerruderer-Statue am Seeufer erinnert an jene Zeit.

Von Kuhmo nach Kemijärvi

Weiter in den Norden geht es über die 912, ein Teilstück der ›Straße der Runen und Grenzen‹. Nach gut 10 km passiert man Lentiira, wo eine moderne Kirche (Hannu Pyykkönen, 1991) am Wegrand liegt. Die Route überquert kurz darauf die breite Straße 89, die parallel zu einer Eisenbahnlinie von der Grenzstation Vartius nach Rußland führt. Deswegen sieht man hier verschiedentlich auch Tax-Free-Shops und Gebrauchtwagenhändler, die mit kyrillischen Werbeplakaten die neue Kundschaft aus dem Osten anlocken. Nördlich davon liegen in den dichten Wäldern des Grenzgebietes **Hietajärvi** und **Kuivajärvi 9**, zwei kleine Siedlungen, in denen orthodoxe und karelische Traditionen noch lebendig sind. Im letztgenannten Dörfchen wird das an einem hölzernen, dem Heiligen Nikolaus geweihten Bethaus (Tsasouna) sichtbar, aber auch am Blockhaus Domman Pirtti, das heute als Jugendherberge dient. Einheimische in karelischen Volkstrachten oder weihrauchschwingende Popen kann man jedoch allenfalls beim *praasniekka*-Fest im Juli erwarten. Ansonsten ist es hier fast immer menschenleer, so daß man es sich gut überlegen sollte, ob man die immerhin 20 km lange Stichstraße ab der 912 auf sich nehmen will. Naturschön ist sie auf alle Fälle! (Wer mit einer guten Detailkarte und Sinn für Abenteuer ausgestattet ist, kann auch von Vartius aus auf unasphaltierten und

1939–1945: Finnland in drei Kriegen

D er Krieg zwischen Finnland und
Rußland hat begonnen. Heute
haben die Russen Helsinki bom-
bardiert. Auch viele andere Orte. An der
Grenze wird gekämpft. Der Kriegszu-
stand ist proklamiert und Feldmarschall
Mannerheim zum Oberbefehlshaber ernannt worden.« So lautete die Tage-
bucheintragung von Juho Kusti Paasikivi, finnischer Gesandter in Stockholm
und späterer Staatspräsident, am
30. November 1939. Spätestens seit
dem Hitler-Stalin-Pakt war die Gefahr
eines Krieges am Horizont aufgetaucht,
da die Russen für den bevorstehenden
Waffengang mit Deutschland mehr
Raum zur Verteidigung Leningrads und
Stützpunkte zur Bewachung des strategisch wichtigen Finnischen Meerbusens benötigten. Mit dem Hinweis auf
akute Sicherheitsbedürfnisse hatten die
Sowjets Gebietsansprüche gestellt und
die Überlassung von Stützpunkten auf
finnischem Territorium gefordert. Auf
das Ansinnen ging Helsinki natürlich
nicht ein. Nach dem Scheitern der Verhandlungen verstärkten die Sowjets ab
November 1939 ihren Druck und forderten die Finnen ultimativ auf, ihre Truppen in einem 25 km breiten Streifen
von der russischen Grenze abzuziehen.
Am 28. November kündigte Molotow
den Nichtangriffspakt. Zwei Tage später
rückte die Sowjetarmee im Morgen-
grauen längs der 1100 km langen
Grenze in Finnland ein, während Bom-
bergeschwader in Estland aufstiegen
und finnische Städte angriffen: Der

›Winterkrieg‹ hatte begonnen. Aufgrund
der Kräfteverteilung spekulierte die so-
wjetische Führung auf einen ›Blitzkrieg‹.
Die finnische Armee war mit ihren
200 000 Mann und 287 Flugzeugen den
45 russischen Divisionen mit 1 Mio.
Soldaten, 3500 Flugzeugen und 3200
Panzern hoffnungslos unterlegen. Doch
der verzweifelte Abwehrkampf der Finnen, geleitet vom damals schon 72jähri-
gen Mannerheim, fügte zum Erstaunen
der ganzen Welt der Sowjetunion große
Verluste zu, und schon die erste große
Schlacht bei Wyborg endete mit einer
Niederlage der Roten Armee. Die an-
fänglichen Erfolge der skilaufenden finnischen Truppen mit ihren weißen Uniformen, die sich im Terrain besser aus-
kannten und das schwere Gerät der
Russen zur Nutzlosigkeit verdammten,
erhielten vor allem in Deutschland
durch Schlagworte wie ›Heldenvolk‹
und ›historisches Ringen zwischen
David und Goliath‹ eine unangemes-
sene romantische Verklärung. Nachdem die Sowjets ihre Strategie geändert und neue Reserven erschlossen
hatten, begann auf der karelischen
Landenge im Februar 1940 eine Großoffensive. Die Verteidiger mußten sich
nach harten Abwehrkämpfen zurückzie-
hen, und am 3. März 1940 teilte Mannerheim der Regierung mit, weiterer
Widerstand sei aussichtslos. Die Verhandlungen, die unter schwedischer
Vermittlung zustande kamen, endeten
mit dem Friedensschluß von Moskau
am 12. März 1940, am Tag darauf trat

an allen Fronten der Waffenstillstand in Kraft. Finnland mußte den Südosten des Landes samt Wyborg sowie fünf Inseln im Finnischen Meerbusen an Rußland abtreten und die Halbinsel Hanko für 30 Jahre zur Anlage eines Militärstützpunktes ›verpachten‹. Das abgetretene Territorium betrug knapp 25 000 km², und über 400 000 Menschen (12 % der finnischen Bevölkerung!) mußten umgesiedelt werden.

Obwohl im Winterkrieg die Souveränität gegen die übermächtige Rote Armee gewahrt und Finnlands Widerstand weltweit zu einer Legende wurde, konnte man sich weder mit den Gebietsverlusten anfreunden, noch der Sowjetunion gegenüber sicher fühlen. Diese hatte sich im August 1940 die baltischen Staaten einverleibt, und da Schweden eine absolute Neutralitätspolitik verfolgte, war Finnland von den Westmächten abgeschnitten. Als im Sommer des folgenden Jahres die Hitler-Armee nach Rußland einmarschierte, beteiligte man sich deshalb als formal unabhängige Partei an diesem Krieg, der in der einheimischen Geschichtsschreibung ›Fortsetzungskrieg‹ genannt wird. ›Unabhängig‹ heißt, daß es den Finnen unter Präsident Ryti um ihre eigenen Ziele ging, also die Wiedereroberung der verlorenen bzw. als finnisch empfundenen Gebiete. An Operationen, die außerhalb dieser Zielsetzung lagen – etwa die Belagerung Leningrads – beteiligte sich Helsinki nicht. Der Fortsetzungskrieg verlief zunächst erfolgreich: Wyborg und die karelische Landenge wurden eingenommen, finnische Truppen stießen bis zum Onega-See vor. Der anschließende Stellungskrieg dauerte bis zum Juni 1944, dann allerdings setzte die Großoffensive der Roten Armee ein. Staatspräsident Ryti, der Hitler in einem persönlichen Brief den

Durchhaltewillen Finnlands zugesichert hatte, mußte zurücktreten und wurde von Marschall Mannerheim ersetzt. Dieser schloß im September 1944 mit der Sowjetunion einen Waffenstillstand. Die Bedingungen waren hart: Die Grenzen von 1940 wurden im Südosten wieder hergestellt, der Eismeer-

Das Winterkrieg-Museum Raatteen Portti bei Suomossalmi

Zugang bei Petsamo fiel an die Sowjetunion, die Halbinsel Porkkala mußte für 30 Jahre an die UdSSR verpachtet werden, und schließlich hatte Finnland umfangreiche Reparationen zu zahlen. Außerdem befanden sich in Lappland noch deutsche Truppen, die laut Waffenstillstandsabkommen das Land unverzüglich zu verlassen hatten. Da sie das nicht freiwillig taten, folgte 1944–45 der sogenannte Lappland-Krieg, bei dem es nun gegen die ehemaligen Verbündeten ging. Wie in Norwegen wandte die Hitler-Armee bei ihrem Rückzug das Prinzip der ›verbrannten Erde‹ an und machte u. a. die Stadt Rovaniemi dem Erdboden gleich.

Auf dem Gipfel des Pyhätunturi

unbeschilderten Pisten quer durch den Wald nach Hietajärvi finden).

Auf der 912 fährt man nun durch das obere Kainuu-Gebiet, wo Finnland am schmalsten ist. Die nächste Gemeinde heißt **Suomussalmi** 10 (S. 296) und verfügt über ein gutes touristisches Angebot mit vielfältigen Outdoor-Aktivitäten. Die Hälfte der 12 000 Einwohner lebt im modernen Ämmänsaari, während das namengebende Suomussalmi eher ein kleines Dorf ist. Im finnischen Nationalbewußtsein ist die Region besonders wegen der Kämpfe während des Winterkrieges (1939/40) verwurzelt, als in Suomussalmi ein verbissener und erfolgreicher Abwehrkampf geführt wurde. Zahlreiche Soldatenfriedhöfe und das von Alvar Aalto gestaltete Flammen-Monument (an der Straße 9150) erinnern an diese Zeit. Wer über die 912 aus südlicher Richtung anreist, quert jene im Winterkrieg umkämpfte Purasjoki-Linie, die heute als 27 km lange sogenannte Museumsstraße (9125) an ursprünglichen oder restaurierten Unterständen und Schützengräben vorbei bis zum Wachmuseum von Raate direkt an der Grenze führt. Soviel Kriegserinnerung muß – zumal für ausländische Besucher – nicht sein, wer sich aber für diesen Teil der Geschichte interessiert, sollte an der Kreuzung der Straßen 912/9125 das neue Museum Raatteen Portti besuchen. Dort werden finnische und russische Waffen und Uniformen gezeigt sowie anhand persönlicher Utensilien und Fotografien gefallener Soldaten gedacht. Dem Museum sind ein Café und ein Shop angeschlossen.

Alternativ zur E 63 nach Kousamo bietet sich die Straße 913 an, die kurz vor Suomussalmi gen Norden führt. Sie ist landschaftlich reizvoller und ermöglicht mehrfach Abstecher in die Wildmark. Beispielsweise nach ca. 55 km, wo rechts ein schmaler Weg nach Pirttivaara abzweigt und zum Wildmarkzentrum Martinselkonen führt. Um diese ehemalige Schutzstation an der russischen Grenze erstreckt sich ein 6000 ha großes Areal mit vielen Gewässern, das man ganzjährig für (Ski-)Wanderungen, Tierbeobachtungen und andere Naturerlebnisse nutzen kann.

Noch bekannter ist das weiter nördlich gelegene Wandergebiet **Hossa** 11, das vom finnischen Amt für Staatswälder verwaltet wird. Rund 90 km Wanderwege und Pfade, die im Winter von Skilangläufern als Loipen genutzt werden, führen über Stock und Stein zu unzähligen Seen, durch dichte Wälder und zu Überresten einer prähistorischen Kultur:

In dieser Region brachten Steinzeitmenschen an steilen Uferfelsen figürliche Felszeichnungen an, die vielleicht als Götter oder Schamanen interpretiert werden können. Bekannt ist Hossa auch für seine herrlichen Kanurouten und vorzüglichen Angelbedingungen – u. a. findet man hier Grau- und Lachsforellen, Lachse, Äschen, Hechte und Riesenbarsche. Am Hossa-Informationszentrum, wenige hundert Meter links der Straße 913, kann man sich entsprechendes Gerät ausleihen und Lizenzen erwerben. An Unterkünften stehen die kostenlosen, aber primitiven Schutzhütten, ein Campingplatz und in der nahen Ortschaft ein komfortables Hotel zur Verfügung.

Bei der Weiterfahrt passiert man am Flecken Teerinranta einen Abzweig zum See Julma Ölkky. Der ist zwar nicht besonders lang, drängt sich aber eindrucksvoll in eine enge, von 50 m hohen Felsen umrahmte Schlucht. Etwas weiter nördlich geht dann die 913 bei Murtovaara in die 843 über, auf der man am ebenfalls idyllischen Iljärvi-See zur Straße 5 (E 63) stößt. Dort befindet man sich bereits innerhalb der Gemeindegrenzen des 19 000-Einwohner-Städchens **Kuusamo** 12 (S. 284f.), das in Finnland einen guten Namen hat. Denn Kuusamo wird im Lande gleichgesetzt mit ungestörtem Naturgenuß zu jeder Jahreszeit, mit den besten Wanderwegen, den spektakulärsten Wildwassern und dem abwechslungsreichsten Wintersportgebiet. Innerhalb der Gemeindegrenzen findet man über 5000 Seen und Flüsse, Wasserfälle und Stromschnellen, Canyons und Höhenrücken. Demgegenüber ist der nach den Zerstörungen des Zweiten Weltkrieges wieder aufgebaute Ort weitgehend nichtssagend und allein wegen der touristischen Infrastruktur interessant.

Die schönste landschaftliche Szenerie empfängt Besucher im Nordosten der Gemeinde. Wer der E 63 in Richtung Kemijärvi (141 km) folgt, kommt zunächst nach **Ruka** 13, dem Herzstück des hiesigen Fremdenverkehrs und einem der bedeutendsten Wintersportzentren Finnlands. Rund um den 462 m hohen Rukatunturi und seine Nachbargipfel gibt es jede Menge Loipen, Pisten, Wanderwege und Aussichtsplätze. Wer fußfaul ist, kann sich mit einem Sessellift auf den Berg bringen lassen und auf der längsten Sommerrodelbahn des Landes wieder ins Tal hinabgleiten.

Noch ein Stückchen weiter zweigt östlich eine Straße zum **Oulanka-Nationalpark** 14 ab, einem weiteren landschaftlichen Höhepunkt. Im Naturzentrum am Parkeingang (Cafeteria, Campingplatz) sollte man sich anhand von Schaukästen, Dias und Filmen über das Gebiet informieren, bevor es dann auf einem der markierten Pfade in die urwüchsige Wildnis geht. Fichten und Kiefern sorgen für das grüne Kleid des Nationalparks, das zur Zeit der *ruska* aber durch die flammenden Farben von Espen, Birken und Ebereschen übertönt wird. Bunte Akzente setzen auch die Lappland-Anemone, Frauenschuh-Orchidee sowie Preisel-, Blau- und Moltebeeren. Der bekannteste Wanderweg ist die insgesamt 95 km lange ›Bärenrunde‹ (Karhunkierros), die etappenweise oder – in drei bis fünf Tagen – als Ganzes zurückgelegt werden kann, übernachtet wird dabei in Schutzhütten. Wo Moore den Weg versperren könnten, sind Holzplanken verlegt, und reißende Stromschnellen bewältigt man über Hängebrücken in luftiger Höhe. Seinen Namen trägt der Pfad übrigens zu Recht, denn Bären gehören durchaus zu den 70 Säugetierarten des Nationalparks (Zur Beruhigung: Die scheuen Tiere haben vor den Zweibeinern ebenso viel Angst wie diese vor ihnen und legen auf menschliche Gesellschaft überhaupt keinen Wert!). Neben Wanderern kommen Rafting-Freunde mit Wildwasserkajaks oder Schlauchbooten auf ihre Kosten, ebenso Angler. Ein Besuch von Oulanka sei auch denen empfohlen, die ausgedehnte Wandertouren oder Outdoor-Aktivitäten nicht unbedingt als Programmpunkt eingeplant haben. Denn die 600 m lange Kiutaköngäs-Stromschnelle und weitere Katarakte befinden sich ganz nah am Naturzentrum und können problemlos besichtigt werden.

Die Grenze der Verwaltungsbezirke Oulu und Lappland geht übrigens mitten durch den Nationalpark. Folgt man der Straße in der bisherigen Richtung, also immer parallel zur russischen Grenze, überquert man den Polarkreis hinter Hautajärvi und passiert dann den 477 m hohen Pyhätunturi, um den sich ein gleichnamiger Nationalpark erstreckt. Im Kirchdorf Salla stößt man auf die breitere Straße 82, die nach Osten zur Staatsgrenze und nach Westen nach Kemijärvi führt. Schneller nach dort kommt man, wenn man vom Oulanka-Nationalpark zur E 63 zurückfährt. Diese geht über eine schmale Landzunge zwischen den Seen Yki-Kitka und Ala-Kitka nach Nordwesten, passiert bei Maaninkavaara die erste größere lappländische Siedlung und trifft etwa 20 km weiter nahe dem 409 m hohen Berg Suomutunturi auf den Polarkreis. Gut 40 km dahinter ist am Nordufer des gleichnamigen Sees **Kemijärvi** (s. S. 254) erreicht, wo sich die Europastraße E 63 und E 6 treffen.

Durch Finnlands Mitte: Von Helsinki bis Kajaani

Bisher wurden in diesem Buch die westlichste (s. S. 170ff.) und die östlichste (s. S. 212ff.) Route in den Norden Finnlands skizziert. Dazwischen spannt sich ein dichtes Netz weiterer Varianten, von denen hier sozusagen die ›Goldene Mitte‹, nämlich die Wegstrecke Helsinki–Lahti–Jyväskylä–Kuopio–Iisalmi–Kajaani empfohlen sein soll. Das will natürlich nicht heißen, daß alle anderen vorstellbaren Routen kulturell oder landschaftlich weniger zu bieten hätten – im Gegenteil berühren auch jene Strecken, die etwa von Jyväskylä nach Westen (Vaasa) oder Nordwesten (Kokkola, Oulu) führen, manches städtebauliche Kleinod oder manche sehenswerte Kirche. Will man bei einer Süd-Nord-Querung aber alle diese Stationen berücksichtigen, würde sich eine äußerst umständliche Zick-Zack-Linie ergeben, die den Zeitplan eines jeden Touristen völlig überfordert.

Am schnellsten kommt man durch die Mitte Finnlands, wenn man ab der Hauptstadt der E 75 bis Jyväskylä folgt und ab dort der E 63 bis zum Zielort. Obwohl man sich dabei auf gut ausgebauten Verkehrsstraßen und z. T. auch auf Autobahnen bewegt, kommen weder der Landschaftsgenuß noch das Kulturerlebnis zu kurz, da die Route erstens die mittelfinnische Seenplatte durchschneidet und zweitens auch die wichtigsten und interessantesten Städte berührt. Trotzdem reizen vor allem im südlichen Teil um Kuopio die kleineren Landstraßen natürlich mehr, und auf der Suche nach Alternativstrecken hilft meist schon ein kurzer Blick auf die Landkarte weiter.

Von Helsinki nach Jyväskylä

Auf der ersten Etappe bis Lahti empfiehlt sich ein erster Stopp ca. 50 km nördlich der Hauptstadt in **Hyvinkää** 1 (S. 276). Die 40 000-Einwohner-Stadt verdankt ihre Entstehung der Eisenbahn, denn sie wuchs zusammen mit den ersten beiden Linien des Landes, die hier zusammentrafen: Zunächst die 1862 in Betrieb genommene Strecke Helsinki–Hämeenlinna, 1873 gefolgt von der Linie nach Hanko. An diese Vergangenheit erinnern Aaltonens Bronzestatue ›Der Eisenbahner‹ und der alte Eisenbahner-Friedhof, vor allem aber das Zugmuseum, das in den alten Gebäuden der Bahnstation von 1870 unterge-

Innenansicht der Kirche von Hyvinkää

bracht ist. Hier kann man restaurierte Dampfloks verschiedener Epochen bewundern, darunter auch Ukko-Pekka (Der alte Pekka), sowie als Krönung der Sammlung drei original erhaltene Waggons der russischen Zaren. Jüngere Besucher wird die große Spielzeugeisenbahn faszinieren, die sie sogar selbst bedienen dürfen. Hyvinkääs zweite Sehenswürdigkeit ist die von Aarno Ruusuvuori entworfene Stadtkirche. Obwohl bereits 1961 eingeweiht, wirkt das im Grundriß ebenso wie im Aufriß dreieckige weiße Betongebäude immer noch futuristisch.

Auch das 26 000-Einwohner-Städtchen **Riihimäki** 2 (S. 293), die nächste Station entlang der E 12, entstand im Zuge des Eisenbahnbaus. Hier zweigt von der Strecke nach Hämeenlinna seit 1870 die Linie nach St. Petersburg ab. Riihimäkis heutiger Ruf gründet sich jedoch auf drei Museen, international am bekanntesten ist das 1983 eingerichtete Finnische Glasmuseum. Den Grundstock der Sammlung bildeten ca. 500 gläserne Objekte, bis die Stadt 1975 eine alte Glashütte kaufte und unter Anleitung des berühmten Designers Tapio Wirkkala umbauen ließ. Neben dessen Werken sieht man hier Meisterwerke von Alvar Aalto, Kaj Franck, Timo Sarpaneva und anderen. Außerdem zeigt das Museum die Kunst der Glasherstellung, für die Finnland ja bekannt ist und die hier auf eine 300jährige Tradition zurückblicken kann, in ihren einzelnen Arbeitsschritten und technischen Entwicklungen. Daneben verfügt das Gebäude über eine Werkzeugausstellung, Bibliothek, Archiv und einen Glasverkauf (Iittala). Schade allerdings, daß die Exponate nur in finnischer und schwedischer Sprache beschriftet sind. Gleich dane-

Von Helsinki nach Kajaani

ben führt das Finnische Jagdmuseum in jene Zeit zurück, als Jagd für die Landeskinder kein Freizeitsport, sondern Lebensnotwendigkeit war. Und als drittes Ausstellungshaus am Ort soll auch das Kunstmuseum erwähnt sein, unter dessen Dach sich eine exquisite Gemälde- und Skulpturensammlung befindet und u. a. mit Namen wie Dalí, Miró und Picasso aufwarten kann.

Ab Riihimäki geht es nun über Lahti (s. S. 151ff.) bis nach Vääksy, wo die schmale Landbrücke Pulkkilanharju den Vesijärvi vom Päijänne-See trennt. 1871 wurden diese durch den Vääksy-Kanal miteinander verbunden, zum wirtschaftlichen Nutzen der Region und heute zur Freude unzähliger Freizeitkapitäne. Unweit von Vääksy befindet sich auf der anderen Seite das etwas größere Städtchen **Asikkala** 3 (9000 E.), in dem ein Großteil der touristischen Aktivitäten am südlichen Päijänne gebündelt ist.

Daß der **Päijänne,** der nicht nur der zweitgrößte, sondern mit 119 km Nord-Süd-Ausdehnung auch der längste sowie mit 104 m der tiefste und wasserreichste See des Landes ist, vom örtlichen Fremdenverkehrsverband als ›Perle der Finnischen Seenplatte‹ bezeichnet wird, ist keine der im Touristikgeschäft heute üblichen Übertreibungen. Nicht umsonst bilden einige seiner Inseln einen 10 km^2 großen Nationalpark und wurde der See 1995 mit dem europäischen Preis für Tourismus und Umwelt ausgezeichnet. Und für seine Reinheit spricht die Tatsache, daß der Päijänne von über 1 Mio. Finnen als Trinkwasserreservoir genutzt wird.

Bei der Weiterfahrt sollte man sich nicht scheuen, mehr als einmal die Hauptstrecke zu verlassen und die kleinen Nebenstrecken zu suchen, die z. T. direkt am Westufer des Sees entlangführen. Hinter **Kuhmoinen** 4, wo im Sommer sechsmal täglich eine Autofähre nach **Sysmä** am Ostufer aufbricht, wird die ohnehin schon schöne Landschaft nochmals reizvoller. Schließlich stößt man in Jämsä auf die E 63. Wer allerdings an einem kulturhistorischen Highlight interessiert ist, sollte besser über Jämsänkoski auf der 604 in nördliche Richtung fahren.

Ziel dieses Abstechers ist die alte Holzkirche von **Petäjävesi** 5, die immerhin auf der UNESCO-Liste des Weltkulturerbes steht. Auf einem kreuzförmigen, steinernen Fundament baute Jaakko Leppänen d. Ä. 1764 in Blockhaus-Technik, d. h. mit an den Ecken verzahnten, massiven Stämmen, das wohl landesweit schönste Gotteshaus jener Zeit. Mit seinem hohen, von unzähligen Schindeln bedeckten Walmdach, dem zierlichen Dachreiter und Verzierungen an der Giebelseite zeugt die Petäjävesi-Kirche vom hohen Niveau der finnischen Zimmermannskunst. Das ist auch im Innern spürbar, obwohl (oder gerade weil) sich hier das rohe Holz schlicht und schmucklos dem Betrachter präsentiert. Der Glockenturm neben der Kirche stammt von 1821 und wurde von Leppänens Enkel gebaut.

Schenkt man sich den Besuch der Kirche und benutzt die Europastraße bis Jyväskylä, passiert man Muurame, das vor allem wegen seines Sauna-Dorfes bekannt ist. 25 alte Dampfsaunen, die älteste stammt aus dem 18. Jh., können dort nicht nur besichtigt, sondern auch ausprobiert werden. Und falls man anschließend eine kulinarische Stärkung braucht, steht nahebei der rustikale Gasthof Vanha Kievari mit finnischer Hausmannskost bereit.

Das nördliche Ende des Päijänne markiert **Jyväskylä** 6 (S. 279f.), mit 71 000 Einwohnern nach Kuopio die größte Stadt Mittelfinnlands. Bereits 1837 von

Die Sauna – Schwitzen wie die Finnen

Kein finnisches Wort hat sich so im internationalen Sprachschatz etablieren können wie *sauna*. Die Kulturtechnik des richtigen Schwitzens ist Jahrtausende alt, und vermutlich brachten die Finnen sie bereits mit, als sie ihre heutige Heimat besiedelten. Spaßeshalber kann vermutet werden, daß die Standortfrage für die finnischen Urahnen entscheidend von den Sauna-Bedingungen abhing: Sie blieben dort, wo es Holz in Hülle und Fülle gab und ein See für die Abkühlung zur Verfügung stand.

Experten bestätigen, daß die Geschichte der Sauna in Finnland mindestens 2000 Jahre zurückreicht. In Erdhütten, später in kleinen, völlig abgeschlossenen Blockhäuschen, wurden über einem Kreis aus Steinen Holzscheite und Zweige entzündet. Die Glut des Feuers erhitzte die Steine und diese wiederum den Raum, der nur einen kleinen Abzug hatte. Eine solche Rauchsauna trieb einem den Schweiß aus den Poren und Tränen in die Augen. Zwar erlebt heute – wohl aus nostalgischen Gründen – die Rauchsauna eine Renaissance, doch werden die meisten froh sein, daß man vor rund 300 Jahren die Ofensauna erfand.

Warum gerade die Finnen diese Schwitztechnik kultivierten, ob sie sie von Anfang an als Heil- und Entspannungsmethode begriffen oder ob sie es im Winter einfach nur warm haben wollten, sozusagen als Trotzreaktion auf die arktische Kälte, können auch Historiker nicht beantworten. Sicher ist, daß die Sauna früher in den Lebensrhythmus noch weitaus stärker integriert war als heute. In der Sauna wurden Kinder geboren, Kranke geheilt und Tote aufgebahrt, hier wurde Wäsche gewaschen, Flachs getrocknet, Fleisch gepökelt und Wurst geräuchert. Man besuchte sie, nicht nur im Winter, nach harter körperlicher Arbeit, und der Saunagang gehörte als festes Ritual zum Samstag wie zum Heiligen Abend. Der ›Schwitzkasten‹ konnte alle diese Funktionen erfüllen, weil er einfach der sauberste, sterilste und ruhigste Ort des Hauses war. Deswegen gehörte es auch zum guten Ton, einem durchreisenden Gast das Bad in der Sauna anzubieten, und diese Einladung abzulehnen, wurde als unhöflich empfunden – übrigens auch heute noch! In volkstümlichen Vorstellungen war die Sauna von einem guten Geist bewohnt, der diese beschützte, aber sofort auszog, wenn er Zeuge von Streitereien werden mußte. Schon aus diesem Grund sollte friedliche Entspannung das einzige sein, was man durch diese Art des Schwitzens zu finden hofft – eine Tradition, die Altpräsident Urho Kekkonen für die große Politik nutzte. Man kann sich vorstellen, daß Staatschefs selten schneller zum Punkt kamen und ehrlicher über die Ost-West-Problematik sprachen, als wenn sie nackt und schwitzend Kekkonen gegenübersaßen: In einer Sauna hat keiner eine weiße Weste!

Ob Rauch- oder Ofensauna – bei einem typisch finnischen Saunieren darf zweierlei nicht fehlen: einmal der Aufguß, der auf die heißen Steine gegossen wird, und zum andern die Benutzung eines *vihta*. Das ist ein Bündel frischer Birkenzweige, die einerseits einen köstlichen Duft verströmen und mit denen man andererseits sich oder seinem Gegenüber leichte Schläge ver-

haus hat seine Saunaabteilung, größere Etagenwohnungen daneben zusätzlich ihre eigene. Saunas auch in allen Hotels, Jugendherbergen und auf Campingplätzen, und in den Unterkünften der besten Kategorie können Zimmer mit Privatsauna gebucht werden. Bei den Eigenheimen ist diese Institution

setzt. Außer der Nacktheit der Besucher waren es vielleicht solche ›heidnischen‹ Rituale, deretwegen die Kirche das Saunieren lange Zeit äußerst argwöhnisch beäugte. Völlig unnötig, denn in finnischen Saunas geht es längst nicht so locker zu, wie manche Sittenwächter befürchten oder Voyeure erhoffen. Man schwitzt nämlich auch heute noch vorwiegend im Kreis der Familie oder nach Geschlechtern getrennt. Auf Campingplätzen z. B. ist es üblich, sich ›seine‹ Saunazeit an der ausgehängten Schiefertafel zu reservieren.

Daß die Finnen ihre Saunas lieben, steht außer Frage. Jeweils eine kommt laut Statistik auf drei Einwohner, so daß sich theoretisch alle Landeskinder zur gleichen Zeit dem Schwitzvergnügen hingeben könnten. Fast jedes Miets-

ohnehin zu erwarten, oft in einem massiven Holzhäuschen, das alle Errungenschaften aus 2000 Jahren finnischer Erfahrung vereint. Bei den Spitzenprodukten wird nur das Kernholz der Polarfichte verwendet. Da diese unter extremen Klimabedingungen heranwächst, ist Langlebigkeit garantiert. Doch auch draußen im Gelände braucht man nicht auf die liebgewonnene Tradition zu verzichten. Die finnische Armee hat zum Beispiel eine Zeltsauna entwickelt, die im Miniformat von jedem in der Wildmark nachgebaut werden kann: Aus starken, kreisförmig aufgestellten und mit Plastik- oder Zeltplanen bedeckten Ästen errichtet man eine Art Indianerzelt, das am Boden mit Steinen abgedichtet ist. Dann sammelt man große Flußkiesel, erhitzt sie in einem Feuer bis sie glühend heiß sind und füllt sie mit dem Spaten in einen (unlackierten!) Stahleimer. Der Eimer kommt in die Zeltsauna, dazu ein Baumstamm als Sitzgelegenheit, und schon kann das Vergnügen losgehen.

Wollte man alle Bücher lesen, die über die therapeutische Wirkung des Sauniierens geschrieben wurden, käme man allein darüber ins Schwitzen! Sicher ist, daß die Sauna abhärtet, Erkältungen vorbeugt, die Haut verschönt, den Kreislauf stabilisiert, den Stoffwechsel aktiviert und den Körper entschlackt – selbst von Nikotin- und Alkoholresten. Eine Überhitzung des Gewebes ist ausgeschlossen, da man durch die trockene Luft ständig Schweiß auf der Haut hat und dort Verdunstungskälte entsteht. Bei der richtigen Temperatur (85°–105 °C) reicht Sauna-Neulingen ein Aufenthalt von 10 Minuten. Doch sollte man weder auf Pauschalrezepte hören noch ständig die Sanduhr fixieren – ausschlaggebend sind allein die Bedingungen des eigenen Körpers, der unmißverständlich signalisiert, wann es genug ist. Auf alle Fälle muß man sich genügend Zeit nehmen, auch für die Abkühlung zwischen den einzelnen Saunagängen.

Das Wichtigste, sozusagen das Wesen der Sauna, ist aber die absolut entspannende Wirkung, das Loslassen der Alltagssorgen. Jedem bleibt selbst überlassen, wie weit man sich zusätzlich den finnischen Sitten anschließen möchte. Dazu gehören die erwähnte Massage mit frischen Birkenzweigen, ein kühles Bier, der Sprung in den hoffentlich nahe gelegenen See, Saunagerichte und schließlich der Saunakaffee. Sorgsam überdenken sollte man allerdings, ob man sich im Winter bei minus 30 Grad zum Sprung in das Eisloch entscheidet. Denn für Ungeübte ist das Bad in diesem Miniteich, den man zuvor in den zugefrorenen See geschlagen hat, nicht risikolos. Nach einem bekannten Bonmot fragt der Finne den Ausländer: »Sind Sie schon einmal in ein Eisloch gesprungen?« – »Nein«, lautet die Antwort. »Sind Sie älter als 40 Jahre?« – »Ja«. – »Dann stehen die Chancen 50 : 50. Manche tauchen wieder auf, manche nicht.«

Zar Nikolaus I. gegründet, erlebte Jyväskylä als Schul- und Ausbildungszentrum sowie als bedeutender Industriestandort vor allem im 20. Jh. einen enormen Aufschwung. Das Stadtbild ist daher weitgehend modern und wird eingefleischte Romantiker unberührt lassen (diese sollten sich auf die Natur der unmittelbaren Umgebung konzentrieren). Wer sich jedoch für die klassisch-moderne Architektur interessiert, kommt an Jyväskylä nicht vorbei: Denn schließlich hat Alvar Aalto, der Großmeister der finnischen Baukunst, diese Stadt geliebt und gestaltet, hier wurde er geboren, hier ging er zur Schule, hier lebte er 20 Jahre, und hier eröffnete er sein erstes Büro. Und allein für diese Stadt hat er bis zu seinem Tod im Jahre 1976 mehr als 30 Gebäude entworfen. Bei einer Stadtbesichtigung begibt man sich also zwangsläufig auf Alvar Aaltos Spuren, was überdeutlich wird, wenn man am Komplex der Universität vorbei kommt: Ausnahmslos alle Bestandteile dieser 1952–56 erbauten Lehranstalt einschließlich der Innengestaltung und der Sportanlagen stammen von seinem Zeichentisch, und in nächster Nähe gibt es auf einer Straße, die seinen Namen trägt, das Alvar-Aalto-Museum mitsamt dem Zentralfinnischen Museum, das er natürlich ebenfalls konzipierte. An anderer Stelle bildet das Ensemble von Kulturzentrum, Polizeipräsidium, Stadttheater und -verwaltung ein eigenes Aalto-Quartett, das in den Jahren 1964 bis 1978 entstand. Und mit dem 1925 fertiggestellten Haus der Arbeiter oder der Hauptpost von 1929 sind auch ausgesprochene Frühwerke des großen Meisters zu besichtigen. Vielleicht wird ja ein ursprünglich gar nicht so sehr interessierter Besucher durch das unmittelbare Architektur-Erlebnis so angesprochen, daß er seine Urlaubsplanung umwirft und fortan das Land nach weiteren Aalto-Baudenkmälern durchstöbern will. Fündig würde er bereits in den Nachbargemeinden, u. a. in Muurame (Kirche von 1929) und in Säynätsalo (Rathaus von 1952). Ein richtiger Aalto-Fan wird aber weder Fahrtkosten noch Zeitaufwand scheuen und reist von Jyväskylä sofort nach Seinäjoki (80 km vor Vaasa) weiter, wo dessen Gruppe öffentlicher Gebäude und die berühmte Kirche Lakeuden Risti zu bewundern ist.

Diejenigen, die erst mal in der mittelfinnischen Stadt bleiben möchten, können sich auch abseits der Aalto-Aspektes durchaus kulturellen Erlebnissen widmen. An Museen etwa ist in Jyväskylä nun wirklich kein Mangel, wobei das für Handwerk und Kunstgewerbe auf der Seminaarinkatu und das Finnische Trachtenmuseum auf der Gummeruksenkatu besonders interessant sind. Und Liebhaber von Sakralbauten haben die Wahl zwischen mehreren lutherischen, einer orthodoxen, einer römisch-katholischen und einer Mormonenkirche. Den besten Überblick über Stadt, Land und Gewässer bietet der Wasserturm auf der Harju-Höhe, die man auf einer Treppe mit 143 Stufen erklimmt. Ansonsten offeriert die Umgebung alle Naturschönheiten, die man vom wald- und seenreichen Mittelfinnland erwarten kann – für eine Kostprobe eignet sich bestens das Naherholungsgebiet um den 227 m hohen Bergrücken Laajavuori.

Von Jyväskylä nach Kajaani

Bei der Weiterfahrt ab Jyväskylä sind auf den ersten gut 40 km E 63 und Straße 23 identisch, verlaufen parallel zur Eisenbahn nach Osten und passieren in Lievestuore den aufwendig gebauten Rastplatz Lasllandia (Glasland) mit Restaurant, Hotel und Glasbläserei. Folgt man der 23 weiter nach Osten, gelangt man nach **Pieksämäki** 7 , einer typisch mittelfinnländischen Kleinstadt mit breiten Straßen, die von niedrigen Häusern gesäumt werden. Einige Hotels und Campingplätze, ein Puppenhaus mit Puppenmuseum und -theater, vor allem aber viel Ruhe in einer seenreichen Umgebung, das ist das touristische Angebot des Ortes. Sehenswerte moderne Architektur gibt es aber auch hier, nämlich das Kulturzentrum Poleeni, das von vorne nur wie eine dünne Wand wirkt. Wie funktional und gleichzeitig schön das 1989 von Kristian Gullichsen entworfene Gebäude ist, erschließt sich am besten bei einer Besichtigung der hellen Ausstellungsräume und der Bibliothek.

Ab Pieksämaki hat man mehrere Alternativen zur Weiterfahrt, sei es über Varkaus, über Jäppila oder über Suonenjoki, dem Zentrum des finnischen Erdbeeranbaus – alle Straßen vereinen sich vor Kuopio auf der E 63. Diese kann man dann schon in Pitkälahti wieder verlassen, um die letzten Kilometer am Ufer des Kallavesi entlangzufahren. Auf dem Freizeitgelände Rauhalahti mit Ho-

Großmeister der klassisch-modernen Architektur – Alvar Aalto

Alvar Aalto

234

Aalto, der 1898 in der finnischen Provinz (Kuortane) geboren wurde, schloß bereits 1921 sein Architekturstudium am Polytechnikum in Helsinki mit Diplom ab und sammelte zunächst zwei Jahre in verschiedenen europäischen Architekturbüros praktische Erfahrungen. 1923 gründete er dann sein eigenes Büro in Jyväskylä, in dem später auch seine Frau Aino mitarbeitete. Ab 1927 ging das Ehepaar für sechs Jahre nach Turku. Bereits in der ›Ersten weißen Periode‹ entstanden hervorragende Bauten, v. a. das Tuberkulose-Sanatorium (1929–33) von Paimio und die Stadtbibliothek (1930–35) in Wyborg, deren außenliegendes vollverglastes Treppenhaus zahlreiche Nachahmer fand.

Aaltos Funktionalismus zeichnete sich schon bei diesen frühen Bauten dadurch aus, daß er neben den technischen Anforderungen gleichzeitig auch den psychischen Bedürfnissen der Benutzer gerecht werden wollte. Diesen funktionalistischen, sozialen-psychologischen Ansatz teilte Aalto mit dem deutschen Bauhaus und anderen Bewegungen der 20er Jahre, wenn auch die einzelnen Interpretationen in ihrer äußeren Erscheinung recht unterschiedlich sind. Typisch für Aalto jedenfalls war, daß er bereits in seinen frühen Werken die an den Rationalismus angelehnte Formensprache immer wieder mit organisch-dynamischen Tendenzen in Form von Kurven und natürlichen,

traditionellen Baumaterialien wie Holz, Leinen und Naturstein kontrastierte. Hinzu kam eine sorgfältige Planung auch der Innenarchitektur bis hin zum Entwerfen der Möbel und der genauen Angabe der Farbgebung der Räume. Aalto löste mit seiner Durchstrukturierung eines Bauwerks – bis hin zum Lichtschalter! – aber nicht nur eine gestalterische, sondern auch eine kostentechnische Herausforderung der Moderne: Seit 1932 entwickelte er zusammen mit seiner Frau Aino moderne und funktionale Möbel von zeitloser Schönheit u. a. aus gebogenem Sperrholz und Bugholz, die als industrielle Serienware (Artek) preisgünstig produziert werden konnten. Ebenso bekannt wurde auch seine weich-geschwungene Savoy-Vase (1936).

1933 siedelte das Büro nach Helsinki über. Aalto, der sich mittlerweile einen gewissen Ruf erworben hatte, wurde sowohl 1937 als auch 1939 mit der Gestaltung des finnischen Pavillons für die Weltausstellungen in Paris bzw. New York beauftragt. Nun hatte der Architekt die Gelegenheit, seine Vorstellungen auf internationalem Parkett zu entfalten. Berühmt ist vor allem sein Beitrag für New York: Hier unterteilte er den vorgegebenen rechteckigen Innenraum mit Hilfe einer mehrfach gewellten, geneigten Präsentationswand in zwei dynamische Aktionsbereiche. Diese organisch-unbekümmerte Innenarchitektur, die so gar nicht zur Geometriehörigkeit der zeitgenössischen europäischen Architektur paßte, brachte Aalto 1940 und 1946–48 eine Gastprofessur am Institute of Technology in Cambridge, Massachusetts, ein.

Nach dem Zweiten Weltkrieg festigte Aalto, zusammen mit seiner zweiten Frau Elissa, seine ganz eigene Formensprache. Im Rahmen der ›Roten Periode‹, in der er bevorzugt roten Ziegelstein benutzte, entstanden neben Projekten im Ausland in Helsinki insbesondere das Kulturzentrum (1955–58, s. Abb.) und der Großkomplex des Polytechnikums von Otaniemi (1955–64), ein Muß für jeden Architekturbegeisterten. Mitten in der Natur gelegen, wird dieses Forschungs- und Universitätszentrum aus ziegelsteinroten Gebäuden von dem ausdrucksvollen Amphitheater des Audimax beherrscht. Hier laufen – außen und innen – alle Kräfte zusammen.

Aus der ›Zweiten weißen Periode‹ Aaltos, die sich bereits ab der Mitte der 50er Jahre ankündigte und das gesamte späte Schaffen des Meisters bis

zu seinem Tod (1976) beherrschte, finden sich in Helsinki und Finnland typische Beispiele. An allererster Stelle ist dabei die Finlandia-Kongreß- und Konzerthalle (1962–75) zu nennen, deren Äußeres und Inneres eine ins Dramatische gesteigerte Ausformulierung jener Bauformen darstellt, die im Audimax

von Otaniemi anklangen. Hier ist noch einmal sehr anschaulich zu beobachten, daß sich die Phantasie des Architekten nie nur auf das Bauwerk als solches beschränkt, sondern daß sowohl die Umgebung als auch die kleinsten Details (wie z. B. die Parkleuchten oder Garderoben) von ihm als Teil eines organischen Ganzen begriffen werden.

Auch in Deutschland kann man übrigens Aalto *in situ* studieren. Erwähnt sei hier zumindest das Opernhaus in Essen (entworfen 1959), das zwar erst nach dem Tod des Architekten vollendet wurde, aber in seiner Sensibilität dem Bau-Umfeld gegenüber und in der konkreten Bauform sehr anschaulich die typische Handschrift des finnischen Meisters trägt.

Marktplatz und Rathaus in Kuopio

tels, Fünf-Sterne-Campingplatz, Sandstrand, Bootsverleih und vielem mehr haben auch der Bär Uppo-Nalle und seine Freunde Kumma, Reetta und Laulava Lintukoira ihre Heimat, allesamt Lieblinge vieler finnischer Kinderzimmer. Seit Elina Karjalainen vor über 20 Jahren ihr erstes Uppo-Nalle-Buch in Kuopio veröffentlichte, ist deren Popularität ungebrochen und wird im Lande nur von Tove Janssons ›Geschichten aus dem Mumintal‹ übertroffen. Die Gestalten werden von Schauspielern dargestellt und agieren während des Sommers in einem Freilichttheater.

Das auf einer Landzunge im Kallavesi-See gelegene **Kuopio** 8 (S. 283f.) bietet fast schon wieder Großstadtleben – immerhin ist es mit rund 85 000 Einwohnern die achtgrößte Stadt des Landes. Den Ort, der sich heute überwiegend modern und dynamisch zeigt, gründete

Generalgouverneur Per Brahe bereits im 17. Jh. Als die Schweden die alten Landschaften Savo und Karelien zu einer Provinz zusammenfaßten, wurde das an der Schnittstelle wichtiger Land- und Wasserwege plazierte Kuopio zu deren Hauptstadt auserkoren und erhielt 1782 unter Gustav III. die entsprechenden Privilegien. Für ganz Ostfinnland spielt die Stadt eine wichtige Rolle als Verwaltungs-, Geschäfts-, Ausbildungs- und Kulturzentrum. Kuopio ist Sitz einer Universität, eines lutherischen Bischofs und des einzigen orthodoxen Erzbischofs (Metropoliten) des Landes. Abgesehen von der wunderschönen Umgebung wird die Stadt für Besucher wegen ihres vielfältigen kulturellen Lebens mit u. a. den berühmten Tanzfestspielen und einer Reihe wichtiger Museen interessant, genauso aber auch wegen der vorzüglichen Infrastruktur mit einem guten Dutzend Hotels, Campingplätzen und einer lebhaften Restaurantszene.

Zentraler Punkt der Stadt und der ganzen Region ist natürlich der Marktplatz, einer der größten Finnlands, mit seiner hübschen Jugendstil-Markthalle. Zu den typischen Spezialitäten, die hier angeboten werden, gehört *kalakukko*, ein herzhaftes Roggenbrot mit eingebackenem Barsch, oft auch mit Schweinespeck verfeinert. An der Nordseite sieht man das 1884 im Stil der Neurenaissance errichtete Rathaus, in dessen unmittelbarer Nähe sich auch die Touristeninformation befindet. Einige von Kuopios wichtigsten Sehenswürdigkeiten erlebt man auf einem Spaziergang entlang der Kauppakatu, die vom Südende des Marktplatzes in Richtung Passagierhafen verläuft. Nach nur wenigen Metern kommt man hier zur lutherischen Domkirche, die 1815 inmitten eines schönen Parks errichtet wurde. Ihr gegenüber liegt das Kunstmuseum, ein

1907 errichtetes Haus, das eine beachtliche Sammlung moderner und älterer finnischer Kunst sowie sehenswerte Jugendstil-Fresken beherbergt. Ein architektonisch ebenfalls interessantes Museum zur Stadtgeschichte befindet sich nur einen Block entfernt auf der gleichen Straßenseite.

Östlich der Domkirche quert die Kuninkaankatu die Kauppakatu und führt in südlicher Richtung zunächst zum V.B.-Fotografiezentrum. In dem nach seinem Besitzer Victor Barsokevitsch benannten 100jährigen Holzhaus wird ein repräsentativer Querschnitt der Fotokunst gezeigt, wobei man neben finnischen auch auf eine Reihe international bekannter Namen stößt. Einen Straßenblock weiter sind an der Kirkkokatu mehrere Holzhäuser aus der Zeit der Stadtgründung erhalten, die im Freilichtmuseum Alt-Kuopio besichtigt werden können. In sechs der aus dem 18. und 19. Jh. stammenden Häuschen sind noch die originalen Wohnungen zu sehen, daneben Werkstätten, ein Apothekenmuseum und ein Museumscafé. Einen Steinwurf vom Freilichtmuseum entfernt gelangt man auf der Kirkkokatu zu einem großen, quadratischen Park mit altem Baumbestand, der im Süden vom hochherrschaftlichen Gebäude der Provinzverwaltung und im Südosten von der orthodoxen Nikolauskirche (1903) flankiert wird.

Zurück zur Kauppakatu kommt man anschließend auf der Parallelstraße Snellmaninkatu, die ihren Namen nach dem Philosophen und Staatsmann J. V. Snellman (s. S. 52) trägt. Sein Kuopioer Wohnhaus dient heute als J. V. Snellman-Museum, Einrichtung und Möblierung stammen noch von der Familie. Nach Osten führt dann die Kauppakatu geradewegs auf den Passagierhafen zu, dessen Besuch man keinesfalls versäumen sollte. Immerhin ist Kuopio das

Zentrum des Binnensee-Verkehrs und außerdemHeimathafen von Finnlands größter Ausflugsdampferflotte. Dementsprechend geht es hier während der Sommerwochen immer hoch her, insbesondere rund um den ehemaligen Zollpavillon mit dem populären Kneipen-Restaurant Wanha Satama.

Etwas weiter vom Zentrum entfernt befinden sich im Norden zwei der wichtigsten Highlights eines jeden Kuopio-Besuches: Das Orthodoxe Kirchenmuseum findet man auf der Karjalankatu unmittelbar an der Auffahrt zur E 63. Die Sammlung dieser in Westeuropa einzigartigen Institution umfaßt wertvolle Sakralgegenstände der orthodoxen Kirche, u. a. Reliquien, Geschenke der Zaren, Kirchengewänder und Ikonen vom 17. bis 19. Jh. Ein Großteil des Bestandes stammt aus karelischen Klöstern wie Wyborg, Petsamo und Alt-Valamo, die im Zweiten Weltkrieg an die Sowjetunion gefallen waren.

Jenseits der Autobahn erhebt sich der Puijo-Hügel, bekrönt von einem 1963 gebauten Betonturm mit Drehrestaurant und Aussichtsplattform. Bei 307 m ü.d.M. bzw. 224 m über dem See genießt man hier einen phantastischen Panoramablick über die Stadt, die unendlich scheinenden Wälder und Gewässer der Umgebung.

Möchte man für die Weiterfahrt nach Iisalmi noch einen nachhaltigen Eindruck neuerer finnischer Architektur mit auf den Weg nehmen, sollte man sich die evangelische St. Johannis-Kirche anschauen, die nahe der E 63 im nördlichen Ortsteil Männistö liegt. Das 1992 fertiggestellte und preisgekrönte Gotteshaus des Architekten Leiviskä zeichnet sich vor allem durch die unglaublich helle Stimmung des Kirchenraums aus.

Genau auf halber Wegstrecke auf der E 63 von Kuopio nach Kajaani – oder, in größerem Maßstab, ziemlich genau in der Mitte zwischen Helsinki und Polarkreis – liegt das 24 000-Einwohner-Städtchen **Iisalmi** 9 (S. 279) am Porovesi. Dieser See ist der nördlichste Ausläufer der Saimaa-Seenplatte, d. h. daß man von Iisalmi genau wie von Kuopio auf natürlichen Wasserwegen bis hinunter nach Lappeenranta reisen kann und durch den Saimaa-Kanal sogar bis zur Ostsee. Iisalmi, das 1860 als Marktort angelegt wurde und 31 Jahre später die Stadtrechte bekam, ist keine besondere Schönheit und deshalb kein ›Muß‹ auf dem Weg nach Norden. Da die Europastraße aber den Ort in seiner ganzen Länge durchschneidet und dabei die eine oder andere Sehenswürdigkeit unmittelbar berührt, kann man dort jeweils eine kleine Besichtigungs- oder Erfrischungspause einlegen. Sofort hinter der Brücke am südlichen Ortseingang geht beispielsweise links die Satamakatu ab, an deren Ende eine alte Brauerei mit Brauereimuseum und Restaurant am Hafen liegt. Dieser ist auch Schauplatz des dreitägigen Bierfestes Oluset, das alljährlich Anfang Juli in Iisalmi stattfindet. Eine zweite Gaststätte, Kuappi, befindet sich nebenan. Es dürfte allerdings schwerfallen, hier einen Tisch zu bekommen, denn das Lokal besitzt nur einen einzigen. Da dieser zudem nicht mehr als zwei Personen Platz bietet, darf sich Kuappi als ›kleinstes Restaurant der Welt‹ bezeichnen.

Auf der anderen Seite der E 63 kommt man zum Karelischen Orthodoxen Kulturzentrum. Die Institution, der auch ein 28-Zimmer-Hotel angeschlossen ist, wurde 1989 mit dem Anspruch eingerichtet, das Kulturerbe des orthodoxen Karelien zu bewahren. An dem Gebäude sind byzantinische und russische Architekturelemente erkennbar, und im Museum wird eine Sammlung von Ikonen und

Kultgegenständen gezeigt, die aus Kirchen, Klöstern und Gebetshäusern des heute russischen Karelien stammen. Etwa 80 von ihnen sind als Modelle ebenfalls zu sehen.

Zwei Querstraßen weiter kreuzt die Hauptstraße die Kirkkopuistokatu. Deren Endpunkte markieren im Westen die Lutherische Kirche (1934) und im Osten die Orthodoxe Kirche (1957), die mit Wandmalereien im Stil des 12., 13. und 14. Jh. geschmückt ist. Das schönste Gotteshaus von Iisalmi liegt jedoch am nördlichen Stadtrand. Direkt neben der E 63 erhebt sich die Alte Kirche, ein erstaunlich großes Holzgebäude mit spitzer Laterne auf kreuzförmigem Grundriß. Die heutige *Vanha kirkko* stammt wie der freistehende Glockenturm aus dem Jahr 1779, doch gab es an gleicher Stelle zwei Vorgängerkirchen (1627, 1700). Der Besuch lohnt sich übrigens nicht nur für Architekturinteressierte, sondern auch wegen des riesigen Friedhofs mit vielen interessanten Grabsteinen und einer guten Aussicht auf den See Porovesi.

Auf der 88 km langen, von Wäldern und Feldern gesäumten Strecke zwischen Iisalmi und **Kajaani** 10 (S. 280) überquert man die Wasserscheide zwischen der mittelfinnischen Seenplatte und dem Oulujoki, der in den Bottnischen Meerbusen mündet. Teile dieses nördlichen Fluß- und Seesystems sind auch der enorm große Oulujärvi und der Nuasjärvi, zwischen denen die heute 36 000 Einwohner zählende Stadt liegt. Der Kajaanifluß als natürliche Verbindung der beiden Seen war immer schon von großer wirtschaftlicher und strategischer Bedeutung, Grund genug für den schwedischen König Karl IX., auf einer kleinen Insel 1604 eine Burg anzulegen. Die Siedlung, die sich in deren Schutz entwickelte, erhielt im Jahr 1651 von

Generalgouverneur Per Brahe die Stadtrechte. Im Nordischen Krieg nahmen die Russen Kajaani ein und zerstörten sie, seit dieser Zeit liegt auch die Burg in Ruinen. Für neuen Aufschwung sorgte im 19. Jh. der Teerhandel, der das sogenannte schwarze Gold aus den Wäldern Kainuus zur Ostseeküste brachte und durch den u. a. Oulu reich wurde. Den Ruderbooten, die alljährlich fast 20 000 Fässer Teer transportierten, entstand im engen Kajaanifluß ein Nadelöhr, das schließlich 1846 durch den Bau des einzigartigen Teerkanals entschärft wurde. Das war auch die Zeit, in der Elias Lönnrot als Provinzarzt in Kajaani lebte und von hier aus seine Wanderungen durch Nordkarelien unternahm, wo er das Material für sein ›Kalevala‹-Epos fand. Zu den weiteren berühmten Gestalten der Stadt gehören der Dichter Eino Leino, der im nahegelegenen Paltaniemi geboren wurde, und Urho Kekkonen, der große Politiker der finnischen Nachkriegsgeschichte.

Die Ruinen des ältesten Bauwerks, die 1604 gegründete Burg, befinden sich auf der kleinen Insel Linnansaari mitten im Kajaanijoki. Da die Brücke der Linnankatu geradewegs und wenig pietätvoll über die Anlage geschlagen wurde, kann man bequem zu den Ruinen hinabsteigen und die Aussicht auf den Fluß und den Teerkanal genießen, der unmittelbar westlich liegt. Manchmal wird für Touristen im Sommer ein altes Teer-Ruderboot reaktiviert, und der Kanalwächter waltet von seiner restaurierten Stube aus wieder seines Amtes. Geht man anschließend auf der Linnankatu südwärts, gelangt man in das eigentliche Stadtzentrum, wo an der Kreuzung mit der Kauppakatu das gelbgestrichene Alte Rathaus zusammen mit dem benachbarten Kunstmuseum ein schönes Bauensemble bildet. Der repräsentative

Holzbau wurde 1831 von C. L. Engel entworfen. Ein weiterer städtebaulich interessanter Platz wartet nur zwei Blocks die breite Pohjolonkatu hinab an der Kirkkokatu. Dort fällt als erstes die große, neugotische Kajaani-Kirche ins Auge, ein 1896 errichteter Holzbau mit schönem Schnitzwerk. Hinter dem lutherischen Gotteshaus erstreckt sich ein weiter Park, der im Westen von der Orthodoxen Kirche (1959) begrenzt und in der Mitte von der abstrakten Skulptur ›Die große Epoche‹ dominiert wird. Das 1990 von Pekka Kauhanen entworfene Kunstwerk soll an den 1986 verstorbenen Staatspräsidenten Urho Kekkonen erinnern, der in Kajaani zur Schule ging und hier 1919 sein Abitur machte.

An der nächsten Querstraße, der Lönnrotinkatu, geht es wieder zur Kauppakatu zurück, wobei man das schöne, im Jugendstil gebaute Stadttheater passiert. Das Ende der Straße markiert der direkt am Flußufer des Kajaaninjoki gelegene Marktplatz. Er kann zwar keinem Vergleich mit dem viel größeren Markt von Kuopio standhalten, ist aber trotzdem besuchenswert, gerade wegen seines provinziellen Ambientes. Am Markt startet im übrigen auch das Ausflugsboot ›M/S Pinja-Tuulia‹ zu einem wunderschönen Trip über den blauen Nuasjärvi-See. Jenseits des Flusses sieht man das moderne Kultur- und Kongreßzentrum Kaukametsä, auf das man in Kajaani besonders stolz ist und in dem im Frühling u. a. das weithin bekannte Jazz-Festival abgehalten wird. Wer noch Lust auf einen Museumsbesuch hat, sollte vom Marktplatz aus zum nahen Kainuu-Landschaftsmuseum auf der Asemakatu spazieren, das die Kulturgeschichte der Region Kainuu, der Burg und der Stadt ausbreitet und überdies Aquarelle präsentiert, die Louis Sparre Ende des 19. Jh. von der nordostfinnischen Land-

schaft malte. Und nur wenige Schritte entfernt lohnt sich auch ein Blick auf den Bahnhof von Kajaani, einem hübschen Jugendstil-Holzgebäude von 1904.

Zu den Attraktionen der Gemeinde gehört ihre reizvolle Umgebung mit Seen, Flüssen, Skigebieten oder Wald- und Naturpfaden, die zum Aktivurlaub geradezu auffordert. Angler beispielsweise können bereits mitten in der Stadt erfolgreich ihrer Passion nachgehen. Nicht versäumen sollten Kulturtouristen den kurzen Ausflug nach Paltaniemi, das etwa 10 km nördlich an der Bucht Paltaselkä liegt. Die aus Kajaani kommende Straße führt automatisch zur großen Holzkirche, die 1726 über kreuzförmigem Grundriß errichtet wurde. Das eigentliche Highlight sind hier jene Gemälde, die Emanuel Granberg 1778 im Rokkoko-Stil auf die ansonsten weiße Holzdecke malte. Und sofort neben der Kirche erinnert der ›Stall des Kaisers‹ an einen Besuch von Zar Alexander I.

Für den Weg von Kajaani nach Rovaniemi, dem Ausgangspunkt der Lappland-Route gibt es mehrere Alternativen mit ungefähr gleich langen Wegstrecken, da die Stadt mitten auf der nördlichen Taille von Finnland liegt. Am Verkehrsknotenpunkt Kontiomäki, 18 km nördlich von Kajaani, zweigen die Straße 22 und die Eisenbahnlinie in Richtung Oulu ab (180 km; s. S. 186ff.) – eine Strecke, die zunächst das gesamte Nordufer des Oulujärvi begleitet und dann das Tal des Oulujoki nutzt. 16 km hinter Kontiomäki führt die landschaftlich weitaus eindrucksvollere Straße 78 geradewegs nach Norden und erreicht nach ca. 170 km die Gemeinde **Pudasjärvi,** deren bekannte Skizentren Isosyöte und Syötekeskus alle alpinen und nordischen Wintersportmöglichkeiten bieten. Von dort aus sind es noch gut 150 km bis Rovaniemi, auf denen man auch die ›Moltebeer-Gemeinde‹ **Ranua** mit ihrem berühmten Freigehege passiert. Alle in Finnland vorkommenden größeren Wildtiere leben dort in weitgehend natürlicher Umgebung, aber auch verschiedene Hirscharten und Eisbären sieht man im Tierpark. Die Tatsache, daß

dieser auch im Winter geöffnet ist – ein besonderes Erlebnis! – und in unmittelbarer Nähe weitere Attraktionen warten, machen den Ranua-Zoo zum meistbesuchten Finnlands und zu einem beliebten Ziel für Tagesausflügler aus Rovaniemi (s. S. 247ff.).

Das von C. L. Engel erbaute Rathaus in Kajaani

Der Norden

Zwei Touren durch Lappland

Die erste Reise in den Hohen Norden ist für viele die Erfüllung eines lange gehegten Traumes. Erfahrene Nordlandtouristen sind fast immer ›Wiederholungstäter‹, denn diese letzte Wildnis Europas läßt niemanden unberührt. Der Norden Finnlands ist gleichbedeutend mit der Landschaft und dem Verwaltungsbezirk Lappland, der auf demselben Breitengrad wie Alaska und Sibirien liegt. Flächenmäßig größer als alle Benelux-Länder zusammen, ist Finnisch-Lappland mit rund 200 000 Einwohnern geradezu entvölkert. Es ist auch schwer, sich ein Leben in einer Region vorzustellen, die derart von klimatischen Extremen geprägt wird: Iim Sommer kann es bis zu 32 °C warm und im Winter bis minus 51 °C kalt werden, dann weicht die Lichtflut des kurzen Sommers dem dunklen Winter.

Trotz dieser schwierigen natürlichen Bedingungen fanden schon nach der letzten Eiszeit Menschen mit Jagd und Fischfang ein Auskommen. Die Urbevölkerung der Sámi siedelte im gesamtskandinavischen Raum oberhalb des Polarkreises und ging erst Ende des 17. Jh. von der Jagd auf Rentiere zur nomadisierenden Rentierzucht über. Etwa gleichzeitig kamen auch die Finnen nach Lappland und ließen sich als Fischer und Bauern nieder. Die weite Einöde, die eine genaue Grenzziehung kaum zuließ, war in den vergangenen Jahrhunderten ständiger Zankapfel zwischen Norwegen, Schweden, Finnland und Rußland. Als sich Norwegen-Schweden mit Rußland 1826 auf den Pasvik- und Jakobs-Fluß als Grenze einigten, ging dies zu Lasten Finnlands, das schließlich nach dem Zweiten Weltkrieg auch das Petsamo-Gebiet und damit seinen einzigen Eismeer-Zugang an die UdSSR abtreten mußte.

Wenn auch Finnisch-Lappland durch die große Politik kleiner wurde, für Besucher ist es groß genug. Sie finden hier ein Gebiet, für das weder die Bezeichnung ›schön‹ noch ›reizvoll‹ treffend ist. Lappland ist weit, eindrucksvoll, herb und in seiner Unendlichkeit manchmal auch erschreckend. Ebenfalls ist es falsch, die Provinz immer nur mit dem Schlagwort vom ›Land der Mitternachtssonne‹ zu belegen. Sicher sind die drei Monate, in denen die Urlaubszeit zu einem einzigen langen Sommertag gerät, je weiter man nach Norden fährt, ein unbeschreibliches Erlebnis. Doch auch der Frühling kann in Inari an klaren Apriltagen mit 15 Stunden Sonne aufwarten, der Herbst taucht das Land in eine grandiose Farbenpracht, und der Winter, bei dem im Norden von Ende November bis Ende Januar die Sonne nicht über den Horizont kommt, lockt mit dem Phänomen der Aurora Borealis, des Nordlichts. Die riesige Weite jenseits des Polarkreises muß im wahren Wortsinn erfahren werden. Daß zwischen zwei Stationen schon mal einige Stunden Fahrtzeit liegen, darf dabei keinen stören. Denn der Satz, daß der Weg das eigentliche Ziel sei, gilt hier in besonderem Maße.

Eine Lappland-Rundfahrt könnte auch Abstecher nach Norwegen und Schweden, zu den Küsten des Nordatlantik und des Eismeeres einschließen, denn im historischen wie landschaftlichen Sinn

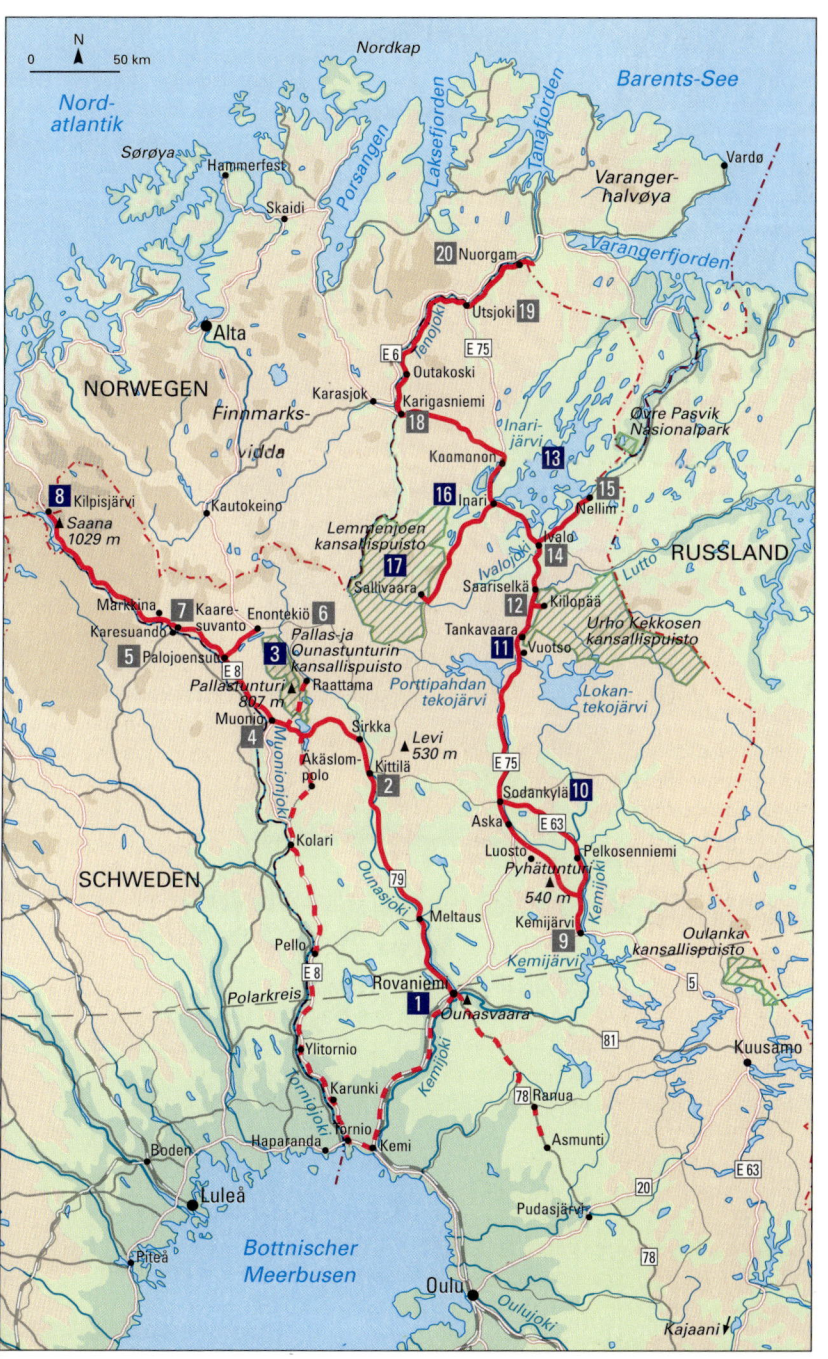

stellt die Nordkalotte eine Einheit dar, sind nationale Beschränkungen eine Erfindung der Neuzeit. Die Sámi leben auch in Nordschweden oder in Nordnorwegen, und die Rentiere fragen bei ihren Wanderungen nicht nach der Staatsangehörigkeit.

Von Rovaniemi entlang dem Ounasjoki

Die Verwaltungshauptstadt Rovaniemi, das finnische ›Tor nach Lappland‹, steht bei dieser Route, die innerhalb von Suomis Landesgrenzen bleibt, am Anfang. Wer nicht per Flugzeug oder Autoreisezug durch die Mitte Finnlands anreist, benutzt ab **Kajaani** (s. S. 239ff.) am besten die Straße 78, da man so auf dem Weg nach Rovaniemi auch den Tierpark von Ranua ›mitnehmen‹ kann. Hat man hingegen die finnische Westküste erkundet (s. S. 170ff.), folgt man ab **Kemi** dem Kemijoki flußaufwärts. Das kann man entlang dem westlichen Ufer auf der E 75 tun (116 km), schöner aber ist die schmale Straße auf der Ostseite. Trotzdem will Lappland-Gefühl auf dieser Strecke nur langsam aufkommen. Denn zunächst bestimmen noch die Flußniederungen mit ihren Weiden und großen Gehöften, die man so nahe dem Polarkreis nicht erwartet hätte, das Bild. Erst später wird es wald- und hügelreicher, stellt sich das Gefühl von Weite und Einsamkeit ein.

Daß **Rovaniemi** 1 (S. 293ff.) schon seit erdenklichen Zeiten besiedelt war, liegt an den vorzüglichen Handelsbedingungen am Zusammenfluß von Ounasjoki und Kemijoki. Ein wirklicher Entwicklungsschub setzte aber erst im 19. und 20. Jh. ein, als die Finnen daran gingen, die natürlichen Ressourcen Lapplands auszubeuten und zusätzlich in der Gegend Gold gefunden wurde. Schon 1909 war die Stadt an das Eisenbahnnetz angeschlossen und 1938 zur Hauptstadt der Provinz Lappland bestimmt worden. Das damalige, alte Holzhausstädtchen Rovaniemi existiert jedoch nicht mehr, weil die deutsche Armee 1944 auf ihrem Rückzug fast alle Gebäude zerstörte. Dem Wiederaufbau lag eine Konzeption Alvar Aaltos zugrunde, der ursprünglich das Straßennetz in Form eines Rentieres anlegen wollte (wovon im Stadtplan allerdings kaum noch etwas zu sehen ist).

Seit 1960 mit Stadtrechten ausgestattet, ist Rovaniemi heute der absolute wirtschaftliche und mit Universität, Theatern, Museen und Forschungsinstituten auch der kulturelle Mittelpunkt Lapplands. Die Grenzen des Landkreises umfassen nicht weniger als 8000 km^2, auf denen über 55 000 Menschen (ca. 35 000 in der Stadt selbst) leben – mehr als ein Viertel der lappländischen Gesamtbevölkerung! Solche Tatsachen haben sich offenbar noch nicht immer bis nach Mittel- und Südeuropa herumgesprochen, denn viele Touristen scheinen eine rustikale Blockhaus-Siedlung mit Holzfäller- oder Goldgräber-Atmosphäre zu erwarten und sind beim Anblick dieser funktionalen Stadt dementsprechend enttäuscht. Andere wiederum werden angesichts des Gemeinwesens, das die Finnen allen klimatischen Widrigkeiten zum Trotz aufgebaut haben, positiv überrascht sein. Rovaniemi ist eine äußerst moderne Stadt, mit breiten Asphaltstraßen, guten Beispielen neuzeitlicher Architektur, mit Supermärkten, Tankstellen und vielen Hotels. Und es ist eine Stadt, in der sich Touristen ganzjährig die Klinke in die Hand geben und für eine Betriebsamkeit sorgen, die allen

Innenansicht des Arkticum

Wintervergnügen einmal anders

Finnland = Skiland, diese Gleichung geht für jeden Wintersportler auf. Welche phantastischen Athleten dieses Land im Skilanglauf und Skispringen hervorgebracht hat, dürfte bekannt sein – nicht nur den ›fliegenden Finnen‹ Matti Nykänen. Genauso bekannt ist der Enthusiasmus, mit dem finnische Schlachtenbummler ihre Lieblinge anfeuern und der im Winter jedes Landeskind, vom Dreijährigen bis zum Rentner, auf die Loipen bringt. Die vielen ›Trockenski-Fahrer‹, die man im Sommer entlang der Landstraßen sieht, beweisen, daß man auch außerhalb der Saison die Sportarten der weißen Jahreszeit nicht missen möchte.

Allein das mag schon Grund genug sein, den Skiurlaub einmal im Nordosten Europas zu verbringen. Zudem bieten finnische Wintersportorte, vor allem die im Norden, ihren Gästen eine ganze Palette an Aktivitäten, die man in den Alpenländern nicht ohne weiteres ausüben kann. Beispielsweise das Eislochangeln, bei dem man sich außerdem noch mit einem vorzüglich schmeckenden, kostenlosen Abendessen versorgt. Von ganz besonderem Reiz ist eine Rentierschlittenfahrt durch die tief verschneite Märchenlandschaft Lapplands. Mitteleuropäer und Großstädter, die noch nie an einer solchen Fahrt teilgenommen haben, können sich einfach nicht vorstellen, was es heißt, stundenlang von einem Rentier durch eine erstarrte, glasklare Urlandschaft gezogen zu werden, die selbst

am Horizont nicht endet. Und wenn abends die Nordlichter am Himmel tanzen, werden längst verloren geglaubte Gefühle für die Natur wiederentdeckt. Bei den längeren Touren sind oft Besuche im Sámi-Zelt eingeschlossen, wo Rentierschinken, Suppe, heißer Tee und Hochprozentiges serviert werden. Und dank der perfekten Organisation kann man sicher sein, daß die Sauna der komfortablen Wildmarkhütte, in der man übernachtet, bei Ankunft schon vorgeheizt ist.

Die Schlittenfahrten finden meist in kleinem Kreis statt. Zunächst geht es zu einer Rentierfarm, wo man mit seinem Zugtier bekannt gemacht wird. Angst, das Ren könne ausbrechen und einen auf Nimmerwiedersehen in die Weite der Tundra entführen, braucht man nicht zu haben; die handzahmen, kastrierten Tiere sind zuverlässig, ausdauernd und gewohnt, Mensch und Lasten durch den Schnee zu ziehen. Nach einer kurzen Einführung hat man die Lenk-Technik begriffen und seinen ›Rentierführerschein‹ gemacht. Alles weitere ergibt sich auf der Safari nach dem Prinzip *learning by doing*. Die Karawane von drei bis zehn Gespannen besteht aus modernen Kufenschlitten, seltener aus den *akja*, jenen schmalen, traditionellen Sámi-Schlitten. Natürlich wird jede Tour von einem erfahrenen Rentierführer begleitet und die notwendige warme Polarkleidung zur Verfügung gestellt.

Vom Prinzip her ähnlich, doch rasanter und geräuschvoller geht es bei einer

Safari mit dem Hundeschlitten zu. Auch hier besucht man zunächst eine Husky-farm und nimmt an einem einführenden Crash-Kurs teil. Das Lenken der Gespanne von jeweils fünf bis acht Hunden ist eindeutig schwieriger als bei den gutmütigen Rentieren. Denn immer wieder wollen die Huskys auf der Au-

Vordergrund, dafür die Freude an rasanter Fahrweise, bei der man sich auf buckeliger Piste schon einmal in eine Achterbahn versetzt fühlen kann. Viele mögen glauben, daß sich die Motorschlitten durch das tiefverschneite Terrain quälen müssen und das Tempo deshalb eher zuckelig-gemütlich ist.

ßenposition in die Mitte laufen und umgekehrt, so daß in gewissen Abständen das Knäuel der Lenkleinen entwirrt werden muß. Auch das Hantieren mit den Zugseilen, das sich zwei Personen abwechselnd teilen, ist wegen der dicken Handschuhe keine leichte Aufgabe. Doch alle Anfangsschwierigkeiten sind vergessen, wenn die Schlitten durch die atemberaubende Schneelandschaft rasen, durch Wälder und über Hochebenen, deren schneidender Wind einem den Atem nimmt, begleitet nur vom Gebell der stets aufgeregten Huskys.

Die Ruhe eines Rentierschlittens oder das Gebell der Huskies tauscht man gegen brüllende Motorengeräusche ein, wenn man sich zu einer Tour mit dem Schneescooter entschließt. Das Naturerlebnis steht hier sicher nicht im

Weit gefehlt! Die High-Tech-Flitzer der neueren Generation sind PS-Protze auf Kufen, die man im Handumdrehen auf Geschwindigkeiten von über 100 Kilometer pro Stunde bringen kann, theoretisch sogar auf 160 km/h! Im ganzen Land gibt es mit Stangen markierte Scooter-Pisten, teils quer durch den Wald, teils über das blankgeputzte Eis der zugefrorenen Seen, wo auf kilometerlanger, gerader Strecke Spitzengeschwindigkeiten gefahren werden können. Kritischen Stimmen, daß diese Art des Wintervergnügens ökologisch nicht vertretbar sei, begegnen die Veranstalter mit dem Hinweis, daß nur ausdrücklich festgelegte Pisten genutzt und die Motoren von einem speziell entwickelten, umweltfreundlichen Treibstoff-Gemisch angetrieben werden.

Klischees vom einsamen Lappland zuwider läuft. Im Sommer werden die Motoren der Ausflugsboote angeworfen, fahren Busse in Richtung Nordkap ab, rollen die Wagen vom Autoreisezug und strömen die Pauschalreisenden vom Flughafen und Bahnhof zu ihren Gruppenquartieren. Der Besucherstrom wird an Ort und Stelle in klingende Münze umgewandelt, indem sich die Einwohner auf die Durchführung – durchaus empfehlenswerter! – Exkursionen spezialisiert haben, so daß jeder Gast aus einem breiten Angebot sein ganz persönliches Lappland-Abenteuer buchen kann. Will man im Schein der Mitternachtssonne mit einem der charakteristischen Holzboote die alten Flößerrouten entlangfahren oder im Schlauchboot Stromschnellen hinabbrausen, will man eine Rentier- oder Huskyfarm besuchen, selbstgefangene Forellen und Hechte grillen, Mountainbiking in der Gruppe betreiben oder mit einem Sámi-Führer durch die Wildmark wandern – alles wird schnellstens arrangiert. Individualreisende können sich alle möglichen Sport- und Beförderungsgeräte ausleihen oder mit dem Linienbus zum Ranua-Wildgehege fahren. Mit anderen Worten: Rovaniemi hat weit mehr zu bieten als nur Rovaniemi. Und weil außerdem an Übernachtungen aller Art kein Mangel besteht, bleiben viele länger als geplant.

Da die Quecksilbersäule von Anfang November bis Ende April auf minus 30–35 °C fällt und selbst Temperaturen um –50 °C nicht ungewöhnlich sind, sollte man annehmen, daß wenigstens dann Ruhe in Rovaniemi einkehrt. Doch im Winter ist der Trubel fast noch größer. Der Grund dafür liegt im weltweiten Bekanntheitsgrad des Weihnachtsmann-Dorfes, 8 km nördlich der Stadt auf dem Polarkreis gelegen. In der Polarnacht schweben große Passagiermaschinen und sogar die Concorde ein, bringen Besucher aus London, aus New York und selbst aus dem fernen Tokio nonstop nach Rovaniemi. Das stets ähnliche Programm ist kurz, aber gedrängt: Ankunft, Transport zum Weihnachtsmann-Dorf, Polartaufe mit Rentiermilch, Abendessen, Besuch eines Rentierlagers mit Schlitten- oder Schneescooter-Fahrt, Erinnerungsfoto mit dem Weihnachtsmann persönlich, Shopping, Abflug. Wer sich einen längeren Aufenthalt leistet, kann das Polarlicht genießen, auf dem 9-Loch-Golfplatz des zugefrorenen Kemijoki mit neonfarbenen Bällen einputten, die Loipen und Abfahrtspisten rund um den Ounasvaara nutzen und Anfang März am phantastischen Spektakel des Nordlicht-Festivals teilnehmen.

Jenes Rovaniemi, das man auf einer kurzen Stadtrundfahrt kennenlernt, wird naturverbundene Nordlandfahrer zu Ausflügen in die Umgebung animieren und Architekturbegeisterte erfreuen: Die von Alvar Aalto entworfene Lappia-Halle, ein 1975 fertiggestelltes Theater- und Kongreßzentrum, ist mit ihrer wellenförmigen Dachkonstruktion wirklich eindrucksvoll, auch die Provinzbibliothek, die 1989 gebaute Hängebrücke über den Ounasjoki und die lappländische Hochschule sind äußerst gelungen. Einig sind sich aber alle Besucher, daß das Arktikum die größte Attraktion von Rovaniemi ist. Der nordwestlich der Brücke gelegene, auffällige Komplex wurde Ende 1992 eröffnet und zog bereits im ersten Jahr über hunderttausend Besucher an. Er beherbergt das Arktis-Zentrum, in dem das Leben und die Kultur arktischer Völker wie den Inuit (Eskimos) oder sibirischer Stämme illustriert wird, aber auch die Entdeckung der nordpolaren Region, deren Natur und Geologie. Die unterschiedlichen Lebensbedingungen der arktischen Bevölkerung sind Thema sehr sehenswerter Filme, die im Polarium-Theater vorgestellt werden. Außerdem ist im Arktikum das Lappländische Provinzmuseum untergebracht, das die Entwicklung der Region von prähistorischen Zeiten bis heute und die Bedeutung von Rentierhaltung und Tourismus für die Sámi dokumentiert. Eine eigene Abteilung ist Rovaniemis Stadtgeschichte gewidmet. Genauso sehenswert wie die Ausstellungen ist der Bau selbst, für den das dänische Architektenbüro Birch-Bonderup & Thorup-Waade zu Recht einige Preise bekam: Eine enorm lange Passage, teils unterirdisch, teils von einer Glaskuppel überdeckt, verbindet die beiden Stockwerke und einzelnen Abteilungen. Gleichzeitig läßt sie der Natur Eintritt und stellt dadurch einen Bezug zwischen Innen- und Außenwelt her – schöner hätte man ein Museum am Flußufer nicht bauen können!

Die Naturschönheiten Rovaniemis sind vom ›Hausberg‹ **Ounasvaara** (203 m ü. d. M.) auf der anderen Flußseite in Augenschein zu nehmen. Seinen ›Gipfel‹ erreicht man vom Zentrum in 3 km, vorbei an der kleinen orthodoxen Kirche und über einige Serpentinen. Der Blick auf die Stadt mit ihren beiden Flüssen, die waldreiche Umgebung, die Wintersportanlage am Berg selbst sowie auf die Mitternachtssonne (Ende Juni) ist herrlich – und bei ungünstiger Witterung auch vom Restaurant des Sky-Hotels zu genießen. Wer die drei Sprungschanzen samt Liften und Pisten von unten betrachten möchte, fährt am Fuß des Ounasvaara nach Norden, zum Parkplatz des Skizentrums.

Unverzichtbares Ziel eines jeden Rovaniemi-Besuches ist natürlich auch der nahe **Polarkreis** (Napapiiri), der auf jeder ihn kreuzenden Straße deutlich markiert ist. Von dieser imaginären Linie

sind es übrigens jeweils 2603 km Luftlinie bis zum Nordpol und 7387 km bis zum Äquator. Am größten wird der touristische Aufwand an der E 75 betrieben, da sich hier das erwähnte und zu jeder Tages- und Jahreszeit stark frequentierte Weihnachtsmann-Dorf befindet. U. a. sind dort Touristeninformation, Tankstelle, Restaurants, Souvenirläden, ein kleines Rentiergehege, eine Poststube (mit Sonderstempel), ein Puppentheater, ein ausgezeichnet sortiertes Buch- und Landkartengeschäft sowie natürlich die Stube des Weihnachtsmannes versammelt, in der dieser zu Fototerminen präsent ist. Man kann an einer Polarkreis-Zeremonie mit entsprechendem Zertifikat teilnehmen oder einen Brief des Weihnachtsmannes an Freunde und Verwandte bestellen, der pünktlich zum Fest zugestellt wird.

Ein ganz anderes Thema wird in **Norvajärvi** angesprochen, zu dem zwischen Rovaniemi und dem Polarkreis-Zentrum eine etwa 20 km lange Stichstraße nach Norden abzweigt. Auf dem Soldatenfriedhof erinnern rund 3000 deutsche Kriegsgräber an die Ereignisse der Jahre 1944–45. Die eindrucksvolle Kapelle aus Granit wurde 1964 nach dem Entwurf von Otto Kindt errichtet.

Vom Startpunkt Rovaniemi aus orientiert sich diese Route am Lauf des Ounasjoki, der mal träge dahinfließt, mal in Stromschnellen zu einem reißenden Wildwasser wird. Hinter Meltaus quert die Straße 79 den Fluß vom westlichen zum östlichen Ufer und passiert einige Kilometer später die sehenswerten Molkoköngäs-Katarakte (auf den Hinweis zum Parkplatz achten!). Die nächste größere Ortschaft heißt **Kittilä** 2 und offeriert eine ansehnliche Infrastruktur mit Campingplatz, Motels, Ferienhäusern und vielen Sommer- und Wintersportmöglichkeiten. Die Holzkirche der Kommune stammt aus dem Jahr 1831 und wurde von C. L. Engel entworfen. Die natürlichen Attraktionen liegen nördlich und östlich der Ortschaft, was einem die Wahl der folgenden Wegstrecke bis Muonio erschwert. Bleibt man weiterhin auf der Straße 79, kommt man am 530 m hohen Berg Levi vorbei, dessen Gipfel (phantastische Fernsicht) durch eine asphaltierte Straße erschlossen ist. Im Winter herrschen hier ideale Wintersportbedingungen, wovon der kleine Touristenort Sirkka profitiert. Weiter westlich bietet sich auf dieser Route auch der Abstecher zur Bergstation des 807 m hohen Pallastunturi an, der im Herzen des **Nationalparks Pallas-Ounastunturi** 3 liegt. Mit 500 km² ist er der drittgrößte des Landes und wird von ausgedehnten Fjällgebieten geprägt. Dazu gehört auch der Taivaskera (821 m), der höchste von Nadelwald bedeckte Berg Lapplands. Und kurz vor Muonio sollte man sich in Kemiönniemi die urtümlichen Fischerkaten anschauen, von denen einige bis zu vierhundert Jahre alt sind.

Muonio 4 ist als Verkehrsknotenpunkt (Straßen 21/E 8 und 79, Brücke nach Schweden), und als wirtschaftliches Zentrum des gesamten Tals ein Vorposten der Zivilisation. Die hiesigen Hotels oder Ferienhütten kann man als Standquartier nutzen, um den nahen Pallas-Ounastunturi-Nationalpark (s. o.), die Fjälls der Umgebung und die vielen stehenden und fließenden Gewässer zu erkunden. Im Sommer treffen Besucher in Muonio beste Wander-, Angel-, Paddel- und Rafting-Bedingungen an, im Winter ideale Verhältnisse für Lang- und Abfahrtslauf auf beleuchteten Loipen und Pisten.

Ab Muonio bewegt man sich auf der ›Straße der vier Winde‹, wie die E 8 poetisch genannt wird, und die streng ge-

nommen schon in Tornio am bottnischen Meerbusen beginnt. Yrjö Kokko, ein Heimatdichter der Sámi, benannte den Verkehrsweg nach der hier getragenen lappländischen Kopfbedeckung. Traditionell sind die einzelnen Sámi-Stämme äußerlich an ihren Trachten, vor allem aber an den Mützen zu unterscheiden. Und die Stämme, die entlang der Straße siedeln, tragen seit alters her eine Mütze mit vier Ecken, die in die vier Himmelsrichtungen (Winde) weisen ...

Die ›Straße der vier Winde‹ führt mehrere dutzend Kilometer flußaufwärts zur Ortschaft **Palojoensuu** 5 mit ihrer interessanten Kirche aus dem 17. Jh. Eigentlich stammt sie aus dem Flecken Markkina nördlich von Kaaresuvanto, doch wurde sie dort im Jahre 1826 abgerissen. Ihre Bohlen flößte man hierher und baute das Gotteshaus wieder auf.

In Palojoensuu verläßt man die E 8 und erreicht nach 26 km **Enontekiö** 6 (S. 269). Der 800-Seelen-Ort, der unter diesem Namen auf vielen Landkarten eingetragen ist, heißt eigentlich Hetta, Enontekiö ist eine riesige Gemeinde mit über 8500 km², in deren Grenzen der Pallas-Ounastunturi-Nationalpark sowie die Hälfte aller finnischen Fjälls liegen, darunter auch der 1328 m hohe Halti. Als alter Siedlungsplatz der Sámi ist die Kommune traditionell mit der Rentierzucht verknüpft und hat z. Zt. einen Bestand von ungefähr 20 000 Tieren. Auch die Dörfer Kaaresuvanto und Kilpisjärvi gehören administrativ zu Enontekiö. Insgesamt kommen alle diese Flecken jedoch nur auf eine Einwohnerzahl von 2500, was einer unglaublich niedrigen Bevölkerungsdichte von 0,3 Ew./km² entspricht. Die Attraktionen der Gemeinde beschränken sich auf das, was auch schon in Muonio, Kittilä, Sirkka und Äkäslompolo erlebbar war: Natur und nochmals Natur! Wer diese nicht nur im

Landschaft bei Enontekiö

Sommer oder Winter als Aktivurlauber genießen möchte, kann sich anhand der Ausstellung im Naturzentrum Fjäll-Lappland mit ihr auseinandersetzen. Man findet das Naturzentrum am Fuß des Hügels Jyppyrä, der einst ein Heiligtum der Sámi trug und heute als Aussichtspunkt bekannt ist.

Auf dem Weg in den äußersten Nordwesten Finnlands gibt es keine Alternative zur E 8. Auf langsam ansteigender Strecke passiert man einige verstreut liegende Dörfer, von denen der 500-Seelen-Ort **Kaaresuvanto** 7 noch das größte ist. Falls hier die Suche nach einer Unterkunft nicht erfolgreich war, kann man ins schwedische Karesuando ausweichen, zu dem eine Brückenverbindung besteht. Es folgen der Weiler **Markkina** mit einem Denkmal für jene Kirche, die heute in Palojoensuu (s. o.) steht, und 20 km hinter Kaaresuvanto die Siedlung **Jämärä,** in der einige Relikte an den Lapplandkrieg museal aufbereitet wurden: Die von der deutschen Armee angelegten Bunker, Laufgräben, Geschützstellungen und Unterstände wurden z. T. restauriert und bilden zusammen mit einem Ausstellungsraum samt Café die ›Felsenfestung Jämärä‹.

Auf der ›Straße der vier Winde‹ gelangt man anschließend in deutlich höhere Regionen; die Berge ringsum übersteigen die Tausend-Meter-Marke, und das ohnehin schon wenig bevölkerte Lappland wird nun vollends menschenleer. Die letzte (460 Straßenkilometer von Tornio entfernte) Ortschaft passiert man an der äußersten Ecke der Republik, wo Finnland, Schweden und Norwegen aneinanderstoßen. Sie heißt **Kilpisjärvi** 8, liegt 423 m ü. d. M. am gleichnamigen, 20 km langen Gebirgssee und hat außer einem Hotel, einem Kiosk und der Grenzstation nicht viel zu bieten. Um so mehr die grandiose Landschaft, die vom 1029 m hohen heiligen Berg der Sámi, dem Saanatunturi überragt wird. Ein Wanderweg führt durch den Saana-Naturpark auf seinen Gipfel, von dem aus man einen herrlichen Blick auf die Berge der Umgebung und den Kilpisjärvi hat. Den See selbst kann man mit einem Boot befahren und das bojenartige Dreiländerdenkmal aus nächster Nähe betrachten. Genau an diesem Punkt, der auf Finnisch *Kolmen valtakunnan rejapyykki* und auf Schwedisch *Treriksröset* heißt, stoßen die drei skandinavischen Länder aufeinander. Wer von hier aus durch Norwegen zum Nordkap weiterfahren möchte, hat noch ca. 550 km vor sich.

Von Kemijärvi nach Nuorgam

Karte s. S. 245

Kemijärvi ⑨ (S. 281), Ausgangspunkt der zweiten Etappe durch Lappland, ist für lange Zeit der letzte größere Ort. Er verdankt seine Entstehung dem weitverzweigten Wassersystem, das Handel in jede Himmelsrichtung erlaubte. Im 19. und 20. Jh. setzte die Holzindustrie einen weiteren Impuls und zog neue Einwohner aus der Umgebung an. Das heute rund 13 000 Einwohner zählende Kemijärvi erhielt 1973 die Stadtrechte und ist damit die nördlichste Stadt Finnlands. Mit vier sich hier kreuzenden Straßen und der Eisenbahnstation ist sie ein bedeutender Verkehrsknotenpunkt, außerdem das Wirtschafts-, und Verwaltungszentrum Nordostfinnlands. Touristen werden an Kemijärvi das gute Hotel-Angebot und weitere zivilisatorische Annehmlichkeiten schätzen, sich ansonsten aber wohl nicht weiter mit der Stadt anfreunden. Bei einem Aufenthalt oder Zwischenstopp lohnt ein Besuch der Kirche, die sich direkt vor der langen Eisenbahn- und Straßenbrücke über den See Kemijärvi befindet. Der

neuere Steinbau stammt von 1951, doch ist auf dem Gelände der hölzerne Glockenturm des Vorgängerbaus von 1774 noch erhalten. Von der älteren Zeit erzählen auch einige interessante Grabsteine auf dem Friedhof. Weiter westlich, nahe dem Bahnhof, gibt es ein Heimatmuseum, das ein nordfinnisches Gehöft des 18. Jh. sowie eine beachtliche lokalgeschichtliche Sammlung umfaßt, u. a. mit Textilien und bäuerlichen Einrichtungsgegenständen.

Die E 63 folgt von Kemijärvi aus in weitem Bogen bis kurz hinter Pelkosenniemi dem Kemijoki, der hier breit und träge dahinfließt und eher wie ein See wirkt. Schöner ist allerdings die Strecke durch den **Pyhätunturi-Nationalpark,** ein wildromantisches Naturschutzgebiet. Das 42 km² große Areal umfaßt u. a. den zauberhaften See Pyhäjärvi sowie fünf Gipfel, von denen der Pyhätunturi mit 540 m ü. d. M. der höchste ist. Rund um das Ferienzentrum von Luosto wird das Terrain am gleichnamigen, 514 m hohen Fjäll für alle möglichen Arten von Winter- und Sommersport intensiv genutzt. Skifreunde können hier Abfahrt und Langlauf betreiben, die Lifte oder das neue Biathlon-Stadion nutzen, und für Motorschlittentouren steht ein Streckennetz von fast 1000 km zur Verfügung. Im Sommer freuen sich Wanderer, Mountainbiker und Angler über allerbeste Bedingungen. Natürlich sind auch Hotels oder andere Unterkünfte vorhanden, und Reiseveranstalter unternehmen u. a. Exkursionen zur einzigen tätigen Amethystgrube des Landes.

Bei Aska trifft die Straße auf die E 75 von Rovaniemi nach **Sodankylä** ⑩ (S. 295f.), das mit ca. 20 000 km² fast so groß wie Hessen ist. Am Zusammenfluß von Kitinen und Jeesiöjoki gelegen, spielte Sodankylä schon im Mittelalter eine Rolle als Handels- und Verkehrsknotenpunkt. Heute gibt sich der aufstrebende und auch als Garnisonsstadt wichtige Ort modern und aufgeräumt, vor allem im vielseitigen Geschäfts- und Dienstleistungszentrum. Die geophysikalische Sternwarte Tähtelä mit ihrem großen Parabolspiegel ›Icecat‹ ist nur das Anfangsstadium eines Projektes, das in naher Zukunft aus Sodankylä eine ›Sternengemeinde‹ mit einer Satelliten-Bodenstation sowie High-Tech-, Forschungs- und Ausbildungszentrum machen will.

Die wichtigsten Sehenswürdigkeiten Sodankyläs sind im Zentrum nahe dem Kitinen-Fluß versammelt. Hinter der Touristeninformation und der Statue ›Same und Rentier‹ erstreckt sich ein großer, stimmungsvoller Kirchhof, an dessen südlichem Ende die neue Steinkirche steht. Bei ihrer Fertigstellung im Jahre 1859 riß man zwar den Glockenturm ihrer Vorgängerin ab, ließ aber die hölzerne Alte Kirche stehen, die sich am entgegengesetzten Ende des Friedhofs befindet. Mit dem Baujahr 1689 ist sie nicht nur die älteste Lapplands und gleichzeitig eine der ältesten Finnlands, sondern auch durch alle Jahrhunderte unverändert geblieben. Die steilen Giebel, das hohe Schindeldach, das rechteckige Kirchenschiff mit der kleinen Sakristei und den hoch angebrachten Fensterchen können also einen Eindruck vermitteln, wie früher wohl die meisten Gotteshäuser Nordfinnlands ausgesehen haben. Das lappländische Kiefernholz wurde nie mit Farbe übertüncht und erzeugt eine Stimmung von Robustheit, die selbst den einfachen Altar einbezieht. Als die Kirche entstand, war das Christentum gerade erst auf dem Vormarsch nach Lappland. 1673 hatte Schwedenkönig Karl IX. eine feste Besiedlung der Provinz verfügt und Finnen dazu ge-

Der holzgeschnitzte Same verweist auf die Werkstatt eines Schmiedes in Kemijärvi

bracht, in das Sámi-Land aufzubrechen und sich dort niederzulassen. Die Sámi selbst hegten, selbst wenn sie getauft waren, noch viele Sympathien für ihre alte Naturreligion. Um das Heidentum ein für allemal auszumerzen, griff in den 70er Jahren des 17. Jh. der Pfarrer Gabriel Tuderus zu rigorosen Maßnahmen: Schamanentrommeln, Opfersäulen und Zaubertüren wurden verbrannt, die lappländische Sprache verboten, die alten Opferplätze mit einem Bann belegt. Erst als die harte kirchliche Hand Erfolge erzielte, konnten sich finnische Neusiedler und Sámi an der Kirche von Sodankylä zu gemeinsamen Gottesdiensten treffen. Eine Notiz am Rande: Im 18. Jh. war es Brauch, Standespersonen und ihre Angehörigen unter dem Fußboden zu bestatten. Dabei wurde ein zwei Wochen alter Pfarrerssohn mumifiziert, dessen Umrisse durch die Bohlenritzen vage zu erkennen sind.

Nördlich von Sodankylä, wo die Europastraße in den letzten Jahren eine neue Trasse bekam, fährt man bis Tankavaara eine Weile am Kitinen-Fluß entlang, dessen Oberlauf in den 60er Jahren zu den mächtigen Seen Lokkan tekojärvi und Porttipahdan tekojärvi aufgestaut wurde. Damit konnte der Wasserdurchfluß zum Kemijoki und dessen acht Kraftwerken (s. S. 188f.) reguliert werden, aber auch am Kitinen sichern allein sechs Kraftwerke die Stromversorgung Lapplands.

Die Siedlung **Tankavaara** 🔟 ist hauptsächlich wegen ihres Goldgräberdorfes bekannt, seit hier in den 30er Jahren ein neuzeitlicher Goldrausch stattgefunden hatte. Schon 1546 erwähnte Georg Agricola in seinem Buch ›De veteribus novis metallis‹ mögliche Goldvorkommen in Nordskandinavien. Es dauerte aber bis 1836, als ein einheimischer Polizeiinspektor zwei Steinblöcke mit verwertbaren Goldadern an der Mündung des Kemijokki fand. Ab da gab es kein Halten mehr: In Kuusamo, am Tenojoki, am Ivalojoki und – seit 1945 – am Lemmenjoki steckten Digger ihre Claims ab und durchwühlten die lappländische Erde nach Edelmetall. Um kein Clondike-Chaos entstehen zu lassen, sah sich bereits 1870 der russische Zar veranlaßt, allgemeine Regeln für die Goldsuche in Finnisch-Lappland verbindlich festzulegen. Ein Jahr später holten allein am Ivalojoki 500 Glücksritter insgesamt 57 kg Gold aus der Erde. Nachdem es eine Zeitlang ruhiger gewesen war, fand ein Finne 1930 am Luttofluß das bislang größte Nugget mit einem Gewicht von 395 g. Aber immer noch sind skurrile Gestalten in den unterschiedlichsten Gegenden Lapplands unterwegs, immer auf der Suche nach dem ganz großen Glückstreffer. In Tankavaara hat man hingegen eine verläßlichere Quelle angezapft: die Touristen. Diese können sich hier das einzige europäische Goldgräbermuseum ansehen, Repliken von Gebäuden aus Goldgräberstädten der ganzen Welt bewundern und sich natürlich auch selbst im Goldwaschen versuchen. Selbstverständlich wird man dabei nicht reich, aber ein Riesenspaß ist es allemal. Ernster geht es jeden Sommer zu, wenn mit dem ›Gold Panning Finnish Open‹ ein internationaler Wettkampf stattfindet, der in mehrere Disziplinen unterteilt ist (Veteranen-, Anfänger-, Junioren-, Damen- und Herrenklassen, Mannschaftswettbewerbe, Freistilwettbewerb mit freier Wahl der Goldwaschgeräte, usw.). Alle Attraktionen des Golddorfes zu sehen, erfordert einige Stunden; wer darüber hungrig, durstig oder müde geworden ist, kann das Café Nugget, das Restaurant Der alte Goldsucher oder das Hotel aufsuchen, die allesamt urigen Charme versprühen.

Tankavaara ist auch Standort eines Informationszentrums für den **Urho-Kekkonen-Nationalpark.** Am besten zu erreichen ist er von Saarisälkä über die 6-km-Stichstraße nach Kiilopää. Auf den Gipfel des 546 m hohen Berges gelangt man vom Parkplatz aus auf einem 2 km langen teilweise mit Bohlen befestigten und leicht zu begehenden Weg. Das häufig ›UKK‹ abgekürzte Naturschutzgebiet trägt seinen Namen zu Recht: Der ehemalige Staatspräsident war schließlich ein begeisterter Wanderer. Und zum Wandern bieten die rund 2500 km² mehr als ausreichend Gelegenheit: Fjällgipfel und weite Wildnis, Flußtäler und Moore, Kiefernwälder und ganze Felder von Rentiermoos, all das kann je nach Gusto und Kondition in mehrstündigen oder -tägigen Expeditionen erkundet werden. Außer Rentieren gehören zu den ständigen Bewohnern des Nationalparks u. a. Fischotter, zwei Dutzend Bären sowie einige Vielfraße, selbst Wölfe kommen regelmäßig über die russische Grenze hierhin. Auch der Steinadler ist im UKK heimisch, genauso wie viele andere Raubvögel- und Eulenarten.

Das Dorf **Saariselkä** 12 gehört schon zur Gemeinde Inari und zeichnet sich durch eine perfekte, höchsten Ansprüchen genügende Infrastruktur aus. Vom Wellenbad im Kurhotel bis zum Café im Sámi-Zelt reichen die Angebote der hiesigen Hotellerie und Gastronomie, das Nord-Lappland-Infocenter ist höchst effektiv und das Sportangebot nahezu unschlagbar: Im Winter warten 30 km beleuchteter Loipen, 12 Abfahrtsstrekken (die längste 1,5 km) und ein halbes Dutzend Skilifte. Die rund 230 km Skiwanderrouten stehen sommers den Mountainbikern zur Verfügung.

Entlang der knapp 160 km von Sodankylä bis Inari ergibt sich mehrfach Gelegenheit, an Straßenständen samisches Kunsthandwerk (Sapmelas Duodjarat) einzukaufen und Ausflüge mit dem Wagen oder per pedes in die lappländische Natur zu unternehmen. Beispielsweise kurz hinter Saariselkä, wo sich rechts der E 75 eine Stichstraße zum 437 m hohen Kaunispää hinaufwindet. Auf der kahlen Bergkuppe, die oft auch von Rentieren aufgesucht wird (s. Abb. S. 13), hat man einen schönen Weitblick bis zum Urko-Kekkonen-Nationalpark, kann sich im Gipfelrestaurant mit lappländischen Spezialitäten verwöhnen lassen oder den Souvenirshop plündern.

Der **Inari-See** 13 (S. 277f.) ist mit rund 1400 km^2 das drittgrößte Gewässer des Landes, hat mit seinen dreitausend Inseln und Schären sowie den unzähligen vor- und zurückspringenden Buchten aber eher den Charakter einer ausgedehnten Seenplatte. Für die Sámi war der Inari heilig, und mehrere alte Kultplätze an seinen Ufern oder auf Inseln

sind belegt. Auch für den Lappland-Fremdenverkehr spielt der See eine zentrale Rolle, erstens wegen der vielen Möglichkeiten für Outdoor-Aktivitäten und Exkursionen, zweitens als Zwischenstation auf dem Weg vom oder zum Nordkap. Die meisten Hotels, Campingplätze und touristischen Leistungsträger finden sich in den Ortschaften Inari und Ivalo sowie Saariselkä.

Wer die 39 km, die zwischen **Ivalo** 14 und Inari liegen, in der Zeit der hellen Nächte abfährt, fühlt sich in eine Märchenlandschaft versetzt, und Parkplätze an besonders schönen Punkten animieren mehr als einmal zum Anhalten oder zu Wanderungen entlang dem Seeufer. Ivalo begrüßt die Ankommenden mit einer modernen Kirche und einem ebenfalls modernen Ortsbild. Einige Hotels, Supermärkte, Tankstellen, sogar ein regelmäßig angeflogener Airport und ein Krankenhaus sind vorhanden. Wie gehabt: Die Attraktion ist die Landschaft.

Wer das Inari-See-Erlebnis noch um einen Abstecher verlängern möchte, sollte von Ivalo die kleine Straße entlang dem Südufer einschlagen. Das Ziel ist das Dörfchen **Nellim** 15, das ganz nah an der russischen Grenze liegt und nach dem Krieg von Sámi aus Petsamo besiedelt wurde. Dort wohnen hauptsächlich die sogenannten Skoltlappen, die sich in Brauchtum, Dialekt, Religion und Trachten erheblich von den anderen Sámi unterscheiden. Deutlich wird das u. a. an der orthodoxen Kirche im Dorfzentrum.

In **Inari** 16, dem Zentrum des gleichnamigen, mit über 17200 km^2 wahrhaft riesigen Landkreises, leben noch nicht einmal 8000 Menschen, darunter 2000 Sámi! Bei den hier herrschenden Klimabedingungen kann keiner ein idyllisches Ortsbild erwarten, und dementsprechend nüchtern und funktional gibt sich auch der Ort mit seinen niedrigen, ent-

Volk im Hohen Norden – Die Sámi

Seit undenklichen Zeiten bewohnt das Volk der Sámi die sogenannte Nordkalotte, also die nördlichen Gebiete Skandinaviens und der russischen Kola-Halbinsel. In ihrer eigenen Sprache bezeichnet sich die Bevölkerung als *sápmelas* bzw. dialektalen Abweichungen dieses Wortes. Die früher übliche Benennung als ›Lappen‹ empfindet sie als abwertend, weshalb in der Literatur und im offiziellen Sprachgebrauch der Begriff heute durch Sámi (oder Samen bzw. Saamen) ersetzt wird.

Wenn das Attribut ›rätselhaft‹ für ein Volk in Europa zutrifft, dann auf die Sámi. Denn obwohl sich Forscher verschiedener Disziplinen jahrzehntelang mit dem Thema beschäftigten, gibt es immer noch offene Fragen bezüglich ihrer Herkunft oder ethnischen Einordnung. Nach medizinischen und anthropologischen Analysen scheint klar zu sein, daß sich das Erbgut der Sámi deutlich von dem anderer Völker (also auch von dem der Finnen) unterscheidet. Eine häufig in der Literatur vertretene Auffassung geht davon aus, daß die Sámi als uralte Jäger- und Fischerbevölkerung schon vor rund 12 000 Jahren im nördlichen Eurasien lebten und sich in späterer Zeit mit anderen Völkern vermischten. Als Jäger folgten sie den Rentierherden in verschiedenen Etappen von Osten her nach Finnland, an die Eismeerküste und ins fennoskandische Inland. Einige Archäologen ordnen Funde aus der Bronzezeit (1500–500 v. Chr.), die dem Küstenbereich von Nordnorwegen und der Kola-Halbinsel entstammen, den Sámi zu. Noch nach der Zeitenwende lebte dieses Volk aber keineswegs nur im Hohen Norden. Erst das Zusammentreffen mit einwandernden finno-ugrischen und nordgermanischen Stämmen in Süd- und Mittelskandinavien verkleinerte schrittweise ihren Lebensraum. Spätestens seit der Wikingerzeit hielten sich die Sámi nicht mehr in Südwestfinnland auf, aber immerhin noch bis ins 14. Jh. am Ladogasee, und im südlichen Ostfinnland waren sie sogar noch im 17. Jh. anzutreffen. Linguisten konnten nachweisen, daß sich die finnische und die Sámi-Sprache aus einem gemeinsamen Stammbaum entwickelt haben. Mit anderen Worten sprechen die Sámi also finno-ugrisch, obwohl sie kein finno-ugrisches Volk sind. Einige Forscher vermuten, daß die von allen Sámistämmen ausgeübte Pelztierjagd und der sich daraus entwickelnde Handel mit den Finnen eine gemeinsame Verständigung notwendig machte und die Sámi nach und nach die Sprache des benachbarten, kulturell überlegenen Volkes – also der Finnen – annahmen. Wahrscheinlich war diese Aneignung um etwa 600 n. Chr. abgeschlossen. Da über 1300 Jahre Sprachgeschichte dazwischen liegen, können sich die beiden Völker heute allerdings nicht mehr verständigen. Genau genommen gibt es ohnehin nicht die Sámi-Sprache, sondern – analog zu unterschiedlichen Volksstämmen wie den Inari- oder Skoltsámi – mindestens drei stark unterschiedliche Dialekte. Am stärksten vertreten ist der nördliche Dialekt, der von rund 70 % der Bevölkerung und auch von Sámi-Gruppen in Nordschweden und Nordnorwegen gesprochen wird.

Schätzungen zur Anzahl der Sámi sind schwierig, da die statistischen Methoden der Staaten Norwegen, Schweden, Finnland und Rußland zur Erfassung nicht einheitlich sind – sie schwanken in der Literatur zwischen 50 000 und 70 000. In Norwegen geht man von einer Bevölkerungszahl von bis zu 45 000 Sámi aus, auf rund 15 000 schätzt man ihre Zahl in Nordschweden, während die finnische Statistik von etwa 6500 Sámi innerhalb der Landesgrenzen ausgeht.

Zu ihren besser bewaffneten und organisierten Nachbarn gerieten die Sámi früh in ein Abhängigkeitsverhältnis. Wikingerhäuptlinge und norwegische Könige entwickelten aus dem Tauschhandel eine erpresserische und lukrative Besteuerung der Sámi, an der bald auch die Schweden, Finnen und Russen partizipierten. Da im Mittelalter und in der frühen Neuzeit die Staatsgrenzen im Norden nicht festgelegt waren, hatten die Sámi bisweilen an drei verschiedene Länder Steuern zu entrichten. Zeitgleich zu der ökonomischen Knebelung gingen christliche Missionare auch an die vehemente Bekämpfung der kulturellen Grundlagen. Ihre Angriffe richteten sich vor allem gegen die Naturreligion der Sámi, in der Schamanismus und Bärenkult eine bedeutende Rolle spielten.

Im modernen Wohlfahrtsstaat Finnland hat der Druck auf den Lebens- und Wirtschaftsraum der Sámi deutlich zugenommen. Die bis weit ins 20. Jh.

bestimmende Wirtschaftsform war die Rentierzucht, die sich ab dem Mittelalter allmählich aus der Rentierjagd entwickelt hatte. Durch Straßenbau, Land- und Forstwirtschaft, Ausbau der Wasserkraftwerke und militärische Interessen sind die Weideflächen für die

Rentierzucht zusehends geschrumpft. Von diesem Gewerbe, z. T. ergänzt durch Fischen, Jagen und Beerensammeln, leben heutzutage immer noch etwa 40 % der Sámi, genauso viele verdienen ihren Lebensunterhalt auf dem Dienstleistungssektor. Auch die Herstellung traditioneller Handarbeiten (duodji) und der Fremdenverkehr sind für viele Sámi mehr als nur Zubrot.

Immerhin haben die Sámi nach Jahrhunderten der Diskriminierung und Unterdrückung in allen nordischen Staaten zumindesten auf kultureller und politischer Ebene Fortschritte erzielen können. In Finnland wählen sie aus ihrer Mitte seit 1973 alle vier Jahre das Sámi Parlamenta, das in Inari zusammentrifft. Doch dieses Organ ist kein echtes Parlament, da die 20 gewählten Vertreter nur Empfehlungen ausprechen und die Einhaltung von Sámi-Rechten im normalen gesetzlichen Rahmen überwachen können. Ähnliches gilt für das *Sameting,* das seit 1989 die norwegische Sámi-Bevölkerung wählt und seinen Sitz in Karasjok hat. Immerhin ist es seit 1991 im finnischen Reichstag Pflicht, das ›Parlament‹ der Sámi anzuhören, bevor man über Dinge entscheidet, die diese besonders betreffen oder betreffen können.

Fast alle Rechte, die den Sámi in den 80er und 90er Jahren zugestanden wurden, sind ihnen nicht in den Schoß gefallen, sondern mit Selbstbewußtsein und politischem Engagement erstritten worden. Erfolgreich waren sie dabei insbesondere in kulturellen Fragen. Beispielsweise können heute Schüler der Region muttersprachlichen Unterricht verlangen oder im Gymnasium Sámi als freiwilliges Wahl- oder als Hauptfach wählen. 1994 legten die ersten finnischen Abiturienten ihre Prüfung in Sámi ab. Und seit 1992 darf das Volk bei Behörden Sámi in schriftlicher und mündlicher Form benutzen und eine Antwort in der gleichen Sprache erwarten. Doch den meisten ist das nicht genug: Sie sehen sich als Urbevölkerung des Nordens und verlangen folglich mehr Nutzungs- und Besitzrechte an den natürlichen Ressourcen. Denn immer noch ist formal der Staat Eigentümer von 90 % des Sámi-Landes. Der Kampf um eine Besserstellung vereint alle Sámi ungeachtet ihrer staatlichen Zugehörigkeit. Eine gemeinsame Nationalhymne gibt es bereits seit 1906, eine Flagge seit 1986 und ebenfalls einen gemeinsamen Rat aller norwegischen, finnischen, schwedischen und russischen Sámi, der sein Büro in Utsjoki hat. Dabei ist ihnen klar, daß man das Rad der Geschichte nicht zurückdrehen kann. Keiner will die modernen Wohnhäuser mit den traditionellen Stangenbogenzelten vertauschen, oder den Geländewagen mit dem Rentierschlitten *(akja).* Es geht allein darum, ›Herr im eigenen Haus‹ zu sein und zumindest Mitspracherechte und Einflußmöglichkeiten zu haben, wenn Sámi-Interessen nicht mit denen der nordeuropäischen Staaten identisch sind.

lang der Hauptstraße aufgereihten Gebäuden. Aber oberhalb des Polarkreises hat selbst eine von der Mitternachtssonne erleuchtete Tankstelle noch ihren Reiz, ganz zu schweigen vom See, dessen Präsenz fast physisch spürbar ist. Der vielen Touristen wegen entfaltet sich an seinen Ufern im Sommer ein lebhaftes Treiben – da sieht man Helikopter und Cessnas zu Sightseeing-Flügen einschweben, Expeditionsgruppen von einem Ausflug zum Lemmenjoki-Nationalpark zurückkehren und noch zu nachtschlafener Zeit geöffnete Marktstände mit Sámi-Kunsthandwerk. Inaris größte Sehenswürdigkeit ist das Sámi-Freilichtmuseum im Norden der Ortschaft, das auf einem weitläufigen Gelände typische Wohn- und Vorratshäuser aller wichtigen Sámi-Gruppen versammelt und mit Tierfallen für Bären, Rene, Wölfe und kleinere Tiere oder Bootsschuppen deren Alltagsleben dokumentiert. Auch die Hütte eines Goldgräbers samt Equipment und ein Sámi-Haus aus Petsamo sind zu sehen – und das alles vor dem Hintergrund des blauen Sees.

Ein ganz besonderes Erlebnis ist auch ein Besuch der Holzkirche von Pielpajärvi, die 7 km nordöstlich des Ortszentrums liegt. Das Gotteshaus wurde 1760 auf dem Platz eines heidnischen Kultplatzes fertiggestellt und hat wohl aufgrund seiner isolierten Lage alle Modetrends und Kriege unbeschadet überstanden. Daß man nur auf einer 7 km langen Wanderung durch den Wald oder auf einer Bootsfahrt dorthin gelangen kann, erhöht den Reiz ungemein. Einmal im Jahr, zum Mittsommerfest, findet noch ein Gottesdienst in der Wildmarkkirche statt.

Von Inari bietet sich ein Abstecher zum **Lemmenjoki-Nationalpark** [17] an, dem mit 2855 km^2 größten Naturschutzgebiet des Landes. Die kleine Straße ohne Tankstellen oder Einkehrmöglichkeiten ist ideal, um Lapplands Wälder, Seen und wollgrasübersäte Moore abseits der ausgetretenen Touristenpfade zu entdecken. Die Begegnung mit Rentieren ist fast schon garantiert, ein Hinweis, der auch zu umsichtiger Fahrweise anhalten sollte: Die Straße durchkreuzt die Weidegebiete der Tiere. Durch Metallroste und an Zäunen befestigte Plastikbahnen werden die Herden davon abgehalten, über die Straße in das nächste Revier zu wandern. Oft passiert man auf diesem Weg auch Rentierscheideplätze *(porokämppä),* große hölzerne Corrals, in denen die jeweiligen Besitzer ihre Tiere mit einem Lasso einfangen und von der Herde trennen. Welches Ren zu welchem Eigentümer gehört, ist an der Ohrmarkierung zu erkennen. Anschließend entscheidet man, welche Tiere verkauft, welche geschlachtet und welche für die weitere Züchtung genutzt werden sollen, wobei für eine solche Auslese jeweils eigene Boxen zur Verfügung stehen. Leider findet dieses Ereignis zu einer Zeit statt, in der sich nur wenige Besucher in der Region aufhalten, nämlich im Dezember oder Januar.

Doch auch im Sommer sind die leeren Holzzaunkreise eindrucksvoll genug, um sich das Treiben bei einer Rentierscheide vorzustellen. Die bekannteste ist die von **Sallivaara,** kurz hinter dem Info-Parkplatz links der Straße gelegen.

Der Nationalpark ist benannt nach einem für Lappland typischen, 80 km langen Fluß, der sich zwischen den Fjälls Viipus und Maaresta hindurchschlängelt, im Oberlauf durch schmale Canyons zwängt, dann träger wird und sich seenartig verbreitert. Zusammen mit weiteren Wildmarkflüssen, Mooren, Seen und Bergen ist der Lemmenjoki Mittelpunkt eines Nationalparks, der sich hinter der Grenze zu Norwegen fortsetzt und eine der größten unberührten Wildnisse des Kontinents umfaßt. Lichte Birkenhaine wechseln hier mit Kiefern- und Fichtenwäldern ab oder weichen kahlen, versumpften Hochflächen – ein ideales Habitat für Braunbären, Wölfe, Schneehasen, Polarfüchse, Luchse, Lemminge, Vielfraße, Steinadler und Singschwäne sowie rund 9000 Rentiere auf finnischer Seite.

Vom Sallivaara-Parkplatz führt ein 6 km langer, mit Holzbohlen befestigter Pfad in den Nationalpark hinein, der eigentliche Parkeingang ist jedoch etwas weiter nördlich am Infozentrum des Dörfchens **Njurgulahti.** Von dort aus kann man mehrtägige Wanderungen von einer Schutzhütte zur nächsten unternehmen, wobei Kompaß und Gummistiefel unbedingt zur Grundausrüstung gehören sollten. Auf der Erkundungstour wird man auch auf viele Gold-Schürfgebiete stoßen (s. S. 256).

Fährt man von Inari direkt nach Norden, erreicht man über die Straße 92 die finnisch-norwegische Grenze, die durch den mächtigen Strom Tenojoki (norweg.: Tana) gebildet wird. Die Bewohner der in den 50er Jahren gegründeten Ortschaft **Karigasniemi** [18] sind mehrheitlich aus Rußland ausgesiedelte Sámi, deren Erwerbsleben hauptsächlich von Fischfang und Rentierhaltung bestimmt wird, in zunehmendem Maße aber auch vom Fremdenverkehr. Bewacht wird das Dorf von einem heiligen Berg, der wie in Utsjoki (s. u.) Ailigas heißt, mit 620 m aber höher ist als jener. Landschaftliche Attraktionen in der näheren Umgebung sind die größte Quelle Finnlands (Sulaoja), vor allem aber das Naturreservat Kevo. Von Sulaoje aus, einem Parkplatz samt Infostelle an der Straße nach Inari, kann man über einen kleinen Fahrweg und ein ausgedehntes Netz an Wanderpfaden das 712 km² große Terrain erkunden, das sich hinter dem zauberhaften See Luomusjärvi erstreckt. Mittelpunkt des Naturparks ist ein über 40 km langer und etwa 100 m tiefer Canyon, dessen Flora und Fauna aufgrund besonderer klimatischer Bedingungen ungewöhnlich ist. Polarfüchse, Steinadler, Vielfraße, Bussarde und Raben profitieren von der großen Anzahl an Kleinsäugetieren wie Wühlmäuse und Lemminge. Auch etwa 8000 Rene halten sich im Kevo-Gebiet auf. Da Kevo ein Naturreservat und kein Nationalpark ist, gelten für Besucher besondere Bestimmungen. Schutzhütten gibt es so gut wie gar keine, so daß man unbedingt ein Zelt dabei haben sollte. Und vom April bis Mitte Juni ist der Zutritt zum Canyon überhaupt nicht gestattet.

Der Weg über Outakoski nach Utsjoki folgt immer dem Ufer des Tenojoki – eine kurze, aber höchst eindrucksvolle Strecke, die von manchen Insidern als die schönste des Landes bezeichnet wird. Der Tenojoki gilt übrigens als einer der besten europäischen Lachsflüsse und wird dementsprechend in der Angelsaison von vielen Freizeitanglern frequentiert. Sofort hinter der Brücke, wo auch die Europastraßen 6 und 75 zusammenkommen, liegt das Dörfchen **Utsjoki** [19], Zentrum des nördlichsten finnischen Landkreises und einziges mit Sámi-Mehrheit. Das Ortsbild ist weitgehend sachlich-nüchtern, doch lohnen die lutherische Kirche, einige Kirchenstuben aus dem 19. Jh. sowie das von C. L. Engel entworfene Pfarrhaus einen kurzen Besuch. Utsjoki hat sogar eine bescheidene touristische Infrastruktur, die manchen angesichts der Fjäll- und Flußlandschaft zum Bleiben reizen werden – Zeit, die Angel auszuwerfen oder auf einen, ebenfalls Ailigas genannten, 342 m hohen heiligen Berg der Sámi zu wandern.

Im äußersten Zipfel Finnlands liegt die Minisiedlung **Nuorgam** [20], ein Sámidorf, dessen wenige Einwohner von Lachsfang und Rentierzucht leben. Das Dorf selbst und alle seine Einrichtungen (darunter sogar ein Pub) sind jeweils die nördlichsten Finnlands und damit auch der EU.

Information   Unterkunft

Restaurants   Nachtleben

Sehenswert   Theater

Einkaufen   Aktivitäten

Veranstaltungen   Bus

Zugverbindung   Flugverbindung

Fährverbindung

Serviceteil

Serviceteil

So nutzen Sie den Serviceteil richtig

▼ Das erste Kapitel, **Adressen und Tips von Ort zu Ort**, listet die im Reiseteil beschriebenen Orte in alphabetischer Reihenfolge auf. Zu jedem Ort finden Sie hier Empfehlungen für Unterkünfte und Restaurants sowie Hinweise zu den Öffnungszeiten von Museen und anderen Sehenswürdigkeiten, zu Festen, Unterhaltungsangeboten etc. Piktogramme helfen Ihnen bei der raschen Orientierung.

▼ Die **Reiseinformationen von A bis Z** bieten von A wie ›Anreise‹ bis Z wie ›Zeitungen‹ eine Fülle an nützlichen Hinweisen – Antworten auf Fragen, die sich vor und während der Reise stellen.

Bitte schreiben Sie uns, wenn sich etwas geändert hat!
Alle in diesem Buch enthaltenen Angaben wurden vom Autor nach bestem Wissen erstellt und von ihm und dem Verlag mit größtmöglicher Sorgfalt überprüft. Gleichwohl sind – wie wir im Sinne des Produkthaftungsrechts betonen müssen – inhaltliche Fehler nicht vollständig auszuschließen. Daher erfolgen die Angaben ohne jegliche Verpflichtung oder Garantie des Verlages oder des Autors. Beide übernehmen keinerlei Verantwortung und Haftung für etwaige inhaltliche Unstimmigkeiten. Wir bitten daher um Verständnis und werden Korrekturhinweise gerne aufgreifen:
DuMont Buchverlag, Mittelstraße 12–14, 50672 Köln.

Inhalt

Adressen und Tips von Ort zu Ort
(in alphabetischer Reishenfolge) . . . 266

Reiseinformationen von A bis Z
Anreise 304
  ... mit dem Flugzeug 304
  ... mit der Bahn 304
  ... mit dem Pkw 304
  ... mit der Fähre 304
Ärztliche Versorgung/Apotheken . . . 305
Auskunft/Informationsstellen 305
  ... für Deutschland und Österreich . 305
  ... in der Schweiz 305
  ..., in Finnland 305
Autofahren 306
  Verkehrsregeln 306
  Beschilderung 307
  Tankstellen/Benzin 307
  Verkehrsunfälle/Pannenhilfe 307
  Wohnmobile 307
  Mietwagen 307
Behinderte 308
Diplomatische Vertretungen 308
  ... in Finnland 308
  ... in Deutschland 308
  ... in Österreich 308
  ... in der Schweiz 308
Einreise- und Zollbestimmungen . . . 308
Eintrittsgelder 309
Essen und Trinken 309
  Kneipen und Getränke 310
Feiertage und Feste 312
Festivals 313
Geld und Banken 313
Internetadressen 313
Jedermannsrecht 314
Karten 314
Kinder 315
Literatur 315

Maße, Gewichte und Größen 317
Nationalparks und Wandergebiete . . 317
Notfälle 317
Öffnungszeiten 318
Post/Porto 318
Rauchen 318
Reisezeit und Kleidung 318
Sicherheit 320
Souvenirs und Einkaufstips 320
Sport/Aktivurlaub 321
  Angeln 321
  Golf 321
  Jagd 322
  Wandern 322
  Wassersport 322
  Wintersport 323
Telefonieren 323
Trinkgeld 324
Umweltschutz und Tourismus 324
Unterkunft 325
  Hotels und Motels 325
  Sommerhotels und Pensionen . . . 326
  Bauernhöfe 326
  Bed & Breakfast 326
  Ferienhäuser 326
  Jugendherbergen 326
  Camping 327
Vereine 327
Verkehrsmittel 327
  Bahn 327
  Busse 328
  Inlandflüge 328
  Schiffe und Fähren 328
Zeit 329
Zeitungen und Nachrichten 329

Kleiner Sprachführer 329
Abbildungsnachweis 334
Register 334

Adressen und Tips von Ort zu Ort

Die in diesem Reiseführer verwendete Klassifizierung der Hotels orientiert sich am offiziellen Zimmerpreis und kann nur eine vage Richtschnur sein. Bei fast allen Herbergen ist eine Sauna vorhanden. Ein Zimmer, das als ›gut ausgestattet‹ charakterisiert wird, verfügt meistens über WC, Dusche/Bad, Telefon und TV. Die Symbole wurden nach folgendem Preisschlüssel für ein Standard-Doppelzimmer einschließlich Frühstück (Stand 1997) vergeben:

*	bis 200 FIM
**	200–400 FIM
***	400–650 FIM
****	650–900 FIM
*****	über 900 FIM

Dabei ist zu beachten, daß bei Städten mit ohnehin hohem Preisniveau (z. B. Helsinki) der Standard unter dem eines gleich teuren Hotels in den Außenbezirken oder anderen Landesteilen liegen kann. Außerdem kann der offizielle Zimmerpreis durch Wochenend- oder Sommertarife, das Hotelscheck-System oder Gruppentarife z. T. erheblich gesenkt werden.

Åland-Inseln

Finn.: Maarianhamina/Ahvenamaa, autonome Provinz Åland, Vorwahl: 0 18

Information: Åland Tourist Information Office, Storagatan 8, 22100 Mariehamn, ✆ 2 40 00, Fax 2 42 65; Juni–Aug. tägl. 9–18, Sept.–Mai Mo–Sa 10–16 Uhr. Das im selben Gebäude untergebrachte Reisebüro Ålandsresor (✆ 2 80 40) gibt weitere Infos und praktische Reisehilfen wie Buchungen von Unterkünften und Vermietungen von Autos,

Fahrrädern etc. Informationen über aktuelle Veranstaltungen erhält man auf Englisch beim Anrufbeantworter ›Fröken Frida‹ unter ✆ 1 50 50. Andere Fremdenverkehrsbüros gibt es im Viking-Terminal sowie in Eckerö, Långnäs, Föglö und Geta.

Unterkunft
... in Mariehamn

Arkipelag **,** Strandgatan 31, ✆ 2 40 20, Fax 2 43 84; bestes und teuerstes Haus der Provinz, 86 Zimmer, Spielcasino, Nightclub, Pool, Bars und Restaurant.

Adlon *,** Hamngatan 7, ✆ 1 53 00, Fax 1 50 77; gutes Mittelklasse-Hotel gegenüber dem Birka-Terminal, 53 komfortable Zimmer, Restaurant, Innenpool. Angeschlossen ist die billigere und einfachere Unterkunft Sleepover mit 27 Zimmern in drei benachbarten alten Kapitänshäusern.

Cikada **, Hamngatan 1, ✆ 1 63 33, Fax 1 73 63; schönes, älteres Mittelklassehotel mit modernem Anbau, am Westhafen mit Blick auf die ›Pommern‹, 84 Zimmer z. T. mit Balkon, Innen- und Außenpool, Restaurant, nur im Sommer geöffnet.

Pommern *,** Norragatan 8–10, ✆ 1 55 55, Fax 2 10 77; zentral gelegenes, modernes Mittelklasse-Hotel mit 54 Zimmern, gemütlichem Restaurant und Snack-Veranda.

Park Alandia Hotell **, Norra Esplanadagatan 3, ✆ 1 41 30, Fax 1 71 30; gutes Mittelklasse-Hotel mit 79 Zimmern, Restaurant, Pool, Außenterrasse und Bar, mitten im Stadtzentrum an der Esplanade gelegen.

... in Eckerö

Havsbandet **, ✆ 3 82 00, Fax 3 83 05; alteingesessenes Familienhotel am Meer mit 29 Zimmern, Restaurant, großem Garten und Badestrand. Vom Hotel werden auch einfachere Zimmer im historischen Post- und Zollhaus vermietet.

Österängen **, Torp 26, ✆ 3 82 68, Fax 3 83 56; Mittelklasse-Hotel direkt am Meer mit Feriendorf (Hüttenvermietung), Innenpool, Restaurant und breitem Sportangebot.

Käringsundsbyn *–***, ✆ 3 80 00, Fax 3 82 44; herrlich gelegene Freizeitanlage mit Unterkünften unterschiedlichster Art, u. a. Ferienhäuschen, moderne Bungalows und Leuchtturmwärterhaus, z. T. mit Küche, direkt am Meer mit Sandstrand gelegen, Restaurant, Cafeteria und Lebensmittelkiosk, Vermietung von Motorbooten, Kanus, Ruderbooten, Fahrrädern und Reitpferden, Tennisplatz.

... in Finström

Bastö Hotell & Stugby **, Pålsböle, ✆ 4 23 82, Fax 4 25 20; gemütliches Hotel mit 20 Zimmern, zusätzlich 22 Ferienhäuschen für jeweils vier Personen; Mitte Dez. bis Ende Jan. geschlossen.

... auf Brandö

Hotell Gullvivan **, Björnholma, ✆ 5 63 50, Fax 5 63 60; einfaches Hotel mit 16 Zimmern, z. T. mit Miniküche, großes Restaurant mit Terrasse, auf dem Gelände sechs Ferienhäuschen für jeweils vier Personen, Fahrrad- und Bootsverleih.

... auf Föglö

Gästhem Enigheten **, ✆/Fax 5 03 10; historisches Gasthaus aus dem 18. Jh. mit rustikalen Blockhaus-Zimmern für insgesamt 40 Gäste, Ruderboot, kleines Restaurant, familiäre Atmosphäre.

... in Geta

Havsvidden ***, ✆ 4 94 08, Fax 4 94 60; ein dem Adlon-Hotel in Mariehamn angeschlossenes Konferenzhotel auf einer Landzunge, 30 Zimmer, Schwimmbad, Restaurant, Rauchsauna am Strand.

... auf Kökar

Hotell Brudhäll ***, Karlby, ✆ 5 59 55, Fax 5 59 56; schöne, moderne Holzhaus-Anlage am betriebsamen Yachthafen, 20 Zimmer der einfacheren Mittelklasse und eine komfortable Suite, gutes Restaurant.

🍴 Restaurants
... in Mariehamn

Restaurang F. P. von Knorring, Osthafen, ✆ 1 65 00; gemütliches Restaurantschiff von 1928 mit Pub und à-la-carte-Restaurant, oft sehr lebhaft und mit Live-Musik, tägl. 11–1 Uhr, internationale Küche mit lokalem Einschlag.

Restaurang Nautical, Hamngatan 2, ✆ 1 99 31; im Gebäude des Seefahrtsmuseums gelegenes, alteingesessenes Restaurant mit åländischer und internationaler Küche, im Sommer tägl. 11–1 Uhr geöffnet, schöner Blick auf den Westhafen und die ›Pommern‹.

ÅSS Paviljong, Strandpromenaden (Westhafen), ✆ 1 91 41; schöner, historischer Pavillon mit Außenterrasse, lokale Spezialitäten, im Sommer tägl. 11–1 Uhr.

... auf Föglö

Gästhem Enigheten, Degerby, ✆ 5 03 10; kleines Restaurant mit historischem Ambiente und lokalen Fleisch- und Fischspezialitäten, aufmerksamer Service, während der Hochsaison tägl. zum Abendessen geöffnet, Café tägl. ab 12 Uhr.

Seagram, Degerby, Föglö Marina, ✆ 5 10 92; Pavillon am Meer, Fisch- und Seafoodgerichte, mittags großes Buffet.

... auf Kökar

Brudhäll, Karlby, ✆ 5 59 55; gutes Restaurant (Fischspezialitäten) in herrlicher Lage mit Außenterrasse, tägl. von mittags bis abends geöffnet.

👁 Sehenswert
... in Mariehamn

Ålands Seefahrtsmuseum, Hamngatan
2, ☏ 1 99 30; tägl. 10–16, Mai, Juni, Aug.
9–17, Juli 9–19 Uhr.
**Åland Museum & Åland Kunst-
museum,** Stadshusparken, ☏ 2 54 26;
tägl. 10–16, Di bis 20 Uhr, Sept.–April Mo
geschlossen.
Museumsschiff ›Pommern‹, Westhafen,
☏ 53 14 20; Mai–Aug. tägl. 9–17, Juli bis
19, Sept.–Okt. 10–16 Uhr.
Kaufmannshof (Köpmannagården),
Parkgatan, ☏ 1 27 73; Mitte Juni–Mitte
Aug. Mo–Fr 13–15 Uhr.

... in Sund
Kastelholmer Schloß, ☏ 4 38 12,
4 38 20; Mai–Aug. tägl. 10–17, Juli 9.30–20
Uhr; Innenbesichtigung nur innerhalb
geführter Rundgänge.
Jan Karlsgården, ☏ 4 38 12, 4 38 20;
Mai–Sept. tägl. 9.30–17 Uhr

... in Eckerö
Bomarsundmuseum, Prästö-Lotsenhaus,
☏ 4 40 32; Mai–Aug. Di–So 10–15 Uhr.
Postroutenmuseum, ☏ 3 90 00;
Juni–Mitte Aug. tägl. 11–16, Juli ab 10 Uhr.

... auf Lappo
Schärenmuseum Lappo, Lappoby,
☏ 5 66 21; Mitte Juni–Anfang Aug. tägl.
10–12 Uhr.

... auf Föglö
Föglö Museum, Degerby, ☏ 5 12 34;
Mitte Juni–Mitte Aug. Di–So 11.30–14.30
und 15–18 Uhr.

Veranstaltungen: Zweiter Samstag im Juni: traditionelle **Post-
ruderregatta** zwischen Eckerö und Griss-
lehamn/Schweden. Mitte Juli: **Alandia
Jazz;** dreitägiges Jazzfestival mit internationaler Beteiligung in Mariehamn. Ende
Juli: **Alandia Match Race;** dreitägige internationale Segelregatte im Westhafen

von Mariehamn, an der regelmäßig Welt-
klasse-Segler teilnehmen.

 **Verkehr:** Für Autotouristen
sind die Ålands gut von Finn-
land oder Schweden aus zu erreichen:
Von **Turku** und **Stockholm** (je ca. 6 Std.)
nach Mariehamn mit Silja Line (Torggatan 10, Mariehamn, ☏ 1 21 20).
Von **Stockholm, Kapellskär** (ca. 100 km
nördlich von Stockholm; ca. 3,5 Std.),
Naantali und **Turku nach Mariehamn**
mit Viking Line (Storagatan 2, Mariehamn,
☏ 2 62 11).
Von **Grisslehamn** (ca. 120 km nördlich
von Stockholm; ca. 2 Std.) **nach Eckerö**
mit Eckerö Linjen (Storagatan 8, Mariehamn, ☏ 2 80 00).
Von **Osnäs** (Westfinnland bei Kustavi; ca.
30 Min.) **nach Långö/Åva** mit Ålandstrafiken (Strandgatan 25, Mariehamn, ☏
2 51 55).
Kreuzfahrten (ohne Autotransport) bietet
Birka Cruises zwischen Mariehamn, Stockholm, Visby/Gotland und Rönne/Bornholm
an. Die Fährgesellschaften, die im schwe-
disch-finnischen Schärengarten operieren
(Viking Line, Silja Line, Eckerö Linjen, Birka
Line, Ålandstrafiken, Waxholmsbolaget
und Skärgårdshavetssjöfartsdistrikt), offe-
rieren eine gemeinsame ›See Sea Card‹,
mit der man 16 Tage lang beliebig zwischen Stockholm und Turku reisen kann.
Für den **Fährverkehr innerhalb des
Åland-Archipels** gibt es drei Hauptstrek-
ken: die Route Hummelvik/Vårdö–Enklin-
ge–Kumlinge–Torsholma/Brandö, die
Route Långnäs–Överö–Sottunga–Kökar–
Galtby und die Passage Degerby/Föglö–
Svinö/Lumparland. Diese Autofähren sind
kostenlos, wenn man am Zielort übernachtet. Infos beim Fremdenverkehrsamt oder
Ålandstrafiken, Strandgatan 25, ☏ 2 51 55.
Der kleine **Inselflughafen** liegt ca. 5 km
nordwestlich von Mariehamn. Tägl. fliegt
Finnair (Skarpansvägen 24, ☏ 1 95 22)

mindestens einmal nach Turku und/oder Helsinki, Ålandsflyget (✆ 1 25 15) nach Stockholm-Arlanda. Unter gleicher Nummer können Sightseeing- und Taxiflüge in die Schärenwelt gebucht werden. Helikopter-Flüge über Mariehamn und die Inseln vermittelt u. a. das Fremdenverkehrsamt.

Enontekiö/Hetta

Lapin lääni, Lappland, Vorwahl: 0 16

 Information: Hetta Tourist Information, 99400 Enontekiö, ✆ 55 62 15, Fax 55 62 29, Juni–Sept. tägl. 10–20, sonst Mo–Fr 9–15 Uhr.

Unterkunft: Jussantupa***, Hetta, P. O. Box 26, ✆ 52 11 01, Fax 52 13 79; gutes Ferienhotel mit 30 Zimmern, Pool, großes Restaurant.
Hetta**, Hetta, ✆ 52 13 61, Fax 52 10 49; solide Mittelklasse-Herberge in schöner Lage am See, 39 gut ausgestattete Zimmer, Pool, Restaurant, Bar.
Kilpisjärvi Tourist Hotel**, Kilpisjärvi, ✆ 53 77 61, Fax 53 77 67; Mittelklasse-Hotel am Dreiländereck mit 39 zweckmäßig eingerichteten Zimmern und Restaurant.
Ratkin**, Kaaresuvanto, ✆ 52 21 01, Fax 52 21 04; Ferienanlage mit Mittelklassehotel (26 Zimmer) und Campinghütten, Restaurant, Bar, Jan.–Mitte März geschlossen.

 Sehenswert: Järämä-Bunker, Järämä, E 8 (nördlich von Kaaresuvanto), ✆ 52 46 05; Mitte Juni–Ende Sept. Mo–Fr 10–17 Uhr.
Naturzentrum Fjäll-Lappland, Hetta, ✆ 53 30 56; im Sommer tägl. geöffnet.

 **Verkehr:** Der kleine, rund 10 km vom Ortszentrum entfernte **Flughafen** wird regelmäßig von Helsinki und Rovaniemi angeflogen, ansonsten Charter-, Versorgungs- und Sight-

seeing-Flüge. **Überlandbusse** halten in Enontekiö auf dem Weg zwischen schwedischer Grenze und Nordkap.

Espoo

Schwed.: Esbo; Etelä-Suomen lääni, Südfinnland, Vorwahl: 09

 Information: Espoo Visitor & Convention Bureau, Central Tower, 13th floor, Tapiola, 02100 Espoo, ✆ 46 03 11, Fax 46 63 78; Mo–Fr 9–17 Uhr.

Unterkunft: Sokos Hotel Tapiola Garden****, Tapionaukio 3, ✆ 43 57 11, Fax 46 23 32; modernes Haus mit 82 Zimmern, direkt im Geschäftszentrum von Tapiola gelegen, drei Restaurants.
Hotelli Serena Korpilampi Spa***, Lahnus, ✆ 6 13 84 11, Fax 61 38 42 20; großzügiger Hotel- und Kongreßkomplex mit 150 Zimmern, im Norden der Stadt direkt am See gelegen, ganzjährig viele Sportmöglichkeiten.

 Sehenswert: Automuseum (Espoon Automuseo), Pakankylä, ✆ 8 55 71 78; Mai–Aug. Di–So 11–18, April und Sept.–Okt. Sa–So 11–18 Uhr.
Espoo Kirche (Espoon kirkko), Kirkkopuisto 5, ✆ 5 00 26 77; tägl. 10–18 Uhr, Nachtkonzerte Juni–Aug. jeden Do 22 Uhr.
Gallen-Kallela-Museum, Tarvaspää, Gallen-Kallelantie, ✆ 51 33 88; im Sommer Mo–Do 10–20, Fr–So 10–17 Uhr, im Winter Di–Sa 10–16, So 10–17 Uhr; von Helsinki aus mit der S-Bahn-Linie 4 nach Munkkiniemi, ab dort 2 km Fußweg (ausgeschildert) oder mit Buslinie 33.
Gutshof Glims (Glims talomuseo), Glimsintie 1, Karvasmäki, ✆ 8 63 29 79; Anfang Mai–Ende Aug. Di–So 11–17, im Winter Di–Fr 10–16, Sa–So 12–16 Uhr.
Kapelle von Otaniemi (Otaniemen kappeli), Jämeräntaival, Otaniemi, ✆ 46 50 05;

Juni–Aug. Mo–Fr 12–17, sonst Mo–Do
9–19, Fr 9–17, Sa 10–18, So 10–15 Uhr.
Leppävaara-Kirche (Leppävaaran kirkko),
Veräjänkallionkatur 2, ✆ 51 76 41; Mo–Fr
10–18 Uhr.
Ökumenisches Zentrum (Ekumeeninen
keskus), Myllyjärventie 9, Myllyjärvi,
✆ 8 55 71 48; geöffnet nach Absprache.
Serena-Freizeitzentrum, Korpilampi
Hotel, Lahnus, Info ✆ 88 70 55 55; tägl.
11–20 Uhr.
Villa Elfvik, Elfvikintie 4, Laajalahti,
✆ 51 52 88; April–Sept. Mo–Fr 9–16, Sa–So
11–16, sonst Mo–Fr 9–15, So 11–16 Uhr.

Hämeenlinna

Schwed.: Tavastehus; Etelä-Suomen lääni,
Südfinnland, Vorwahl: 03

 Information: Häme Tourist Service, Sibeliuksenkatu 5 A, 13100 Hämeenlinna, ✆ 6 21 23 88, Fax 6 21 27 16;
Mo–Fr 9–17, Juni–Aug. auch Sa 9–14 Uhr.

**Unterkunft: Cumulus Hämeen-
linna***,** Raatihuoneenkatu 16–18,
✆ 6 12 21 06, Fax 6 16 52 89; zentral gelegenes, neueres Mittelklassehotel mit 100
Zimmern, Pool und Restaurant.
Hotel Vakuna****, Possentie 7,
✆ 6 58 31, Fax 6 58 36 00; auffällige Herberge der Sokos-Gruppe, außerhalb am See,
121 bequeme Zimmer, Restaurants, Bars.
Vanajanlinna****, Harviala, ✆ 6 19 65 65,
Fax 6 19 65 91; wunderschöne, exklusive
Unterkunft in einem Jagdschloß, ca. 6 km
von Hämeenlinna entfernt, 50 Zimmer, Restaurant, 18-Loch-Golfplatz in der Nähe.
Rantasipi Aulanko****, Aulanko,
✆ 65 88 01, Fax 6 82 19 22; hochklassige
Konferenz- und Touristen-Herberge mit
245 Zimmern, 5 km nördlich von Hämeenlinna in einem herrlichen Naturpark mit
Golfplatz gelegen, renommiertes Restaurant, Café, Nightclub, Pool, Tennis.

Restaurant: Piparkakkutalo,
Kirkkorinne 2, ✆ 6 12 16 06; char-
mantes Restaurant in einem Jugendstil-
Gebäude nahe dem Marktplatz, finnische
Küche, Mo–Sa 11–24, So 12–23 Uhr.

**Sehenswert: Hämeenlinna-
Schloß,** Kustaa III:n katu 6,
✆ 6 75 68 20; tägl. 10–16, Mai–Mitte Aug.
bis 18 Uhr. Innenbesichtigung nur im Rahmen einer Führung, jede volle Stunde
auch auf Englisch oder Deutsch.
Sibelius-Geburtshaus, Hallituskatu 11,
✆ 6 75 68 20; tägl. 12–16, Mai–Aug. ab 10
Uhr.
Heilig-Kreuz-Kirche, Hattula,
✆ 6 72 33 83, 6 37 24 77; Mitte Mai–
Mitte Aug. 11–17 Uhr.
Panzer-Museum, Parolannummi, Hattula,
✆ 6 77 45 22; Mai tägl. 9–18, Juni–Aug.
10–19, Sept. 12–17 Uhr.
littala Glas-Zentrum, littala,
✆ 5 35 62 27; Museum und Shop tägl.
10–18, Mai–Aug. Shop bis 20 Uhr.

Veranstaltungen: Ende Februar
legen Tausende von Teilnehmern
am **Finlandia-Lauf**, dem finnischen Gegenstück zum schwedischen Vasalauf, die
75 km von Hämeenlinna nach Lahti auf
Langlaufskiern zurück.
Spätsommer und 8. Dez.: **Sibelius-Kon-
zerte;** die meisten finden im Rathaus statt.
Info ✆ 6 21 26 84.

 Verkehr: Hämeenlinna
ist per **Überlandbus**
u. a. mit Lahti, Tampere, Helsinki und
Turku verbunden. Der Bahnhof an der Rautatienkatu liegt an der Hauptstrecke Helsinki–Tampere. Über das Seensystem verkehren die weißen **Schiffe** der ›Finnischen Silberlinie‹ (Suomen hopealinja)
Mitte Juni–Mitte Aug. u. a. über Aulanko
und Hattula nach Visavuori und Tampere
(Ankunft 19.30 Uhr), Abfahrt vom Kai an

der Arvi Kariston katu ist tägl. um 11.30 Uhr, Info ✆ 2 12 48 04.

Hamina

Schwed.: Frederikshamn; Etelä-Suomen lääni, Südfinnland, Vorwahl: 05

Information: Hamina City Tourist Office, Pikkuympyräkatu 5, 49400 Hamina, ✆ 7 49 52 51, Fax 7 49 53 81; Mo–Fr 9–16 Uhr.

Unterkunft: Hamina Gast-haus**, Kalvukatu 4, ✆ 4 14 34, Fax 3 44 61 20; kleine, gemütliche und preiswerte Pension mit elf Zimmern.
Motel S/S Hyöky**, Gästehafen Tervasaari, ✆ 3 54 36 00; einfache, aber witzige Unterkunft auf einem Museums- und Motel-Schiff, nur Mai–Aug. geöffnet.

Veranstaltung: Alle zwei Jahre (1997, 1999 usw.) findet Mitte Juli das **Hamina Tattoo** statt, ein Festival der Militärmusik mit internationalen Gruppen.

Hanko

Schwed.: Hangö; Etelä-Suomen lääni, Südfinnland, Vorwahl: 0 19

Information: City Tourist Office, P. O. Box 14, Bulevardi 10, 10901 Hanko, ✆ 2 20 34 11, Fax 2 48 58 21; Mo–Fr 9–17 Uhr. Im Sommer auch Information Point am Yachthafen, ✆ 2 48 56 17; tägl. 7–22 Uhr.

Unterkunft: Reagatta**, Merikatu 1, ✆ 2 48 64 91, Fax 2 48 55 35; Mittelklasse-Hotel mit 39 Zimmern in zentraler Lage am Osthafen.
Villa Tellina-Thallatta**, Appelgrenintie 1–2, ✆ 2 48 63 56, Fax 2 48 63 56; einfache Familienpension im Zentrum, untergebracht in einer alten Holzvilla mit viel Atmosphäre, auch Infos über weitere Villen-Unterkünfte (Villa Eva, Villa Maija, Villa Eliisa), z. T. ganzjährig geöffnet.

Restaurants: Pirate, Itäsatama (Osthafen), ✆ 2 48 77 00; schöne Gaststätte mit solider Küche, Außenterrasse.
Origo, Itäsatama (Osthafen), ✆ 2 48 50 23; gutes Restaurant mit Fischbuffet, Seafood und Fleischgerichten, zwei Außenterrassen.
Casino, Kylpyläpuisto, ✆ 2 48 23 10; herrliches Casino-Gebäude am Meer mit gemütlicher Atmosphäre (Tanz) und gutem Restaurant.

Sehenswert: Festungsmuseum Hanko, Hamngatan (Osthafen), ✆ 2 80 32 23; Mai–Aug. Di–So 11–16, Do auch 18–19, Sept.–Dez. Mi, Do, Sa, So 13–15, Do auch 18–19 Uhr.
Hanko-Kirche, Vartiovuori, ✆ 2 48 23 71; Juni–Mitte Aug. Mo–Sa 10–15, So 13–15 Uhr.
Orthodoxe Kirche, Täcktomintie, ✆ 1 35 17 88; tägl. 12–15 Uhr.
Wasserturm, Vartiovuori; Juni–Aug. tägl. 10–12 und 15–17 Uhr.

 **Verkehr: Bus- und Zugverbindung** (Nebenstrecke) über Tammisaari nach Karis, dort Anschluß nach Turku oder Helsinki. Im Sommer **Wasserbusse** in den Schärengarten sowie **Bootstrips** mit dem historischen Dampfer ›J. L. Runeberg‹ nach Tammisaari, Helsinki und Porvoo.

Heinola

Ita-Suomen lääni, Ostfinnland, Vorwahl: 03

Information: Heinola Tourist Service, Torikatu 5, 18100 Heinola, ✆ 7 15 84 44, Fax 7 15 84 34; Juni–Aug.

Mo–Fr 9–17, Sa 10–14, sonst Mo–Fr 8–16 Uhr. Die Tähtihovi Tourist Information mit 24-Stunden-Bandansage (✆ 7 14 41 99) befindet sich an der Raststätte direkt nördlich der Heinola-Tähti-Brücke.

 Unterkunft: Kumpeli***, Muonamiehenkatu 3, ✆ 15 82 14, Fax 15 88 99; großzügiges Mittelklasse-Hotel am See, 120 gut ausgestattete Zimmer, alle mit Balkon oder Terrasse, Restaurant.
Gasthaus Mühlenstube**, Kausantie 4, Myllyoja, ✆ 7 18 86 66, Fax 7 18 81 03; kleine und einfache Unterkunft in naturschöner Lage, 5 km von Heinola entfernt, sechs Zimmer und zwei Ferienhäuschen, Cafeteria.

 Sehenswert: Stadtmuseum, Kauppakatu 14; Di–So 12–16, Mi auch bis 20 Uhr.
Aschan-Haus, Kauppakatu 3; Mitte Mai–Mitte Sept. Di–So 12–16, Mi auch bis 20 Uhr.

 Verkehr: Im Sommer kann man über die Seen und Kanäle der Umgebung mit **Wasserbussen** und Ausflugsbooten Minikreuzfahrten unternehmen, u. a. bis nach Lahti. Erholsame Sightseeingtouren mit der ›M/S Leila‹ starten im Juli 11, 13, 15, 17, 19 Uhr, im Juni und Anfang Aug. 11, 13, 15 Uhr.

Helsinki
Schwed.: Helsingfors; Etelä-Suomen lääni, Südfinnland, Vorwahl: 09

 Information: City Tourist Office, Pohjoisesplanadi 19, 00100 Helsinki, ✆ 1 69 37 57, Fax 1 69 38 39, Mai–Sept. Mo–Fr 9–19, Sa–So 9–15 Uhr, sonst Mo–Fr 9–17, Sa 9–15 Uhr.

Tip: Die **Helsinki-Card** bietet innerhalb des Stadtgebietes freie Fahrt in Bahnen, Bussen, Straßenbahnen und der Metro, freien Eintritt in 50 Museen, freie Sightseeingtouren und andere Vergünstigungen. Sie kostet (1997) für 24 Stunden 105 FIM, für 48 Stunden 135 FIM und 72 Stunden 165 FIM, Verkaufsstellen sind u. a. das Fremdenverkehrsamt, Reisebüros und größere Hotels.

 Unterkunft: Inter-Continental*****, Mannerheimintie 46, ✆ 4 05 51, Fax 4 05 52 55; nahe der Finlandia-Halle gelegenes, großes First-Class-Hotel mit internationaler Atmosphäre, 552 Zimmer mit allen Annehmlichkeiten, mehrere Restaurants – u. a. die Gourmet-Adressen Galateia und Pamir –, Bars, Nachtclubs, seit Jahren das Haus mit dem höchsten (und teuersten) Standard, wenn auch etwas unpersönlich.
Grand Marina Arctia Hotel*****, Katajanokanlaituri 7, ✆ 1 66 61, Fax 66 47 64; großes Hotel der Arctia-Gruppe in einem wunderschön restaurierten Hafengebäude, gegenüber dem ›Finnjet‹-Anleger und nahe zum Marktplatz gelegen, 462 Zimmer, fünf Restaurants, Kongreß-Zentrum, viele Reisegruppen, trotzdem mit Atmosphäre.
Klaus Kurki*****, Bulevardi 2–4, ✆ 61 89 11, Fax 60 85 38; seit Jahrzehnten eine Institution der Helsinkier Hotellerie, inzwischen der Sokos-Gruppe angeschlossen und 1995/96 komplett renoviert, zentral gelegen, 134 Zimmer.
Torni*****, Yrjönkatu 26, ✆ 13 11 31, Fax 1 31 13 61; traditionsreiches, 1995 renoviertes Jugendstil-Hotel der Sokos-Gruppe mit 152 Zimmern, zentral gelegen, sehr gutes Restaurant, Atelier-Bar mit phantastischer Aussicht.
Seurahuone Socis****, Kaivokatu 12, ✆ 6 91 41, Fax 6 91 40 10; traditionsreiches Haus der Cumulus-Gruppe, in dem schon Marschall Mannerheim zu übernachten pflegte, 1996 renoviert, zentral am Hauptbahnhof gelegen, 118 Zimmer.

Finnapartements Fenno**,
Franzéninkatu 26, ✆ 7 73 16 61, Fax
7 01 68 89; Apartment-Hotel nördlich des
Zentrums mit gutem Preis-Leistungs-Verhältnis, 100 Zimmer, davon viele mit eigener Küche, Sauna, Café.
Stadionin maja*, Pohjoinen Stadionintie
3 B, ✆ 49 60 71; ganzjährig geöffnete Ju-
gend- und Familienherberge im Olympiastadion.

Hinweis: Im Bahnhof befindet sich das
Hotel Booking Centre (✆ 17 11 33, Fax
17 55 24), das zentrale Buchungszentrum
für alle Hotels im Großraum Helsinki.

🍴 **Restaurants: Alexander Nevski,**
Pohjoisesplanadi 17, ✆ 63 96 10; ein
seit vielen Jahren bekannter Gourmet-
Tempel mit vorzüglicher russischer Küche
auf höchstem Niveau.
Bulevardi 2, Bulevardi 2, ✆ 61 89 13 59;
1996 eröffnetes Edel-Restaurant mit internationaler Küche, das Design stammt von
der Star-Innenarchitektin Kaisa Blomstedt
und wurde als einziger skandinavischer
Beitrag in die Liste der 25 besten Restau-
ranteinrichtungen der Welt aufgenommen.
Elite, Etelä Hesperiankatu 22, ✆ 49 55 42;
gutes Mittag- und Abendessen in einem
Bau des Funktionalismus, moderate Preise, gegenüber im Sommer lebhafter Bier-
garten, viele Künstler und Intellektuelle.
Fazer, Kluuvikatu 3, ✆ 66 65 97; 1891 gegründetes Restaurant mit Café und Konditorei sowie wunderschöner, denkmalge-
schützter Inneneinrichtung.
Havis Amanda, Unioninkatu 23,
✆ 66 68 82; seit vielen Jahren das bekannteste Fisch- und Seafoodrestaurant der
Stadt, zentral am gleichnamigen Brunnen
gelegen, elegante Einrichtung, aufmerksamer Service, die Preise sind dem Gebotenen durchaus angemessen.
Kappeli, Eteläesplanadi 1, ✆ 17 92 42;
wunderschöner Holzbau mit Glasveranda,

gutes Restaurant mit angeschlossener
Brasserie, Braustube und Kellerrestaurant
an der Esplanade.
Kasakka, Meritullinkatu 13, ✆ 1 35 62 88;
›Kosaken‹-Restaurant mit altmodisch-
plüschigem Ambiente, original russischer
Küche, großen Portionen und moderaten
Preisen.
Kosmos, Kalevankatu 3, ✆ 64 72 55;
bekanntes Künstler-Restaurant mit sehr
guter finnischer Küche.
Kanavaranta, Kanavaranta 3,
✆ 6 22 26 33; vornehmes Restaurant in
einem umgebauten Lagerhaus mit schö-
nem Blick auf die Uspenski-Kathedrale,
nouvelle cuisine mit finnischem Einschlag,
teuer.
LordAlaCarte, Lönnrotinkatu 29,
✆ 61 58 15; gute skandinavische Küche in
einem hübschen Jugendstil-Hotel.
Savoy, Eteläesplanadi 14, ✆ 17 65 71; be-
rühmtes Gourmet-Restaurant im achten
Stockwerk eines Geschäftshauses an der
Esplanade, die elegant-schlichte Einrichtung wurde 1937 bis ins Detail von Alvar
Aalto gestaltet, herrlicher Ausblick von der
Dachterrasse, finnische und internationale
Spezialitäten, teuer.
Torni Restaurant, Kalevankatu 5 (im
Sokos-Hotel Torni), ✆ 13 11 31; eins der
besten Hotel-Restaurants in Helsinki in
edel-moderner Umgebung, finnische und
internationale Küche.

🍸 **Nachtleben/Pubs: Café Barock,**
Fredrikinkatu 42, ✆ 7 34 58 22; leb-
haftes Nachtrestaurant in einer etwas
schwülstigen Umgebung, mediterrane
Küche.
Casino RAY & Restaurant, Eteläinen
Rautatiekatu 4, ✆ 69 11; größtes Spielca-
sino der Stadt im Ramada Presidentti
Hotel.
Molly Malone's, Kaisaniemenkatu 1 C,
✆ 17 12 72; irischer Pub mit deftigem
Essen und Live-Musik.

Planet Hollywood, Mikonkatu 9,
✆ 65 78 27; erstes Lokal der Kette in Europa, Jugendtreffpunkt mit Snacks, Drinks, Musik und Filmausschnitten.

Royal Cotton Club, Pohjoisesplanadi 2,
✆ 63 48 65; etablierter Musik-Club mit Restaurant und Dachterrasse, Jazz-, Blues- und Soulgruppen, Kabarett, Di–Sa 20–4 Uhr.

Zetor, Kaivokatu 10, ✆ 66 69 66; schrecklich-schöne Kneipe mit vielen Verbindungen zu den Leningrad Cowboys, Rock-Musik, rustikales finnisches Essen, Tanz, Sauna.

 Sehenswert: Alte Kirche (Vanha kirkko), Lönnrotinkatu 6, ✆ 66 92 90; tägl. 9–15 Uhr.

Amos Anderson Kunstmuseum, Yrjönkatu 27, ✆ 64 02 21; Juni–Aug. Mo–Fr 10–17, Sa–So 11–16, sonst Mo–Fr 11–18, Sa–So 11–16 Uhr.

Ateneum (Finnische Nationalgalerie), Kaivokatu 2, ✆ 17 33 61; Di, Fr 9–18, Mi–Do 9–20, Sa–So 11–17 Uhr; Straßenbahn 6, 7A.

Domkirche (Tuomiokirkko), Senaatintori, ✆ 65 63 65; Mo–Fr 9–19, Sa–So 9–18, im Winter tägl. 9–17 Uhr; Straßenbahnen 1, 2, 3B, 4.

Felsenkirche (Temppeliaukio Kirkko), Lutherinkatu 3, ✆ 49 88 04; tägl. 10–20, Mi bis 19, Sa bis 18 Uhr; Straßenbahn 3B.

Finnisches Architekturmuseum (Suomen rakennustaiteen museo), Kasarmikatu 24, ✆ 66 19 18; Di–So 10–16, Mi bis 19 Uhr; Straßenbahn 10, Bus-Nr. 17.

Freilichtmuseum Seurasaari, Seurasaari, ✆ 48 47 12, Buslinie 24 vom Zentrum; Mitte bis Ende Mai und Anfang bis Mitte Aug. Mo–Fr 9–15, Sa–So 11–17, Anfang Juni bis Ende Aug. tägl. 11–17, Mi bis 19 Uhr.

Kallio-Kirche (Kallion kirkko), Itäinen papinkatu 1; tägl. 14–18 Uhr.

Kunstgewerbemuseum (Taideteollisuusmuseo), Laivurinkatu 3, ✆ 6 62 05 40; Juni–Aug. tägl. 11–17 Uhr, sonst Di–So

11–17, Mi bis 20 Uhr; Straßenbahnen 3T, 3B, Bus Nr. 14.

Linnanmäki-Vergnügungspark, Tivolitie/Helsinginkatu, ✆ 77 39 91; Mitte Mai–Mitte Aug. tägl. 13–22, Mitte–Ende Aug. Sa–So 13–22 Uhr.

Nationalmuseum (Kansallismuseo), Mannerheimintie 34, ✆ 4 05 01; Juni–Aug. Di–So 11–17, Di bis 20 Uhr, sonst Di–So 11–16, Di bis 20 Uhr, Straßenbahnen 4, 7 und 10.

Olympiastadion (Aussichtsturm), Hammarskjöldintie, ✆ 44 03 63; Mo–Fr 9–20, Sa–So 9–18 Uhr; während Sport- oder sonstiger Veranstaltungen ist der Turm geschlossen; Straßenbahnen 3B, 3T, 4, 7A, 7B, 8, 10.

Reichstag, Mannerheimintie 30, ✆ 43 21; freie Führungen Juli–Aug. Mo–Fr 14 und ganzjährig Sa 11, 12, So 12, 13 Uhr; Straßenbahnen 4, 10.

Stadtmuseum Helsinki, Sofiankatu 4, ✆ 1 69 39 33; Mi–Fr 9–17, Sa–So 11–17 Uhr.

Städtisches Kunstmuseum, Tamminienmentie 6, ✆ 1 69 31 69; Mi–So 11–18.30 Uhr, Bus Nr. 24.

Suomenlinna, ✆ 66 81 54; zu erreichen ab dem Marktplatz mit Wasserbussen unterschiedlicher Firmen, z. T. auch mit Führung. Überfahrten in beide Richtungen spätestens ab 8 Uhr, letzte Verbindung frühestens um 23 Uhr. Information, Buchungen und Bestellung von Guides am Kauppatori-Info-Kiosk oder unter ✆ 66 83 41. Die einzelnen Museen sind i. d. R. Mai–Aug. tägl. 10–17, im Sept. 11–15 Uhr geöffnet.

Technisches Museum, Viinkintie 1, ✆ 79 70 66; Mai–Aug. Di–So 11–17, sonst Mi–So 12–16 Uhr.

Urho-Kekkonen-Museum Tamminiemi, Seurasaarentie 15, ✆ 48 06 84; im Sommer tägl. 11–16, Do auch 18–20 Uhr, im Winter eingeschränkte Öffnungszeiten.

Uspenski-Kathedrale, Kanavakatu 1, ✆ 63 42 67; Di–Fr 9.30–16, Sa 9–12, So

12–15 Uhr, im Winter eingeschränkte Öffnungszeiten; Straßenbahn 4.
Villa Gyllenberg, Kuusisaarenpolku 11, ✆ 64 73 90; Mi 16–20 und So 12–16 Uhr, Bus-Nr. 194, 195.

 Oper- und Ballett: Finnische Nationaloper: Helsinginkatu 58, ✆ 40 30 21. Vorzügliche Konzerte werden in unregelmäßigen Abständen in der Finlandia-Halle und in verschiedenen Kirchen gegeben; aktuelle Veranstaltungshinweise geben das Fremdenverkehrsamt, die Tagespresse oder Touristen-Magazine wie ›Helsinki this Week‹.

 Shopping: Die allerbesten Einkaufsmöglichkeiten bietet im Stadtzentrum das Viertel zwischen Esplanade, Marktplatz, Aleksanterinkatu und Mannerheimintie. Hier sind weltberühmte Geschäfte vertreten wie **Aarikka** (Holz, Glas, Porzellan, Spielzeug und Küchenutensilien; Pohjoisesplanadi 27), **Akademische Buchhandlung** (Literatur aller Art und in vielen Sprachen; Pohjoisesplanadi 39), **Arabia** (Glas-, Stahl-, und Porzellandesign; Hämeentie 135), **Aleksi 13** (Stockmanns Konkurrenz in nächster Nachbarschaft; Aleksanterinkatu 13); **Artek** (Möbel von Alvar Aalto; Eteläesplanadi 18), **i-shop & Pentik** (Glas von Iittala und Keramik von Pentik; Pohjoisesplanadi 27 A), **Marimekko** (Mode; Pohjoisesplanadi 27) und **Stockmann** (bekanntestes Kaufhaus der Stadt; Aleksanterinkatu 52). Aber auch Einkaufszentren wie **Kluuvi, Forum** oder **Kiseleff Bazaar** findet man hier, die alles aufbieten, was in Finnland Rang und Namen hat. Ein besonderes Erlebnis verspricht ein Besuch von **Itäkeskus,** dem größten skandinavischen Shopping Centre, eine ›Stadt in der Stadt‹ mit über 170 Einzelgeschäften und Restaurants sowie einem 200 m langen Boulevard mit Glaskuppel. Itäkeskus liegt an der östlichen Peripherie und ist am besten mit der Metro an der gleichnamigen Station zu erreichen.

 Veranstaltungen: Mitte März: **Helsinki Biennale,** einwöchige Konzertserie für Neue Musik.
Juni: **Mittsommernachts**-Festveranstaltungen in vielen Stadtteilen, besonders umfangreich ist das Programm auf der Museumsinsel Seurasaari mit großem Johannisfeuer, Trauung des Johannis-Paares u. v. m.
August bis September: alljährliche **Helsinki-Festwochen,** mit denen die Hauptstadt traditionell den Sommer ausklingen läßt: Orchester- und Kammermusik, Oper, Tanz, Theater, Jazz, Rock, Filme, Ausstellungen und Gastspiele aus aller Welt.
Oktober: Traditioneller, auf das 18. Jh. zurückgehender **Heringsmarkt** auf dem Kauppatori, bei dem der Ostseehering (Strömling) in frischer, geräucherter oder anders konservierter Form verkauft wird, Prämierung der besten Produkte durch eine Jury.
31. Dezember: Begrüßung des **Neuen Jahres** am Senatsplatz mit Gottesdienst, Reden, Musik und Feuerwerk.

 **Verkehr:** Helsinki besitzt ein zuverlässiges, sehr gut ausgebautes und recht preisgünstiges Netz von **Straßenbahnen, Bussen, U-Bahn und Nahverkehrszügen** (S-Bahn). An Verkehrsknotenpunkten wie dem Hauptbahnhof oder der Station Hakaniemi sind Streckenpläne und Kundeninformationen erhältlich. Weitere Auskünfte erteilen die Verkehrsbetriebe unter ✆ 01 00-1 11. Besucher, die den öffentlichen Nahverkehr ausgiebig nutzen wollen, sollten sich die Helsinki Card (s. o.) oder die ›Touristenkarte‹ der Verkehrsbetriebe besorgen. Letztere ist für einen, drei oder fünf Tage erhältlich und als ›regionale Touristenkarte‹ auch in Espoo, Vantaa und Kauniainen gül-

tig. Für Sightseeing-Touren eignet sich hervorragend die Straßenbahnlinie 3T, die auf einer 50-Minuten-Rundfahrt die wichtigsten Gebäude der Stadt passiert; eine kostenlose Broschüre über die Route und die einzelnen Sehenswürdigkeiten in deutscher Sprache ist erhältlich. Der internationale **Flughafen** von Helsinki befindet sich in Vantaa; ein Finnair-Bus verkehrt zwischen 5 und 1 Uhr etwa alle 20 Minuten zwischen Flughafen und Innenstadt (Hauptbahnhof, Inter-Continental), die Fahrtzeit beträgt etwa 30 Min. Am Flughafen sind alle großen internationalen Autovermieter vertreten. Im Sommer vom Marktplatz regelmäßige Bootsverbindungen in kurzen Intervallen u. a. nach Suomenlinna und nach Tapiola. Schöne **Bootsausflüge** kann man mit dem Dampfer ›J. L. Runeberg‹ unternehmen, der im Jahre 1912 vom Stapel lief. Die Schiffe fahren normalerweise täglich um 10 Uhr vom Markt. Anlaufhäfen: Loviisa, Porvoo, Tammisaari und Hanko. **Fährgesellschaften:** Eestin Linjat ✆ 2 28 85 44. Finnlines ✆ 6 85 02 00. Silja Line ✆ 1 80 41 (Reservierungszentrum ✆ 1 80 44 22, Silja-Terminal Südhafen ✆ 1 80 45 55, ›Finnjet‹-Terminal ✆ 17 40 60). Tallink ✆ 22 82 12 11. Viking Line ✆ 1 23 51.

Hyvinkää

Schwed.: Hyvinge; Etelä-Suomen lääni, Südfinnland, Vorwahl: 0 19

Information: Hyvinkää Tourist Office, Hämeenkatu 3 D, 05800 Hyvinkää, ✆ 4 59 12 75, Fax 4 59 16 20.

Sehenswert: Finnisches Eisenbahnmuseum, Hyvinkäänkatu 9, ✆ 4 56 42 41; Juni–Mitte Aug. tägl. 11–17, sonst Di–So 12–15 Uhr. **Stadtkirche** (Hyvinkään kirkko), Hämeenkatu; tägl. 11–17 Uhr.

Iisalmi

Schwed.: Idensalmi; Ita-Suomen lääni, Ostfinnland, Vorwahl: 0 17

Information: City Tourist Office, Kauppakatu 22, 74100 Iisalmi, ✆ 8 30 12 23, Fax 82 67 60; Juni–Aug. Mo–Fr 8–18, sonst Mo–Fr 8–15.30 Uhr.

Sehenswert: Karelisches Orthodoxes Kulturzentrum (Evakkokeskus), Kyllikinkatu 8, ✆ 81 64 41; Juni–Aug. tägl. 8–18, sonst tägl. 8–16 Uhr. **Alte Kirche** (Iisalmen Vanhakirkko), Kirkkotie/E 63; Juni–Mitte Aug. tägl. 10–16 Uhr.

Veranstaltung: Anfang Juli: Beim **Oluset,** einem dreitägigen Bierfest, dem größten Finnlands, werden in feuchtfröhlicher Stimmung selbst die wortkargsten Finnen gesprächig.

Ilomantsi

Ita-Suomen lääni, Ostfinnland, Vorwahl: 0 13

Information: Ilomantsi Tourist Service Ltd., Mantsintie 8, 82900 Ilomantsie, ✆ 88 17 07, Fax 88 32 70; Juli Mo– Fr 9–17, Sa 9–14, sonst Mo–Fr 8–16 Uhr.

Unterkunft: Hotel Ilomantsi***, Kalevalantie 12, ✆ 88 25 33, Fax 88 36 43; kleines Mittelklasse-Hotel mit 34 z. T. einfachen Zimmern und gutem Restaurant.

Restaurant: Parppeinpirtti, Parppeintie 1, ✆ 88 14 21; Café-Restaurant in schönem Holzhaus mit Außenterrasse, am ›Haus des Runensängers‹ gelegen, Buffets mit finnischen und karelischen Spezialitäten, Mai–Aug. tägl. 10–20, Sept. tägl. 11–17 Uhr.

Sehenswert: Runonlaulajan Pirtti (Haus des Runensängers), Parppeinvaara, ☎ 88 12 48; Juni–Aug. tägl. 8–20 Uhr.

St. Elias-Kirche, Kirkkotie; Ende Juni–Anfang Aug. Mo–Sa 11–18, So 12–18 Uhr.

 Veranstaltung: 28.–29. Juni: **Praasniekka** (Weihefest mit feierlicher Prozession) für den Heiligen Petrus in Hattuvaara. 19.–20. Juli: **Praasniekka** für Elias (Ilja) in der St. Elias-Kirche. 7.–8. September: **Praasniekka** für die Jungfrau Maria in Mutalahti.

Imatra
Etelä-Suomen lääni, Südfinnland, Vorwahl: 05

 Information: Imatran Seudun Matkailu, Liikekeskus Mansikkapaikka, P. O. Box 22, 55121 Imatra, ☎ 6 81 25 00, Fax 4 37 77 27; Juli Mo–Fr 9–17, Sa 10–14, sonst Mo–Fr 8–16 Uhr. Weitere, in der Hochsaison geöffnete Touristenbüros an den Vuoksi-Fällen und an der Straße 6.

 Unterkunft: Imatran Valtionhotelli**,** Torkkelinkatu 2, ☎ 6 88 81, Fax 6 88 88 88; direkt an den Katarakten gelegenes Grand Hotel im Jugendstil und eine der bekanntesten Herbergen des Landes, 92 Zimmer im historischen Haus und im modernen Annex, mehrere Restaurants, Pool, Wintergarten mit Bar.

Spa Hotel Imatran Kylpylä*,** Vapaa-aikakeskus, ☎ 6 82 51, Fax 6 82 55 19; schönes Kurhotel der oberen Mittelklasse mit 95 Zimmern, Restaurant und vielen Freizeitmöglichkeiten, nordwestlich der Stadt am Saimaa-See (Yachthafen) gelegen.

Hotel Vuoksenhovi,** Siitolankatu 2, ☎ 4 72 00 11, Fax 4 72 00 19; gut ausgestattetes Mittelklasse-Hotel in zentraler Lage, 94 Zimmer, Pool, Restaurant.

 Sehenswert: Vuoksi-Fälle, die Katarakte strömen von Anfang Juni bis Mitte Aug., Mo–Sa 19, So 15 Uhr, für ca. 30 Minuten durch das alte Flußbett.

 Veranstaltung: Anfang Juli: **Imatra Big Band Festival;** einwöchiges Festival mit in- und ausländischen Jazz-Bands.

  Verkehr: Zug- und Busverbindung über Lappeenranta nach Süden, über Parikkala nach Joensuu oder Savonlinna und über Svetogorsk nach Rußland.

Inari-See
Schwed.: Enare, Lapin lääni, Lappland, Vorwahl: 0 16

 Information: Northern Lapland Tourism Ltd., Honkapolku 3, 99830 Saariselkä, ☎ 66 84 00, Fax 66 84 05; Mitte Juni–Mitte Aug. tägl. 9–20, sonst Mo–Fr 9–16 Uhr. Inari Info, 99870 Inari, ☎ 67 63 63, Fax 67 63 64; Mitte Juni–Mitte Sept. tägl. 9–20, sonst Mo–Fr 9–17.30 Uhr.

 Unterkunft: Spahotel Saariselkä**,** Saariselkä, ☎ 68 28, Fax 68 23 28; First-Class-Hotel mit 107 Zimmern und Apartments, sechs Ferienhäuser, Bäderabteilung mit Pools und Massage, Fitneßcenter, Restaurant, Bar.

Hotelli Ivalo*,** Ivalontie 34, Ivalo, ☎ 68 81 11, Fax 66 19 05; Hotel der oberen Mittelklasse am Ivalo-Fluß mit auffälliger Architektur, 94 gut ausgestattete Zimmer, Restaurant mit lappländischen Spezialitäten, Bar, Pool, viele Sportmöglichkeiten.

Hotel Riekonlinna*,** Lutontie, Saariselkä, ☎ 66 86 01, Fax 66 86 02; modernes Hotel der oberen Mittelklasse mit 124 gut ausgestatteten Zimmern, die meisten mit Balkon, Restaurant, Bar.

Kakslauttanen Holiday Village***,
Kakslauttanen, Ivalo, ✆ 66 71 00, Fax
66 71 68; hochwertiges Feriendorf mit
23 gut ausgestatteten Blockhäusern,
Restaurant.
Utsjoen Matkailuhotelli**, Utsjoki,
✆ 67 71 21, Fax 67 71 26; schön am Hang
über dem Tenojoki gelegenes ›nördlichstes
Hotel des Landes‹, 32 Zimmer der Mittelklasse und fünf Apartments, Restaurant
mit Sommerterrasse, Bar.
Kultahippu**, Petsamontie 1, Ivalo,
✆ 66 11 06, Fax 66 16 21; günstiges Mittelklassehotel mit 30 Zimmern, Restaurant
und ›Finnlands nördlichstem Nightclub‹.
Inari*–**, Inari, ✆ 67 10 26, Fax 67 10 47;
einfache, aber saubere Nichtraucherher-
berge mit 16 Zimmern, Cafeteria.

**Sehenswert: Lappland-Freilicht-
museum,** Inari, ✆ 67 11 07;
Juni–Aug. tägl. 8–22, Anfang–Mitte Sept.
tägl. 9–15.30 Uhr.
Utsjoki-Kirche (Utsjoen kirkko), Utsjoki;
Ende Juni–Mitte Aug. tägl. 11–19 Uhr.
Inari-Lappenkirche (Inarin saamelaiskirk-
ko), Inari; Juni–Mitte Aug. tägl. 9–21 Uhr.
Ivalo-Kirche (Ivalon kirkko), Ivalo; Juni–
Mitte Aug. tägl. 9–21 Uhr.

 Ausflüge: Von Inari, Ivalo und Saariselkä werden ganzjährig eine Fülle
von Ausflügen angeboten, per Bus, Hundeschlitten, Schlauchboot, Helikopter oder
Rentieren. Hier nur Beispiele: 7tägige **Gold-
wasch- und Angeltour** ab/bis Inari, Übernachtung in Hütten und geheizten Zelten:
Loimurautu, Mellakuja 8 C 13, 99800 Ivalo,
✆ 66 19 70, Fax 66 19 70. 7stündige **Gold-
waschtouren** auf dem Fluß Lemmenjoki
veranstaltet Lemmenjoen Lomamajat Ah-
kun Tupa, 99885 Lemmenjoki, ✆ 5 71 35,
Fax 5 71 35/67 34 35. **Halb-, Ganz- und
Mehrtagessafaris mit Huskys und
Schlittengespann** offeriert die Husky-
farm Kamysak, 99800 Ivalo, ✆ 66 77 36.

Veranstaltung: Ende März: Ren-
tier-Meisterschaftsrennen, zweitä-
gige Veranstaltung in Inari mit Wettrennen
über verschiedene Distanzen.

 Verkehr: Auf direktem Weg
ist das Inari-Gebiet mit dem
Flugzeug aus Helsinki, Kemi, Oulu, Rovaniemi und Kittilä zu erreichen, der Flug-
platz befindet sich südwestlich der Ortschaft Ivalo. Ein kleinerer Landeplatz in
Inari dient den Helikoptern und Cessnas
für Sightseeing-, Versorgungs- und Luft-
taxi-Flüge. Ivalo und Inari sind Stationen
der **Überlandbusse** zwischen Rovaniemi
und dem Nordkap. Stationen von Autover-
mietern befinden sich u. a. in Ivalo (Flughafen) und Saariselkä (Hotel Riekonlinna).

Joensuu

Ita-Suomen lääni, Ostfinnland,
Vorwahl: 0 13

Information: Joensuu Tourist Information Office, Koskikatu 1, 80100
Joensuu, ✆ 2 67 53 00, Fax 12 39 33; Mitte
Juni–Mitte Aug. Mo–Fr 8–18, Sa 9–14,
sonst Mo–Fr 9–16 Uhr.

Unterkunft: Hotel Kimmel****,
Itäranta 1, ✆ 27 71 11, Fax 2 77 21 12;
zur Sokos-Gruppe gehörendes größtes
und teuerstes Haus am Platz, am anderen
Flußufer gegenüber der Stadt gelegen, 230
First-Class-Zimmer, sechs Restaurants und
Bars, Nightclub, Innenpool.
Atrium**, Siltakatu 4, ✆ 12 69 11, Fax
22 69 69; am Pielisjoki und zentral gelege-
nes Mittelklasse-Hotel, 53 Zimmer, z. T. mit
Balkon, Restaurant.

Restaurant: Ravintola Astoria,
Rantakatu 32, ✆ 22 97 66; idyllisch
am Flußufer des Pielisjoki gelegenes, älteres Gebäude mit Terrasse, lokale Küche.

Sehenswert: Botania, Botanischer Garten der Universität, Heinäpurontie 70, ✆ 1 51 26 30; Mi–Mo 10–18, im Winter Mo, Mi, Do, Fr 10–15, So 12–14 Uhr.

Lintula-Nonnenkloster, Palokki, ✆ 56 31 06; Mai–Aug. tägl. 9–18 Uhr.

Nordkarelien-Museum (Pohjois-Karjalan museo), Ilosaari, Siltakatu 1, ✆ 2 67 53 84; Di, Do, Fr 12–16, Mi 12–20, So 11–17 Uhr.

Kunstmuseum (Joensuun taidemuseo), Kirkkokatu 23, ✆ 2 67 53 88; Di, Do, Fr 12–16, Mi 12–20, So 11–17 Uhr.

Valamo Mönchskloster, Uusi-Valamo, ✆ 57 01 11; tägl. 10–18 Uhr.

Veranstaltung: Mitte Juni: **Joensuu Festival,** einwöchiges Festival rund um die Mittsommernacht mit klassischer und Unterhaltungsmusik, Tanz und Theater sowie karelischen Gesängen auf der großen Liederbühne.

Verkehr: Zug- und Busverbindung u. a. nach Lappeenranta im Süden und Oulu im Westen. Im Sommer tägl. mehrere **See- und Flußkreuzfahrten** sowie samstags Wasserbus Joensuu–Koli–Nurmes, Infos und Tickets beim Fremdenverkehrsamt.

Jyväskylä

Länsi-Suomen lääni, Westfinnland, Vorwahl: 0 14

Information: Jyväskylä Regional Tourist Services, Asemakat 6, 40100 Jyväskylä, ✆ 62 49 03, Fax 21 43 93; Juni–Aug. Mo–Fr 8–17, Sa–So 9–16, sonst Mo–Fr 9–17, Sa 9–14 Uhr.

Unterkunft: Alexandra**,** Hannikaisenkatu 35, ✆ 65 12 11, Fax 65 12 00; Flaggschiff der Sokos-Gruppe, die in Jyväskylä noch zwei weitere Hotels unterhält, modernes Haus der oberen Mittelklasse mit 132 komfortablen Zimmern, zwei Restaurants, Nachtklub, Pool u. v. m.

Arctia Hotelli Jyväskylä**,** Vapaudenkatu 73, ✆ 3 30 30 00, Fax 61 69 96; neues First-Class-Hotel mit allen Annehmlichkeiten und 150 Zimmern, zwei Restaurants, Pool, Bars.

Yöpuu*,** Yliopistonkatu 23, ✆ 33 39 00, Fax 62 05 88; charmantes, kleineres Hotel im Zentrum, stilvolle Einrichtung der 20er Jahre, 26 Zimmer, gutes Restaurant.

 **Sehenswert: Alvar Aalto Museum,** Alvar Aallon katu 7, ✆ 62 48 09; Di–So 11–18 Uhr.

Finnisches Museum für Handwerk und Kunstgewerbe, Seminaarinkatu 32, ✆ 62 49 46; Di–So 11–18 Uhr.

Finnisches Trachtenmuseum, Gummeruksenkatu 3, ✆ 62 68 40; Di–So 11–18 Uhr.

Zentralfinnisches Museum, Alvar Aallon katu 7, ✆ 62 49 30; Di–So 11–18 Uhr.

Petäjävesi-Kirche (Petäjäveden vanha kirkko), Petäjävesi, Ende Juni–Juli tägl. 9–21, Anfang–Ende Juni und Aug. tägl. 10–18 Uhr.

Sauna-Dorf Muurame, ✆ 3 73 26 70; Juni–Aug. tägl. 10–18 Uhr.

Veranstaltungen: Ende Mai: **Finlandia Marathon,** eine der größten Sportveranstaltungen des Landes mit über 3000 Marathonläufern aus aller Welt. Mitte Juni: **Jukola-Rallye;** zweitägiges Orientierungsrennen mit internationaler Beteiligung. Ende August: **Tausend-Seen-Rallye,** größtes Motorsport-Ereignis des Landes, das stets etwa 20 000 Zuschauer anzieht und zu Suomis Ruf als ›Land der schnellen Autofahrer‹ erheblich beiträgt. Anfang November: **Finnish Jazz Days,** dreitägiges Jazz-Festival mit den bekanntesten finnischen Musikern und Bands.

 **Verkehr:** Jyväskylä ist Verkehrsknotenpunkt der

Überlandbusse sowie der **Bahnlinien** Pori–Joensuu und Tampere–Oulu. Vom **Flughafen,** der sich etwa 20 km nördlich befindet, gibt es tägl. Verbindungen nach Helsinki.

Kajaani

Schwed.: Kajana; Oulun lääni, Vorwahl: 08

Information: Kajaani Info & Booking Center, Pohjolankatu 16, P. O. Box 133, 87101 Kajaani, ℐ 6 15 55 55, Fax 6 15 56 64; Juni–Aug. Mo–Fr 9–18, Sa 9–13, sonst Mo–Fr 9–17 Uhr.

Unterkunft: Vaijus****, Kauppakatu 20, ℐ 6 15 02 00, Fax 62 90 05; neueres, aber architektonisch nicht besonders gelungenes First-Class-Haus der Sokos- Gruppe im Zentrum, 86 komfortable Zimmer, drei Restaurants, Bar. Eine preiswertere Alternative bietet Sokos direkt nebenan mit 29 ordentlichen Zimmern im Haus **Välskäri**.**
Arctia Hotel Kajanus***, Koskikatu 3, ℐ 6 16 41, Fax 6 15 45 05; schön am Flußufer gelegenes Kur- und Kongreßhotel mit 235 gut ausgestatteten Zimmern, drei Restaurants, Sommerterrassen, Pool sowie breitem Sport- und Fitneßangebot.
Karolineburg***, Karoliinantie 4, ℐ 13 12 91; schönes kleines Hotel in einem Herrenhof nahe der Burg, gutes Restaurant.
Huone ja aamiainen*, Pohjolankatu 4, ℐ 62 22 54; ganzjährig geöffnete Jugendherberge und Hostel mit Doppel-, Familien- und Mehrbettzimmern.

Sehenswert: Burgruine (Linnanrauniot), Linnansaari; jederzeit frei zugänglich, kein Eintritt.
Kainuu-Landschaftsmuseum (Kainuun museo), Asemakatu 4, ℐ 6 15 54 07; Mo–Sa 12–15, Mi bis 20, So 12–18 Uhr.

Kajaani-Kirche, Kirkkokatu; Mitte Juni–Mitte Aug. tägl. 10–20, sonst tägl. 17–19 Uhr.
Kajaani-Kunstmuseum (Taidemuseo), Linnankatu 14, ℐ 6 15 55 99; Mo–Sa 12–15, Mi bis 20, So 12–18 Uhr.
Paltaniemi, Kirche (Paltamon vanha kirkko) und **Kaiserlicher Stall** (Keisarintalli), Paltaniemi, Hannusrantaan, ℐ 6 87 53 34; Mitte Mai–Aug. tägl. 10–18 Uhr.

Veranstaltung: Mai: **Kainuu-Jazz-Frühling,** anspruchsvolle Veranstaltung mit Jazz- und Blues-Gruppen aus Finnland, Schweden und anderen Ländern.

 **Verkehr:** Mehrere **Bus-** und **Zugverbindungen** tägl. nach Kuopio, Oulu und Nurmes, der Bahnhof befindet sich auf der Asemakatu. Der **Flughafen** liegt bei Paltaniemi, ca. 9 km westlich der Stadt; tägl. drei Linienflüge von und nach Helsinki, z. T. in Kombination mit Oulu. Im Sommer werden mehrmals wöchentlich vom Marktplatz aus **Kreuzfahrten** mit der ›M/S Pinja-Tuulia‹ über den Nuasjärvi-See angeboten, Infos und Buchungen beim Fremdenverkehrsamt oder unter ℐ 38 14 19.

Kemi

Lapin lääni, Lappland, Vorwahl: 0 16

Information: City Tourist Office, Valtakatu 26, 94100 Kemi, ℐ 25 94 67, Fax 25 94 68; Juni–Aug. Mo–Fr 8–18, Sa–So 10–18, sonst Mo–Fr 8–16 Uhr.

Unterkunft: Cumulus Kemi ***, Hahtisaarenkatu 3, ℐ 2 28 31, Fax 22 82 99; größtes, bestes und teuerstes Haus am Platz, 185 Zimmer mit allen Annehmlichkeiten, Restaurants, Innenpool.
Merihovi **, Keskuspuistokatu 6–8, ℐ 22 34 31, Fax 25 63 16; solides Mittel-

klassehotel in zentraler Lage, 71 gut ausgestattete Zimmer, Restaurant.
Palomestari **, Valtakatu 12, *C*/Fax 25 71 17; gleiche Klasse wie das Merihovi, aber preiswerter, 33 Zimmer.

 **Sehenswert: Kemi Kunstmuseum,** Kulturzentrum, Marina Takalon katu 3, *C* 25 82 47; Juni–Aug. Mo–Fr 11–19, Sa–So 12–18, sonst Mo–Fr 11–19, Sa 12–19, So 12–18 Uhr.

 Veranstaltung: Januar–März: **Snow Castle:** die größte Schneeburg der Welt (400 m lang) ist Hauptschauplatz einer dreimonatigen Voranstaltungsreihe mit Eisbildhauer-Wettbewerben, Karneval, Kunstausstellungen etc.

Verkehr: Überland-Busse nach Tornio bzw. Schweden, Rovaniemi und Oulu. **Zugverbindung** nach Oulu, Rovaniemi und über Tornio nach Schweden, dort weiter nach Stockholm oder Narvik/Norwegen. Der **Flughafen** liegt 5 km nördlich des Ortszentrums.

Kemijärvi

Lapin lääni, Lappland, Vorwahl: 0 16

 Information: City Tourist Office, Kuumaniemenkatu 2 A, 98100 Kemijärvi, *C* 81 37 77, Fax 81 20 32; Juni–Aug. Mo–Fr 8–18, sonst Mo–Fr 8–16 Uhr.

Unterkunft: Hotel Kemijärvi ***, Vapaudenkatu 4, *C* 81 38 41, Fax 81 38 51; zentral gelegenes Mittelklassehotel der Sokos-Gruppe, 50 gut ausgestattete Zimmer, zwei Restaurants, Bar, Pool.
Mestarin Kievari **, Kirkkokatu 9, *C* 81 35 77, Fax 81 41 04; kleine, zentrale Herberge mit 19 Zimmern, Restaurant, gutes Preis-Leistungs-Verhältnis.

 Sehenswert: Kemijärvi Museum, Sepänkatu 2, *C* 82 14 94; Juni–Aug. Mo–Fr 9–18 Uhr.

Veranstaltungen: Ende Januar: **Kemijärven kaamostanssit,** das Kaamos-Tanzfestival, auch Polar Night Dance Festival genannt, ist ein zweitägiger internationaler Wettbewerb für lateinamerikanische, Standard- und Volkstänze. Juni: **Internationale Holzschnitzwoche,** Holzschnitzer und -bildhauer aus aller Welt treffen sich zu einem einwöchigen Symposion, die Resultate werden für den Rest der Saison im Kunstzentrum Puustelli ausgestellt.

  Verkehr: Eisenbahnverbindung über Rovaniemi nach Kemi, ab dort nach Südfinnland oder Schweden. **Überland-Busse** nach Rovaniemi, Sodankylä und Kuusamo.

Kirkkonummi

Schwed.: Kyrkslätt; Etelä-Suomen lääni, Südfinnland, Vorwahl: 09

 Information: Kirkkonummi Municipality, 02400 Kirkkonummi, *C* 2 96 71, Fax 2 96 75 21.

Unterkunft: Majvik ***, Masala, *C* 29 55 11, Fax 2 97 63 06; großes Touristen- und Konferenzhotel mit eigenwilliger Architektur, 96 komfortable Zimmer, Restaurant, Swimmingpool, acht Saunas, viele Sportmöglichkeiten, direkt am Meer gelegen.

Sehenswert: Hvitträsk (Atelier und Wohnhaus der Architekten Saarinen, Lindgren und Gesellius), Luoma, *C* 2 97 57 79; Juni–Aug. tägl. 10–19, sonst Di–So 11–18 Uhr; Busverbindung nach/ab Helsinki mit Linie 166.

Kokkola

Schwed.: Karleby; Länsi-Suomen lääni, Westfinnland, Vorwahl: 06

 Information: Kokkolan Matkailu Oy, Mannerheiminaukio, 67100 Kokkola, ✆ 8 31 19 02, Fax 8 31 03 06; Juni–Aug. Mo–Fr 9–17, Sa 9–13, sonst Mo–Fr 9–16 Uhr.

 Unterkunft: Vaakuna ***, Rantakatu 16, ✆ 8 27 70 00, Fax 8 22 51 85; modernes First-Class-Hotel der Sokos-Kette im Zentrum, 152 Zimmer mit allen Annehmlichkeiten, mehrere Restaurants und Bars.
Seurahuone **, Torikatu 24, ✆ 8 65 31 11, Fax 8 65 32 22; gutes Haus der Mittelklasse, 72 Zimmer, zentral an der Hauptstraße.

 **Verkehr: Überlandbusse** zu allen wichtigen Hafenstädten, **Eisenbahnverbindung** über die Küstenstrecke nach Oulu, nächster **Flughafen** in Kruunupyy, 15 km südöstlich.

Kotka

Etelä-Suomen lääni, Südfinnland, Vorwahl: 05

 Information: City Tourist Office, Keskuskatu 7, 48100 Kotka, ✆ 2 34 44 24, Fax 21 56 76; Mo–Fr 9–16, Juni–Aug. auch Sa 10–14 Uhr.

 Unterkunft: Sokos Hotel Seurahuone ***, Kaivokatu 16, ✆ 3 50 04 00, Fax 3 50 04 50; modernes, zentral gelegenes Haus mit 100 Zimmern, drei Restaurants.
Merikotka **, Satamakat 9, ✆ 1 52 22, Fax 1 54 14; kleines, einfacheres Mittelklasse-Hotel im Zentrum mit nur 15 Zimmern.

 Sehenswert: Fischerhaus der Zaren, Laminkoski, ✆ 2 28 10 50; Mai–Sept. tägl. 10–19, sonst Sa–So 10–19 Uhr.
Provinzmuseum Kymenlaakso, Kotkankatu 13, ✆ 2 34 44 33; Di–Fr 12–18, Sa–So 12–16 Uhr.

 Verkehr: Busverbindung nach Loviisa, Helsinki, Kouvola und Rußland, **Zugverbindung** (Nebenstrecke) nach Kouvola, ab dort nach Lahti, Helsinki, St. Petersburg.

Kristiinankaupunki

Schwed.: Kristinestad; Länsi-Suomen lääni, Westfinnland, Vorwahl: 06

 Information: Tourist Information, Toriranta, 64101 Kristiinankaupunki, ✆ 2 21 62 78, Fax 2 21 22 75; Juni–Aug. tägl. geöffnet.

 Unterkunft: Kristina ***, Suurtori 1, ✆ 2 21 25 55, Fax 2 21 32 50; neueres Hotel mit 25 Zimmern und Restaurant, in aussichtsreicher Lage.
Gasthaus Kuivamäki **, Rautatienkatu 4, ✆ 2 21 28 78; einfachere Unterkunft mit 25 Zimmern und Restaurant, etwa 1 km vom Zentrum entfernt.

Kuhmo

Oulun lääni, Vorwahl: 08

 Information: City Tourist Office, Kainuuntie 82, P.O. Box 15, 88901 Kuhmo, ✆ 6 55 63 82, Fax 6 55 63 84; Juni–Aug. Mo–Fr 8–18, Sa 9–16 Uhr.

 Unterkunft: Hotelli Kainuu **, Kainuuntie 84, ✆ 6 55 17 11, Fax 6 55 17 15; gut ausgestattetes Mittelklasse-Hotel mit 29 Zimmern, Pool, drei Restaurants, Organisation von Jagdausflügen.

Sehenswert: Kainuu-Natur-In-formationszentrum, Tönölä, ✆ 6 55 07 16, Fax 6 53 04 44; im Sommer tägl. 10–17 Uhr.

Lentiira-Kirche (Lentiiran rajaseutu-kirkko), Lentiira (Straße 912), Juni–Aug. tägl. 10–20 Uhr.

 Veranstaltungen: Ende Juli: **Kam-mermusikfestspiele,** seit 1970 all-jährlich durchgeführte Veranstaltung mit internationaler Reputation.

Kuopio

Itä-Suomen lääni, Ostfinnland,
Vorwahl: 0 17

 Information: Kuopio-Info, Haapa-niemenkatu 17, 70110 Kuopio, ✆ 18 25 84, Fax 2 61 35 38; Juni–Mitte Aug. Mo–Fr 9–18, Sa 9–16, sonst Mo–Fr 9–17 Uhr.

Unterkunft: Arctia Hotelli Kuo-pio ****, Satamakatu 1, ✆ 19 51 11, Fax 19 51 70; schön am Kalla-vesi-See und zentrumsnah gelegene First-Class-Herberge, Pool, drei gute Restau-rants und Terrasse, 137 Zimmer.

Hotel Puijonsarvi ****, Minna Canthin katu 16, ✆ 17 01 11, Fax 17 01 17; vielseiti-ges, zentral gelegenes Haus der Sokos-Gruppe, 230 Zimmer der oberen Mittel-klasse in älterem und neuem Flügel, Restaurant, Bistro, Nightclub.

Rauhalahti Spa Hotel ***, Katiskanie-mentie 8, ✆ 47 31 11, Fax 47 34 70; Mittel-klassehotel auf dem gleichnamigen Frei-zeitgelände südlich der Stadt, 126 Zimmer, tropisches Erlebnisbad Pools, Fitneß-räume, größte Rauchsauna der Welt, Re-staurants. Angeschlossen ist ein einfache-res und preisgünstiges Hostel **.

Atlas **, Haapaniemenkatu 22, ✆ 2 61 71 33, Fax 2 62 43 29; solides Hotel mit 45 preiswerten, aber gut ausgestatte-ten Zimmern und Restaurant, direkt am Marktplatz gelegen.

Kartanon Krouvi *–**, Savokartano, Tar-hakuja 1, ✆ 3 61 26 28, Fax 3 61 26 58; sehr schönes Holzhausensemble einige Kilome-ter südlich der Stadt mit einfachem Hotel (13 Zimmer), Jugendherberge und Restau-rant.

 Restaurants: Musta Lammas, Satamakatu 4, ✆ 2 62 34 94; das ›Schwarze Schaf‹ ist für Gourmets die wohl beste Adresse am Ort und seit 1862 eine Institution, untergebracht in den Kel-lergewölben einer ehemaligen Brauerei, Mo–Sa 17–24 Uhr.

Sampo, Kauppakatu 13, ✆ 2 61 46 77; sehr stimmungsvolle, alteingesessene Gast-stätte mit lokalen Spezialitäten, vor allem vorzüglich zubereiteten Zwergmaränen, tägl. 10–24 Uhr.

Puijon Torniravintola, Puijo, ✆ 20 91 11; Drehrestaurant mit phantastischer Aus-sicht, beste ost- und nordfinnische Küche, tägl. 11–23 Uhr.

 Pubs: Vanha Trokari, Kauppakatu 29, ✆ 2 63 33 11; gemütlicher Pub samt Restaurant und Terrasse, auf dem Gelände der Brauerei Kuopion Uusi Pasni-imo und der Schnapsbrennerei Tislamamo Oy, tägl. 12–3 Uhr.

Wanha Satama, Matkustajasatama, ✆ 2 62 43 98; quirliger Treffpunkt im ehe-maligen Zollpavillon des Passagierhafens mit großer Terrasse. Bier, Wein und rusti-kales Essen von morgens bis spätabends.

Piano Bar, Käsityvökatu 19, ✆ 2 63 35 50; stimmungsvolle Bar des benachbarten Speiserestaurants Pasta Factory, Fr, Sa mit Jazz- und Blues-Live-Musik.

Sehenswert: Aussichtsturm Puijo, ✆ 20 91 11; tägl. 11–23 Uhr.

Domkirche, Vuorikatu; im Sommer tägl. 10–17, sonst 10–15 Uhr.

Freilichtmuseum Alt-Kuopio, Kirkkokatu 22, ✆ 18 26 25; Mitte Mai–Mitte Sept.
tägl. 10–17, Mi bis 19, sonst Di–So 10–15
Uhr.
J. V. Snellman-Museum, Snellmaninkatu 19, ✆ 18 26 24; Mitte Mai–Aug. tägl.
10–17, Mi bis 19 Uhr.
Kunstmuseum, Kauppakatu 35,
✆ 18 26 33; Mo–Sa 9–16.30, Mi bis 20,
So 11–18 Uhr.
Orthodoxes Kirchenmuseum, Karjalankatu 1, ✆ 2 87 22 44; Mai–Aug. Di–So 10–
16, sonst Mo–Fr 12–15, Sa–So 12–17 Uhr.
**Victor Barsokevitsch-Fotografiezen-
trum,** Kuninkaankatu 14–16, ✆ 2 61 55 99;
im Sommer Mo–Fr 10–19, Sa–So 12–16,
sonst Di–Fr 11–17, Sa–So 12–16 Uhr.

 **Veranstaltung:** Ende Juni/Anfang
Juli: **Kuopio-Tanzfestspiele,** älte-
stes und größtes Tanzfestival Skandinaviens, das während einer Woche Ballett-
Stars (u. a. vom Bolschoi-Ballett und der
Pariser Oper) und Volkstanzgruppen aus
aller Welt versammelt. Info ✆ 2 82 15 41.

 **Verkehr:** Vom
Hauptbahnhof auf
der Asemakatu 1 (✆ 2 11 42 45) mehrere
Zugverbindungen tägl. nach Jyväskylä,
Oulu, Kotka, Helsinki, Joensuu und Ka-
laani. **Überlandbusse** in alle Richtungen
starten an der Puijonkatu 45, Fahrplanaus-
kunft unter ✆ 96 00–40 00. Der **Flughafen**
befindet sich in Rissala, 17 km außerhalb
des Zentrums (Flughafenbus u. a. vom
Sokos-Hotel Puijonsarvi), tägl. Linienflüge
nach Helsinki (✆ 4 61 62 53). Ende Juni–
Anfang Aug. Di–So um 9.30 Uhr Abfahrt
des **Wasserbusses** nach Savonlinna, Ankunft 21 Uhr. Daneben viele Angebote zu
Minikreuzfahrten auf der Seenplatte.
Adressen von Fahrrad-, Boots- und Auto-
verleihfirmen vermittelt das Fremdenverkehrsamt.

Kuusamo
Oulun lääni, Vorwahl: 08

Information: Tourist Office, Matkailukeskus Karhuntassu, Torangin-
taival 2, 93600 Kuusamo, ✆ 8 50 29 10, Fax
8 50 29 01; Mitte Juni–Mitte Aug. tägl.
9–19, sonst Mo–Fr 9–17 Uhr.

Unterkunft: Hotel Kuusamo
****, Kirkkotie 23 A, ✆ 8 59 20, Fax
8 52 12 63; First-Class-Hotel der Sokos-
Gruppe mit auffälligem Beton-›Lappen-
zelt‹, 185 komfortable Zimmer, großes
Speise- und Tanzrestaurant, Pool, Tennisplätze, Skiloipen.
Kuusamon Tropiikki ****, Kylpyläntie,
✆ 8 59 60, Fax 8 52 19 09; Kurbad-Hotel
der oberen Mittelklasse, nördlich der Stadt
am See gelegen, 119 gut ausgestattete
Zimmer und mehrere Ferienhütten, tropische Poolabteilung, Tennisplätze, Loipen,
Restaurant.
Kuusamon Portti **, Kajaanintie 151,
✆ 85 66 52, Fax 85 66 53; modernes Holz-
haus-Hotel am Iijärvi-See, ca. 15 km südlich
des Zentrums nahe der E 63, 14 Zimmer
und Wohnungen der Mittelklasse, Ausflugsangebote per Wasserbus und -flug-
zeug, Restaurant mit Terrasse und Tanz.

**Sehenswert: Oulanka National-
park,** Naturzentrum, Info-Adresse:
Liikasenvaarantie 132, 93999 Kuusamo,
✆ 86 34 53; tägl. Öffnungszeiten: Mitte
Febr.–März und Okt. 10–16, April–Mitte
Juni und Mitte Aug.–Sept. 10–18, Mitte
Juni–Mitte Aug. 10–20 Uhr.

 **Verkehr: Überland-
busse** verbinden Kuu-
samo u. a. mit Kemijärvi, Rovaniemi, Oulu
und Kajaani. Vom 7 km entfernten **Flughafen** tägl. zwei Linienflüge von und nach
Helsinki, außerdem starten hier die kleinen
Maschinen zu Rund- und Taxiflügen. Tägl.

Bus- und **Bootsrundfahrten** zu unterschiedlichen Zielen, Infos beim Fremdenverkehrsamt.

Lahti
Etelä-Suomen lääni, Südfinnland,
Vorwahl: 03

 Information: City Tourist Bureau, Torikatu 3 B, P.O. Box 175, 15111 Lahti, ✆ 8 14 45 68, Fax 8 14 45 64; Juni–Aug. Mo–Fr 8–17, Sa 9–14, sonst Mo–Fr 8–16 Uhr. Englischsprachiger Ansagedienst ›Lahti Today‹: Juni–Aug. ✆ 10 03 66.

 Unterkunft: Hotel Ascot *,** Rauhankatu 14, ✆ 8 97 11, Fax 8 97 12 24; zentral am Marktplatz gelegenes Hotel der Sokos-Gruppe, 195 komfortable Zimmer der gehobenen Mittelklasse, sechs Restaurants, Pool, Fitneß-Center.
Mukkulan Kartanohotelli ** –*,** Ritaniemenkatu 10, ✆ 8 82 35 00, Fax 8 82 35 22; 200jähriger Gasthof am Vesijärvi-See, 5 km nördlich des Zentrums, 15 unterschiedliche Zimmer, Restaurant, breites Sportangebot, Fahrrad- und Kanuverleih. Angeschlossen ist ein modernes, preisgünstiges Sommerhotel ** (70 Zimmer, alle mit Miniküche) und ein ganzjährig geöffneter Campingplatz mit Hütten *.
Hotelli Lahti **, Hämeenkatu 4, ✆ 8 17 21, Fax 8 17 27 08; modernes, renoviertes Haus im Herzen der Stadt mit gutem Preis-Leistungs-Verhältnis, einfallslose Architektur, aber alle 87 Zimmer sind gut ausgestattet, Restaurant und Pub.
Musta Kissa **, Rautatienkatu 21, ✆ 8 51 12, Fax 8 51 44 77; am Ostende des Marktplatzes gelegenes einfacheres Hotel, 71 zweckmäßig eingerichtete Zimmer, Restaurant.

 Restaurants: Mukkula, Ritaniemenkatu 10, ✆ 8 82 35 00; stimmungsvolles und gutes Restaurant mit Sommerterrasse im Gutshof Mukkula, finnische und internationale Küche.
Café Kunnantupa, Hollola, ✆ 7 88 15 06; schönes Holzhaus von 1902 in der Nähe der Hollola-Mittelalterkirche, Café tägl. 9–21, Mittagessen Mo–Fr 11–17, traditionelles finnisches Buffet So 11–16 Uhr.

Sehenswert: Herrenhof Pyhäniemi, Hollola, ✆ 7 88 14 66; Juni–Mitte Aug. tägl. 11–18 Uhr, Mitte Aug.–Mitte Sept. nur Sa–So.
Historisches Museum, Lahdenkatu 4, ✆ 8 18 45 36; Mo–Fr 10–17, Sa–So 11–17 Uhr.
Hollola-Kirche; Mai–Aug. tägl. 11–18 Uhr.
Kreuzkirche, Kirkkokatu 4, ✆ 8 91 11, tägl. 10–15 Uhr.
Kunst- und Plakatmuseum, Vesijärvenkatu 11 (1. Stock), ✆ 8 18 45 47; Mo–Fr 10–17, Sa–So 11–17 Uhr.
Radio- und Fernsehmuseum, Radiomäki, ✆ 8 18 45 12; Jan.–Mitte Mai Sa–So 11–17, sonst auch Mo–Fr 10–17 Uhr.
Rathaus, Harjukatu 31, ✆ 8 14 11; Führungen Fr 14–15 Uhr.
Sportzentrum, Salpausseläkatu, ✆ 81 68 16: Aussichtsplattform der Großen Sprungschanze Jan.–Mitte Mai Sa–So 10–14, Mitte Mai–Aug. tägl. 9–18 Uhr. Skimuseum, ✆ 8 18 45 23; Mo–Fr 10–17, Sa–So 11–17 Uhr, Anfang–Mitte Jan. Mo–Fr geschlossen (gemeinsame Eintrittskarte für Skimuseum und Aussichtsplattform der Sprungschanze).
Stadtbücherei, Kirkkokatu 31, ✆ 81 25 11; Mo–Fr 10–20, Sa 10–15 Uhr.
Wasserturm, Juustilankatu 13, ✆ 7 33 01 03, im Sommer 12–18 Uhr.

 Konzerte: Konzerthaus, Sibeliuksenkatu 8, ✆ 7 81 87 00; Sitz des bekannten Lahti-Stadtorchesters

 Veranstaltungen: Ende Februar: **Finlandia-Lauf** (s. Hämeenlinna);

Mitte Juni: fünftägiges internationales **Schriftstellertreffen** mit ›Gedichtmarathon‹; Ende Juli: **Orgelwoche** in den Kirchen der Stadt mit in- und ausländischen Organisten.

    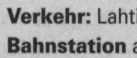 **Verkehr:** Lahti ist **Bahnstation** an den Hauptlinien Helsinki–Kouvola–St. Petersburg und Helsinki–Kouvola–Kuopio–Oulu, der Bahnhof befindet sich an der Mannerheiminkatu 15, ✆ 8 55 82 73. **Busverbindungen** zur Hauptstadt, nach Tampere und zu allen wichtigen Orten der Seenplatte; der Busbahnhof liegt an der Jalkarannantie 1, ✆ 9 60 04 00. Im Sommer viele **Wasserbus-** und Sightseeing-Touren mit einem guten Dutzend Schiffe (alle mit Restaurant), Fahrpläne und Infos beim Fremdenverkehrsamt oder bei Lahti Blue Lake Tours Oy, Aleksanterinkatu 4, ✆ 7 83 44 00, Juni–Aug. Mo–Fr 9–18, Sa 10–14 Uhr. Der **Flughafen** Lahti-Vesivehmaa liegt knapp 20 km nördlich der Stadt, wird z. Zt. aber nur von Klein- und Charterflugzeugen genutzt.

Lappeenranta

Schwed.: Villmanstrand, Etelä-Suomen lääni, Südfinnland, Vorwahl: 05

 Information: Lappeenranta Tourist Office, Busbahnhof, P.O. Box 113, 53101 Lappeenranta, ✆ 66 77 88, Fax 6 67 78 40; Juni–Aug. Mo–Fr 8–18, sonst Mo–Fr 9.30–16.30 Uhr. Im Sommer steht eine zweite Touristeninformation am Passagierhafen zur Verfügung.

Unterkunft: Hotel Lappee ****, Brahenkatu 1, ✆ 6 78 61, Fax 6 78 65 45; zur Sokos-Gruppe gehörendes bestes Haus am Platz, 206 Zimmer mit allen Annehmlichkeiten, Pool, Fitneßraum, zwei Restaurants, Nachtclub, Bar, zentral.

Hotel Patria ***, Kauppakatu 21, ✆ 67 75 11, Fax 4 51 24 41; gutes, modernes Mittelklassehotel in zentraler Lage am Hafen, 135 Zimmer, Whirlpool, Restaurant und zwei Terrassencafés.

Karelia-Park **, Korpraalinkuja 1, ✆ 4 53 04 05, Fax 4 52 84 54; einfaches Sommerhotel (Juni–Aug.) nahe dem See westlich des Zentrums, 84 Zimmer mit gutem Preis-Leistungs-Verhältnis, Restaurant.

Gasthaus Matkahovi **, Kauppakatu 52, ✆/Fax 4 15 67 05; gemütliche, einfachere Unterkunft mit 18 Zimmern, Cafeteria, an der Hauptstraße nahe dem Busbahnhof.

Restaurants: Prinsessa Armaada, Matkustajasatama (Passagierhafen), ✆ 4 51 33 76, lebhaftes Open-Air-Restaurant mit Pub auf einem historischen Dampfer im Hafen.

Kahvila Majurska, Linnoitus, Kristiinankatu 1, ✆ 4 53 05 54; romantisches Café in einem alten Holzgebäude des Festungsviertels, tägl. 10–18 Uhr.

Sehenswert: Kavallerie-Museum (Ratsuväkimuseo), Kristiinankatu 13, Linnoitus; Juni–Aug. Mo–Fr 10–18, Sa–So 11–17 Uhr.

Lappee-Kirche, Keskuspuisto; Juni–Mitte Aug. tägl. 9–20 Uhr.

Lappeenranta-Kirche, Lönnrotinkatu; Juni–Mitte Aug. tägl. 12–17 Uhr.

Lauritsala-Kirche, Lauritsala; Juni–Mitte Aug. tägl. 12–17 Uhr.

Orthodoxe Kirche (Ortodoksien kirkko), Linnoitus; Mitte Mai–Mitte Aug. Di–So 10–18 Uhr.

Saimaa-Kanal-Museum, Sulkuvartijankatu 16; Mitte Juni–Anfang Aug. tägl. 12–18 Uhr.

Südkarelisches Museum (Etelä-Karjalan museo), Kristiinankatu 2, ✆ 6 16 22 55; Juni–Aug. Mo–Fr 10–18, Sa–So 11–17 Uhr.

Wasserturm (Vesitorni), Valtakatu; Mitte Mai–Aug. 10–18 Uhr.

 **Verkehr:** Regelmäßige **Eisenbahnverbindung** nach Kouvola, Helsinki, Savonlinna, Joensuu und Rußland; der Bahnhof (✆ 6 76 62 74) befindet sich an der Ratakatu 21. Vom **Busbahnhof** (✆ 96 00-40 53) an der Kauppakatu 40 starten tägl. Überlandbusse in alle Himmelsrichtungen, auch nach Wyborg und St. Petersburg. Der kleine **Flughafen** (✆ 4 51 33 02) ist 1 km vom Stadtzentrum entfernt, tägl. Verbindungen u. a. nach Helsinki. Sightseeing-Touren per **Segel- und Motorboot** bietet u. a. Karelia Lines (Matkustajasatama, ✆ 4 53 03 80) mit tägl. Abfahrten zum Saimaa-Gebiet, durch den Saimaa-Kanal und nach Wyborg (visafreie Tagestouren).

Lieksa

Itä-Suomen lääni, Ostfinnland,
Vorwahl: 0 13

 Information: Lieksa Tourist Service, Pielsentie 7, 81700 Lieksa, ✆ 5 20 24 00, Fax 52 64 38; Mitte Juni–Mitte Aug. Mo–Fr 8–18, Sa 9–14, Juli auch So 11–15, sonst Mo–Fr 8–16 Uhr.

Unterkunft: Puustelli *,** Hovileirinkatu 3, ✆ 52 95 44, Fax 52 63 56; kleinere Finnhostel-Unterkunft der Mittelklasse, in Zentrumsnähe am See gelegen, 30 gut ausgestattete Zimmer, Restaurant.

Sehenswert: Atelier Eva Ryynänen, Vuonisjärvi, Paateri, ✆ 54 32 23; Mitte Juni–Mitte Aug. tägl. 10–19, sonst ab Mitte Mai und bis Mitte Sept. tägl. 11–18 Uhr.
Freilichtmuseum Pielinen, Pappilantie 2, ✆ 5 20 24 02; Mitte Mai–Mitte Aug. tägl. 10–18 Uhr, Ausstellungshalle auch sonst Di–Fr 10–15 Uhr.
Lieksa-Kirche, Kirkkokatu, ✆ 52 58 89; Juni–Mitte Aug. tägl. 11–19 Uhr.

Sarkkilan Hovi (neoklassizistisches Herrenhaus), Sarkkilantie 45 B, ✆ 53 53 15; Mitte Juni–Mitte Aug. tägl. 10–19 Uhr.

 Verkehr: Lieksa liegt an der **Bahnstrecke** Oulu–Joensuu. Im Sommer **Fährverbindung** über den Pielinen-See zum Koli-Nationalpark.

Loviisa

Schwed.: Lovisa, Etelä-Suomen lääni, Südfinnland, Vorwahl: 0 19

 Information: Loviisa City Tourist Office, Mannerheiminkatu 4, 07900 Loviisa, ✆ 55 52 34, Fax 53 23 22.

Unterkunft: Loviisa Bioclinic **,** Lukkarinkuja 1, ✆ 53 02 08, Fax 53 02 07; Kurklinik mit Vollwerternährung, Bäderbehandlung, Diäten, Sportangebot.
Degerby Hotel **, Brandensteininkatu 17, ✆ 5 05 60, Fax 5 05 62 00; sympathisches Hotel der Mittelklasse mit 50 Zimmern, zentral gelegen, mehrere Restaurants, im Sommer Live-Musik.

Restaurants: Degerby Gille, Brandensteininkatu 17; dem Degerby Hotel (s. o.) angeschlossene historische Wirtschaft von 1662 mit ausgezeichneter finnischer Küche.
›Marleena II‹, Svartholm, ✆ 46 58 75; Restaurant-Schiff an der Seefestung Svartholm, nur in der Sommersaison geöffnet.

Veranstaltungen: Höhepunkt des sommerlichen Veranstaltungskalenders sind das **Bootsfestival** im Juli und der **Loviisa-Tag** im August.

Mikkeli

Schwed.: St. Michel; Itä-Suomen lääni, Ostfinnland, Vorwahl: 0 15

Information: Mikkelin Matkailu Oy, Hallituskatu 3 A, 50100 Mikkeli, ✆ 15 14 44, Fax 15 16 25; Juni–Mitte Aug. Mo–Fr 9–17.30, Sa 9–14, sonst Mo 9–17, Di–Fr 9–16.30 Uhr.

 Unterkunft: Hotel Vaakuna ****, Porrassalmenkatu 9, ✆ 2 02 01, Fax 2 02 04 21; zentral gelegenes Haus der Sokos-Kette, 114 Zimmer der oberen Mittelklasse, mehrere Restaurants.
Paukkula **, Paukkulantie 22, ✆ 41 48 00, Fax 4 14 83 99; einfaches, aber solides Sommerhotel mit 75 Zimmern in zentraler Lage.

 Sehenswert: Hauptquartiermuseum, Päämajankuja 1–3, ✆ 19 44 27; Mitte Mai–Aug. tägl. 11–17 Uhr. **Kunstmuseum** (Mikkelin taidemuseo), Ristimäenkatu 5, ✆ 19 41; Di–So 11–18, Mi bis 20 Uhr. **Kunsthandwerkszentrum Kenkävero,** Pursialankatu 6, ✆ 16 22 30; Ende Mai–Ende Aug. tägl. 10–18 Uhr.

 Verkehr: Mehrere **Zugverbindungen** tägl. auf den Strecken Lahti–Helsinki und Kuopio–Kajaani–Oulu. **Busverbindung** zu den genannten und weiteren Städten. Angebote für Ausflüge per **Wasserbus** oder Sightseeingboot über die Saimaa-Seenplatte. Ein kleiner **Flughafen** befindet sich 1 km vom Zentrum entfernt.

Naantali

Schwed.: Nådendal; Länsi-Suomen lääni, Westfinnland, Vorwahl: 02

 Information: Tourist Office (Naantalin Matkailu Oy), Kaivotori 2, 21100 Naantali, ✆ 4 35 08 50, Fax 4 35 08 52; Juni–Aug. tägl. 10–18, sonst Mo–Fr 9–16 Uhr.

 Unterkunft: Naantalin Kylpylä Spa ****, Matkailijantie 2, ✆ 4 45 50, Fax 4 45 56 22; renommiertes, modernes Kurhotel der Steigenberger-Kette, 229 komfortable Zimmer und Suiten, fast alle mit Balkon, drei Restaurants, drei Bars, Sommerterrasse, Beauty- und Fitneß-Center, Thermen- und Kurbereich mit Saunas, Dampfbädern und fünf Pools. **Gratiae **,** Tullikatu 4, ✆ 4 35 01 80, Fax 4 35 01 86; einfacheres, aber solides Hotel der unteren Mittelklasse mit nur 15 Zimmern.

 Sehenswert: Familienpark **Muminwelt,** Mannerheiminkatu 21, ✆ 4 36 51 00, Fax 4 35 61 10; Juni–Mitte Aug. tägl. 10–20 Uhr. **Stadtmuseum** (Hof Hiilola), Katinhäntä 1; Mitte Mai–Ende Aug. Mo–Fr 12–18, Sa–So 12–16 Uhr. **Klosterkirche** (Luostarikirkko); im Sommer tägl. 12–18, sonst 12–16 Uhr. **Kultaranta,** Luonnonmaa, ✆ 4 35 08 50; keine Innenbesichtigung, Park Fr 18–20 Uhr, nach Vereinbarung geführte Touren.

 Veranstaltungen: Mitte Juni: **Musikfestspiele Naantali,** Kammermusiker von internationalem Format geben alljährlich Konzerte in der Klosterkirche von Naantali oder den Mittelalterkirchen von Rymättylä und Merimasku (Info ✆ 4 34 53 63). 27. Juli: **Tag des Siebenschläfers** (Unikekonpäivä) mit karnevalistischem Treiben.

 Verkehr: Vom **Busbahnhof** auf der Aurinkotie tagsüber alle 15 Minuten Verbindung nach Turku. **Bahnhof** auf der Ratakatu, Ecke Myllynkiventie. Vom Bootshafen im Sommer mehrmals tägl. **Wasserbusverbindungen** nach Turku und zu den vorgelagerten Inseln sowie zweimal tägl. **Ausflugsfahrten** mit dem Dampfschiff ›S/S

Ukkopekka‹ (✆ 2 33 01 23). Vom Schwedenhafen (Ruotsinsatama) **Fährverbindung** nach Kappelskär mit der Viking Line (✆ 3 33 14 11).

Nurmes

Ita-Suomen lääni, Ostfinnland,
Vorwahl: 0 13

 Information: Loma-Nurmes Oy, Lomatie, 75500 Nurmes, ✆ 48 17 70, Fax 48 17 75; Juni–Aug. tägl. 7–22, sonst Mo–Fr 8–16 Uhr.

Unterkunft: Bomba Holidays Spa *,** Suojärvenkatu 1, ✆ 68 72 00, Fax 6 87 21 00; neue Ferienanlage mit 68 unterschiedlichen Zimmern und Hütten-Vermietung, schöne Lage am See und Bomba-Haus, großes Restaurant, Bäder-Abteilung.
Hyvärilän Matkailukeskus **–*,** Lomatie 7, ✆ 48 17 70, Fax 48 17 75; ganzjährig geöffnetes Touristenzentrum mit breitem Angebot an Unterkünften, u. a. mit 33 Zimmern in einem guten Hotel, aber auch Jugendherberge, Ferienhäuschen und Campingplatz; Restaurant, Cafeteria, Shop, Golfplatz und viele Wasser- oder Wintersportmöglichkeiten.

Restaurants: Hotel-Restaurant Bomba, Soujärvenkatu 1, ✆ 68 72 00; große Gaststätte im Bomba-Haus mit finnischen Spezialitäten und karelischem Buffet.
Kalastajatalo, Saramontie 77, Saramo, ✆ 43 40 66; Café-Restaurant im ›Fischerhaus‹, 24 km nördlich der Stadt, u. a. mit Fischgerichten.

Sehenswert: Bomba-Haus, Suojärvenkatu 1, ✆ 68 72 00, Fax 6 87 21 00; ganzjährig tägl. geöffnet.

 Veranstaltung: Juli: **Bomba-Festival,** Infos unter Bomba Festival Weeks, ✆ 6 81 64 60.

 **Verkehr:** Nurmes ist eine Haltestation an der **Bahnstrecke** Oulu–Joensuu, mit mehreren Abfahrten tägl. Im Sommer **Kreuzfahrten** über den Pielinen-See und Wasserbus-Verbindung mit Koli und Joensuu.

Oulu

Schwed.: Uleåborg; Oulun lääni,
Vorwahl: 08

 Information: Oulu Tourist Services, Torikatu 10, 90100 Oulu, ✆ 3 14 12 94, Fax 3 14 13 10; Mo–Fr 9–16 Uhr. Ouluntulli, Kempele (E 75), ✆ 51 77 70; Juni–Juli tägl. 10–18, sonst Mo–Fr 10–18, Sa–So 13–17 Uhr.

Unterkunft: Arina ****, Pakkahuoneenkatu 16, ✆ 3 11 42 21, Fax 3 11 42 33; kleineres Mittelklasse-Hotel der Sokos-Gruppe, zentral gelegen, 63 Zimmer, zwei Restaurants.
Eden Spa *,** Nallikari, ✆ 5 50 41 00, Fax 5 54 41 03; modernes Kurhotel am Sandstrand, 100 komfortable Zimmer, vielfältiges Sportangebot, mehrere Restaurants.
Gasthaus Lanamäki *,** Rautatienkatu 8, ✆/Fax 37 95 55; gemütliche Unterkunft gegenüber dem Bahnhof, 43 gut ausgestattete Zimmer, Restaurant, Mittelklasse.
Hotelli Vaakuna **,** Hallituskatu 1, ✆ 8 87 76 66, Fax 8 87 78 88; modernes Tagungshotel der Sokos-Gruppe, mitten im Zentrum am Marktplatz gelegen, mit 225 Zimmern größtes und auch bestes Haus am Platz, drei Restaurants, Innenpool.
Rantasipi Oulu *,** Kirkkokatu 3, ✆ 8 83 91 11, Fax 8 83 91 00; modernes First-Class-Haus im Zentrum, 154 Zimmer mit allem Komfort, Restaurants, Innenpool.

Turisti **, Rautatienkatu 9, ✆ 37 52 33, Fax 3 11 07 01; einfaches und kleines Hotel am Bahnhof mit 29 Zimmern, preiswert und sauber.

 Sehenswert: Freilichtmuseum Turkansaari (Turkansaaren ulkomuseo), Turkansaarentie 165, ✆ 53 15 96; Juni–Aug. tägl. 11–20, Anfang–Mitte Sept. tägl. 11–17 Uhr.
Nord-Österbottnisches Museum (Pohjois-Pohjanmaan museo), Ainola Park, ✆ 3 14 71 50; Mo–Do 10–18, Mi auch bis 20, Sa–So 11–17 Uhr.
Oulu Kunstmuseum (Oulun taidemuseo), Kasarmintie 7, ✆ 3 14 39 00; Di–So 11–18, Mi bis 20 Uhr.
Wissenschaftszentrum Tietomaa, Nahkatehtaankatu 6, ✆ 37 79 11; im Sommer tägl. 10–18, sonst Di–Fr 11–18, Mi–Do 11–20, Sa–So 11–17 Uhr.

 **Veranstaltungen:** Zweite März-Woche: **Teer-Skilanglauf;** das älteste Ski-Langlauf-Rennen der Welt, mit Wettbewerben über 40, 50 und 70 km Distanz. Mitte März: **Oulu-Musikfestival;** einwöchige Veranstaltung mit Darbietungen verschiedener Musikrichtungen.

Verkehr: Oulu ist ein **Eisenbahn-**Verkehrsknotenpunkt, wo die Küstenstrecke nach Turku, die Inlandstrecke nach Tampere, die Polarstrecke nach Rovaniemi und die Strecke nach Schweden zusammentreffen. **Busverbindungen** entlang der Küstenstraße (Kemi, Vaasa) und nach Mittelfinnland (Kajaani, Kuopio). Vom **Flughafen** (12 km südwestlich der Stadt) tägl. Verbindungen u. a. nach Helsinki und Turku.

Parainen

Schwed.: Pargas; Länsi-Suomen lääni, Westfinnland, Vorwahl: 02

 Information: Åboland Travel Association, Frederikaplan 1, P. O. Box PF 120, 21601 Parainen, ✆ 4 58 59 42, Fax 4 58 59 33.

 Unterkunft: Pargas **, Strandvägen 1, ✆/Fax 4 58 93 00; gutes Mittelklassehotel im Ortszentrum, 54 Zimmer, Restaurant.
Airiston Matkailukeskus, Stormälö, ✆ 4 58 13 00, Fax 4 58 67 56; Urlaubszentrum mit First-Class-Ferienhäusern, Wohnungen, Restaurant, Pub, Café, Sandstrand, Bootshafen, Kiosk, ganzjährig geöffnet.

Pietarsaari

Schwed.: Jakobstad; Länsi-Suomen lääni, Westfinnland, Vorwahl: 06

 Information: City Tourist Office, Rådhusgatan 7, 68600 Pietarsaari, ✆ 7 23 17 96, Fax 7 23 51 32; Juni–Aug. Mo–Fr 8–18, Sa 9–15, sonst Mo–Fr 8–16 Uhr.

 Unterkunft: Fontell ***, Alholmsvägen 1, ✆ 7 68 31 11, Fax 7 68 32 22; gutes Mittelklasse-Hotel mit 98 Zimmern und Restaurant, zentral.
Park Hotel Vanadis ***, Skolgatan 23, ✆ 7 23 47 00, Fax 7 23 39 79; familiäres Haus der Mittelklasse, 25 Zimmer, zentral.

Verkehr: Im Sommer mehrmals wöchentlich **Fährverbindung** zum schwedischen Skellefteå (750 km nördlich von Stockholm) mit Silja Line.

Pori

Schwed.: Björneborg; Länsi-Suomen lääni, Westfinnland, Vorwahl: 02

Information: City Tourist Office, Raatihuone, Hallituskatu 9 A, 28100

Pori, ☎ 6 21 12 73, Fax 6 21 12 75; Juni–
Mitte Aug. Mo–Fr 8–18, Sa 9–13, sonst
Mo–Fr 8–16.15 Uhr.

 Unterkunft: Hotel Jazz **,
Itsenäisyydenkatu 41, ☎ 52 93 00,
Fax 52 93 33; angenehmes und preiswertes Mittelklassehotel mit 86 Zimmern,
Restaurant, zentral gelegen.
Hotelli Rantakartano ***, Isojoenran-
nantie 58, ☎ 6 39 39 00, Fax 6 39 30 35;
älteres, charmantes Mittelklasse-Hotel mit
Ambiente, 3 km vom Zentrum entfernt.
Merimaailma Yteri ***, Yyteri,
☎ 6 28 53 00, Fax 6 38 37 76; große, moderne Kurhotel-Anlage an den Sanddünen
von Yyteri, 113 Zimmer, viele Freizeitaktivitäten, Restaurant, Nachtclub.
Hotel Vaakuna ****, Gallen-Kallelankatu
7, ☎ 52 81 00, Fax 5 28 11 82; großes Haus
der Sokos-Kette, obere Mittelklasse, 203
Zimmer, zentral am Marktplatz gelegen.
Camping Yyteri, Yyteri, ☎ 6 38 37 78,
Fax 6 33 52 50; moderne Campinganlage
mit u. a. 75 komfortablen Ferienhäusern,
davon 30 mit Küche, Du, Wc, TV und
Sauna, ganzjährig nutzbar.

 **Restaurants: Raatihuoneen Kel-
lari,** Hallituskatu 9 A, ☎ 6 33 48 04;
stimmungsvolle Gaststätte im Rathauskeller, vorzügliche Küche, im Sommer Außenterrasse, Mo–Sa 11–24, So 12–22 Uhr.
Café Jazz, Rantamakasiini, ☎ 6 33 12 99;
großer Café- und Restaurantbetrieb mit
Außenterrasse, direkt am Flußufer, im
Sommer tägl. geöffnet.
Panoramacafé, Mäntyluodontie,
☎ 6 38 39 50; Café mit phantastischer Aussicht auf dem Kaanaa-Wasserturm nahe
Yyteri, 18 km vom Zentrum entfernt, tägl.
12–24 Uhr geöffnet.
Ravintolal Reposaari, Satamapuisto 34,
Reposaari-Hafen, ☎ 6 38 40 44; schönes
Holzgebäude eines ehemaligen Hotels von
1837 mit vorzüglichem Restaurant, Spezia-

lität Ostsee-Fisch; Mo–Fr 11–23, Sa–So
12–23 Uhr.

 **Sehenswert: Satakunta-Mu-
seum,** Hallituskatu 11, ☎ 89 10 63;
Di–So 11–17 Uhr.
Pori-Kunstmuseum, Eteläranta,
☎ 6 21 10 80; Di–So 11–18, Mi bis 20 Uhr.
Keski-Pori-Kirche, Yrjönkatu; Mo–Sa
10–13, im Sommer tägl. 9–18 Uhr.
Juselius-Mausoleum, Maantiekatu (Käp-
pärä-Friedhof), ☎ 6 23 87 00; Mai–Mitte
Sept. tägl. 12–15, sonst nur So 12–14 Uhr.
Reposaari-Fjällkirche, Reposaari,
☎ 8 40 63; im Sommer tägl. 9–18 Uhr.

 Veranstaltung: Zweite Julihälfte:
Pori Jazz-Festival, eine Nonstop-
Festivalwoche mit der größten und wichtigsten Jazz-Veranstaltung von Skandinavien mit etwa 700 Musikern aus aller Welt
und 400 Stunden Musik.

 **Verkehr: Busverbin-
dungen** nach Rauma,
Turku und Vaasa, **Zugverbindung** nach
Tampere. Der **Flughafen** ist 2 km vom
Zentrum entfernt; tägl. Verbindungen mit
Finnair u. a. nach Helsinki und mit SAS
nach Stockholm.

Porvoo
Schwed.: Borgå, Etelä-Suomen lääni, Südfinnland, Vorwahl: 0 19

 Information: City Tourist Office,
Rauhankatu 20, 06100 Porvoo,
☎ 58 01 45, Fax 58 27 21; Juni–Aug. Mo–Fr
8–17, Sa 10–14, sonst Mo–Fr 8–16, Sa
10–14 Uhr. Im Sommer weitere Infostellen
in der Altstadt und am Hafen.

 **Unterkunft: Haikko Manor Spa
& Congress Centre ****,**
☎ 5 76 01, Fax 5 24 93 29; 6 km außerhalb

gelegene große First-Class-Anlage in historischem Gutshof, 243 Zimmer, erstklassiger Service, Hallenbad, Kurbetrieb, Restaurant.

Seurahovi ***, Rauhankatu 27b, ✆ 5 47 61, Fax 5 24 93 29; kleineres Hotel der Mittelklasse mit 40 Zimmern, Zentrumsnähe.

Sparre ***, Piispankatu 34, ✆ 58 44 55, Fax 58 44 65; einfacheres, aber solides Haus in Zentrumsnähe, 40 Zimmer.

 **Sehenswert: Domkirche** (Tuomiokirkko), Kirkkotori; Mai– Sept. Mo–Fr 10–18, Sa 10–14, So 14–17, Okt.–April Di–Sa 10–14, So 14–16 Uhr.
Runeberg-Museum, Aleksanterinkatu 3; Mai–Aug. Di–So 9.30–17, So ab 10.30, sonst Mi–Sa 10–16, So 11–17 Uhr.

 Verkehr: Busverbindungen nach Helsinki, Lahti und Kotka, **Zugverbindung** (Nebenstrecke) nach Kerava, ab dort nach Helsinki, Lahti und St. Petersburg. Im Sommer **Wasserbusse** zu den Inseln, **Bootstrips** mit dem historischen Dampfer ›J. L. Runeberg‹ nach Helsinki, Sightseeing-Touren mit Segel- und Motorbooten.

Punkaharju

Etelä-Suomen lääni, Südfinnland, Vorwahl: 015

Information: Punkaharju Tourist Information, Kauppatie 20, 58500 Punkaharju, ✆ 7 34 10 11, Fax 7 34 12 99; nur im Sommer geöffnet.

Unterkunft: Punkaharjun Valtionhotelli ***, ✆ 73 96 11, Fax 44 17 84; charmantes, kleines Staatshotel mit 24 renovierten Zimmern und historischem Flair, viele Winter- und Sommersportangebote, gutes Restaurant, Vermietung von 15 Ferienhütten.

Gasthaus Punkaharju **, Palomäentie 18, ✆ 44 13 71, Fax 44 17 71; kleines, gemütliches Nichtraucher-Hotel mit 14 Zimmern, Pool, Verleih von Kanus, Fahrrädern, Angelgerät.

Punkaharjun Lomakeskus *–***, ✆ 73 96 11, Fax 44 17 84; großes Ferienzentrum am See mit komfortablen Ferienhäusern und einfachen Hütten unterschiedlicher Größe, Camping- und Caravanplatz, Bootssteg, Café.

Restaurant: Finlandia, ✆ 64 42 55; elegante, traditionsreiche Gaststätte in schönem Jugendstil-Haus, tägl. 12–16 Uhr finnisches Mittagsbuffet.

Sehenswert: Kunstzentrum Retretti, ✆ 64 42 53, Fax 64 43 14; Juni und Aug. tägl. 10–18, Juli tägl. 10–19 Uhr.
Finnisches Forstmuseum Lusto, ✆ 3 45 10 30; Mai–Sept. tägl. 10–18, sonst Di–So 10–17 Uhr.

Rauma

Schwed.: Raumo; Länsi-Suomen lääni, Westfinnland, Vorwahl: 02

Information: City Tourist Office, Valtakatu 2, 26100 Rauma, ✆ 8 34 45 51, Fax 8 22 45 55; Mo–Fr 8–16 Uhr.

Unterkunft: Raumanlinna ****, Valtakatu 5, ✆ 8 22 11 11, Fax 8 22 11 06; Hotel der Sokos-Gruppe mit 71 Zimmern, obere Mittelklasse, Restaurant, nur wenige Schritte von der Altstadt entfernt.

Cumulus Rauma ***, Aittakarinkatu 9, ✆ 83 78 21, Fax 83 78 22 99; moderne Herberge der oberen Mittelklasse mit 103 komfortablen Zimmern, Hallenbad und Restaurant.

Valtaväylä **, Valtakatu 3, ✆ 8 22 41 44; kleinere und billigere Alternative zum

Sokos-Hotel gleich nebenan, 14 einfache, aber solide Zimmer.

 Sehenswert: Rauma-Kunstmuseum, Kuninkaankatu 37; ✆ 8 22 43 46; Di–Fr 10–18, Sa 10–16, So 12–18, im Sommer auch Mo 10–18 Uhr.

Riihimäki

Etelä-Suomen lääni, Südfinnland, Vorwahl: 019

 Information: City Tourist Office, Temppelikatu 8, P. O. Box 125, 11100 Riihimäki, ✆ 74 12 25, Fax 74 16 55.

 Sehenswert: Finnisches Glasmuseum (Lasimuseo), Tehtaankatu 23, ✆ 74 14 94; Mai–Aug. tägl. 10–18, sonst Di–So 10–18 Uhr, im Jan. geschlossen.
Finnisches Jagdmuseum, Tehtaankatu 23 A, ✆ 72 22 93; Mai–Aug. tägl. 10–18, sonst Di–So 10–18 Uhr, Jan. geschlossen.
Kunstmuseum, Temppelikatu 8, ✆ 74 13 33; Mai–Aug. tägl. 10–18, sonst Di–So 10–18 Uhr.

Rovaniemi

Lapin lääni, Lappland, Vorwahl: 0 16

 Information: Rovaniemi Tourist Information, Koskikatu 1, 96200 Rovaniemi, ✆ 34 62 70, Fax 34 73 51; Juni–Aug. Mo–Fr 8–18, Sa–So 11.30–16, sonst Mo–Fr 8–16 Uhr. Eine weitere Infostelle liegt am Polarkreis: Arctic Circle Info, ✆ 3 56 20 96.

 Unterkunft: Hotel Vaakuna**,** Koskikatu 4, ✆ 33 22 11, Fax 3 32 21 99; modernes Hotel der Sokos-Gruppe im Stadtzentrum, 157 komfortable Zimmer, vier Restaurants, Terrasse.
Rantasipi Pohjanhovi*,** Pohjanpuistikko 2, ✆ 3 37 11, Fax 31 39 97; gute und traditionsreiche Herberge mit elegant-lässiger Atmosphäre (eines der ersten Gebäude, die nach dem Krieg wiederaufgebaut wurden), in der schon viel Prominenz übernachtet hat, 216 gut ausgestattete Zimmer, Pool, Nightclub, Restaurant mit lappländischer Gourmet-Küche, im Stadtzentrum am Fluß gelegen.
Hotel Polar*,** Valtakatu 23, ✆ 3 42 37 51, Fax 34 66 34; zentral gelegenes Mittelklassehotel mit 64 gut ausgestatteten Zimmern, Pool, Gourmet-Restaurant, Pub, Café.
Sky Hotel Ounasvaara*,** Ounasvaarantie, ✆ 3 35 33 11, Fax 31 87 89; sehr gutes Haus der Best-Western-Kette, in aussichtsreicher Lage auf dem Gipfel des Ounasvaara (3 km vom Zentrum entfernt) gelegen, 69 Zimmer, Panorama-Restaurant, Cafeteria.
Lapin Pohtimo*,** Sinettä, ✆ 3 67 71 41, Fax 3 67 71 57; qualitätvolle Unterkunft in der Wildnis, 27 km nördlich der Stadt und nahe der Straße nach Pello gelegen, Mittelklassehotel mit 52 Zimmern und rustikalen Blockhütten, gutes Restaurant, jede Menge Freizeitmöglichkeiten.

 Restaurants: Rovaniemi hat eine Reihe vorzüglicher Restaurants, die jeden Gourmet zufriedenstellen dürften. Lappländische Haute Cuisine mit Rentier, Schneehuhn, Beeren und Pilzen wird am besten in den Hotelrestaurants zelebriert, allen voran im **Oppioika** (Korkalonkatu 33, ✆ 3 38 81 11), **Polar** und im **Pohjanhovi.**

 Sehenswert: Arktikum, Pohjoisranta 4, ✆ 31 78 40, Fax 31 78 43; tägl. 10–20 Uhr.
Ranua-Tierpark (Ranuan eläinpuisto), Ranua, ✆ 3 55 19 21; tägl. Juni–Mitte Aug. 9–20, Okt.–April 10–16, sonst 10–18 Uhr.
Weihnachtsmann-Dorf (Joulupukin Pajakylä), Straße 4, Polarkreis (Napapiiri), ✆ 3 56 20 96; Juni–Aug. tägl. 9–20, sonst 9–17 Uhr, das Postamt Mo–Fr 10–17, im

Dez. 9–19 Uhr, einzelne Shops und Restaurants je nach Andrang oder Gruppen-Arrangements auch länger.

 Ausflüge: Etliche Firmen bieten in Rovaniemi Ausflüge aller Art an – von **Wildmarkwanderungen** mit Besuch in Rentierdörfern und deftigem Picknick über herkömmliche Sightseeing-Bustouren bis hin zu Abenteuern wie **Schneescooter-Rallyes** oder **Helicopter-Rundflügen.** Deutschsprachige Reiseleiter und ein ausgewogenes Programm haben u. a.: Arctic Safaris, Koskikatu, ✆ 31 58 95 (Jeep- und traditionelle Flußboot-Touren, Mountainbike-Exkursionen, Fahrradverleih); Lapland Safaris, Harrikatu 4, ✆ 3 31 12 00 (Sightseeing-, Angel- und Abenteuerfahrten per Bus, Flußboot, Mountainbike, Kanu, Huskyschlitten, Schlauchboot; Fahrrad-, Kanu-, Schneescooter- und Angelverleih).

 Veranstaltungen: Ende Januar: **Arctic Tunturi Rallye:** harte, internationale Autorallye über Schnee und Eis. Ende Februar/Anfang März: **Nordlicht-Festival:** einwöchiges Festival mit Licht- und Feuerschau im Arktikum, Rentierwettlauf, internationalem Eis-Marathon und internationalem Schneeskulpturen-Wettbewerb. Anfang April: **Ounasvaara Winterspiele:** zweitägiger internationaler Wettkampf in Skilanglauf, Skisprung und Nordischer Kombination. Mitte Juni: **Jutajaiset:** Die fünftägige Veranstaltung ist das größte Festival mit Folkloretänzen, -musik und Sámi-Darbietungen in Nordfinnland.

 Verkehr: Der moderne, große **Flughafen** (✆ 3 63 67 00) befindet sich 9 km nördlich der Stadt, genau auf dem Polarkreis. Im Linienverkehr gibt es tägl. fünf Abflüge nach Helsinki, hinzu kommen im Winter Charterflüge, u. a. auch mit der Concorde. Vom **Hauptbahnhof** (✆ 3 34 62 75) an der Ra-

takatu starten ebenfalls tägl. fünf Züge (auch Schlafwagen und im Sommer Autoreisezüge) über Kemi, Oulu und Tampere nach Helsinki. Ganz in der Nähe befindet sich der **Busbahnhof** (✆ 96 00-40 00), wo Überlandbusse nach Süden und nach Norden (bis zum Nordkap) abfahren. Mehrere Stationen internationaler Autovermieter gibt es sowohl am Flughafen als auch in der Innenstadt. Busverbindungen zum Ranua-Tierpark mit Kutilan-Liikenne, ✆ 36 43 00.

Savonlinna

Schwed.: Nyslott, Itä-Suomen lääni, Ostfinnland, Vorwahl: 0 15

 Information: Savonlinna Tourist Service, Puistokatu 1, 57100 Savonlinna, ✆ 27 34 92/4 93, Fax 51 44 49; Juli tägl. 8–22, Juni und Anfang Aug. tägl. 8–18, sonst Mo–Fr 9–16 Uhr.

Unterkunft: Während der Opernfestspiele im Juli sind nicht nur alle Unterkünfte in Savonlinna deutlich teurer als zu anderen Zeiten, sondern auch regelmäßig ausgebucht. Also entweder rechtzeitig reservieren oder auf benachbarte Ortschaften ausweichen!
Casino Spa****, Kasinosaari, ✆ 7 39 50, Fax 27 25 24; elegantes Kasino-Hotel der oberen Mittelklasse, 80 komfortable Zimmer, Restaurant, modernes Hallenbad, Entertainment, nördlich des Zentrums auf der Insel Vääräsaari direkt am See gelegen.
Seurahuone***, Kauppatori 4–6, ✆ 57 31, Fax 27 39 18; zentral gelegene Mittelklasse-Herberge mit 84 komfortablen Zimmern und mehreren Restaurants.
Vuorilinna***, Kasinosaari, ✆ 7 39 50, Fax 27 25 24; ein dem Casino angeschlossenes großes Sommerhotel mit 225 zweckmäßig eingerichteten Zimmern ohne viel Komfort, Restaurant, Pool.

Rauhalinna**, Lehtiniemi, ✆ 52 31 19,
Fax 52 33 83; bizarres Holzhaus-Schlöß-
chen von 1897, ca. 18 km nordwestlich der
Stadt mitten im Wald gelegen, nur fünf
Zimmer, herrlicher Speisesaal, im Winter
geschlossen.

 Sehenswert: Burg Olavinlinna,
✆ 53 11 64; Juni–Mitte Aug. tägl.
10–17, Mitte Aug.–Dez. tägl. 10–15 Uhr.
Führungen in englischer Sprache jede
volle Stunde.
Provinzmuseum, Riihisaari, ✆ 57 17 12;
Juli tägl. 10–20, Juni und Aug. Di–So
11–17 Uhr.
Kerimäki-Kirche, Kerimäki, ✆ 54 11 03;
Juni–Mitte Aug. So–Fr 9–20, Sa 9–18 Uhr.

Veranstaltungen: Juli: **Savonlinna Opernfestspiele;** eines der
berühmtesten europäischen Musikfestivals.
Infos über das aktuelle Programm: Savonlinna Opera Festival, Olavinkatu 27, 57130
Savonlinna, ✆ 57 67 50, Fax 53 18 66.
August: **Olujaiset** (Bierfest), volkstümliche Veranstaltung mit Musik und Wett-
kämpfen.
Ende Februar/Anfang März: Sogenannter
Schneekarneval, ein Wochenende
mit Volksfestcharakter und einer Schnee-
bildhauerei-Meisterschaft in und an der
Burg.

 **Verkehr:** Tägl.
mehrere **Zugver-
bindungen** mit Helsinki. Ebenfalls mehrere **Busabfahrten** tägl. nach Helsinki und
nach Pieksämäki, wo man Anschluß an die
Zugstrecke Joensuu–Turku hat. Vom
nahen **Flughafen** nördlich der Stadt
(✆ 52 32 06) tägl. zwei bis vier Linienflüge
nach Helsinki. **Bootsausflüge** nach
Rauhalinna und zum Linnansaaren-Natio-
nalpark. Im Ort stehen mehrere Auto-,
Boots- und Fahrradverleihfirmen zur
Verfügung.

Sodankylä
Lapin lääni, Lappland, Vorwahl: 0 16

 Information: Sodankylä Tourist
Office, Jäämerentie 9, 99600 Sodankylä, ✆ 61 34 74, Fax 61 34 78.

Unterkunft: Arctia Hotel Luosto
***, Luostotunturi, ✆ 62 44 00, Fax
62 44 10; komfortable Wildmark-Herberge
mit 54 rustikalen und gut ausgestatteten
Blockhäusern, alle mit Küche, Restaurant,
Café, vielfältige Sportmöglichkeiten.
Peurasuvannon Siltamajat**, P. O. Box
1, Peurasuvanto, ✆ 63 67 11, Fax 63 67 21;
rustikales Feriendorf, an der E 75 rund 50
km nördlich von Sodankylä, elf beheizte
Blockhäuser unterschiedlichen Standards,
reichhaltiges Sportangebot, Restaurant.
Kultaisen Karhun Majatalo***, Sodan-
kyläntie 10, ✆ 61 38 01, Fax 61 38 10; zentral gelegenes, modernes Mittelklassehotel
mit 42 gut ausgestatteten Zimmern, Restaurant, Pub, Konferenzräumen.
Hotel Pyhätunturi**, Pyhätunturi,
✆ 85 61 11, Fax 88 27 40; modernes Mittelklassehotel mit 53 gut ausgestatteten Zimmern, Restaurant, Bar, Whirlpool.
Tankavaaran Kultakylä**, Tankavaara,
✆ 62 61 58, Fax 62 62 61; urige Unterkunft
im Goldgräberdorf mit acht einfachen Zimmern und sechs Mehrbetthütten, Restaurant, Café.

 **Sehenswert: Alte Kirche von
Sodankylä** (Sodankylä vanha kirkko), Sodankylä, Juni–Mitte Aug. tägl.
10–20 Uhr.
Golddorf von Tankavaara, E 75, Tankavaara, ✆ 62 61 58, Fax 62 62 61; Goldwaschen, Golden World und Museum
Juni–Mitte Aug. tägl. 9–18, Mitte
Aug.–Sept. tägl. 9–17 Uhr, Golden World
und Museum sonst Mo–Sa 10–16 Uhr.
Rentierdorf Vuotso, E 75, Vuotso,
✆ 62 61 81, Fax 62 62 16; tägl. von mor-

gens bis abends geöffnet, Rentierfütterung meist gegen 10.30 Uhr.

Veranstaltungen: Mitte Juni: **Midnight Sun Film Festival;** fünftägiges Filmfestival in Sodankylä, bei dem stets auch einige internationale Produktionen Skandinavien-Premiere haben. Zur gleichen Zeit treffen sich beim **Jutajaiset** samische, finnische und internationale Folkloregruppen zu einem traditionellen Festival der Volksmusik. Ende Juli/Anfang Aug.: **Gold Panning Finnish Open;** einwöchiger Goldwasch-Wettbewerb in Tankavaara mit finnischer Meisterschaft und anderen Disziplinen; Anmeldung bei Gold Panning Finnish Open, 99695 Tankavaara, ✆ 62 61 71, Fax 62 62 61, Startgeld: 120 FIM.

Verkehr: Sodankylä ist nicht an das Eisenbahnnetz angeschlossen, dafür starten hier aber **Überlandbusse** über Rovaniemi und Kemijärvi nach Süden bzw. nach Rußland, über Kittilä zur E 8, und über Ivalo nach Norden bis zum Nordkap. Der **Flughafen** im Südosten der Ortschaft bietet tägl. Verbindungen nach Helsinki, Ivalo, Rovaniemi und Oulu.

Suomussalmi

Oulun lääni, Vorwahl: 08

Information: Suomussalmi Tourist Office, Jalonniemi, 89601 Ämmänsaari, ✆ 7 19 12 43, Fax 71 11 89; Mo–Fr 8–16, Mitte Juni–Mitte Aug. auch Sa 12–18, So 12–16 Uhr.

Unterkunft: Kiannon Kuohut***, Jalonkatu 1, Ämmänsaari, ✆ 71 07 70, Fax 71 36 39; niveauvolles Kurhotel der Arctia-Gruppe, 67 komfortable Zimmer, Restaurant mit Sommerterrasse, Bar, fünf Pools, Massage- und Therapiebecken, breites Sportangebot, Fahrrad-, Boots- und Skivermietung.
Martinselkosen Eräkeskus*, Pirttivaarantie 131, Ruhtinansalmi, ✆ 73 61 60, Fax 73 61 50; urige, einfache Unterkunft ca. 75 km nordöstlich von Ämmänsaari in der Martinselkonen-Wildmark, drei Zimmer, Ferienhaus und verschiedene Hütten, Kanu- und Ruderbootvermietung, geführte Touren, Mahlzeiten in einer alten Mühle.

Sehenswert: Raatteen Portti, Raatteentie 2 (Kreuzung der Straßen 912/9125), ✆ 72 14 51; Juni–Mitte Sept. tägl. 10–18, Mai und Mitte Sept.–Okt. Fr–So 11–17 Uhr.

Tammisaari

Schwed.: Ekenäs; Etelä-Suomen lääni, Südfinnland, Vorwahl: 0 19

Information: City Tourist Office, Rathaus, P. O. Box 58, 10601 Ekenäs, ✆ 2 63 21 00, Fax 2 41 18 40, Juni–Aug. Mo–Fr 8–17, Sa 10–14 Uhr, sonst Mo–Fr 8–16.15 Uhr. Besucherzentrum Schärengarten-Nationalpark, Stallörsparken, 10600 Tammisaari, ✆ 2 41 11 98.

Unterkunft: Ekenäs Stadthotell***, Norra Strandgatan 1, ✆ 2 41 31 31, Fax 2 46 15 50; modernes Mittelklassehotel im Zentrum, 18 Zimmer, Restaurant, Pub.
Ekenäs Youth and Family Hostel*, Höijersvägen 10, ✆ 2 41 63 93, Fax 2 41 39 17; gemütliche Jugendherberge mit Familienzimmern im Zentrum.

Restaurant: Restaurant Knipan, Strandgatan, ✆ 2 41 11 69; traditionelles Sommerrestaurant der Jahrhundertwende, auf Pfählen im Meer errichtet, Juni–Aug. tägl. geöffnet.

Verkehr: Bus- und Zugverbindung (Nebenstrecke) nach Hanko und Karis, ab Karis Anschluß nach Turku oder Helsinki. Im Sommer **Wasserbusse** in den Schärengarten sowie **Bootstrips** mit dem historischen Dampfer ›J. L. Runeberg‹ nach Hanko, Helsinki und Porvoo.

Tampere

Schwed.: Tammerfors,Länsi-Suomen lääni, Westfinnland, Vorwahl: 03

Information: City Tourist Office, Verkatehtaankatu 2, P. O. Box 87, 33211 Tampere, ℘ 2 12 66 52, 2 12 67 75, Fax 2 19 64 63; Juni–Aug. Mo–Fr 8.30–20, Sa 8.30–18, So 11–18, sonst Mo–Fr 8.30–17 Uhr.

Unterkunft: Tampereen Kylpylä *****, Lapinniemenranta 12, ℘ 2 59 75 00, Fax 2 59 74 00; luxuriöses Spa-Hotel am nördlichen Yachthafen, 42 riesige und fast 5 m hohe Zimmer, z. T. mit eigener Sauna und Miniküche, fünf Innenpools, Fitneßzentrum, Gourmet-Restaurant.
Hotel Tammer**,** Satakunnankatu 13, ℘ 2 62 62 65, Fax 2 62 62 66; zur Sokos-Gruppe gehörendes, liebevoll renoviertes Haus der 20er Jahre, nahe dem neuen Museumszentrum Vapriikkii gelegen, 90 Zimmer, Brasserie, Pub und populärer Nachtclub.
Arctia Hotel**,** Hämeenkatu 1, ℘ 2 44 61 11, Fax 2 22 19 10; zentral gelegenes, renoviertes First-Class-Hotel der gleichnamigen Kette, 127 Zimmer mit allen Annehmlichkeiten, mehrere Restaurants, Innenpool, Palmengarten.
Pinja**,** Satakunnankatu 10, ℘ 2 41 51 11, Fax 2 41 55 55; gemütliches Jugendstil-Hotel der Mittelklasse mit 58 Zimmern, zentral gelegen, Restaurant, familiäre Atmosphäre.

Domus**,** Pellervonkatu 9, ℘ 2 55 00 00, Fax 3 17 12 00; einfaches Sommerhotel mit gutem Preis-Leistungs-Verhältnis, in einem Studentenheim nahe der Kaleva-Kirche untergebracht, 137 Einzel- und Doppelzimmer, Restaurant, Schwimmbad, angeschlossen ist eine Jugendherberge mit Drei- und Vier-Bett-Zimmern.
Hinweis: Alle Unterkünfte in Tampere und Umgebung können über das zentrale Hotel Service Booking Centre unter ℘ 3 42 57 00 oder Fax 3 42 57 36 gebucht werden.

 **Restaurants: Astor,** Aleksis Kiven katu 26, ℘ 2 13 35 22; wunderschönes Restaurant am Zentralplatz mit Ambiente, finnische Spezialitäten zum Kaffee, Sherry und Live-Klaviermusik im Restaurant, tägl. vom Vormittag bis nach Mitternacht geöffnet.
Café Soolo, Yliopistonkatu 55, ℘ 2 43 44 51; Self-service-Café in der futuristischen Architektur der Tampere-Halle, Mo–Sa 11–23, So 12–23 Uhr.
Finlaysonin Palatsi, Kuninkaankatu 1, ℘ 2 12 59 05; speisen wie ein Fabrikdirektor alten Schlages – nobles Restaurant im ›Palast‹ der Finlayson-Herren, die Preise sind der Umgebung angemessen, tägl. 10–2 Uhr.
Myllärit, Åkerlundinkatu 4, ℘ 2 14 96 66; mehrere Speiseräume in einem alten Fabrikmilieu, internationale und finnische Küche auf hohem Niveau, Mo–Fr 11–24, Sa 12–24 Uhr.
Restaurant Tiiliholvi, Kappakatu 10, ℘ 2 12 12 20; Feinschmecker-Restaurant in einem Jugendstilkeller, exquisite Weinliste, Mo–Fr 11–15, 17–24, Sa 12–24 Uhr.
Wanha Kaidesaari, Viikinsaari, ℘ 3 68 18 41; idyllisches Sommerrestaurant auf der Ausflugsinsel Viikinsaari, wunderschöne Holzterrasse, solide Küche.

 Nachtleben/Pubs: Doris, Aleksanterinkatu 20, ℘ 2 12 22 04; be-

kannteste Diskothek der Stadt, Rock-Musik bis 3 Uhr morgens.
Paapan Kapakka, Koskikatu 9, ℘ 2 11 00 37; ambitioniertes Jazz-Restaurant mit Außenterrasse und tägl. Live-Musik, Mo–Sa 12–2, So 12–24 Uhr.
Plevna, Satakunnankatu, ℘ 2 23 01 11; Brauerei-Pub in der alten Finlayson-Textilfabrik, 80 Biersorten im Ausschank, rustikales Restaurant mit legendärer Würstchen-Pfanne, Mo–Sa 11–0.30, So 12–0.30 Uhr.
Tulliklubi, Tullikamarinaukio 2, ℘ 2 12 59 91; populärer Musikklub mit Live-Musik und Außenterrasse.
Wanha Posti Olutravintola, Hämeenkatu 13 A, ℘ 2 23 30 07; gemütlicher Bier-Pub in der alten Post mit eigener Kleinbrauerei und 60 Biersorten im Ausschank, solide Küche, Mo–Sa 11–0.30, So 12–0.30 Uhr.

 Sehenswert: Alte Kirche (Vanha kirkko), Keskustori; tägl. 10–15 Uhr.
Amuri Arbeitermuseumsviertel (Amurin työläismuseo), Makasiininkatu 12, ℘ 2 19 66 90; Mitte Mai–Mitte Sept. Di–Fr 9–17, Sa–So 11–17 Uhr.
Domkirche (Tampereen Tuomiokirkko), Tuomiokirkkonkatu; tägl. 10–18 Uhr, im Winter 11–15 Uhr.
Freizeitpark Särkänniemi, Särkänniemi, ℘ 2 48 81 11; der Vergnügungspark ist Mitte Mai–Mitte Aug. tägl. geöffnet, dann fährt auch Buslinie 4 alle 20 Minuten vom Hauptbahnhof hierhin. Außerhalb der Saison sind Aquarium, Delphinarium, Planetarium und der Aussichtsturm geöffnet.
Häme-Provinzmuseum (Hämeen museo), Näsinpuisto, ℘ 2 19 67 18; Di–So 10–18 Uhr.
Kaleva-Kirche, Liisankatu; tägl. 10–18, im Winter 11–15 Uhr.
Kunstzentrum Mältinranta (Mältinrantan taidekeskus), Kuninkaankatu 2, ℘ 2 14 92 14; Mo–Do 12–18, Fr–Sa 12–16 Uhr.
Leninmuseum (Lenin-museo), Hämeenpuisto 28, 2. Stock, ℘ 2 12 73 13; Mo–Fr 9–17, Sa–So 11–16 Uhr.

Markthalle (Kauppahalli), Hämeenkatu 19; Mo–Do 8–17, Fr 8–17.30, Sa 8–14 Uhr.
Mumintal (Muumilaakso), Hämeenpuisto 20 (in der Stadtbibliothek), ℘ 2 19 65 78; Di–Fr 9–17, Sa–So 10–18 Uhr.
Museumszentrum Vapriikkii, Veturiaukio 4, ℘ 2 19 69 66; Di–So 10–18 Uhr.
Orthodoxe Kirche, Tuomiokirkkonkatu 27, ℘ 2 12 49 35; Mai–Aug. Mo–Fr 10–15.30 Uhr; Liturgiefeier So 10 Uhr.
Sara-Hildén-Kunstmuseum, Särkänniemi, ℘ 2 14 31 34; tägl. 11–18 Uhr.
Stadtbibliothek Metso, Pirkankatu 2, ℘ 2 58 41 11; Mo–Fr 9.30–20, Sa 9.30–15, So 12–18 Uhr.
Tampere Kunstmuseum (Tampereen taidemuseo), Puutarhakatu 34, ℘ 2 19 65 77; Di–So 10–18 Uhr.
Viikinsaari, Freizeitinsel (℘ 2 54 25 00) mit Restaurant, Tanzboden, Freilichtbühne, Strandsaunen, Sportplätzen etc., im Sommer tägl. außer Mo Programme, Schiffsverbindungen (20 Min.) Juni–Aug. tägl. außer Mo ab 10 Uhr jede volle Stunde vom Laukontori-Kai.

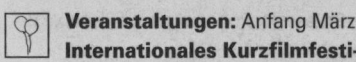 **Konzert:** Die Sinfoniekonzerte der **Tampere Philharmoniker** finden freitags Sept. bis Mai in der Tampere-Halle (℘ 2 43 45 00) statt. Die bekannte **Oper** (Tampereen ooppera, ℘ 2 12 77 26) bringt jährlich zwei Produktionen.

Veranstaltungen: Anfang März: **Internationales Kurzfilmfestival;** mit über 500 Beiträgen in fünf Tagen ist die Filmveranstaltung die größte ihrer Art in Europa. Mitte April: **Tampere Biennale;** viertägiges Festival mit zeitgenössischer Musik. 30. April: Das Frühlingsfest **Vappu** wird karnevalistisch und ausgelassen in der letzten Aprilnacht gefeiert, vor allem von den Studenten. Anfang Juli: **Pispalan Sottiisi;** folkloristisches Volkstanz- und Musikfestival mit internationaler Beteiligung, das alle zwei Jahre (1996,

1998 usw.) im pittoresken Stadtteil Pispala veranstaltet wird. Ende Juli: **Tampere Blumen-Festival;** mehr als 400 Veranstaltungen u. a. mit Blumenparaden sowie Jazz-, Rock- und Flamencokonzerten. Mitte Aug.: **Internationales Theaterfestival Tampere;** seit 1988 kultureller Höhepunkt des Sommers, einwöchige Veranstaltung mit über 80 hochkarätigen Vorführungen. Anfang Nov.: **Tampere Jazz Happening;** dreitägiges Musikfestival mit einheimischen und internationalen Künstlern.

 **Verkehr:** Der **Busbahnhof** für Überlandbusse liegt an der Hatanpäänvaltie 7. Städtische Busse erkennt man an ihrer blauen Farbe. Für sie, für Museen, Parkhäuser und die Stadtrundfahrt gilt die Tampere-Karte. Tampere ist ein Verkehrsknotenpunkt der **Bahn**strecken Helsinki–Vaasa und Turku–Vaasa; der Hauptbahnhof (✆ 2 48 21 20) befindet sich an der Matkapalvelu. Der nächste **Flughafen,** Tampere-Pirkkala, liegt 18 km südlich des Stadtzentrums (✆ 69 72 00), von dort bestehen tägl. mehrere Verbindungen zu anderen Städten in Skandinavien, u. a. mit Finnair und SAS. Am Flughafen befinden sich auch Stationen internationaler Autovermieter. Aufgrund der herrlichen Lage zwischen zwei Seesystemen sind unzählige schöne Schiffstouren möglich. Abfahrten der **Ausflugsschiffe** auf dem ›Dichterweg‹ (Runoilijantie) nach Ruovesi und Virrat Mitte Juni–Mitte Aug. dreimal wöchentlich vom Mustalahti-Kai. Die Schiffe der ›Finnischen Silberlinie‹ (Suomen hopealinja) nach Visavuori und Hämeenlinna starten im gleichen Zeitraum tägl. 10 Uhr am Laukontori-Kai. Informationen über den ›Dichterweg‹ und die ›Silberlinie‹ beim Fremdenverkehrsamt oder unter ✆ 2 12 48 04. Vom Särkänniemi-Kai läuft der Schaufelraddampfer ›MS Finlandia Queen‹ Juni–Mitte Aug. dreimal tägl. zu 1,5-Stunden-Kreuz-

fahrten aus; Info ✆ 2 12 15 65. Über die vielen anderen Seefahrtsrouten informiert das Fremdenverkehrsamt, ebenso wie über Boots- und Fahrradverleih.

Tornio
Schwed.: Torneå; Lapin lääni, Lappland, Vorwahl: 0 16

 Information: City Tourist Office – Green Line Welcome Center, 95400 Tornio, ✆ 43 27 33, Fax 48 00 48; Juni–Mitte Aug. Mo–Fr 8–20, Sa–So 10–20, sonst Mo–Fr 8–16 Uhr.

 Unterkunft: Kaupunginhotelli ***, Itäranta 4, ✆ 4 33 11, Fax 48 29 20; größtes Haus am Platz, Mittelklasse-Hotel mit 100 Zimmern, Restaurant und Innenpool.
Heta*, Saarenpäänkatu 39, ✆/Fax 48 08 97; einfache Familienherberge mit 50 Zimmern, ganzjährig geöffnet.

Sehenswert: Wasserturm Vesitorni, Seminaarinkatu, ✆ 43 10 27, Mitte Juni–Mitte Aug. tägl. 11–20 Uhr.

Veranstaltungen: Ende Juni: **Kalottjazz-Blues Festival;** landesweit renommiertes Musikfestival mit Auftritten internationaler Gruppen in Tornio und Haparanda. Monatswechsel Juli/August: **Felchenfest** an den Kukkolankoski-Stromschnellen; großer Angel-Wettbewerb mit Volksfestcharakter.

Verkehr: Überland-**Busse** nach Kemi und Haparanda, **Zugverbindung** nach Kolari/Schweden (ab Boden nach Stockholm) oder Narvik/Norwegen und nach Kemi, von dort nach Rovaniemi und in den Süden.

Turku

Schwed.: Åbo; Länsi-Suomen lääni,
Westfinnland, Vorwahl: 02

Information: Turku Information
Office (Turun kaupungin matkailuto-
imisto), Aurakatu 4, 20100 Turku,
✆ 2 33 63 66, Fax 2 33 64 88; Mo–Fr
8.30–18, Sa–So 9–16 Uhr. Südwestfinni-
scher Verein für Tourismus, Läntinen Rantakatu 13, ✆ 2 51 78 54, Fax 2 51 73 28;
Mo–Fr 8.30–16 Uhr, Infos und Buchungen
für ganz Südwestfinnland.

Unterkunft: Marina Palace****,
Linnankatu 32, ✆/Fax 33 63 00; be-
stes Haus am Platz mit 183 komfortablen
Zimmern, mehrere sehr gute Restaurants
und Restaurantschiff Lulu, Bar, Diskothek,
Nachtclub, Swimmingpool im 8. Stock,
zentral gelegen, Mitglied der Arctia-Kette.
Hamburger Börs****, Kauppiaskatu 6,
✆ 33 73 81, Fax 2 31 10 10; Flaggschiff der
Sokos-Gruppe in Turku, First-Class-Haus
direkt am Marktplatz, 185 komfortable
Zimmer, renommierte Restaurants.
Hotel Julia****, Eerikinkatu 4, ✆ 33 63 11,
Fax 2 51 17 50; mit 118 Zimmern recht
große, aber noch überschaubare Herberge
mit edler Aufmachung und eine der besten
Adressen der Stadt, vorzügliches Restaurant, Mitglied der Arctia-Kette.
Park-Hotel***, Rauhankatu 1,
✆ 2 51 96 66, Fax 2 51 96 96; gemütliche,
große Villa in einem Park mit 21 unterschiedlich eingerichteten Zimmern, familiäre Atmosphäre, alle Annehmlichkeiten.
Centro Hotel***, Yliopistonkatu 12a,
✆ 4 69 04 69, Fax 4 69 04 79; solides Familienhotel im Stadtzentrum, 62 Zimmer.
Good Morning Hotel Turku**, Yliopistonkatu 29a, ✆ 2 32 09 21, Fax 2 51 88 70;
zentral gelegenes Haus mit gutem Preis-
Leistungs-Verhältnis, 91 Zimmer.
Retkeilymaja*, Linnankatu 39,
✆ 2 31 65 78, Fax 2 31 17 08; gute und gemütliche Jugend- und Familienherberge
gegenüber dem Schiff ›Suomen Joutsen‹,
ganzjährig geöffnet.

Restaurants: Brahen Kellari, Pu-
olalankatu 1, ✆ 2 32 54 00; finnisch-
schwedische Küche mit köstlichen Fischgerichten.
Hamburger Börs, Kauppiaskatu 6,
✆ 33 73 81; Gourmet-Restaurant des
gleichnamigen Hotels, das vielleicht beste
der Stadt.
Julia, Eerinkatu 4, ✆ 33 63 11; vorzügliches
Restaurant des gleichnamigen Hotels, finnische und internationale Gourmet-Küche,
mittags und abends geöffnet, offener
Kamin.
Pinella, Porthanin puisto, ✆ 2 51 75 57;
1848 gegründetes und damit Finnlands ältestes Restaurant, seit jeher Treffpunkt von
Künstlern und Prominenten, schöner Bau
mit dorischen Säulen im Porthan-Park gegenüber der Domkirche, solide finnische
Küche zu moderaten Preisen, nur im Sommer geöffnet.
Teini, Uudenmaankatu 30, ✆ 2 33 02 03;
schöne und gute Gaststätte mit finnischen
und internationalen Spezialitäten.
Turun Kasvisravintola, Linnankatu 3,
✆ 2 51 09 56; alteingesessene vegetarische
Gaststätte.

**Sehenswert: Aboa Vetus & Ars
Nova,** Itäinen Rantakatu 4–6,
✆ 2 50 05 52, Fax 2 54 60 04; Mai–Aug.
tägl. 10–19, sonst Di–So 11–19 Uhr.
Apothekermuseum, Läntinen Rantakatu
13, ✆ 2 62 02 80; Mitte April–Mitte Sept.
tägl. 10–18, sonst Di–So 10–15 Uhr.
Auferstehungskapelle, Hautosmaantie,
✆ 2 36 03 00; im Sommer tägl. 10–15 Uhr.
Biologisches Museum, Neitsytpolku,
✆ 2 62 03 40; Mitte April–Mitte Sept. tägl.
10–18, sonst Di–So 10–15 Uhr.
Burg Turku und Historisches Museum
(Turun linna), Linnankatu 80, ✆ 2 62 01 11;

Mo 14–19, Di–So 10–18, im Winter 10–15 Uhr.

Domkirche (Tuomiokirkko) mit Dommuseum, Tuomiokirkkotori 20; ✆ 2 51 06 51; tägl. 9–20, im Winter bis 19 Uhr.

Ett Hem, Piispankatu 14, ✆ 2 65 42 79; Di–So 12–15 Uhr.

Handwerksmuseum Luostarinmäki, Luostarinmäki, P. O. Box 286, ✆ 2 62 03 50, Fax 2 62 03 52; Mitte April–Mitte Sept. tägl. 10–18, sonst Di–So 10–15 Uhr.

Seefahrtsmuseum, Vartiovuori, ✆ 2 62 04 00; Mitte April–Mitte Sept. tägl. 10–18, sonst Di–So 10–15 Uhr.

Sibelius-Museum, Piispankatu 17, ✆ 2 65 44 94, Fax 2 51 85 28; Di–So 11–15, Mi auch 18–20 Uhr.

Museumsschiff ›**Sigyn**‹, Linnankatu 54, Mitte Mai–Aug. tägl. 10–18 Uhr.

Segelschiff ›**Suomen Juotsen**‹ und Minenleger ›**Keihässalmi**‹, Itäinen Rantakatu 44–48, ✆ 2 62 04 01; Mitte Mai–Mitte Aug. tägl. 10–18 Uhr.

Orthodoxe Kirche, Yliopistonkatu, ✆ 2 31 18 90; im Sommer tägl. 10–15 Uhr.

Turku Kunstmuseum, Aurakatu 26, ✆ 2 33 09 54, Fax 2 33 09 20; April–Sept. Di, Fr, Sa 10–16, Mi–Do 10–19, So 11–18 Uhr, sonst Di–Sa 10–16, So 11–18 Uhr.

Wäinö Aaltonen Kunstmuseum, Itäinen Rantakatu 38, ✆ 2 35 56 90, Fax 2 35 16 90, Di–So 11–19 Uhr.

 Veranstaltungen: Mitte Juni: **Down by the Laituri,** viertägiges Stadtfest am Aurajoki-Ufer, ca. 200 Veranstaltungen mit klassischer Musik, Rock, Jazz, Tanz, Theater, Ausstellungen. Ende Juni: **Ruisrock,** größtes finnisches Rockfestival, das an zwei Tagen auf der Insel Ruissalo stattfindet (Info ✆ 2 51 15 96). August: **Turkuer Musikfestspiele,** alte und neue Musik von internationalen Interpreten, etwa 30 Konzerte, u. a. dargeboten in der Burg, Kirchen und dem Konzertsaal (Info ✆ 2 51 11 62).

 Verkehr: In der Informationsstelle für den öffentlichen Nahverkehr an der Eerikinkatu 10 (✆ 2 62 48 11) bekommt man Fahrpläne und Tickets. Der **Busbahnhof** für den Stadt- und Überlandverkehr liegt nördlich des Zentrums an der Aninkaistenkatu. Viele Linien halten an den Fährterminals und am Marktplatz. Empfehlenswert ist der Erwerb einer Touristenkarte, die 24 Stunden auf allen Linien des Tarifverbundes gültig ist, oder die Benutzung des Museumsbusses, der zu den wichtigen Sehenswürdigkeiten fährt. **Zugverbindungen** bestehen u. a. nach Helsinki, Tampere und Rovaniemi (auch Schlafwagen). Der überschaubare **Flughafen** ist nicht weit vom Ortszentrum entfernt, tägl. Flüge u. a. nach Helsinki, Mariehamn, Oulu und Pori. **Fähren:** Silja Turku Terminal, ✆ 33 52 55; Viking Line Terminal, ✆ 3 33 11. Im Sommer tägl. **Wasserbusverbindungen** und Ausflugsfahrten mit dem Dampfschiff ›S/S Ukkopekka‹ (Linnankatu 38, ✆ 2 33 01 23) in die Schären und nach Naantali.

Uusikaupunki

Schwed.: Nystad; Länsi-Suomen lääni, Westfinnland, Vorwahl: 02

Information: Uusikaupunki Tourist Information, Rauhankatu 10, 23500 Uusikaupunki, ✆ 8 42 12 25, Fax 8 41 28 87; Mo–Fr 8.30–16 Uhr.

Unterkunft: Aquarius***, Kullervontie 11 b, ✆ 8 41 31 23, Fax 8 41 35 40; gut ausgestattetes, modernes Mittelklasse-Hotel, am Crusell-Kulturzentrum direkt am Wasser gelegen, 62 Zimmer, Restaurant, Bar, Sommerterrasse, eigener Bootshafen, Pool, Tennis u. v. m. **Lännentie**,** Levysepänkatu 1, ✆ 8 41 26 36, Fax 8 41 26 51; solides Haus der einfacheren Mittelklasse, 35 Zimmer.

Restaurant: Gasthaus Poki, Ylinenkatu 21, ✆ 8 41 27 71; gemütlicher Treff im Ortszentrum mit Sommerrestaurant Pookin Piha, Grillbar und Bierstube.

Veranstaltungen: Anfang Juni: **Merefesti:** Wochenende zur Eröffnung der Sommersaison, feucht-fröhliche Feier mit kulturellem Begleitprogramm. Ende Juli: **Crusell-Woche,** jährliches und vielbeachtetes Musikfestspiel zu Ehren des in Uusikaupunki geborenen Komponisten B. H. Crusell, Kammermusik- und Unterhaltungskonzerte mit Schwerpunkt Holzblasinstrumente.

Vaasa

Schwed.: Vasa; Länsi-Suomen lääni, Westfinnland, Vorwahl: 06

Information: City Tourist Office, Hovioikeudenpuistikko 11, P. O. Box 3, 65101 Vaasa, ✆ 3 25 11 45, Fax 3 25 36 20; Juni–Aug. Mo–Fr 8–19, Sa–So 10–19, sonst Mo–Fr 8–16 Uhr.

 Unterkunft: Royal Waasa**,** Hovioikeudenpuistikko 18, ✆ 3 27 81 11, Fax 3 12 38 61; gediegenes First-Class- und Kongreß-Hotel der Sokos-Gruppe und beste Adresse am Ort, mitten im Zentrum gelegen, 292 komfortable Zimmer, Restaurants, Bars, Nachtclub etc., Swimmingpool.
Tropiclandia Spa**,** Lemmenpolku 3, ✆ 3 25 71 11, Fax 3 12 12 39; dem gleichnamigen Spaßbad angeschlossenes, modernes Haus der oberen Mittelklasse, Mitglied der Sokos-Kette, Kurbetrieb, mehrere Restaurants und Bars, 185 Zimmer mit allen Annehmlichkeiten, auf der Insel Vaskiluoto gelegen.
Hotel Fenno,** Niemeläntie, ✆ 3 12 10 55, Fax 3 12 14 83; modernes Mittelklasse-Haus der Good Morning-

Gruppe, auf der Insel Vaskiluoto gelegen, 102 Zimmer.
Hostel Tekla,** Palosaarentie 58, ✆ 3 27 64 11, Fax 3 21 39 89; preiswertes Familienhotel mit angeschlossener Jugendherberge und Fitneß-Center, 118 Zimmer, Restaurants, Sommerterrasse, Diskothek, nördlich des Stadtzentrums gelegen.

 Sehenswert: Freilichtmuseum Bragegården, Hietalahti, ✆ 11 22 71; Juni–Aug. Di–Fr 14–19, Sa–So 12–16 Uhr.
Handarbeiterdorf Stundars, Solf, ✆ 3 44 02 82; Mitte Mai–Mitte Aug. tägl. 12–18 Uhr.
Lutherische Stadtkirche, Hovioikeudenpuistikko, ✆ 3 26 14 20; Juni–Mitte Aug. Di–Fr 10–18 Uhr.
Mustasaari-Kirche, Vanha Vaasa; Mai–Aug. tägl. 9–16 Uhr.
Nandor Mikola's Kunstmuseum, Sisäsatama, ✆ 3 17 27 45; Juni–Aug. Di–So 12–16, sonst Mi 12–17, Sa–So 12–16 Uhr.
Provinzmuseum Österbotten, Museokatu 3, ✆ 3 25 38 00; tägl. 10–17, Mi bis 20 Uhr.
Tikanoja-Kunstmuseum, Hovioikeudenpuistikko 4, ✆ 25 39 16; Di–Sa 11–16, So 12–17 Uhr.
›Tropiclandia‹, Vaskiluoto, ✆ 3 12 59 88; Mo–Sa 10–21, So 10–20 Uhr.
Vergnügungspark ›Wasalandia‹, Vaskiluoto, ✆ 3 12 58 88; Mai–Aug. tägl. 12–20, in der Hochsaison auch bis 22 Uhr.
Wasserturm, Raastuvankatu 30, ✆ 3 25 11 45; Mitte Juni–Mitte Aug. tägl. 11–17 Uhr.

 Verkehr: Fährverbindung zum schwedischen Umeå mit Silja-Line (4 Std.), in der Hochsaison zwei Abfahrten täglich. Vaasa ist an das System der finnischen **Eisenbahn** und das Überland-**Busnetz** angeschlossen. Der **Flughafen** liegt 10 km vom Zentrum entfernt, von dort regelmäßige Verbindungen u. a. nach Helsinki und Turku. Im Sommer Minikreuzfahrten in den Schärengarten mit ›M/S Capitain Waasa‹ und ›M/S Capitain Morgan‹ (✆ 3 17 03 77).

Valkeakoski

Länsi-Suomen lääni, Westfinnland, Vorwahl: 03

 Information: Valkeakoski Tourist Service, Kauppatori 9, 37600 Valkeakoski, ✆ 5 84 69 97, Fax 5 84 53 63; Juni–Aug. Mo–Fr 9–18, Sa–So 10–14, sonst Mo–Fr 9–16 Uhr.

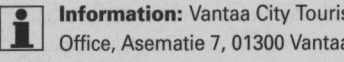 **Unterkunft: Waltikka***,** Hakalantie 6, ✆ 5 77 11, Fax 5 77 14 40; Strandhotel der Mittelklasse mit 83 Zimmern, Pool und Restaurant sowie vielen Sportmöglichkeiten.

Sehenswert: Emil-Wilkström-Museum, Visavuorentie 80, Tarttila, ✆ 5 43 65 28; Mai–Sept. Mo 11–17, Di–So 11–19, sonst Di–So 13–17 Uhr.

Vantaa

Schwed.: Vanda; Etelä-Suomen lääni, Südfinnland, Vorwahl: 09

Information: Vantaa City Tourist Office, Asematie 7, 01300 Vantaa,

✆ 8 39 31 34, Fax 3 89 35 45; Mo–Fr 8.15–16 Uhr.

 Unterkunft: Sokos Hotel Vantaa**,** Hertaksentie 2, ✆ 85 78 51, Fax 85 78 55 55; großes, modernes Stadthotel nahe am Bahnhof und Heureka-Wissenschaftszentrum, 162 Zimmer, mehrere Restaurants, Saunas und Bars.
Airport Hotel Bonus Inn*,** Elannontie 9, 01510 Vantaa, ✆ 82 55 11, Fax 82 55 18 18; nächstes Hotel zum Flughafen, gute Mittelklasse, 168 Zimmer.

Sehenswert: Finnisches Luftfahrtmuseum (Suomen ilmailumuseo), Tietotie 3 (am Airport), ✆ 82 18 70; tägl. 12–18 Uhr.
Helsinge-Kirche, Helsingin pit. kirkkonkylä, Kirkkotie, Vantaa, ✆ 8 39 31 34; Mo–Fr 9–12 und 13–15 Uhr, So während der Gottesdienste. Benachbartes Gemeindemuseum Mi 17–20, So 11–15 Uhr.
Wissenschaftszentrum Heureka, Tiedepuisto 1, Tikkurila, ✆ 8 57 99, Info ✆ 8 57 92 22; tägl. 10–18, Do bis 20 Uhr, im Winter Mo geschlossen. S-Bahn- und Busverbindung nach Helsinki-Zentrum.

 **Verkehr: Zugverbindung** nach Tampere und Helsinki, S-Bahn (Linien H, K, P und R) zum Hauptbahnhof Helsinki alle 20 Minuten, **Bus**linie 611 nach Helsinki-Zentrum. In Vantaa befindet sich der internationale Flughafen von Helsinki (s. S. 276).

Reiseinformationen von A bis Z

Anreise

... mit dem Flugzeug

Finnair und Lufthansa fliegen fast 90mal wöchentlich von Berlin, Düsseldorf, Frankfurt, Hamburg und München nonstop nach Helsinki-Vantaa, von Hamburg aus auch nonstop nach Turku. Aus der Schweiz wird täglich die Strecke ab Zürich von Finnair und Swissair sowie ab Genf (Finnair) bedient. Ab Wien startet die Finnair zweimal täglich nach Helsinki-Vantaa. Mit SAS sind ab Stockholm außer Helsinki auch Oulu, Pori, Tampere, Turku und Vaasa direkt zu erreichen. Daneben gibt es während der Sommer- und Wintersaison auch Charterflüge u. a. nach Rovaniemi oder ins norwegische Lakselv zwischen Nordkap und nordfinnischer Grenze.

... mit der Bahn

Mit der Bahn erreicht man Finnland am einfachsten via Kopenhagen (Vogelfluglinie) und Stockholm, ab dort dann mit der Fähre nach Turku oder Helsinki. Möglich ist auch die Bahnreise entlang der schwedischen Ostküste von Stockhom über Umeå bis Haparanda/Tornio. Die östliche Alternative führt über Warschau und St. Petersburg, für die man allerdings die entsprechenden Visa benötigt. Von St. Petersburg fährt zweimal tägl. ein Schnellzug nach Helsinki. Zu Ermäßigungen in Finnland s. S. 328.

... mit dem Pkw

Für die Anreise mit dem eigenen Wagen/Camper/Motorrad empfiehlt sich die Benutzung einer Fähre, entweder direkt ab Deutschland oder ab Schweden (s. u.). Wer die skandinavische Landverbindung um den Bottnischen Meerbusen herum wählt, braucht entsprechend viel Zeit; immerhin liegen zwischen Stockholm und der Grenzstadt Haparanda mehr als 1000 km. Gleiches gilt für die Anreise durchs Baltikum: Die Strecke Berlin–Warschau–St. Petersburg–Helsinki ist rund 3000 km lang. Z. Zt. werden große Anstrengungen unternommen, die Via Baltica durch Litauen, Lettland und Estland auf westeuropäisches Niveau zu bringen. Bereits jetzt sind die Straßen besser und das Tankstellen- und Hotelnetz moderner als in Rußland. Die problematischsten Stellen sind hier die Grenzübergänge zwischen Polen und Litauen bzw. der Transit durch Weißrußland. Alle Visa sollten unbedingt vorab besorgt werden.

... mit der Fähre

Das schwierigste bei der Anreise per Fähre ist wohl, sich in dem Dschungel von Verbindungen und Preisen mit zahlreichen Sondertarifen (Kombitickets, Saison- und Nachtzuschläge) zurechtzufinden. Beratung und Buchung im heimischen Reisebüro ist daher anzuraten. Die schnellste Direktverbindung ab **Deutschland** ist die ›Finnjet‹ (Silja), die von Mitte Juni bis Mitte August dreimal wöchentlich in nur 23 Std. die Strecke Travemünde–Helsinki schafft. Anfang bis Mitte Juni und Anfang bis Mitte September verkehrt die ›Finnjet‹ jeden dritten Tag und braucht dann bis Helsinki 36,5 Stunden. Ganzjährig und direkt fahren auch die Kombifähren von Poseidon AG und der Finnlines Oy auf der Strecke Lübeck–Helsinki und Travemünde–Turku, Abfahrtszeiten ein- bis zweimal wöchentlich, Fahrtdauer jeweils 36 Std.

Weitaus mehr Verbindungen gibt es ab **Schweden.** Am meisten frequentiert sind hier die ganzjährig befahrenen Strecken

Stockholm–Helsinki (Silja und Viking, tägl. ab 18 Uhr, Ankunft 8.30–9 Uhr) und Stockholm–Turku (Silja und Viking, tägl. Abfahrten morgens und abends, ca. 10 Std.). In Mittelschweden gibt es mindestens eine tägl. Fährverbindung von Umeå nach Vaasa (Silja, ca. 4 Std.) und noch weiter nördlich eine von Skellefteå nach Pietarsaari (Silja, ca. 5 Std., nur im Sommer). Wer die Åland-Inseln als Sprungbrett nach Finnland nutzen möchte, kann dorthin von Stockholm, Eckerö, Grisslehamn und Kappelskär übersetzen (Birka, Silja, Viking, Eckerö Linjen) und anschließend die Fähren von Mariehamn nach Turku benutzen oder mit lokalen Fähren von Insel zu Insel bis zum finnischen Festland hüpfen.

Da es Abkommen der großen Fährgesellschaften Silja und Viking untereinander sowie mit anderen Firmen gibt, sind eine ganze Reihe von Kombinationsmöglichkeiten und Durchgangstickets ab/bis Deutschland auf dem Markt, u. a. für die Strecken Travemünde/Rostock–Trelleborg, Kiel–Göteborg und die Vogelfluglinie via Puttgarden und Helsingør.

Wer über die baltischen Länder anreist, kann die Fähren ab **Estland** nutzen. In Tallinn gibt es tägl. mindestens fünf Abfahrten nach Helsinki (Tallink und Eestin Linjat, ca. 3^{1}/$_{2}$ Std.).

Ärztliche Versorgung/ Apotheken

Durch ein Sozialversicherungsabkommen zwischen Deutschland, Österreich und Finnland ist eine kostenlose ambulante Versorgung in den Gesundheitszentren *(terveyskeskus)* und Polikliniken bei Unfall oder Erkrankung gewährleistet. Die Kosten der ambulanten Behandlungen (ca. 50–100 FIM in städtischen oder regionalen Krankenhäusern) oder für einen stationären Aufenthalt (ca. 125 FIM/Tag) begleicht

zunächst der Patient und reicht die Rechnung später bei der Krankenkasse zur Erstattung ein. Insgesamt steht die Gesundheitsversorgung auf einem sehr hohen Niveau und ist auch in den Landgemeinden gewährleistet. Notwendige Medikamente sollte man jedoch in genügender Menge von zu Hause mitbringen, da der Medikamentenverkauf in Finnland eher strenger gehandhabt wird als in Deutschland oder der Schweiz. Viele Präparate bekommen Sie nur in Apotheken *(apteekki)* und gegen Rezept eines inländischen Arztes. Besondere Gesundheitsrisiken bestehen am Reiseziel nicht. Lästig sind die Mücken, die während einiger Wochen im Hochsommer ihr Unwesen treiben. Die besten Gegenmittel werden vor Ort in Drogerien und Apotheken angeboten. Campingurlauber sollten sich als Mückenschutz auch Räucherspiralen besorgen.

Auskunft/ Informationsstellen

... für Deutschland und Österreich
Finnische Zentrale für Tourismus, Lessingstraße 5, D-60325 Frankfurt, ✆ 0 69/7 19 19 80, Fax 0 69/7 24 17 25

... in der Schweiz
Finnische Zentrale für Tourismus, Apollostraße 5, CH-8032 Zürich, ✆ 01/3 89 19 89, Fax 01/3 89 19 80

... in Finnland
Finnische Zentrale für Tourismus, Eteläesplanadi 4, FIN-00130 Helsinki, ✆ 0 03 58/9/41 76 93 00, 41 76 92 11, Fax 41 76 93 01. Vor allen größeren Ortschaften in Finnland gibt es Informationstafeln sowie zahlreiche örtliche Touristeninformationen *(opastus)*, in denen man manchmal die besten Tips erhält.

Autofahren

Zwar ist das Netz der öffentlichen Verkehrsmittel mustergültig ausgebaut, doch bleibt Finnland angesichts der Entfernungen und vieler versteckter Sehenswürdigkeiten und Naturschönheiten ein ausgesprochenes Autofahrerland. Die großen Verkehrsadern sind selbst im hohen Norden von mitteleuropäischem Niveau, in Südfinnland und um die Großstädte gibt es auch Autobahnen mit z. T. hypermodernen Raststätten. Zum geruhsamen Reisen sind sie jedoch kaum geeignet, teils wegen vieler einheimischer Raser, die alle Geschwindigkeitsbeschränkungen ignorieren, teils wegen des enorm angestiegenen Brummi-Verkehrs (viele Holztransporter und langsame russische Laster).

Die meisten Nebenstrecken sind ebenfalls in einem guten Zustand, daneben gibt es, vor allem im Osten und Norden des Landes, eine Reihe unasphaltierter und nur schlecht beschilderter Strecken. Deren Benutzung erfordert gutes Kartenmaterial sowie genügend Zeit- und Benzinreserven. Außerdem muß man hier auf der Hut vor einheimischen Fahrern sein, die ihren Rallye-Idolen nacheifern und immer dann hinter Kurven oder Hügelkuppen auftauchen, wenn man am wenigsten damit rechnet. Für alle Autos, Motorräder und Wohnmobile sind Geländefahrten grundsätzlich nicht erlaubt.

In Finnland werden keine Straßen-, Brücken- oder Tunnelgebühren erhoben, auch ist die Benutzung der Kurzstreckenfähren über Flüsse oder zu innerfinnischen Inseln und Schären kostenlos, da diese als Teil der Straße gelten. Auf allen finnischen Verkehrswegen sind von Anfang November bis Ende März Spikes zugelassen. Wer in dieser Zeit das Land bereist, sollte unbedingt Winterreifen, evtl. auch Schneeketten dabei haben, ebenso Startkabel, Abschleppseil, Schaufel und Sandsack.

Besondere Vorsicht ist vor Elchen und Rentieren angebracht, insbesondere bei Dämmerung. Alle entsprechenden Warnschilder sollten äußerst ernst genommen werden; ihre Demontage durch Souvenirjäger wird zu Recht streng geahndet. Zusammenstöße mit Elchen, die ausgewachsen immerhin ein Gewicht von mehr als 600 kg erreichen, können fatale Folgen haben. Taucht unvermittelt ein Elch auf der Fahrbahn auf, sollte man ein Ausweichmanöver um das Hinterteil des Tieres versuchen. Nach einem Wildunfall muß unverzüglich die nächste Polizeidienststelle über den Notruf (✆ 1 12) informiert werden.

Die Grüne Versicherungskarte ist bei der Anreise mit eigenem Wagen/Wohnwagen keine Pflicht, aber empfehlenswert. Der nationale Führerschein genügt.

Verkehrsregeln

Wie in ganz Skandinavien herrscht auch in Finnland Rechtsverkehr und sowohl auf Vorder- als auch auf Rücksitzen Anschnallpflicht. Außerhalb von Ortschaften muß das Abblendlicht (also nicht nur das Standlicht!) auch tagsüber eingeschaltet sein. Die Promillegrenze liegt in Finnland bei 0,5 – wer unter Einfluß von Alkohol oder Drogen fährt, muß mit hohen Geld-, aber auch mit Haftstrafen rechnen, strenge Kontrollen werden vor allem an den Ausfallstraßen der Großstädte durchgeführt. Die Höchstgeschwindigkeit beträgt innerhalb geschlossener Ortschaften 50 km/h, außerhalb 80–100 km/h und auf Schnellstraßen bzw. Autobahnen 120 km/h. Für gebremste oder ungebremste Wohnwagen gilt eine Geschwindigkeitsbegrenzung von 80 km/h.

Grundsätzlich gilt in Finnland rechts vor links, auch im Kreisverkehr, und es gibt deutlich weniger vorfahrtsberechtigte Straßen als in Mitteleuropa. Vorfahrt haben Busse bei der Abfahrt von Haltestellen und alle Straßenbahnen in Helsinki.

Beschilderung

Die finnischen Verkehrszeichen entsprechen im wesentlichen denen in Mitteleuropa. Der Hinweis ›Vorfahrt beachten‹ ist ein gelbes Dreieck mit rotem Rand. Mit Ausnahme der unasphaltierten Nebenstraßen im Osten und Norden ist die Beschilderung gut. In Gemeinden mit einer schwedischsprachigen Majorität oder starken Minderheit sind Straßen- und Ortsnamen, oft auch Verkehrsschilder zweisprachig. Während im Straßenverkehr die internationalen Symbole keiner Erläuterung bedürfen, haben ausländische Autofahrer Schwierigkeiten, die geschriebenen Hinweise zu verstehen.

Tankstellen/Benzin

Das finnische Tankstellennetz ist dicht und modern, viele Benzinstationen sind architektonisch aufwendig gestaltete Landmarken. Abseits der Städte haben manche Tankstellen die Funktion eines allgemeinen Treffpunktes und verfügen über Café oder Imbiß *(kahvila, baari)*, gut sortierte Lebensmittel- und Zeitschriftenläden, z. T. auch Supermärkte. Benzin *(bensiini)* ist in Finnland nicht mehr verbleit erhältlich, Fahrzeuge ohne Katalysator können aber problemlos das bleifreie 99-Oktan-Benzin (schwarzer Schlauch) benutzen. Durchschnittspreise pro Liter (Mitte 1997): Diesel: 3,85 FIM, Bleifrei 95 Oktan: 5,54 FIM, Bleifrei 98 Oktan: 5,64 FIM, Bleifrei 99 Oktan: 5,74 FIM.

Wer im Winter mit einem Dieselfahrzeug anreist, sollte möglichst wenig Kraftstoff im Tank haben und am Zielort sofort den finnischen Diesel auffüllen, der einen weit besseren Frostschutz als in südlicheren Ländern gewährt.

Die Tankstellen sind in der Regel von 7 bis 21 Uhr geöffnet, auf dem Land und an Sonntagen manchmal auch kürzer, an Hauptverkehrsstraßen und in Großstädten oft rund um die Uhr. Immer häufiger trifft man auf unbemannte Tankstellen, deren automatische Zapfsäulen mit 10-, 20- und 50-FIM-Scheinen operieren, z. T. aber auch die gängigen Kreditkarten akzeptieren.

Verkehrsunfälle/Pannenhilfe

Wer in einen Unfall verwickelt wurde, sollte per Notruf (s. u.) die Polizei benachrichtigen. Bei einer Autopanne oder einem Wildunfall können meist einheimische Lkw- oder Pkw-Fahrer weiterhelfen, die fast alle über Autotelefon oder Handy verfügen. Unfälle sollten unverzüglich dem Büro der finnischen Kfz-Versicherer Liikennevakuutuskeskus (Bulevardi 28, 00120 Helsinki, ✆ 09/68 04 01, Fax 68 04 03 68) gemeldet werden, die Schadensfälle mit ausländischen Fahrzeugen abwickelt.

Der dem ADAC vergleichbare finnische Automobilclub Autoliitto (AL) stellt freiwillige Panennhilfen oder Abschleppdienste und gibt 24 Stunden unter ✆ 09/77 47 64 00 Hinweise zu den nächstgelegenen Werkstätten, Tankstellen etc. Die Adresse der Clubzentrale: Hämeentie 105 A, 00550 Helsinki, ✆ 09/77 47 61.

Wohnmobile

Wegen des stark angewachsenen Wohnmobiltourismus wird Reisenden mit Campmobilen zunehmend das Übernachten abseits der Campingplätze oder der speziellen Wohnmobilplätze verboten. Die Abfall- und Abwasserentsorgung ist nur an den dortigen Stationen gestattet!

Mietwagen

Büros der bekannten internationalen sowie lokaler Autovermieter gibt es in allen größeren finnischen Städten und an den Flughäfen. Je nach Anbieter wird ein Mindestalter von 19 bis 24 Jahren und mindestens eine einjährige Fahrpraxis verlangt. Voraussetzung ist ferner die Vorlage des gültigen nationalen Führerscheins. Bei der Anmietung sollte auf die eingeschlossenen Versicherungsleistungen und Freikilometer geachtet werden. Die Erfahrung zeigt, daß sich die höheren Kosten für einen Wagen ohne Kilometerbegrenzung bezahlt machen, da man meistens längere Strecken als geplant zurücklegt. Für einen Mittelklasse-Wagen (VW Passat, Opel Astra o. ä.) muß man pro Tag mit ca. 300 FIM plus ca. 3 FIM/km oder mit 600 FIM ohne Kilometerbegrenzung rechnen. Wohnmobile werden ab 650 FIM pro Tag bei 300 Freikilometern angeboten. Recht günstig sind die Fly-&-Drive-Arrangements, die verschiedene Reiseveranstalter anbieten.

Behinderte

Wie im übrigen Skandinavien ist man auch in Finnland besser auf körperbehinderte Reisende eingestellt als in den meisten anderen europäischen Ländern. Über spezielle Einrichtungen und Erleichterungen für Behinderte verfügen u. a. die Finnair, der Bahnkonzern VR sowie einige Fährlinien (Silja und Viking Line). Auch sind viele Hotels auf körperbehinderte Gäste eingestellt, nähere Informationen und Adressen dazu gibt die Finnische Zentrale für Tourismus oder der Verein Rullaten ry, Pajutie 7 C, 02770 Espoo, ✆ 09/8 05 73 93, Fax 8 55 24 70. Kostenlose Listen von Hotels und Veranstaltern verschickt außerdem auf Anfrage die deutsche Bundesarbeitsgemeinschaft Hilfe für Behinderte e. V., ✆ 02 21/31 00 60.

Diplomatische Vertretungen

... in Finnland
Deutsche Botschaft, Krogluksentie 4, 00340 Helsinki, ✆ 09/4 58 23 55, Fax 4 58 22 83

Österreichische Botschaft, Keskuskatu 1 A, 00100 Helsinki, ✆ 09/17 13 22, Fax 66 50 84
Schweizer Botschaft, Uudenmaankatu 16 A, 00120 Helsinki, ✆ 09/64 94 22, Fax 64 90 40

... in Deutschland
Botschaft der Republik Finnland, Friesdorferstraße 1, D-53173 Bonn, ✆ 02 28/38 29 80, Fax 3 82 98 57

... in Österreich
Botschaft der Republik Finnland, Gonzagagasse 16, A-1010 Wien, ✆ 01/53 15 90, Fax 5 35 57 03

... in der Schweiz
Botschaft der Republik Finnland, Weltpoststraße 4, CH-3015 Bern, ✆ 0 31/3 51 30 31, Fax 3 51 30 01

Einreise- und Zollbestimmungen

Bei der Einreise aus einem EU-Mitgliedsland dürfen von Personen ab 20 Jahren zollfrei eingeführt werden: 1 l Spirituosen über 22 % Vol. oder 3 l Schaumweine unter 22 % Vol., 5 l sonstige Weine und 15 l Bier (18–20 Jahre nur Alkoholika unter 22 % Vol.), außerdem gilt ein generelles Importverbot für Strohrum oder andere Schnäpse mit mehr als 60 % Vol. Für Zigaretten, Parfums, Kaffee etc. gelten die gängigen Einfuhrbestimmungen der EU. Auch Lebensmittel aller Art dürfen für den Eigenbedarf in unbegrenzter Menge eingeführt werden.

Die autonome Provinz Åland ist ein Sonderfall – dort wird jede Einreise (außer von Finnland) zollrechtlich wie eine Einreise aus einem Nicht-EU-Land gehandhabt (also auch, wenn man direkt von Deutschland oder von Schweden zu den Ålands fährt)!

Für die Ein- und Ausfuhr von Zahlungs-
mitteln gibt es keine Beschränkungen.
Besucher aus EU-Ländern sowie aus Skandinavien und der Schweiz benötigen für
die Einreise nur einen gültigen Personalausweis. Die Aufenthaltsdauer ist auf drei
Monate für *ganz* Skandinavien begrenzt.
Wer länger bleiben möchte, muß eine Auf-
enthaltserlaubnis beantragen. Staatsbür-
ger aus EU- und EFTA-Ländern benötigen
keine Arbeitserlaubnis.

Autofahrer müssen bei der Einreise in
jedes nordische Land den nationalen Führerschein, die Zulassung und ein Landes-
kennzeichen dabei haben. Gegen Tollwut
geimpfte Hunde und Katzen dürfen mitgebracht werden, dabei muß beim Zoll die
Bescheinigung einer Impfung, die mindestens 30 Tage und nicht länger als 12
Monate zurückliegt, in deutscher, englischer, finnischer oder schwedischer Sprache vorgelegt werden; die Bescheinigung
muß das Impfdatum und die Adresse des
ausstellenden Arztes enthalten.

Eintrittsgelder

Vermutlich gibt es in keinem Land der Welt
so viele Museen pro Einwohner wie in
Finnland. Wer auch nur einen Bruchteil
davon besichtigen möchte, muß mit
erheblichen Einbußen in der Reisekasse
rechnen, denn die Eintrittspreise haben es
sich in sich: Üblich sind 10–25 FIM (Kinder
die Hälfte), doch gibt es viele ›Ausbrecher‹
nach oben. In Städten wie Helsinki, Turku
und Tampere ist es für eifrige Museums-
gänger allemal sinnvoll, sich eine entsprechende ›Card‹ zu besorgen, bei der
man neben freier Fahrt mit öffentlichen
Verkehrsmitteln viele Vergünstigungen bei
Eintritten hat. Der Besuch von Kirchen ist
kostenlos, mit Ausnahme von Gotteshäusern, die als kunsthistorische Monumente
bewacht werden.

Will man sich auch ins finnische Nachtleben stürzen, fallen bei vielen Disko-
theken Eintritte von 10–30 FIM und bei
Nightclubs von ca. 30–50 FIM an.

Essen und Trinken

In Mitteleuropa ist über die Küche der Finnen gemeinhin nicht viel bekannt. Wer vor-
urteilsfrei und neugierig das Land bereist,
wird sicher positiv überrascht werden. Die
Küche wird in hohem Maß durch die Lage
im kulturellen Spannungsfeld zwischen
Ost und West und im geographischen zwischen Ostsee und Eismeer mitbestimmt.
Will heißen, daß sich einerseits sowohl
Russen als auch Schweden und Deutsche
ins finnische Kochbuch geschrieben
haben, und daß andererseits alles auf den
Tisch kommt, was in diesem großen Land
angebaut oder gefangen werden kann –
und das schließt viele in südlicheren Gefil-
den unbekannte Speisen ein (s. S. 63ff.).

Das Frühstück, das normalerweise
zwischen 6.30 und 10 Uhr eingenommen
wird, besteht in Hotels und Pensionen aus
einem Buffet *(voileipäpöytä)* mit Brot und
Butter, Wurst, Schinken, Fisch, Käse, Mar-
meladen, Müsli und Cornflakes. Zu Mittag
ißt man zwischen 11 und 13 Uhr, meist
eine einfache Mahlzeit wie belegte Brote,
vom kalten Buffet o. ä. Zwar haben auch
Restaurants geöffnet, doch zieht man um
diese Tageszeit ein Lokal vor, das *kahvila,
baari* oder *krouvi* genannt wird und meist
eine Theke mit Speisen und Gebäck enthält, an der man sich selbst bedient und
für 35–45 FIM satt werden kann. Eine Alternative sind die Essensstände auf den
Marktplätzen und in Markthallen, wo man
oft die regionalen Spezialitäten in ihrer besten und frischesten Form bekommt. Demgegenüber offeriert ein *grilli* die internationale Imbiß-Palette mit Hot Dogs, Hambur-
gern und Pommes Frites, ergänzt durch

einheimische Fast-Food-Varianten von Piroggen, Mikrowellen-Pizzen u. ä.

Die eigentliche Hauptmahlzeit des Tages ist das warme Abendessen, das recht früh – in Privathaushalten ab 16 Uhr, in Restaurants ab 17 Uhr eingenommen wird. In den Abendstunden und bis 24 Uhr wird zusätzlich oft ein sogenanntes Nachtessen gereicht, bestehend aus warmen und kalten Snacks oder auch Kuchen. Die warme Küche der Restaurants ist jedoch meist durchgängig geöffnet, in größeren Städten oft bis Mitternacht.

Ein Restaurant in unserem Sinn trägt den Namen *ravintola* und verfügt normalerweise über alle Schanklizenzen. In den Weiten des Ostens und Nordens können schon mal Hunderte Kilometer zwischen einer *ravintola* und der nächsten liegen, während man in größeren Orten normalerweise eine gute Auswahl hat. Im ganzen Land sind daneben Pizzerien populär, die z. T. das italienische Vorbild so modifiziert und verfeinert haben, daß manche schon von einer ›finnischen Pizza‹ sprechen. Die Metropole Helsinki, aber auch Großstädte wie Turku, Tampere und Oulu brauchen sich hinsichtlich ihres kulinarischen Angebots hinter keiner anderen europäischen Stadt zu verstecken. Hier sind nicht nur fast alle Nationalküchen vertreten, sondern auch die besten Adressen einheimischer Kochkunst versammelt. In Lappland haben sich einige Gourmet-Restaurants unter dem Qualitätssiegel der ›Lappi à la carte‹ zusammengeschlossen – eine Broschüre über diese kulinarische Erlebnisroute ist vom Fremdenverkehrsamt zu bekommen. Für ein Abendessen mit Getränken muß man in einem durchschnittlichen Restaurant mindestens 150 FIM bezahlen, in einem Gourmet-Tempel mindestens 300 FIM.

Kneipen und Getränke

Sind die Finnen nicht nur stets schweigsam und melancholisch, sondern auch ein Volk von Trinkern, dem steten Genuß von Bier und – darin den Russen ähnlich – von Wodka ergeben? Solche unzutreffenden Allgemeinplätze werden übrigens auch von einigen Finnen selbst immer und gerne wiederholt, manche Kaurismäki-Filme liefern dazu genügend Anschauungsmaterial. Will man diesbezüglich Feldforschung betreiben, sollte man jedenfalls seine Streifzüge nicht in einer *baari* beginnen, denn dort wird trotz des Namens überhaupt kein Alkohol ausgeschenkt.

Wer einen Schnaps oder anderes Hochprozentige in der Öffentlichkeit zu sich nehmen möchte, muß ein Restaurant, einen Pub oder einen Nachtclub mit vollen Schanklizenzen (A) aufsuchen. Es gibt auch eingeschränkte Lizenzen, die zum Ausschank von Wein und Bier mit ›normalem‹ Alkoholgehalt (B) oder nur von Leichtbier (C) berechtigen. Überall gilt für den Genuß alkoholischer Getränke eine Altersgrenze von 18, deshalb können Einheimische und Touristen mit jugendlichem Aussehen vom Wirt schon mal nach ihrem Personalausweis oder Führerschein gefragt werden. Die früher so typische Institution des *vahtimestari* (Wachtmeister), der vor einem Lokal jeden Einlaßsuchenden mit Argusaugen begutachtete und häufig abwies, wird allerdings immer seltener. Eine halbe Stunde vor der jeweiligen Schließungszeit wird der Ausschank alkoholischer Getränke eingestellt, und damit das auch jeder mitbekommt, schaltet man kurz das Licht aus.

In Helsinki und den anderen finnischen Großstädten unterscheidet sich die Kneipenszene kaum von der in anderen europäischen Metropolen, von Hinterwäldlertum keine Spur! Die Jazz-, Blues- und Rockkneipen, Pubs und Spelunken haben meist über Mitternacht hinaus geöffnet, an Wochenenden oft bis 2 Uhr (Discos und Nachtclubs bis 3 oder 4 Uhr). Außerhalb der Städte allerdings sind solche Plätze rar gesät. Die typische Atmosphäre, wie man sie in einer deutschen Kneipe, einem irischen Pub oder einem dänischen Krog antrifft, ist dort fast nirgendwo zu finden. Einheimische, die sich zu einem geselligen Beisammensein außer Haus treffen wollen, nehmen oft längere Wege auf sich, um in den Bars bzw. Tanzrestaurants der Touristenhotels das erhoffte Vergnügen zu erleben. Werktags ist die nächstgelegene größere Tankstelle ein beliebter Treffpunkt.

Wer zu Hause Gäste erwartet (oder sich als Tourist entsprechend eindecken möchte), muß sich alkoholische Getränke in einem der staatlichen ALKO-Läden besorgen, die Mo–Do 10–17, Fr 10–18 und Sa 9–15 Uhr geöffnet sind. Hier zahlt man deutlich höhere Preise als in Mitteleuropa, wenn auch nach dem Beitritt zur EU einiges in Bewegung geraten ist.

Hält man sich bei den alkoholischen Getränken an die im Lande produzierten, ist beispielsweise finnisches Bier durchaus gut und bekömmlich. Die älteste Brauerei des Landes heißt Sinebrychoff und wurde 1819 von einem russischen Emigranten in Helsinki eröffnet, aus ihrem Haus stammt die Biermarke *Koff.* Populärer noch ist *Lapinkulta,* das man bei der Bestellung oft zu ›Lapin‹ abkürzt. Auch das *Ice Beer* hat große Marktanteile erobert, daneben gibt es eine Vielzahl lokaler und kleiner Brauereien. Das fast alkoholfreie Getränk *kotikalja* ist eigentlich kein Bier, obwohl es als solches bezeichnet wird. Es wird aus Wasser, Malz, Zucker und Hefe hergestellt und in ländlichen Regionen als Erfrischungsgetränk genossen.

Bei den hochprozentigen Getränken nimmt Wodka einen vorderen Platz in der Beliebtheitsskala ein. Der im Lande destillierte 38 %ige *Koskenkorva* gilt bei Kennern als der vielleicht beste Wodka überhaupt, ist im Ausland aber nicht so bekannt wie der *Finlandia*-Wodka mit seiner auffälligen Flasche.

Auch ›Wein‹ wird in Finnland hergestellt, allerdings nicht aus Weintrauben, sondern aus Beeren. Auf die Idee, finnische Wildbeeren für die Getränkeindustrie zu nutzen, kam Anfang des 20. Jh. der Chemiker Wäino Tammenoksa. 1906 brachte die Firma Chymos die ersten Säfte aus Blaubeeren auf den Markt, dann folgten Produkte auf der Basis von Preiselbeeren, Himbeeren, Moosbeeren und Moltebeeren. Von den Säften war es nur ein kurzer Schritt zur Herstellung von Beerenweinen und Likören *(likööri),* den vielleicht landestypischsten Alkoholika. Auch einheimischer oder importierter Cidre ist populär. Zur Kostprobe empfohlen: *mesimarja* (Honigbeeren), *polar* (Moosbeeren), *puolukka* (Preiselbeeren) oder, vor allem, *lakka* (Moltebeeren)! Die Firma Chymos ist übrigens immer noch im Geschäft und seit 1993 dem Fazer-Konzern angeschlossen. Ihr nobelstes Produkt ist der aus Johannis- und Stachelbeeren im Champagnerverfahren hergestellte Sekt *Kavaljeeri.*

Zum Abschluß dieses Kapitels sei noch verraten, wie man sich in Finnland zuprostet: Das allgemein-skandinavische *skål* wird auch hier verstanden und genutzt. Häufiger aber hört man *kippis,* ein Lehnwort aus dem Deutschen (von ›kipp‹ es!‹). Besonders apart und Favorit vieler Finnland-Touristen ist jedoch das Prosit in der mittelfinnischen Landschaft Savo: *höllekin-köllekin!*

Unter den alkoholfreien Getränken gibt es selbstverständlich die gesamte internationale Bandbreite an Softdrinks. Weitaus üblicher als in südlicheren Ländern ist es, sich zum Essen ein Glas Milch zu bestellen. An erster Stelle der Beliebtheit aber liegt der Kaffee, den man überall und zu jeder Tages- und Nachtzeit bekommt: Nirgendwo auf der Welt wird soviel Kaffee getrunken wie in den skandinavischen Ländern!

Feiertage und Feste

Arbeitsfreie Feiertage sind: Neujahr, Drei-
königstag, Karfreitag, Ostermontag,
1. Mai, Mittsommertag (ein Freitag Ende
Juni), 6. Dezember (Unabhängigkeitstag),
24.–26. Dezember (Weihnachten).

Die meisten Daten des finnischen Fest-
kalenders gehören zu den traditionellen
Kirchenfesten. Auf dem Land war früher
der wichtigste Tag im Jahr das herbstliche
Erntedankfest *(kekri)*, das in dem Maß an
Bedeutung verlor, in dem das **Weih-
nachtsfest** durch die städtische Kultur
vermittelt wurde. Der Heilige Abend wird
mit der Ausrufung des ›Weihnachtsfriedens‹ in Turku eingeleitet. Zum weiteren
Programm dieses Tages gehört ein Sauna-
besuch sowie ein Friedhofsgang, bei dem
man über den Gräbern von Verwandten
Kerzen anzündet. Dem festlichen Abendessen folgt der Besuch des Weihnachtsmannes, der im Kreise seiner ebenfalls rot ge-
kleideten Wichtel Geschenke verteilt. Im
finnischen **Osterfest** sind östliche und
westliche Gebräuche verschmolzen: Aus
dem orthodoxen Karelien stammt die
Sitte, am Palmsonntag Freunden und Verwandten leichte Schläge mit Weidenzweigen zu geben und dabei Gesundheit zu
wünschen. Wie in Schweden verkleiden
sich Kinder in dieser Zeit als Hexen. Seit
den 80er Jahren ziehen nun Kinderhexen
mit Weidenzweigen umher und erbetteln
Süßigkeiten oder Geld ...

In Karelien markieren die zu Ehren des
jeweiligen Kirchenpatrons abgehaltenen
Weihefeste mit feierlicher Prozession
(praasniekka) einen Höhepunkt im orthodoxen Kirchenjahr, zu dem sich stets
zahlreiche Gläubige einfinden. Inzwischen
werden zu diesen traditionellen Festen, die
keine offiziellen Feiertage sind, bereits von
Reiseveranstaltern im In- und Ausland
Pauschalarrangements angeboten, die
einen gemeinsamen Festabend sowie die

Teilnahme an Liturgie, Prozession und
Wasserweihe einschließen.

Zu den arbeitsfreien offiziellen Feier-
tagen ohne kirchlichen Hintergrund gehört
der **1. Mai,** der in einer merkwürdigen
Mischung aus altem skandinavischen
Frühlingsfest, internationalem Tag der
Arbeit und modernem Straßenkarneval
gefeiert wird. Besonders lebhaft geht es in
den Universitätsstädten zu, wo sich
Studenten und Studentinnen mit ihren
weißen Mützen vom frühen Morgen bis
zum späten Abend in allerlei klamauk-
haften Aktionen erschöpfen.

Der Mittelpunkt des jährlichen Festtags-
kalenders ist jedoch, wie in ganz Skandinavien, das **Mittsommerfest.** Seinen
Ursprung hat es in einem uralten Frucht-
barkeitskult zur Sommersonnenwende,
der nach der Christianisierung mit dem
Gedenktag Johannes des Täufers identi-
fiziert wurde. Anders als der 1. Mai wird
Mittsommer nicht in der Stadt, sondern
möglichst auf dem Land gefeiert, wo an
den Gewässern die Sonnenwendfeuer
entzündet und Volkstänze unter freiem
Himmel veranstaltet werden. Auf den
Åland-Inseln und in Regionen mit hohen
schwedischen Bevölkerungsanteilen stellt
man an diesem Tag den Johannisbaum
(Mittsommerstange, *majstång*) auf. Zu
Mittsommer werden überall im Lande
Häuser und Festplätze – in den Städten
auch Züge, Busse und Bahnen – mit
Birkenzweigen sowie der Nationalflagge
dekoriert. Weniger traditionsbewußte
Jugendliche feiern ›Johannis‹ auf Feten
mit lauter Musik und reichlich Alkohol.

Am **Unabhängigkeitstag** (6. Dezember) scheint das ganze Land in einem Meer
von Weiß und Blau zu ertrinken. Straßen,
öffentliche Gebäude und Schaufenster
sind geflaggt, man entzündet blaue und
weiße Kerzen, und Konditoreien bieten
Gebäck und Torten in den Landesfarben
an. War der Unabhängigkeitstag früher

eine ernste Angelegenheit mit politischen Ansprachen, Ordensverleihungen und studentischen Fackelzügen, nimmt heute niemand mehr Anstoß an Rockkonzerten oder ähnlich profanen Veranstaltungen.

Festivals

Der finnische Festival-Kalender umfaßt heute etwa 60 international renommierte Veranstaltungen, die hauptsächlich in den hellen Sommermonaten stattfinden. Den größten Raum nimmt dabei Musik ein – moderne, klassische, avantgardistische oder volkstümliche. Das mit Abstand bekannteste Festival sind die Opernfestspiele von Savonlinna, die im Juli fast 100 000 Musikfreunde aus aller Welt zur Burg Olavinlinna bringen. Auch die Helsinki-Festwochen, die traditionell Ende August den finnischen Kultursommer ausklingen lassen, sind ein absolutes Highlight für Freunde (nicht nur) klassischer Musik. Kammermusik auf höchstem Niveau wird von März bis November zwischen Enontekiö im Norden und Naantali im Süden auf allein elf Festivals präsentiert – am bekanntesten vielleicht das von Kuhmo (Ostfinnland). Fans von erstklassiger Jazz- und Rockmusik können an einem Dutzend Konzertreihen teilnehmen – vom lappländischen Kalottjazz-Blues-Festival in Tornio über Ruisrock in Turku bis zum bekanntesten von allen, dem größten europäischen Jazzfestival in Pori. Natürlich haben auch die Aventgarde (u. a. in Viitasaari) und die Volksmusik (u. a. Ikaalinen und Kaustinen) ihren festen Platz im Festspielkalender. Neben Musik befällt das alljährlich ausbrechende Festivalfieber auch Sparten wie Theater, Kino oder Tanz. Beispielhaft dafür sollen nur das Internationale Kurzfilmfestival von Tampere – das größte seiner Art –, das Midnight Sun Film Festival in Sodankylä und das Internationale Theaterfestival von Tampere genannt sein. Informationen zu den ca. 60 wichtigsten Veranstaltungen über: Finland Festivals, Uudenmaankatu 36 D 21, 00120 Helsinki, ✆ 09/6 21 42 24, Fax 6 12 10 07.

Geld und Banken

Die finnische Währung ist die Finnmark (*markka,* FIM), die in 100 Penni (*penniä,* p) unterteilt ist. Im Umlauf sind Münzen zu 5, 10, 20 und 50 *penniä* und zu 1, 5 und 10 *markkaa* sowie Banknoten zu 10, 50, 100, 500 und 1000 *markkaa.* Der Wechselkurs für 1 FIM lag im Oktober 1997 bei 0,34 DM, 0,28 CHF und 2,35 ÖS.

Geldumtausch ist problemlos in allen Banken möglich, auch die großen Kaufhäuser und die meisten Hotels wechseln Fremdwährung. Die Höchstsumme für Euroschecks liegt bei 1300 FIM. An den internationalen Flughäfen, Fährterminals sowie in den Großstädten findet man Wechselstuben, die über die Schalterstunden der Banken hinaus geöffnet sind. Geld vom Postsparbuch gibt es in den Filialen der Postbank und den Postämtern. Die Kreditkarte wird weitaus häufiger als in Mitteleuropa als Zahlungsmittel akzeptiert.

Internet-Adressen

Unter den Adressen http://www.mek.fi, http://www.finland-tourism.com und http://www.finland.fi/country/travel wurden die Daten der lokalen und regionalen Fremdenverkehrsämter zusammengeführt. Das flächendeckende Informationssystem mit den Stichworten Landesinformation, Hotels, Unterkünfte, Touren, Konferenzeinrichtungen, Veranstaltungen, Transport und Geräteverleih gibt einen umfassenden Überblick über das Reise- und Kongreßland; die Dateien ›finnish tourist board‹

und ›tourism industry‹ bieten Zugriff u. a. auf Zahlen und Fakten zur finnischen Reiseindustrie sowie Presseinformationen und eine Liste der Finnland-Broschüren. Eifrige Surfer werden außerdem keine Schwierigkeiten haben, zu den Touristenbüros einzelner Städte oder Regionen durchzudringen.

Beliebt sind Adressen-Kombinationen mit travel.fi (z. B. http://www.travel.fi/lappeenranta),

mit turist (z. B. http://www.turist.aland.fi) oder einfach mit .fi (z. B. http://www.tampere.fi oder http://www.turku.fi).

Unter http://www.helsinki.fi erreicht man allerdings die Universität von Helsinki, während das Touristenbüro die Adresse http://www.hel.fi hat. Journalistisch aufbereitete aktuelle Nachrichten zu Politik, Wirtschaft und Kultur können unter http://www.publiscan.fi abgerufen werden. Natürlich sind alle größeren finnischen Firmen (z. B. http://www.nokia.com) und Transportunternehmen (z. B. http://www.finnair.fi) im Internet vertreten, aber auch Museen, Galerien, Zeitungen und sogar einzelne Rockgruppen (z. B. http://www.leningradcowboys.fi).

Jedermannsrecht

Eine besondere Einrichtung in Finnland, Norwegen und Schweden ist das sogenannte Jedermannsrecht, von dem die meisten ausländischen Besucher schon gehört haben werden, oft aber nur dessen Rechte und nicht die Pflichten kennen. Das Jedermannsrecht besagt einerseits, daß man sich im allgemeinen über Grund und Boden und in Gewässern anderer bewegen bzw. übernachten darf, ebenso Beeren und Pilze sammeln und wilde Blumen pflücken. Andererseits werden dadurch nicht der Schutz der Privatsphäre von Grundstückseignern und Bauern oder die

Regeln für das richtige Verhalten in der finnischen Natur außer Kraft gesetzt. Stets muß auf andere Menschen, auf Tiere und Pflanzen Rücksicht genommen werden nach der Devise: nicht stören oder zerstören. Z. B. sollten Touristen nicht Privatgrundstücke, Schonungen und Felder betreten, in unmittelbarer Nähe von Wohnhäusern zelten oder Blumen, die unter Naturschutz stehen, pflücken. Wer mit einer Gruppe oder mehrere Nächte am selben Platz zelten möchte, muß den Grundeigentümer erst um Erlaubnis fragen. Natürlich dürfen keine Bäume oder Sträucher abgesägt, keine Zweige oder Rinde abgerissen oder Müll in der Natur hinterlassen werden. Nester und Jungtiere sollte man immer in Ruhe lassen. Baden ist in allen Gewässern erlaubt, auch darf man vorübergehend mit einem Boot anlegen und an Land gehen, aber nicht auf Privatgrundstücken oder wenn Landungsverbot besteht. Auto-, Motorrad- oder Mopedfahren im Gelände ist untersagt. Schon bei der geringsten Brandgefahr ist es verboten, ein offenes Feuer zu entfachen. Sonderregelungen gelten für Nationalparks, Naturreservate, Vogelschutz- und Militärgebiete.

Karten

Alle Rad- und Autofahrer, die sich abseits der großen Verkehrsstraßen bewegen möchten, sind auf detailliertes und aktuelles Kartenmaterial angewiesen (1995–97 wurde das Nummernsystem der finnischen Verkehrswege geändert). Hilfreich ist u. a. die Autoilijan Tiekartta im Maßstab 1 : 800 000. Das vom Automobilclub (AL) herausgegebene Reisehandbuch Suomi-Opas (auch in deutsch-englischer Version erhältlich) enthält 94 Seiten mit Straßenkarten und 75 Stadtpläne, ist mit 500 Seiten allerdings ziemlich ›schwergewichtig‹.

Für's City-Sightseeing sind die von den einzelnen Touristenbüros verteilten und kostenlosen Stadtpläne meist ausreichend. Wirklich lebensnotwendig sind detaillierte, topographische Karten für Wanderer sowie Seekarten für Segelurlauber oder Kanuten auf Langstreckentour. Die größte Auswahl an entsprechendem Material hat das Helsinkier Kartenzentrum: Karttakeskus, P.O. Box 85, Unioninkatu 32, FIN-00521 Helsinki, ✆ 09/15 45 21, Fax 1 54 56 50. In Deutschland ist u. a. der Nordis Buch- und Landkartenhandel (Postfach 100343, D-40767 Monheim, ✆ 0 21 73/5 00 95, Fax 5 42 78) gut bestückt, in Österreich u. a. Freytag und Berndt (Kohlmarkt 9, A-1010 Wien 1, ✆ 01/5 33 20 94, Fax 5 33 86 86) und in der Schweiz u. a. die Atlas Reisebuchladen AG (Schauplatzgasse 31, CH-3011 Bern).

Kinder

Finnland kann für Kinder ein ideales Reiseland sein, wenn die Eltern eine kindgerechte Urlaubsform wählen: Keine Kilometerfresserei (in zwei Wochen bis zum Nordkap und zurück), wenig Hotelaufenthalte und viele für Kinder interessante Besichtigungsziele. Auf Campingplätzen, im Ferienhäuschen und vor allem auf dem Bauernhof werden alle Kinder ihren Spaß haben. Fast überall findet man Spiel- und Freizeiteinrichtungen, etwa in Feriendörfern, großen Warenhäusern und auf den Ostsee-Fähren. Deutliche Preisnachlässe werden Kindern von fast allen touristischen Leistungsträgern gewährt (Transport, Unterkunft, Eintritte etc.). Und die meisten Restaurants haben einen Kinderteller (*lastenannokset* oder *lapsille*) auf der Speisekarte.

Literatur

Literatur zum Schmökern

Carpelan, Bo: Julius Blom oder der Bücherwurm ist eigentlich der schönste Vogel, Würzburg 1989. Erfolgreichstes Buch des 1926 geborenen Finnland-Schweden auf dem deutschen Markt.

Finnische und estnische Märchen. Einige der schönsten Volksmärchen der wesens- und sprachverwandten Völker, erschienen in der Reihe ›Märchen der Weltliteratur‹ des Diederichs-Verlag.

Jansson, Tove: Geschichten aus dem Mumintal. In mehreren Auflagen und Editionen erschienene und von der Autorin selbst illustrierte Kinderbücher von hoher literarischer Qualität, eine wunderbare Reiselektüre auch für Erwachsene. Ebenfalls in deutscher Sprache liegen von Tove Jansson u.a. vor: Sommerbuch (München 1976), Der Schurke im Muminhaus (Wien 1983), Die ehrliche Betrügerin – Ein Märchen für Erwachsene (Reinbek 1986), Die Tochter des Bildhauers (Reinbek 1987).

Kalevala, Stuttgart 1985. Das von Elias Lönnrot komponierte Nationalepos der Finnen ist in diesem Reclam-Band aus dem finnischen Urtext übersetzt.

Kivi, Aleksis: Die Sieben Brüder, Stuttgart 1987. Neu bearbeitete Version des Klassikers von 1870, der vom bäuerlichen Leben im alten Finnland erzählt.

Köpf, Gerhard: Nurmi oder die Reise zu den Forellen; Luchterhand, München 1996. 183-Seiten-Roman über eine Irrfahrt kreuz und quer durch Finnland, bei der Neffe und Onkel trotz vieler Umwege und unbeabsichtigter Abstecher zueinander finden und den Weg als eigentliches Ziel ihrer Reise begreifen.

Sillanpää, Frans Eemil: Das fromme Elend, Stuttgart 1981. Neuere Auflage eines der Hauptwerke des finnischen Nobelpreisträgers.

Tikkanen, Märta: Wie vergewaltige ich einen Mann?, Reinbek 1980. Leicht zu lesender feministischer Bestseller der finnischen Erfolgsautorin. Wer sich für die Beziehungen und den Kampf der Geschlechter besonders interessiert, kann auch auf andere Werke von Märta Tikkanen zurückgreifen, die in der rororo-Reihe ›neue frau‹ übersetzt sind: Die Liebesgeschichte des Jahrhunderts – Roman in Gedichten (1981), Leben mit einem besonderen Kind (1983), Der Schatten, unter dem du lebst – Eine Erzählung in Gedichten (1985), Aiofs heißt Sofia (1986), Ein Traum von Männern, nein, von Wölfen (1987), Der große Fänger (1989), Arnaiaa – ins Meer geworfen (1993).

Waltari, Mika: Michael, der Finne, Bergisch-Gladbach 1986. Der in mehreren Auflagen erschienene historische Roman von Waltari ist für das Schmökern am Reiseziel empfehlenswerter als seine anderen Bestseller wie Sinuhe, der Ägypter.

Literatur zur Information

Aalto, Alvar: Gesamtwerk in drei Bänden, München 1990. Umfassendes, mit vielen Abbildungen und Skizzen illustriertes Kompendium über das Lebenswerk des berühmtesten finnischen Architekten.

Albrecht, Wolfgang, Kantola, Markku: Finnland, München 1992. Knapp gefaßte Länderkunde mit bedenkenswerten kritischen Anmerkungen zur finnischen Gesellschaft und Politik.

Betz, Klaus: Wanderwege in Skandinavien, München 1988. Gut bebildertes und kartographiertes Buch über meist nordskandinavische Wanderpfade, mit großem Finnland-Teil.

Eskola, Matti (Hrsg.): Hier ist Finnland, Helsinki 1995. Sehr informatives Bändchen über Geschichte, Politik, Wirtschaft und Kultur des Reiselandes.

Kekkonen, Urho: Gedanken eines Präsidenten Finnlands – Standort in der Welt, Düsseldorf und Wien 1981. Informationen aus erster Hand über den finnischen Balance-Akt im Zeitalter des Kalten Krieges, mit vielen persönlichen Einlassungen vom wichtigsten Architekten der Nachkriegspolitik.

Klinge, Matti: Geschichte Finnlands im Überblick, Helsinki 1995. In dem Band faßt der Autor, von dem seit Jahrzehnten historische Werke publiziert werden, in komprimierter Form die finnische Geschichte bis zum EU-Beitritt zusammen.

Linné, Carl von: Lappländische Reise, Leipzig 1980. Reisebericht des berühmten schwedischen Botanikers aus dem 18. Jh., der nicht nur Flora und Fauna der Nordkalotte anschaulich beschreibt, sondern gleichzeitig auch das zeittypische Bild der Westeuropäer von den ›unzivilisierten Finnen‹ entlarvt.

Nikula, Riitta: Bebaute Landschaft – Finnlands Architektur im Überblick, Helsinki 1992. Hilfreiches Büchlein über architektonische Strömungen, Konzepte und Prinzipien der finnischen Baumeister mit Schwerpunkt der klassischen und avantgardistischen Moderne samt Who is Who ihrer wichtigsten Vertreter.

Piri, Markku, Aalto, Juhani: Helsinki: Licht und Schatten, Helsinki 1994. Ein Porträt der finnischen Hauptstadt und ihrer Einwohner, trotz aller Sympathie mit kritischer Distanz geschrieben.

Rusch, Beate (Hrsg.): Schatten im Paradies – Die Filme von Aki Kaurismäki, 1997. Eine beschreibende und interpretative Würdigung des Œuvres von Finnlands wichtigstem Regisseur, lohnend nicht nur für Cineasten.

Tanttu, Anna-Maija & Juha: Küchenkunst und Lebensart in Finnland, Helsinki 1989. Das Autorenpaar riskiert einen Blick nicht nur in die Kochtöpfe seiner Landsleute, sondern auch auf Anspruch und Wirklichkeit von gestaltetem Alltag.

Valkonen, Markku: Finnlands Kunst im Blickfeld, Helsinki 1992. Übersichtsartige Darstellung der im Ausland weitgehend unbekannten Bildenden Künste Finnlands, von ihren Anfängen bis zur Moderne.

Maße, Gewichte und Größen

Da sowohl die Größenangaben bei Schuhen und Textilien den mitteleuropäischen entsprechen und das Dezimal- und metrische System gelten, gibt es keine Umstellungsschwierigkeiten. Dies gilt auch für die Normen bei Elektrogeräten und Steckdosen (220 V Wechselstrom), 50 Hz).

Nationalparks und Wandergebiete

Von den südfinnischen Schären bis nach Nordlappland wurden Nationalparks eingerichtet, die jeden finnischen Landschaftstyp mit seinem unverwechselbaren Tier- und Pflanzenleben mindestens einmal dokumentieren sollen. Außerdem verfolgt man mit der Ausweisung solcher Schutzgebiete auch pädagogische Ziele: In- und ausländische Besucher sollen sich informieren können, wie in diesem Teil Europas intakte Natur aussieht und wie sie funktioniert. Markierte Wanderpfade erschließen die Regionen, und oft gibt es Feuerstellen, Bänke und Tische, Zeltplätze (oft mit Toilette) sowie Wildmark-Hütten, die jeder Besucher für eine Nacht kostenlos benutzen darf. Weitere Hütten können gegen Gebühr reserviert werden, außerdem vermietet das Amt für Staatswälder Hütten und Ferienhäuser für einen längeren Aufenthalt. Zur Zeit gibt es in Finnland 31 Nationalparks, die eine Gesamtfläche von etwa 7300 km^2 haben und grundsätzlich für jedermann zugänglich sind. Die mit Abstand größten sind die wegelosen und unbewohnten Wildmark-Gebiete Lapplands, allen voran der Lemmenjoki-Nationalpark (2855 km^2) und der Urho-Kekkonen-Nationalpark (2550 km^2). Die Zufahrtsstraßen zu den Nationalparks sind besonders gekennzeichnet und führen in der Regel direkt zu einem Besucherzentrum, das oft auch über Ausstellungsräume, sanitäre Einrichtungen, einen Guide-Service etc. verfügt.

Ergänzt wird das Nationalpark-System durch die Naturreservate (z.B. Kevo in Lappland), die strengeren Zugangsbeschränkungen unterworfen sind und u. a. der biologischen bzw. ökologischen Forschung dienen, sowie durch die sogenannten Nationalen Wandergebiete. Darunter versteht man landschaftlich schöne und z. T. naturgeschützte Areale, die hauptsächlich den Menschen zur Erholung und zu Outdoor-Aktivitäten zur Verfügung stehen sollen. Deshalb findet man hier ein ausgedehntes System von Wanderwegen bzw. Skiloipen, aber auch Hotels und Campingplätze, Lifte, Bootsverleih-Stationen etc. Zur Zeit gibt es sieben solcher Wandergebiete mit einer Gesamtfläche von etwa 385 km^2, am bekanntesten davon ist wohl Hossa in der Nähe von Suomussalmi.

Das finnische Fremdenverkehrsamt gibt eine eigene Nationalpark-Broschüre heraus. Weitere Informationen erhält man auch beim Amt für Staatswälder: Metsähallitus (Forest and Park Service), P.O. Box 94, Tikkurila, Vernissakatu 4, 01301 Vantaa, ✆ 09/85 78 41, Fax 85 78 43 50.

Notfälle

Die kostenlose Notrufnummer für alle Eventualitäten (Polizei, Krankenwagen, Arzt, Feuerwehr) lautet landesweit **112**.

Öffnungszeiten

Geschäfte sind normalerweise Mo–Fr 9–18 und Sa 9–14 Uhr geöffnet, doch ist der Ladenschluß nicht mehr einheitlich geregelt. In den Städten sind große Geschäfte, Souvenirläden und Shopping-Centres oft Mo–Fr bis 20, Sa bis 18 Uhr geöffnet, in Helsinki einzelne Geschäftspassagen sogar tägl. bis 22 Uhr. Je nach Saison und Lage schließen **Restaurants** um 22, 23 oder 24 Uhr. Aber selbst im einsamen Ostfinnland trifft man entlang der Hauptverkehrsstraßen bisweilen auf einen *grilli,* in dem man noch morgens um 2 Uhr einen Hamburger bekommt. Manche Raststätten und Tankstellen mit Cafeteria sind rund um die Uhr geöffnet. Weitaus eingeschränktere Öffnungszeiten haben demgegenüber **Banken** (Mo–Fr 9.15–16.15 Uhr) und **Postämter** (Mo–Fr 9–17 Uhr).

Post/Porto

In Finnland sind die staatliche Post und der privatisierte Konzern ›Tele‹ getrennt, trotzdem kann man von den meisten Postämtern auch telefonieren. Über die üblichen Zeiten hinaus sind einige große Hauptpostämter geöffnet, z. B. das in der Hauptstadt (Mo–Fr 8–21, Sa 9–18, So 11–21 Uhr). Postlagernde Sendungen (Poste restante) sind zu adressieren an das Main Post Office, Mannerheimintie 11 F, FIN-00100 Helsinki, bzw. an die Hauptpostämter anderer großer Städte. Beim Briefverkehr nach Finnland setzt man vor die stets fünfstellige Postleitzahl das Landeskürzel FIN.

Briefmarken bekommt man in Postämtern, R-Kiosken, Buchhandlungen, Bahnhöfen und Hotels. Das Porto beträgt innerhalb Finnlands bei Postkarten und Briefen bis 50 g 2,80 FIM, bei Postkarten und Briefen bis 20 g in EU- und nordische Länder 3,20 FIM, in andere Länder Europas 2,70 FIM und in außereuropäische Länder 3,40 FIM. Die Briefkästen sind gelb.

Rauchen

Nikotinsüchtige stehen noch nicht so am öffentlichen Pranger wie in den USA. Trotzdem haben auch die Finnen Maßnahmen zum Nichtraucherschutz ergriffen. Dazu gehören Nichtraucher-Sektionen in Restaurants, eine gewisse Anzahl von Nichtraucherzimmern in Hotels sowie das Rauchverbot in allen öffentlichen Gebäuden, Schulen, Kindergärten etc. Alle Finnair-Flüge sind rauchfrei.

Reisezeit und Kleidung

Finnland wird immer noch vorzugsweise im Sommer besucht, doch wird der Kreis der Wintersportler von Jahr zu Jahr größer, die hier zu Recht absolut schneesichere Verhältnisse und grenzenloses Vergnügen ohne Massentourismus erwarten. Dementsprechend kennt das Reiseziel zwei Saisonzeiten, wobei Finnland-Neulinge oft von einem Sommer überrascht werden, der wärmer ist, als sie gedacht haben, und Winterurlauber sind manchmal erstaunt, daß es *so* kalt werden kann.

Um zunächst beim **Sommer** zu bleiben: Trotz des Golfstrom-Einflusses ist das kontinentale Klima vorherrschend, das ab Ende Mai mit überwiegend warmen und trockenen Tagen aufwartet. Von Juni bis August verzeichnet Südostfinnland die höchsten Durchschnittstemperaturen Skandinaviens, und die finnische Westküste gehört zu den sonnigsten Gebieten Nordeuropas. In den vergangenen Jahren gab es sogar immer einige Tage – meist Ende Juni –, an denen Orte im Norden oder Osten des Landes an der Spitze der

europäischen Klimatabelle auftauchten:
Mallorca 23 °C, Rovaniemi 32 °C!

Der Nachteil des Sommers ist, daß auch
die Mücken das warme Wetter lieben.
Deswegen gehört neben Badekleidung,
Shorts, T-Shirts, Sonnenbrille und -creme
stets auch ein Mückenschutzmittel ins
Reisegepäck (wenn man es nicht vor Ort
kaufen will). Und da jede noch so schöne
Statistik ihre Ausnahmen kennt, dürfen
auch ein warmer Pullover und Regen-
kleidung nicht fehlen. Die Wahl der Bekleidung oder Ausrüstung hängt natürlich
ebenfalls davon ab, welche Aktivitäten
geplant sind und wie man das Land bereist. Auch wer nicht auf Wanderschaft
gehen möchte, sollte zumindest gutes,
festes Schuhwerk dabei haben, am besten
auch ein Paar Gummistiefel. Denn die
Wildnis beginnt meist sofort neben der
Straße, und es wäre schade, würde der
kurze Spaziergang zum besten Fotomotiv
des Tages daran scheitern, daß man für
das moorige Gelände keine geeignete
Fußbekleidung dabei hat. Eingefleischte
Lappland-Wanderer, die Trekking-Touren
ins Hochgebirge auf dem Programm
haben, brauchen natürlich die adäquate
Campingausrüstung (einschließlich Kompaß und Kochutensilien), denn Wildmark
bleibt Wildmark, auch im Sommer. Die ersten Nachtfröste können im Hohen Norden
bereits Ende August auftreten.

Die Sommersaison beginnt im Süden
zur Mittsommerzeit, im Norden etwa Ende
Juni, und geht ungefähr Mitte August im
ganzen Land langsam ihrem Ende entgegen. Ab dann sind Öffnungszeiten von
Museen, Ausflugsangebote oder auch
Sondertarife für Übernachtungen etc. stark
eingeschränkt. Wer also das explosions-
artige Erwachen des Frühlings (Mitte Mai)
oder im September die berühmte Herbst-
färbung (ruska) erleben möchte, muß
bezüglich der touristischen Infrastruktur
gewisse Abstriche machen.

Die **Wintersport**-Saison hat ihren ersten Höhepunkt während der Weihnachtsferien, doch bevorzugen viele die Periode
von Ende Januar bis Mitte April, wenn die
Tage heller sind. Schneesicher ist es überall und kalt ebenfalls, beides aber besonders in den küstenfernen Regionen des
Nordens. Was minus 40° C bedeuten, kann
sich kaum ein Mitteleuropäer so recht vorstellen, und vor Ort ist man erstaunt, daß
die klirrende Kälte subjektiv gar nicht so
extrem empfunden wird: Wegen der Trok-
kenheit scheinen die vom Thermometer
angezeigten Temperaturen oft um den Fak-
tor 20 zu hoch zu sein. Das ist für Skitouri-
sten zwar angenehm, kann aber auch
leicht zu Erfrierungen führen. Deshalb ist
die richtige Ausrüstung für Winterurlauber
noch wichtiger als für sommerliche Wan-
der-Freaks, ja sogar im wahren Wortsinn
lebenswichtig! Also unbedingt an Fleece-
Unterwäsche, Pelzmützen, arktistaugliche
Spezialhandschuhe und Schuhe sowie an
wasserdichte, aber atmungsaktive Ober-
bekleidung denken. Eine schützende
Gesichtsmaske (ballaclava), die nur an den
Augen ein wenig Haut frei läßt, sollte man
ebenfalls dabei haben oder sich vor Ort
besorgen.

Ansonsten ist die Kleiderordnung in
Finnland eher locker und lässig-ungezwun-
gen. Im Straßenbild jedenfalls sieht man
weit mehr Trainings- als Nadelstreifen-
anzüge, und in manchen Gemeinden des
Nordens fühlt man sich kleidungsmäßig in
eine Runde kanadischer Holzfäller versetzt.
Ganz anders Helsinki: Dort trifft man auf
der Esplanade, jeweils mit ihrem typischen
Outfit, Punker ebenso wie Yuppies oder
distinguierte Herrschaften – eine Weltstadt
eben. In den höheren Etagen des
Geschäftslebens aber wird auf förmliche
Kleidung ebenso Wert gelegt wie in
eleganten Retaurants oder bei gesellschaftlichen Anlässen.

Sicherheit

Die Zahl der Eigentumsdelikte liegt in Finnland – wie die Kriminalitätsrate insgesamt – deutlich unter der mitteleuropäischer Länder, das gilt auch für die Städte. Für alleinreisende Frauen ist das Land die vielleicht sicherste Region Europas. Trotzdem sollte natürlich niemand zu sorglos sein und seine Koffer und Rucksäcke im Auge behalten. Und wer einen Trip in den Osten plant, muß in den baltischen Ländern und ganz besonders in St. Petersburg äußerst vorsichtig sein.

Souvenirs und Einkaufstips

Ein weit verbreiteter Irrglaube besagt, daß es in Finnland zwar schöne Sachen gebe, diese aber viel zu teuer seien. Inzwischen liegt das durchschnittliche Preisniveau nicht mehr höher als in Deutschland, manchmal sogar niedriger! Bei der Überlegung, was sich als Mitbringsel lohnen könnte, kommt man am finnischen Design nicht vorbei. Den ganz großen Namen begegnet man keineswegs nur in exklusiven Boutiquen, sondern auch in Einkaufszentren oder, am preiswertesten, in den Verkaufsläden der entsprechenden Fabriken. Design-Geschichte haben Küchenutensilien, Spielzeug, Modeschmuck, Hausrat und andere Waren aus Holz, Glas, Porzellan, Keramik oder Stahl aus den Häusern Aarikka, Arabia, Iittala und Pentik geschrieben, für die auch Größen wie Wirkkala, Aalto oder Franck gearbeitet haben. Natürlich haben die Produkte, die inzwischen zu Klassikern geworden sind, ihren Preis, doch kann sich auch die Riege jüngerer Designer sehen lassen, die den Großmeistern erfolgreich nacheifert. Achten Sie beispielsweise auf die zeitlos schönen Stahl- und Silberbestecke von Bertel Gard-

berg. Wer an exklusivem und/oder traditionellem Gold-, Silber- und Bronzeschmuck interessiert ist, sollte es mit Produkten von Lapponia oder Kalevala Koru versuchen. International renommierte Namen im Bereich der Mode sind u. a. Marimekko mit gleichermaßen praktischen wie eigenwilligen Textilien oder Accessoires, die exklusive Damenbekleidungskollektion von Annikki Karvinen oder Schuhe und Lederwaren von Palmroth. Finnisches Design steht auch für hochwertige Möbel, wovon man sich durch einen Besuch u. a. bei Artek (Alvar Aalto) oder einen Blick auf die Kindermöbel von Pirkko Stenros leicht überzeugen kann.

Von ausgesuchter Qualität ist daneben das samische Kunsthandwerk *(Sapmelas Duodjarat)*, das natürlich vorzugsweise in Nordfinnland angeboten wird, und bei dem der Rentierknochen und -fell eine große Rolle spielen. Das berühmte Finnenmesser gehört aber nicht nur dort zum Alltag. Es wird im ganzen Land von einer Reihe renommierter Hersteller produziert, die prächtigsten Exemplare werden in Handarbeit gefertigt.

Wer Finnland als Aktivurlauber erlebt, kann sich das Equipment für seinen Lieblingssport auch vor Ort kaufen, oft sind hier die Produkte – von der Angel über Wanderschuhe, Skiausrüstung und Outdoorkleidung bis hin zu Zelten oder Freizeitbooten – absolut hochwertig, von bestem Design und nicht überteuert (Tip: Sportbekleidung und -geräte von Karhu). Möchte man ein größeres Stück Finnland-Erinnerung mit nach Hause nehmen, kann man sich einen Sauna-Bausatz oder ein Sámi-Zelt auch zuschicken lassen.

Keine Schwierigkeiten hat man beim Transport von kulinarischen Delikatessen. Getrockneter Rentierschinken hält sich eine ganze Weile, und geräucherter Lachs wird auch eingeschweißt verkauft. Einen Überblick über das Warenangebot verschafft man sich am besten in einer der wunderschönen Markthallen, die es in jeder größeren Stadt gibt und in denen viele Waren nicht gewogen, sondern noch in Zinnbechern oder Holzwürfeln gemessen werden. Wer hier bis zur Abreise nicht zugegriffen hat, bekommt eine letzte Chance auf der Fähre, deren Duty-Free-Shops ein ziemlich komplettes Sortiment finnischer Waren ausbreiten.

Shopping-Touristen aus Nicht-EU-Ländern können übrigens bis zu 16 % des Rechnungsbetrages sparen, wenn sie in einem Geschäft, das mit dem Tax-Free-Symbol gekennzeichnet ist, für mehr als 250 FIM einkaufen. Dort bekommt man einen Scheck über die bezahlte Mehrwertsteuer, der bei der Ausreise aus Finnland bzw. dem letzten EU-Land der Reise ausgezahlt wird.

Sport/Aktivurlaub

Kaum ein Land in Europa bietet mit seiner hervorragenden Infrastruktur sowie unberührter Natur, sauberer Luft und klarem Wasser ganzjährig so gute Bedingungen zur sportlichen Aktivität wie Finnland. Denn die Finnen sind generell äußerst sportbegeistert und zählen Angeln, Wandern und Kanufahren zu ihren Lieblingsbeschäftigungen. An dieser Stelle können nur einige der beliebtesten Aktivitäten genannt werden; ausführlicheres Infomaterial bekommt man bei Reiseveranstaltern, lokalen Touristenbüros und der Finnischen Zentrale für Tourismus, die auf Wunsch Broschüren u. a. zu den Themen Angeln, Bootswandern, Radfahren, Wandern und Wintersport verschickt.

Angeln
Die Jagd auf Barsch, Hecht, Zander, Lachs, Äsche, Saibling oder See-, Meer- und Regenbogenforelle ist Volkssport Nummer

Eins und als ›bevorzugtes Angelrevier‹ gilt eigentlich das ganze Land! Als Lachsreviere sind die Flüsse Teno und Tornionjoki in Lappland unschlagbar, Weißfische, Aale, Quappen, Maränen und Neunaugen findet man hauptsächlich in Südfinnland, Hechte, Barsche und Forellen im Süden und Osten, während Meeresangler auf den Ålands und an der Schärenküste vor Turku und Vaasa am besten aufgehoben sind. Kinder und Jugendliche unter 18 Jahren dürfen mit der Angelrute im ganzen Land gebührenfrei Fischfang und Eislochangeln betreiben. Alle anderen brauchen einen staatlichen Angelschein (z. Zt. 80 FIM), den man an Automaten bekommt oder in Banken bzw. auf dem Postamt bezahlt. Dazu füllt man den Vordruck für das Postscheckkonto des Ministeriums für Land- und Forstwirtschaft (Konto-Nr. 800016-10210) aus und trägt in das Mitteilungsfeld *(tiedonanto)* der Zahlkarte seinen Namen und Geburtstag ein. Die Quittung sollte man bei jeder Angeltour bei sich haben. Wer mit Netz, Reuse oder Spinner fischen möchte, benötigt zusätzlich die Fanggenehmigung des jeweiligen Gewässerbesitzers, die man bei den lokalen Touristenbüros, auf Campingplätzen oder in Hotels gegen eine geringe Gebühr bekommt.

Von ganz besonderem Reiz ist für Mitteleuropäer sicher das Eislochangeln – auch dazu braucht man aber die üblichen Angelscheine/Lizenzen. Die Saison dauert je nach Region von November bis Mai.

Golf
Golf ist im letzten Jahrzehnt zunehmend populärer geworden, und es gibt immer mehr, größere und bessere Plätze, sogar einen in Lappland (Tornio). Die Greenfees betragen pro Tag 50–150 FIM, die Hauptsaison reicht von Mai bis Oktober. Urlaubspakete rund um den Golfsport haben mehrere Finnland-Veranstalter im Programm. Weitere Informationen gibt

Finnish Golf Union, Radiokatu 20,
FIN-00240 Helsinki, ✆ 09/1 58 22 44,
Fax 14 71 45.

Jagd

Bevorzugte Jagdtiere in Finnland sind
Hirsche, Schneehühner, Birk- und Auer-
hähne, vor allem aber Elche, von denen
jährlich rund 60 000 geschossen werden.
Bei Teilnahme an einer Elchjagd muß in
der Regel eine entsprechende Schieß-
prüfung absolviert werden, die Jagdsaison
dauert hier von Mitte Oktober bis Mitte
Dezember. Ausländer müssen im Besitz
eines heimischen Jagdscheins sein, aufgrund dessen man eine befristete Jagdli-
zenz bekommt (ca. 120 FIM). Ohne nationalen Jagdschein muß in Finnland eine
Jagdprüfung absolviert werden. Das
Jagen ist nur mit Genehmigung des (privaten oder staatlichen) Grundeigentümers
und nur in Begleitung eines finnischen
Jagdführers gestattet. Weitere Informationen gibt das Fremdenverkehrsamt oder
die Zentralorganisation der Jäger (Metsä-
stäjäin keskusjärjestö), FIN-01100 Östersundom, ✆ 09/8 77 76 77, Fax 8 77 76 17.

Wandern

Wandermöglichkeiten gibt es in Finnland
in Hülle und Fülle, in allen Schwierigkeits-
stufen und passend für jeden Geschmack.
Viele Wandergebiete bieten geführte
Touren an und sind mit Hängebrücken,
Bohlenwegen über moorige Stellen oder
Holztreppen an steilen Passagen hervorragend erschlossen, es besteht also absolut
keine Notwendigkeit, von den markierten
Pfaden abzuweichen. Trotz des gut gewar-
teten Wegenetzes sollten Individualreisende jedoch nicht zu sorglos sein. Neben
Kondition und der Fähigkeit, mit Kompaß
und topographischen Landkarten um-
zugehen, ist zumal für mehrtägige Trek-
kingtouren eine gute Grundausrüstung
(Rucksack, Wanderschuhe, Regenschutz,

warme Kleidung, Mückenöl) unbedingte
Voraussetzung. Solche Touren sollte man
auch nicht alleine unternehmen und im
Standquartier eine Nachricht über das geplante Ziel und die Dauer der Wanderung
hinterlassen. Weitere Informationen erhält
man bei der Finnischen Zentrale für Tourismus, den lokalen Touristeninformationen und an den Visitor Centres der Nationalparks.

Wassersport

Klar, daß bei 188 000 Seen, einer 5000 km
langen Küste und Tausenden von Flußkilo-
metern die allerbesten Bedingungen für
Wassersport aller Art herrschen. Segler
haben im Schärengarten ein einzigartiges
Revier, das gleichzeitig mit idealen Wind-
und Klimaverhältnissen gesegnet ist – eine
Seekarte sollte man allerdings schon lesen
können, um sich im Labyrinth der Inseln,
Schären und Klippen zurechtzufinden.
Natürlich eignen sich auch die Binnenseen
zu ausgedehnten Segeltörns; jeder größere finnische Ort ist mit mindestens
einem Gast- und Yachthafen ausgestattet,
der in der Regel alle modernen Einrichtungen aufweist – einschließlich einer Sauna.
Noch bekannter aber ist Finnland als Desti-
nation für Bootswanderer, die sich mit
Kajak, Kanu oder Ruderboot zur Erkundung der unzähligen Wasserwege auf-
machen. Aufgrund der vielen engen
Kanäle, Buchten, Inseln und Flußverbin-
dungen zwischen den Seen kann man
weite Wasserflächen meiden und beispielsweise die 300 Paddelkilometer von
Lappeenranta bis Kuopio immer im Schutz
des nahen Ufers zurücklegen. Auch wenn
man hauptsächlich mit dem Wagen unterwegs ist, sollte man sich das Vergnügen
einer Bootsfahrt nicht entgehen lassen –
Leihmöglichkeiten sind praktisch überall
vorhanden. Durchschnittlich kostet eine
Kanumiete ca. 100 FIM pro Tag. Erfahrene
Kanuten werden die schwierigeren Gewäs-

ser Lapplands vielleicht eher reizen, beispielsweise die 280 km lange Route auf dem Ounasjoki mit seinen anspruchsvollen Stromschnellen oder der finnisch-schwedische Grenzfluß Torniojoki mit Europas längster ungebändigter Flußroute. Dort, um Kuusamo oder anderswo, sind ebenfalls rasante Stromschnellenfahrten per Schlauchboot möglich. Schließlich sollte wenigstens erwähnt werden, daß auch Windsurfer in Finnland auf ihre Kosten kommen.

Wintersport

Wohl nirgendwo in Europa gibt es bessere Langlauf-Bedingungen in einer schöneren Landschaft, doch auch Freunde des alpinen Skisports haben jede Menge Entfaltungsmöglichkeiten. Knapp 70 moderne Skizentren sind über das ganze Land verstreut, darunter Großanlagen mit Olympia-Format (Lahti) und Trainingsgelände für Ski-Nationalmannschaften aus aller Welt. Die Wintersportsaison dauert etwa von November bis Ende April, in nördlicheren Breiten auch länger. Im Hohen Norden kann man beispielsweise von 200 schneesicheren Tagen im Jahr ausgehen, dort ist Skilauf noch bis Mitte Mai möglich. Wen es nach Lappland zieht, der sollte die helleren Tage ab Ostern wählen und als Transportmittel möglichst das Flugzeug. Der besondere Reiz liegt dort auch in exotischen Aktivitäten, die Mitteleuropäer sicher besonders reizen, etwa die Teilnahme an einer Husky-Safari, Rentierschlitten-Tour oder Schneescooter-Expedition (s. S. 248f.). Eisangeln ist im ganzen Lande möglich, während die Sightseeing-Fahrt mit dem Eisbrecher über die zugefrorene Ostsee bislang nur in Kemi angeboten wird. Organisierte Wintersportaufenthalte hat jeder Finnland-Anbieter im Programm, Auskünfte erteilen die Reisebüros oder das Fremdenverkehrsamt.

Telefonieren

Obwohl Handys und Autotelefone weiter als in den meisten anderen Staaten verbreitet sind, ist Finnland flächendeckend mit Telefonzellen ausgestattet. Bei Münztelefonen benötigt man 1, 5 oder 10 *markka*. Häufiger sind Kartentelefonzellen vertreten, die man an der Aufschrift *kortti* erkennt. Sie funktionieren mit Telefonkarten *(puhelukortti)* im Wert von 30, 50 oder 100 FIM, die man in R-Kiosken, Postämtern, Tele Shops und oft auch an Hotelrezeptionen bekommt. Achtung: Da es konkurrierende Telefonsystem-Betreiber in Finnland gibt, kann nicht jede Telefonkarte in jeder Zelle verwendet werden. Mit rund 10 000 Kartentelefonzellen im Land ist die finnische ›Tele‹ Marktführer. Daneben hat vor allem in den Städten auch die Finnet-Gruppe (Finnet-Yhtiöt) eigene Telefonzellen und gibt dafür eigene Karten heraus. Telefonzellen mit der Aufschrift *Card Phones* akzeptieren alle gängigen Kreditkarten. Der Minimumbetrag ist dabei 5 FIM; das Gespräch wird automatisch unterbrochen, sobald eine Summe von 100 FIM erreicht ist.

Von Mitteleuropa wird Finnland mit 0 03 58 angewählt, dann folgt die Ortskennzahl ohne 0. Von Finnland wählt man nach Deutschland: 9 90 49, nach Österreich: 9 90 43, in die Schweiz: 9 90 41, dann die jeweilige Ortskennzahl ohne 0.

Das finnische Telefonsystem wird z. Zt. umgestellt. Die Änderung und Vereinheitlichung der Ortskennzahlen war Mitte 1997 abgeschlossen, doch muß damit gerechnet werden, daß in den nächsten Jahren viele Privathaushalte, Firmen und Institutionen neue Rufnummern bekommen. Im Zweifelsfall hilft die Auskunft unter ✆ 02 02 02 weiter; eine Telefonauskunft speziell für Ausländer gibt es in Helsinki unter ✆ 1 00 13.

Trinkgeld

Erfreulicherweise gibt es in Finnland keine versteckten Nebenkosten durch Trinkgelder – alle Preise in Restaurants, Taxis oder bei sonstigen Dienstleistungen sind Endpreise. Allein Gepäckträger und Portiers beim Garderobenservice erhalten ca. 5 FIM, doch ist auch das meist durch einen Aushang angezeigt. Natürlich wird sich kein Kellner gegen ein Aufrunden des Rechnungsbetrags wehren.

Umweltschutz und Tourismus

Das Urlaubsziel lebt von seiner sauberen Luft, den klaren Seen und den weiten Wäldern. Und jeder Besucher, der sich in Finnland aufhält, will gerne glauben, daß es um die Natur dort bestens bestellt ist. Saurer Regen und Radioaktivität machen jedoch vor keiner Landesgrenze halt, und ganz so unberührt, wie es die touristischen Prospekte versprechen – und übrigens auch viele Finnen annehmen! – ist der Natur- und Lebensraum schon längst nicht mehr. Die Ostsee gehört zu den weltweit meistbelasteten Gewässern, ebenso Finnischer und Bottnischer Meerbusen. Im Nordosten, nur wenige Kilometer von der finnischen Grenze entfernt, wird die Umwelt von den russischen Metallkombinaten Nikel und Montschegorsk täglich durch Unmengen von Gift verpestet. Auch die Landeskinder selbst tragen mit Zellulosefabriken, Eindämmung der Wildwasser und Atomkraftwerken ihren Teil dazu bei, daß die sensible Natur einem ständigen Belastungstest ausgesetzt ist. Immerhin konnten die Schwefeldioxidemissionen in den 80er Jahren um 45 % gesenkt werden und die Verunreinigung der Gewässer durch die Holzindustrie sogar um 75 %. Der Druck der Öffentlichkeit auf die Wirtschaft ist gewachsen, und längst nicht mehr jeder geplante Holzeinschlag in Lappland oder jedes Staudammprojekt kann widerstandslos realisiert werden.

Trotz vieler (regulärer) Müllkippen, die man versteckt in den Wäldern findet, kann man das Umweltbewußtsein der Finnen als gut bezeichnen. Das System von Abfallcontainern für Glas und Batterien ist flächendeckend, und seitdem 1996 in Supermärkten Automaten zur Rückgabe von Getränkedosen installiert wurden, bei denen man 1 FIM pro Stück erhält, sind in Straßen, Parks und Büschen keine leeren Dosen mehr zu sehen.

Innerhalb der ökologischen Situation des Landes spielt der Fremdenverkehr eine kleine, aber dennoch wichtige Rolle. Touristen sind eingeladen, die Natur und jene Möglichkeiten zu nutzen, die das Jedermannsrecht (s. S. 314) bietet. In gleichem Maß aber wird von ihnen erwartet, daß sie auch die entsprechenden Pflichten ernst nehmen. Vor allem in den Tundren des Nordens, wo das ökologische Gleichgewicht auf einem äußerst labilen Fundament steht, ist der pflegliche Umgang mit der Natur oberstes Gebot. Dort sind an einigen Stellen immer noch die Spuren zu sehen, die die Panzer des Zweiten Weltkrieges hinterlassen haben. Jede zerstörte Pflanze braucht hier zum Nachwachsen ungleich länger als in südlicheren Breiten, jede Zigarettenkippe oder anderer Müll verrottet weitaus langsamer als bei uns. Es ist also mehr als verständlich, daß inzwischen viele lokale Reiseveranstalter von ihren Kunden Naturschutz einfordern. Immer häufiger wird z. B. in Prospekten darauf hingewiesen, daß Personen, die sich nicht umweltgerecht verhalten, ohne Kostenerstattung vom weiteren Verlauf der Tour ausgeschlossen werden.

Unterkunft

Die Adressen in den ›Tips von Ort zu Ort‹ stellen nur eine kleine Auswahl der vielfältigen Unterkunftsmöglichkeiten dar. Wer mehr oder detailliertere Informationen benötigt, sollte sich vom Fremdenverkehrsamt die mehrsprachigen Gratis-Broschüren ›Budget Accomodation/Holiday Villages‹ (Campingplätze, Feriendörfer, Bauernhöfe, Jugend- und Familienherbergen, Sommerhotels, preisgünstige Pensionen) und ›Hotels‹ (Hotels, Motels, Kur- und Fitneßzentren) besorgen. Außerdem sind in Reisebüros eine Vielzahl von Prospekten über finnische/skandinavische Ferienhäuser erhältlich. Hier sollte man die bevorzugen, die nicht nur Lage- und Preisangaben enthalten, sondern auch Abbildungen und/oder Grundrisse.

Insgesamt hat das Reiseziel genügend Kapazitäten, und irgendwo gibt es auch in der Hochsaison immer noch ein freies Bett. Bei sportlichen oder kulturellen Großveranstaltungen muß man ohne reserviertes Zimmer jedoch manchmal in die Nachbargemeinde ausweichen, und bei den kleinen Ortschaften in Nord- oder Ostfinnland liegen oftmals lange Strecken zwischen den einzelnen Herbergen.

Eine einheitliche Klassifizierung aller Unterkünfte gibt es in Finnland nicht, wenn auch verschiedene Hotel-Ketten oder Ferienhaus-Anbieter ihr eigenes Beschreibungssystem des Standards durch Sternchen-Symbole haben.

Hotels und Motels

Den Standard der finnischen Hotels und Motels kann man als gut bis erstklassig bezeichnen. Zwar ist ihr Äußeres nicht gerade aufregend – vor allem bei Hotels in städtischen Zentren, doch bieten sie mehrheitlich all die Einrichtungen, die sowohl der Geschäftsmann als auch der moderne Tourist schätzt: Restaurant, Bar, Rezeption, alle Möglichkeiten der Telekommunikation, oft auch Swimmingpool und Fahrrad-, Boots- oder Autoverleih. In den Sommermonaten, wenn die Geschäftsreisenden ausbleiben, bieten viele Hotels Preisnachlässe, besonders bei längerem Aufenthalt. Deshalb sollte man vor dem Einchecken immer nach Rabatten und Sonderangeboten fragen.

Die meisten großen Hotels gehören zu irgendeiner Kette, die oftmals ihr eigenes Rabattsystem hat. Die bedeutendsten Hotelgruppen mit Luxus- und First-Class-Häusern oder solchen der oberen Mittelklasse sind Sokos Hotels, Artica-Hotels, Best Western Finland und die Restel Hotel Group (Cumulus, Rantasipi, Ramada). Viele gute Mittelklasse- und einfachere Hotels sind in der Kette Finlandia Hotels zusammengeschlossen. Eine Kooperation der einzelnen Ketten ist durch verschiedene Hotelscheck-Systeme gegeben, durch die Touristen günstig übernachten können – belspielsweise mit *Finncheques,* die von Mitte Mai bis Ende September gültig sind. Das Angebot umfaßt hier über 200 Hotels im ganzen Land. Ein Scheck kostet 200 FIM und gilt für eine Übernachtung im Doppelzimmer in Mittelklassehotels, für Häuser einer besseren Kategorie zahlt man einen Zuschlag von 40–80 FIM. *Finncheques* sind im Ausland bei ausgewählten Reisebüros, Reedereien oder Finnair-Büros erhältlich. Nähere Auskünfte geben die Fremdenverkehrsämter oder: Suomen Hotellivaraukset Oy, Dagmarinkatu 4, 00100 Helsinki, ✆ 09/49 91 55, Fax 44 03 83.

Wer auch andere skandinavische Länder besucht, hat in den *ProSkandinavia*-Hotelschecks das umfassendste Rabattsystem, das mehr als 400 Hotels in 300 Orten umfaßt.

Eine besondere Klasse der Unterkünfte stellen die rund 25 finnischen Kur- und Fitneßzentren dar, die auf hohem Niveau und in naturschöner Lage ihren Gästen ein breites Angebot an sportlicher Betätigung, Erholung und Gesundung unterbreiten. In solchen Zentren kann man eine große Bäder- und Saunaabteilung, Massagen, physikalische Therapien, Kuren unterschiedlicher Art und eine entsprechend ausgerichtete Küche erwarten.

Sommerhotels und Pensionen

In Finnland werden während der Hochsaison Studentenwohnheime oder Internate zu Hotels umfunktioniert, die von Juni bis August geöffnet sind. Die Einrichtung ist nicht überaus komfortabel, aber zweckmäßig. Auch in solchen Herbergen gibt es Zimmer mit Dusche und WC, Familienzimmer und Cafés oder Restaurants. Die meisten Sommerhotels werden vom finnischen Jugendherbergsverband verwaltet.

Kleine, familiäre Pensionen haben sich erst in jüngerer Zeit verstärkt etablieren können, wobei viele Besitzer für ihre Unterkunftsart das deutsche Lehnwort ›Gasthaus‹ verwenden. Gasthäuser gibt es sowohl in Städten als auch auf dem Land, sie sind meistens ordentlich ausgestattet, preisgünstig und in jedem Fall eine gute Alternative zu dem oft gesichtslosen Hotel-Einerlei.

Bauernhöfe

Ferien auf einem finnischen Bauernhof werden immer beliebter und sind, gerade für Familien mit Kindern, eine ideale Urlaubsform. In den letzten Jahren haben sich immer mehr Landwirte durch entsprechende Umbauten auf das Geschäft mit den Touristen eingerichtet, so daß derzeit rund 500 Bauernhöfe zur Verfügung stehen. Die Gästezimmer sind oft einfach, aber sauber und gemütlich. Der Kontakt zur Gastfamilie ist garantiert, doch dürfen keine Deutschkenntnisse vorausgesetzt werden. Buchbar ist eine Unterkunft mit Frühstück, Halb- oder Vollpension. Unterkunftsnachweis und Buchungs-

möglichkeit bei: Finnish Country Holidays/ Lomarengas, Malminkaari 23 C, 00700 Helsinki, ☎ 09/35 16 13 21, Fax 35 16 13 70.

Bed & Breakfast

Die Einrichtung von ›Zimmern mit Frühstück‹ ist in Finnland noch verhältnismäßig neu. Rund 100 solcher Quartiere gibt es derzeit, die meisten befinden sich in ländlichen Regionen, sind nicht besonders gekennzeichnet und kosten durchschnittlich 150 FIM. Oft handelt es sich um Gästezimmer auf einem Bauernhof oder um ein Ferienhäuschen auf dem Anwesen des Besitzers, wo dann das (reichhaltige) Frühstück eingenommen wird. Unterkunftsnachweise bei Finnish Country Holidays (s. o.) oder lokalen Touristenbüros.

Ferienhäuser

Ein Ferienhäuschen am See, mit Sauna und Ruderboot – dieser Traum wird geträumt, seitdem Touristen nach Finnland fahren. Wer an einen solchen Urlaub denkt, sollte sich rechtzeitig die Kataloge der Reisebüros besorgen, denn beim Durchblättern gibt's viel zu tun: Über zehntausend Ferienhäuschen stehen zur Auswahl, von einfachen, nur mit dem Notwendigsten ausgestatteten Hütten, bis hin zu modernen Blockhäusern, in denen es weder an Telefon, Kabel-TV und Mikrowelle noch an sonstigen Annehmlichkeiten mangelt. Oft sind mehrere Häuschen in einer Art Siedlung zu Feriendörfern zusammengefaßt, die mindestens fünf Gebäude sowie einen Lebensmittelkiosk oder eine Cafeteria enthalten. Wem das schon zuviel ›Gedränge‹ bedeutet, wird problemlos eine Hütte finden, die dutzende Kilometer von der nächsten menschlichen Ansiedlung entfernt ist.

Jugendherbergen

Die finnischen Jugend- und Familienherbergen (Finnhostels) haben, wie in Skandinavien allgemein üblich, einen recht hohen Standard. Es gibt Familienzimmer, 2–4-Bettzimmer und Schlafsäle, die aber vorwiegend von Gruppen und Schulklassen genutzt werden. Eigentlich ist der deutsche Begriff ›Jugendherberge‹ irreführend, da keine Altersbegrenzungen gelten. Die meisten der etwa 150 *Finnhostels* sind ganzjährig geöffnet, haben Selbstbedienungsküchen, einen Frühstücksraum oder Café, viele verleihen auch Ruderboote, Kanus und Fahrräder. Da die Gesundheitsbehörden Schlafsäcke nicht gestatten, wird in Bettzeug geschlafen, das man auch vor Ort ausleihen kann. Je nach Standard des Quartiers variieren die Preise zwischen 60–150 FIM. Ein gültiger nationaler oder internationaler Jugendherbergsausweis ist nicht erforderlich, allerdings kommt man ohne ihn auch nicht in den Genuß der Preisermäßigung von 10 FIM pro Tag. Viele Jugendherbergen sind nur im Sommer (Juni bis August) geöffnet. Verzeichnisse der Jugend- und Familienherbergen gibt es in den einzelnen Finnhostels und vorab beim Fremdenverkehrsamt oder detaillierter beim SRM-Hostel Booking Center, Yrjönkatu 38, 00100 Helsinki, ✆ 09/6 94 03 77, Fax 6 93 13 49.

Camping

In Finnland gibt es etwa 350, fast immer an einem See, Fluß oder am Meer gelegene Campingplätze. Davon sind ca. 200 dem Finnischen Fremdenverkehrsverband angeschlossen (blauweißes Schild mit Zelt), werden amtlich kontrolliert und sind mit einem bis fünf Sternen klassifiziert. Die Fünf-Sterne-Anlagen bieten die bestmögliche Ausstattung mit mehreren Saunen, Restaurants, Sportplätzen, oft auch mit Pools, Entertainment und Veranstaltungen für Kinder. In der Hauptsaison (Mitte Juni bis Anfang August) können die beliebtesten Plätze ausgebucht sein. In den mehr als 70 ganzjährig geöffneten Anlagen sind

beheizbare Ferienhäuschen und/oder Wohnwagen vorhanden. Ansonsten findet man bei der Mehrzahl auch Hütten unterschiedlicher Standards sowie Caravan-Stellplätze. Letztere sind mit 220 V Stromanschluß ausgestattet. Zu beachten ist, daß man in Finnland Butangasflaschen weder verkauft noch umtauscht; ausreichende Vorräte sollten also mitgebracht werden. Wildes Campen ist nur mit Genehmigung des Grundbesitzers gestattet.

Vereine

Dem Kulturaustausch und der Förderung der bilateralen Beziehungen hat sich die Deutsch-Finnische Gesellschaft verschrieben, deren über 10 000 Mitglieder in rund 70 Bezirksgruppen organisiert sind. Weitere Informationen bei der Bundesgeschäftsstelle der DFG, Kleiststraße 37, D-70736 Fellbach, ✆ 07 11/5 18 11 65, Fax 5 18 17 50.

Verkehrsmittel

Bahn

Die finnische Bahn-AG VR verfügt über ein 5860 km langes Trassennetz, wovon ein Drittel elektrifiziert ist. Zwei Hauptlinien führen von Helsinki bzw. Turku bis hinauf nach Rovaniemi und über den Polarkreis hinaus nach Kolari und Kemijärvi. Fast alle Städte und Landschaften sind durch das VR-Streckennetz erschlossen, so daß ›Finnland mit der Bahn‹ durchaus praktikabel sein kann. Die wegen der Spurbreiten geräumigen Waggons sind komfortabel und modern eingerichtet, viele Expreßzüge führen Restaurant- und Schlafwagen mit sich. Trotzdem ist eine Bahnfahrt im Vergleich zu mitteleuropäischen Tarifen äußerst preiswert – eine einfache Fahrt auf der 900-km-Strecke Helsinki–Rovaniemi kostete 1997 nur rund 300 FIM. Vom Süden kann man auch per Autoreisezug nach Nordfinnland gelangen: Täglich verkehren Autoreisezüge in beide Richtungen zwischen Helsinki–Oulu, Helsinki–Rovaniemi, Helsinki–Kontiomäki sowie Tampere–Rovaniemi und Turku–Rovaniemi. Der Pauschalpreis für die einfache Fahrt Helsinki–Rovaniemi lag 1997 bei einem Pkw mit bis zu 3 Personen einschl. Bettplätzen bei rund 1000 FIM.

Weitere Vergünstigungen bietet Touristen der Finnrail-Pass, bei dem man 1997 für 3 Tage 540 FIM, für 5 Tage 730 FIM und für 10 Tage 995 FIM bezahlte. Dafür kann man innerhalb eines Monats alle VR-Züge beliebig oft nutzen. Bei dem Finnrail-Paß, den es auch für die 1. Klasse gibt, fahren Kinder unter sechs Jahren umsonst und Jugendliche bis 17 Jahre für die Hälfte mit.

Da Finnland als einziger EU-Staat die gleiche Spurbreite wie Rußland hat, kann man problemlos und ohne Umsteigen die Verbindungen nach Osten nutzen. Tägl. starten in Helsinki der finnische ›Sibelius‹ (morgens) und der russische ›Repin‹ (nachmittags) über Wyborg nach St. Petersburg, ebenfalls tägl. gibt es mit dem ›Tolstoi‹ (Schlafwagen) eine Nachtverbindung nach Moskau. Alle genannten Verbindungen sind komfortabel und haben einen Restaurantwagen.

Informationen über das Zugfahren in Finnland und Pauschalarrangements geben die Reisebüros oder die Finnische Bahn VR Ltd., Vilhonkatu 13, P. O. Box 488, 00101 Helsinki, ✆ 09/10 01 28 oder 09/7 07 35 19, Fax 09/7 07 42 90.

Busse

Rund 40 000 moderne und zuverlässige Überlandbusse *(Pikabussit)* sind täglich auf Finnlands Straßen unterwegs und erreichen selbst das kleinste Dörfchen in der Wildnis. Die Fahrpreise sind erstaunlich günstig: Für die 400-Kilometer-Strecke von

Helsinki nach Kuopio zahlt man ca. 210 FIM. Hinzu kommen Rabatte wie 50 % Kinderermäßigung, 10 % Rückfahrtermäßigung (ab 80 km Fahrtstrecke) oder Vielfahrer-Karten. Für 350 FIM bekommt man beispielsweise ein Ticket, das zwei Wochen auf dem gesamten Streckennetz für bis zu 1000 km gültig ist. Die Überlandbusse können auch für Ausflüge ins benachbarte Ausland genutzt werden. Nach Rußland wird beispielsweise tägl. die Strecke Turku (8.45 Uhr) – Helsinki (12 Uhr) – St. Petersburg (20.15 Uhr) bedient. Eine Platzreservierung ist notwendig; Infos und Buchung in Reisebüros und Busbahnhöfen. Auch Murmansk, Wyborg und andere russische Städte sind an das finnische Busnetz angeschlossen. Von Mitte Juni bis Mitte Aug. startet außerdem ein Linienbus tägl. um 11.20 Uhr in Rovaniemi und fährt über Karigasniemi und Lakselv zum Nordkap (an 24 Uhr). Nach gut einer Stunde Aufenthalt geht es auf gleicher Strecke wieder zurück; Ankunft in Rovaniemi 17.45 Uhr. Weitere Informationen, u. a. über Rabatte für Studenten, Senioren und Gruppen, gibt es an Busbahnhöfen, in Reisebüros oder by Oy Matkahuolto Ab, Lauttasaarentie 8, 00200 Helsinki, ✆ 09/68 27 01, Fax 6 92 28 64.

Inlandflüge

Das Inlandflugnetz der Finnair ist eins der dichtesten weltweit und bedient 22 Flughäfen, davon viele mehrmals täglich. Für Ausländer, die das Land hauptsächlich auf dem Luftweg kennenlernen möchten, lohnt sich der Kauf eines Finnair-Holiday-Tickets, bei dem man für 500 US-$ innerhalb eines Monats zehn beliebige Inlandsflüge antreten kann.

Schiffe und Fähren

Ein Blick auf die Landkarte zeigt, daß Reisende im ganzen Land Seen, Kanäle,

Flüsse und Meerengen überbrücken müssen. Die dabei eingesetzten gelben Kurzstreckenfähren *(lossi)* gelten als Teil der Straße und sind kostenlos. Daneben bieten im Sommer unzählige private Linien Verbindungen mit Binnenschiffen, Wasserbussen und -taxis an, die man zu einem erholsamen Bestandteil des Urlaubs machen kann und sollte. Einige Reedereien verfügen sogar über einen Chauffeur-Service, der den Wagen zum Zielort bringt, während sich die Gäste auf einer mehrstündigen oder auch mehrtägigen Kreuzfahrt durch das Seensystem vergnügen. Das Fremdenverkehrsamt informiert in einer eigenen Gratis-Broschüre über ›Finnlands Binnen- und Küstengewässer‹.

Zeit

In Finnland gilt die Osteuropäische Zeit, die eine Stunde von der MEZ abweicht: Wenn es in Mitteleuropa 12.00 Uhr sind, zeigen die Uhren am Reiseziel 13.00 Uhr. Wie bei uns kennt man die Sommerzeit.

Zeitungen und Nachrichten

Zwar haben manche größeren finnischen Zeitungen während der Sommersaison einige Spalten mit deutschen oder englischen Nachrichten (u. a. auch Wetterbericht), doch als wirkliche Informationsquelle ist die finnische Presse wegen der unüberbrückbaren Sprachbarriere nur bedingt geeignet. Deutschsprachige Zeitschriften, Nachrichtenmagazine und überregionale Tageszeitungen bekommt man wenigstens in der Sommersaison und in den größeren Städten, oft mit nur eintägiger Verspätung. Die Bahnhofs-Zeitungsläden und R-Kioske haben die beste Auswahl. Als Service für ausländische Besucher sendet aber auch der finnische Rundfunk täglich Nachrichten in englischer, schwedischer und deutscher Sprache.

Kleiner Sprachführer

Das finnische Alphabet besteht aus 21 Zeichen, es fehlen die Buchstaben b, c, f, q, w, x und z. Dafür sind die Laute ä und ö am Ende des Alphabets zu finden. Die Aussprache ist insofern einfach, als der Lautwert der meisten Schriftzeichen dem Deutschen entspricht. Auffallend ist die große Anzahl an Vokalen. Hier gilt, daß einfache Vokale alle kurz (y = ü), Doppelvokale nicht doppelt, sondern lang ausgesprochen werden. Folgen unterschiedliche Vokale direkt aufeinander, behält jeder seine ursprüngliche Klangfarbe, wird also nicht zum Diphtong (Beispiel: *tie* = ti-e). Allerdings kann es in gewissen Fällen doch zur Verschmelzung von Vokalen kommen – eine der ganz wenigen Ausnahmen von der Regel!

Bei den Konsonanten gilt, daß **s** immer stimmlos (scharf) gesprochen wird, z. B. *sauna* (ßauna), **v** wie ein deutsches w, z. B. *viini* (Wein), daß **h** niemals Dehnungszeichen ist und im Wort zu ch gehaucht wird, z. B. *lahti* (lach-ti, Bucht), und daß **r** lang gerollt wird. Die ebenfalls sehr häufig vorkommenden Doppelkonsonanten dienen nicht der Verkürzung des vorhergehendem Vokals, sondern werden auch doppelt ausgesprochen, z. B. *kassa* (kaß-ßa; Kasse).

Die Grammatik ist in sich sehr logisch und ohne Ausnahmeregelungen aufgebaut, allerdings unterscheidet sich das Sprachsystem von jeder anderen indoeuropäischen Sprache. Die Vorstellung, man könne sich im Urlaub en passant einen Grundstock des Finnischen aneignen, ist daher illusorisch. Das soll aber keinen abhalten, es nicht wenigstens zu versuchen. Schließlich heißt es, das Finnisch lernen Selbstvertrauen gibt – denn wer Finnisch lernen kann, kann alles lernen! Finnisch-Kurse werden u. a. angeboten von der Helsinki Summer University, Liisankatu 16 A 8, 00170 Helsinki, ℘ 09/1 35 45 77, Fax 1 35 45 48.

Gottseidank sind die Fremdsprachenkenntnisse der Finnen im wesentlichen gut. Vor allem Jüngere verstehen und sprechen Englisch, Ältere hingegen oft Schwedisch und Deutsch. Andererseits erleichtern einige Höflichkeitsfloskeln die Bewältigung des Alltags und die Kontaktaufnahme mit den Einheimischen ungemein, und Ihre Gastgeber werden sicher positiv überrascht sein, wenn Ihnen die eine oder andere finnische Wendung über die Lippen kommt.

Begrüßung und Konversation

Guten Tag	hyvää päivää
Guten Morgen	hyvää huomenta
Guten Abend	hyvää iltaa
Hallo	hei!, terve!
Deutschland	saksa
Österreich	itävalta
Schweiz	sveits
Sprechen Sie Deutsch	puhutteko saksaan
Verstehen Sie mich	ymmärrättekö minua
Danke/vielen Dank/ Bitte sehr	kiitos
Entschuldigung	anteeksi
Auf Wiedersehen/ tschüß	näkemiin /hei

Alles Gute/ Gute Reise	kaikkea hyvää/ hyvää matkaa
Wo ist...	missä on...
Haben Sie...	onko teillä...
Ich möchte...	Haluaisin...
Wieviel kostet das	mitä tämä maksaa
Die Rechnung bitte	lasku olkaa hyvä!
Wie komme ich nach...	kuinka pääsen...
Ja/nein	kyllä/ei

Unterkunft

Bett	sänky
Kinderbett	lastensänky
Campingplatz	leirintä
Hotel	hotelli
Hütte	mökki
Jugendherberge	retkeilymaja
Zimmer	huone
Einzel-/ Doppelzimmer	yhden hengen/ kahden hengen huone
Haben Sie Zimmer frei	onko teillä huonetta vapaana
Zimmer zu vermieten	huoneita vuokrattavana
Frühstück	aamukahvi
Dusche/Bad/Sauna	suihku/kylpy/sauna
Frau	nainen
Mann	mies
Kind	lapsi
Toilette	WC
Damen/Herren	naisille/miehille
besetzt/frei	varattu/vapaa
Raucher/Nichtraucher	tupakoitsijoíle/ tupakoimaton

Gastronomie/Essen und Trinken

baari/kahvila	Café, Cafeteria
grilli	Imbiß
itsepalvelu	Self-Service
ravintola	Restaurant

Getränke

kaakao	Kakao
kahvi	Kaffee

kinennäisvesi	Mineralwasser	kampela	Flunder
lasi	Glas	karppi	Karpfen
maito	Milch	katkarapu	Krabben
mehua	Fruchtsaft	kirjolohi	Lachsforelle
olut	Bier	kuha	Zander
punaviini	Rotwein	lohi	Lachs
ryyppy	Schnaps	makrilli	Makrele
valkoviini	Weißwein	punakampela	Scholle
vesi	Wasser	savustettua siliä	Bückling
		siika	Felchen

Zum Frühstück

		silli	Hering
leipää	Brot	silakat	Ostseehering
munakas	Omelett		(Strömling)
paahtoleipä	Toast	taimen	Forelle
paahtopaist	Roastbeef	tonnikala	Thunfisch
paistettuja munia	Spiegeleier	turska	Dorsch
sämpylä	Brötchen		
voi	Butter		

Geflügel

		ankka	Ente
		hanhi	Gans

Fleisch (lihaa)

filee, seläke	Filet	kalkukuna	Truthahn
hampurilainen	Hamburger	kana	Huhn
hirvi	Elch	kananpoika	Hähnchen
jänis	Hase	peltopyy	Rebhuhn
jauhelihapihvi	Frikadelle	riekko	Schneehuhn
kaniini	Kaninchen	sorsa	Wildente
käräryle	Roulade	teeri	Birkhahn
kinkku	Schinken		

Gemüse (vihannesksia)

kieli	Zunge	herkukusieniä	Champignons
kyljys	Kotelett	herneitä	Erbsen
lammas	Lamm	keitettyjä perunat	Salzkartoffeln
lenkkimakkara	Saunawurst	kukkakaali	Blumenkohl
makkara	Wurst	papyya	Bohnen
maksa	Leber	perunoita	Kartoffeln
metsäkauris	Reh	ranskalaiset perunat	Pommes frites
pihvi	Steak	salaatteja	Salate
piirakka	Pastete	sieni	Pilze
poro	Rentier	tomaatia	Tomate
saksanhirvi	Hirsch		
sianliha	Schweinefleisch		

Gewürze

vasikanliha	Kalbfleisch	etikka	Essig
wieninleike	Wiener Schnitzel	öljy	Öl
		pippuri	Pfeffer

Fisch (kala)

		sinappi	Senf
ahven	Barsch	sipulia	Zwiebeln
hauki	Hecht		

sitruuna	Zitrone
sokeri	Zucker
suola	Salz

Früchte, Obst (hedelmä)

appelsiinejä	Apfelsinen
banaaneja	Bananen
kirsikoita	Kirschen
omena	Apfel
päärynä	Birne

Beeren und Desserts

hedelmäsalaati	Obstsalat
jäätelöä	Eiscreme
kakku	Kuchen
karpaloita	Moosbeeren
karviaismarjoja	Stachelbeeren
lakkoja	Moltebeeren
leivos	Kuchen
mansikoita	Erdbeeren
mustikaa	Blaubeeren
puolukoita	Preiselbeeren
vanukas	Pudding

Fortbewegung

aja hitaasti	langsam fahren
aluerajoitus	regionale Geschwin-digkeitsbegrenzung
auto	Auto
autojuna	Autoreisezug
bensiiniasema	Tankstelle
ei käytössä	außer Betrieb
heikko tienreuna	Randstreifen nicht befahrbar
hengenvaara	Lebensgefahr
irtokiviä	Rollsplitt
jalankulkijoille	Fußgänger
kelirikko	Frostschäden
kielletty	verboten
kiertotie	Umleitung
lautta, lossi	Kurzstreckenfähre
linja-auto, bussi	Linienbus, Autobus
läpikulku kielletty	Durchfahrt verboten
maantie	Landstraße
matkalippu	Fahrkarte
matkatavara	Gepäck

moottoritie	Autobahn
oikealle	rechts
opastus	Information
poliisi	Polizei
polkupyörä	Fahrrad
pysäkki	Haltestelle
pysäköintipaikka	Parkplatz
pysähtyminen kielletty	Halten verboten
sateella liukas	Rutschgefahr bei Nässe
seis	Stopp
silta	Brücke
suoraan eteenpain	geradeaus
kokeile jarruja	Bremstest machen
tietyö	Baustelle
valtatie	Bundesstraße
varokaa	Vorsicht
vasemmalle	links

Gesundheit

Apotheke	apteekki
Mückenschutzmittel	hyttysten torjuntaainetta
Pflaster	laastaria
Arzt/Zahnarzt	lääkäri/ hammaslääkäri
Krankenhaus	sairaala
Unfall	onnettomuus
Erste Hilfe	ensiapu
Ich habe ...	minulla on ...
Diabetes	sokeritauti
Durchfall	ripuli
Erfrierung	paleltuma
Fieber	kuumetta
Halsschmerzen	kurkkukipua
Husten	yskä
Kopfschmerzen	päänsärkyä
Magenschmerzen	vatsakipuja
Übelkeit	pahoinvointia
Verstopfung	ummetus
Zeckenbiß	punkinpurema

Zahlen

| null | nolla |
| eins | yksi |

zwei	kaksi	keskusta	Zentrum
drei	kolme	kirkko	Kirche
vier	neljä	koski	Wasserfall,
fünf	viisi		Stromschnelle
sechs	kuusi	kukkula	Hügel
sieben	seitsemän	kylä	Dorf
acht	kahdeksan	lahti	Bucht
neun	yhdeksän	lentoasema	Flughafen
zehn	kymmenen	linna	Schloß, Burg
elf	yksitoista	merenlahti	Meerbusen
zwölf	kaksitoista	merensalmi	Meerenge
zwanzig	kaksikymmentä	meri	Meer
einundzwanzig	kaksikymmentäyksi	metsä	Wald
zweiundzwanzig	kaksikymmentäkaksi	museo	Museum
dreißig	kolmekymmentä	mäki	Berg
vierzig	neljäkymmentä	niemi	Landzunge,
fünfzig	viisikymmentä		Halbinsel
sechzig	kuusikymmentä	norja	Norwegen
siebzig	seitsemänkymmentä	näkötorni	Aussichtsturm
achtzig	kahdeksankymmentä	posti	Postamt
neunzig	yhdeksänkymmentä	puisto	Park
hundert	sata	raatihuone	Rathaus
hunderteins	satayksi	ranta	Strand, Ufer
zweihundert	kaksisataa	rata	Bahn, Eisenbahn
tausend	tuhat	rautatieasema	Bahnhof
zweitausend	kaksituhatta	ruotsi	Schweden
eine Million	miljoona	saari	Insel
		satama	Hafen

Geographisches/Stadtplan

hovi	Hof	suomi	Finnland
itämeri	Ostsee	talo	Haus
joki	Fluß	tunturi	waldloser Berg, Fjäll
järvi	See	uimaranta	Badestrand
katu	Straße	vesitorni	Wasserturm
kauppatori	Marktplatz	vaara	bewaldeter Berg
kaupunki	Stadt	virta	Strom
		vuori	Berg

Abbildungsnachweis

Gerd Austrup, Stockholm Abb. S. 10, 25, 249, 259, 262

Eva-Maria Joeressen, Köln Umschlaginnenklappe, Abb. S. 7, 13, 16, 18, 20, 23, 28, 31, 35, 41, 43, 46, 49, 51, 53, 57, 58/59, 62, 66, 68, 71, 75, 77, 78, 81, 82, 86/87, 88, 91, 93, 97, 98, 102, 105, 107, 110, 112, 114, 117, 120, 129, 130/131, 136, 141, 145, 147, 151, 152/153, 157, 158, 163, 164, 167, 168/169, 173, 174/175, 176, 178, 179, 181, 182, 185, 210/211, 213, 227, 231, 235, 236, 241, 246, 255

Ulrich Quack, Mönchengladbach Umschlagrückseite, Abb. S. 9, 126, 192, 196, 199, 201, 204/205, 206, 209, 253,

Hubert Stadler, Fürstenfeldbruck Abb. S. 6, 142/143, 148, 189, 217, 219, 224/225, 242/243

Pekka Takkunen, Espoo/Finnland Umschlagvorderseite, Abb. S. 14/15, 221

Karten und Pläne: Berndtson & Berndtson, Productions GmbH, Fürstenfeldbruck
© DuMont Buchverlag, Köln

Register

Personen

Aalto, Aino 234

Aalto, Alvar 47, 80, 81, 83, 87, 98, 144, 152, 153, 159 224, 228, 232, 233, 234f., 247, 250, 273, 275

Aalto, Elissa 235

Aaltonen, Irma und Matti 114

Aaltonen, Wäinö 77, 86, 89, 108, 114, 166, 227

Aartelo, Sakari 50f., 116

Adolf Frederik, König 132

Agricola, Mikael Olavi 30, 38, 52, 76, 111, 131

Aho, Juhani 53

Ahtisaari, Martti 11, 37, 40

Alexander I., Zar 31, 38, 110, 130, 240

Alexander II., Zar 32, 74, 194

Alexander III., Zar 32, 133

Alexandra, Zarin 73

Alexandrovna, Maria 194

Andersson, Claes 55

Bååt, Ebba 171

Bassi, Carlo 165

Bobrikow, Nikolai Iwanowitsch 32, 39

Brahe, Ebba 183

Brahe, Per 30, 38, 104, 112, 115, 139, 147, 156, 179, 185, 237, 239

Brecht, Bertolt 21

Bryggman, Erik 50, 115

Chiewitz, Georg 132

Cockburn, Samuel 111

Crusell, B.H. 172

Donner, Jörn 55f.

Edelfelt, Albert 130

Ehrenström, Johan Albrecht 70, 80

Ehrensvärd, Augustin 94, 128

Ekman, Wilhelm 177

Elfving, Petter 115

Elizabeth II., Königin von England 188

Engel, Carl Ludwig 31, 48, 70, 73, 76, 80,

91, 104, 109, 113, 137, 140, 150, 155,
156, 163, 165, 176, 178, 184, 186, 187,
189, 202, 214, 219, 240, 252, 262
Eppu Normaali   59
Erich XIV., König von Schweden   28f., 202
Erik IX., König von Schweden   27
Erik, Bischof   170f.
Erikson, Gustav   200

Feodorowna, Maria   133
Finlayson, James   160
Fleming, Henrik   171
Franck, Kaj   228
Friedrich Karl, Prinz von Hessen   35, 39,
188

Gallen-Kallela, Akseli   47, 50, 88, 99, 177,
212
Gardie, Jacob de la   183
Gesellius, Herman   50, 88, 128
Gorbatschow, Michail   25
Granberg, Emanuel   240
Granstedt, A. F.   146
Gullichsen, Kristian   50, 233
Gustav II. Adolf, König von Schweden
30, 106, 156, 172, 184
Gustav III., König von Schweden   155,
160, 165, 172, 237
Gustav Vasa, König von Schweden   28f.,
38, 70, 124, 202

Häkkinen, Mika   62
Heikkinen, Mikko   50
Henrik, Bischof   38, 111, 170f.
Hildén, Sara   164
Hiltunen, Eila   86
Hitler, Adolf   36, 222
Holl, Steven   89
Horn, Evert   111
Hyvämäki, Eero   51, 86

Ilveskoski, Pekka   164

Jagellonica, Katharina   28, 106, 119
Jansson, Tove   56, 120, 162
Jarl, Birger   156

Jassikov, T.V.   166
Johan III. Vasa, König von Schweden   20,
28f., 38, 104, 106, 175, 186, 202
Juselius, F.A.   177

Kajanus, Robert   57
Kankkunen, Juha   62
Kareoja, Pentti   50
Karhunen, Jukka   51, 86
Karjalainen, Elina   236
Karl IX. König von Schweden   180, 186,
255
Karl XII., König von Schweden   30, 38
Katharina II., Zarin   139, 143
Kauhanen, Pekka   240
Kaurismäki, Aki   59, 60
Kaurismäki, Mika   61
Kekkonen, Urho   25, 37, 40, 73, 96, 143,
230, 239, 240, 256
Kerenski, Alexander   33
Kindt, Otto   251
Kivi, Aleksis   53, 77
Koivisto, Mauno   37, 40
Kolehmainen, Hannes   63
Komonen, Markku   50
Korhonen, Toivo   142
Kristina, Königin von Schweden   139, 179
Krook, August   177
Kuismanen, Kimmo   189
Kuusi, Olli   99

Laapotti, Jaako   142
Laine, Edvin   60
Leino, Eino   53, 239
Leiviskä, Juha   50, 238
Lenin, Vladimir Iljitsch   33, 39, 125, 134
Leningrad Cowboys   59, 74, 274
Leppänen d. Ä., Jaakko   229
Lindgren, Armas   50, 88, 128
Linna, Väinö   53, 60
Linné, Carl von   20, 103
Lipponen, Paavo   11
Litmanen, Jari   62
Lönnrot, Elias   52, 239
Lovisa Ulrika   132

Mannerheim, Graf Carl Erik   171, 181
Mannerheim, Gustav   35, 39, 40, 80, 87,
   128, 149, 150, 171, 181, 222, 223
Månsdotter, Karin (Kaarina Maununtytär)
   29, 111
Meri, Veijo   53
Mollberg, Rauni   60

Napoleon Bonaparte   31
Nieminen, Toni   61
Nikolaus I., Zar   31f., 73, 74, 146, 181, 232
Nikolaus II., Zar   32, 39, 144
Nottbeck, Wilhelm   165
Nurmi, Paavo   63, 86, 113, 114
Nuurmela, Tauno   220
Nykänen, Matti   61, 248

Paasikivi, Juho Kusti   36, 40, 222
Paatelainen, Raili   98
Pacius, Fredrik   56
Palmstedt, Erik   127
Parkkinen, Tapio   51, 86
Peter I., Zar   30, 38, 134
Pietilä, Raili und Reima   50, 96, 162, 166,
   218
Pietilä, Reima   98
Piironen, Esa   51, 166
Pyykkönen, Hannu   221

Rintala, Paavo   53
Ritola, Ville   63
Rosberg, Keke   62
Rosenlew, Carl Wilhelm   155
Runeberg, Johan Ludvig   53, 81, 94, 131,
   184
Runeberg, Walter   81, 112, 131
Ruusuvuori, Aarno   228
Ryhänen, Jaakko   57
Ryti, Risto   40, 223
Ryynänen, Eva   219

Saarinen, Eliel   47, 50, 77, 88, 128, 133,
   152, 153, 216
Salminen, Matti   57
Salminen, Pekka   154
Salonen, Esa-Pekka   57

Saraste, Jukka-Pekka   57
Sarpaneva, Timo   228
Setterberg, Carl Axel   180
Sibelius, Jean   47, 56f., 86, 99, 111, 132,
   156, 212
Sillanpää, Frans Eemil   53
Simberg, Hugo   166
Sinhufvud, P. E.   40
Sipinen, Arto   150, 154
Sirén, J. S.   89
Sjöström, F. A.   73
Snellman, Johan Vilhelm   32, 52, 237
Sonck, Lars   50, 83, 90, 108 119, 166, 195,
   198
Sparre, Louis   240
Ståhlberg, K. J.   39
Stålhandske, Torsten   111
Stalin, Josef   36, 162, 222
Standertskjöld, Hugo   157
Suomalainen, Kari   159, 162
Suomalainen, Timo und Tuomo   89
Swertschkoff, Vladimir   111

Tacitus   20, 26, 38
Tikkanen, Märta   56
Tilli, Johann   57
Topelius, Zacharias   52f., 106, 159, 183
Toppelius, Mikael   187
Tott, Åke   111
Tukiainen, Aimo   80

Uljanow, Wladimir Iljitsch   s. Lenin

Vallgren, Ville   81
Virén, Lasse   63

Waltari, Mika   54
Weckman, Nils   149
Weckman, Werner   61
Wikström, Emil   159, 162
Wirkkala, Tapio   228

Orte

Ahlainen 178

Åland-Inseln 31, 36, 38, 39, 40, 116, **191–209,** 266ff.

Ämmänsaari 224

Asikkala 229

Askainen 171

Aulanko 157, 270

Åva (Ålands) 208

Bengtskär 124

Bodominjärvi 100

Bomarsund (Ålands) 39, 203f.

Brändö (Ålands) 208, 267

Degerby (Ålands) 207

Dragsfjärd 123f.

Eckerö (Ålands) 199ff., 266f., 268

Enontekiö/Hetta 252, 269

Espoo/Esbo 50, 70, **95–100,** 269f., 275

– Dipoli 50

– Espoon Kirkko 99

– Gutshof Glims 100

– Haukilahti 101

– Leppävaara 99

– Myllyjärvi 100

– Nuuksio 100

– Oittaa 100

– Otaniemi/Otnäs 98, 269

– Pakankylä 100

– Tarvaspää 99

– Villa Elfvik 99

Fagervik 128

Finby (Ålands) 204

Finström (Ålands) 206, 267

Fiskari 127

Fiskö (Ålands) 208

Föglö (Ålands) 207, 267

Geta (Ålands) 206, 267

Getaberg (Ålands) 206

Godby (Ålands) 202

Grisslehamn (Schweden) 202, 268

Hailuoto/Karlö 187

Hämeenlinna/Tavastehus 48, **155ff.,** 270f.

Hamina/Frederikshamn 31, **136,** 271

Hammarland (Ålands) 199

Hanko/Hangö 92, **126,** 223, 271

Haparanda (Schweden) 190

Harakka/Stora Räntan 92

Hattula 158, 270

Haukipudas 187

Hautajärvi 226

Heinola 150f., 271f.

Helsinki/Helsingfors 17, 18, 31, 37, 38, 39, 40, 44, 48, 50, 62, **70–91,** 104, 214, 234, 235, 269, 272–276

– Akademische Buchhandlung 80

– Alte Kirche (Vanha kirkko) 80

– Ateneum 77

– Domkirche (Tuomiokirkko) 74f.

– Eira 90

– Esplanade 80

– Finlandia-Halle 87, 235

– Finnisches Nationaltheater 60

– Hakaniemi 83

– Hauptbahnhof (Rautatieasema) 50, 77f., 159

– Hauptwache 73

– Hietalahdentori 89f.

– Hietaniemi/Sandudd 87

– Johannes-Kirche 90

– Jugendsaal (Helsinki-tiedotus jugendsali) 81

– Kaivopuisto/Brunnsparken 90

– Kallio-Kirche 83

– Kaserne der Kaiserlichen Garde 91

– Katajanokka/Skatudden 81, 91

– Kiseleff-Haus 76

– Kulturhaus der finnischen Volksdemokratie 83, 235

– Linnanmäki 85

– Mäntyniemi 50, 96

– Markthalle 74

– Marktplatz (Kauppatori) 71ff.

– Mikael-Agricola-Kirche 90

– Museum für Ausländische Kunst 90

– Museum für Finnische Architektur 91

– Museum für Gegenwartskunst 89
– Nationalmuseum (Kansallismuseo) 50, 88f., *Abb. S. 59*
– Nationaltheater 77
– Neue Nationaloper 51, 86
– Oberster Gerichtshof 73
– Observatorium 91
– Olympiastadion 85f., *Abb. S. 62*
– Präsidentenpalais (Presidentin Linna) 73
– Regierungspalais 76
– Reichstag (Eduskuntatalo) 89
– Schwedische Botschaft 73
– Schwedisches Theater (Ruotsalainen teatteri) 80
– Sederholm-Haus 76
– Senatsplatz (Senaatintori) 48, 74ff.
– Seurasaari/Fölisön 95
– Sibeliuspark 86, *Abb. S. 57*
– Stadthaus (Kaupungintalo) 73f.
– Stadtmuseum (Kaupunginmuseo) 74
– Stadttheater 83
– Städtisches Kunstmuseum (Helsingin Kaupungin Taidemuseo) 96
– Suomenlinna/Sveaborg 90, 93
– Tempel- oder Felsenkirche (Temppeliaukion kirkko) 89
– Tervasaari 83
– Universität (Yliopisto) 76
– Universitätsbibliothek 76
– Uspenski-Kathedrale 81, 214
– Valkosaari 91
– Villa Hakasalmi/Hagasund 89
– Villa Tamminiemi 96
– Wärtsilä-Werft 90
Herrön (Ålands) 207
Hietajärvi 221
Högsåra 124
Hollola 155, 285
Hossa 224
Houtskari/Houtskär 123
Hvitträsk 50, 128, 281
Hyvinkää/Hyvinge 227, 276

Ii 187
Iisalmi/Idensalmi 238, 276

Ilomantsi 216, 217, 276f.
Imatra 143, 277
Inari 12, 17, 18, **257f.**, 259, 278
Inari-See/Enare 257, 277f.
Inkoo/Ingå 128
Ivalo 257, 277, 278
Ivalojoki 256

Järämä 253, 269
Joensuu 213, 278f.
Jomala (Ålands) 202
Jyväskylä 32, 62, **229ff.**, 234, 279f.

Kaaresuvanto 253, 269
Kaarina 122
Kajaani/Kajana 239, 280
Kalajoki 184
Kalvola 157
Kangasala 159
Kapellskär 268
Karelien 27, 30, 36f., 38, 45, 52, 53, 70, 97, **138–159, 212–226**, 238, 239
Karigasniemi 262
Käringsund (Ålands) 202
Karjaa/Karis 127
Karlby (Ålands) 209
Kaskinen/Kaskö 180
Käsnäs 124
Kastelholm (Ålands) 193, 202f.
Kaunispää 257
Kemi 188, 280f.
Kemijärvi 226, 254, 281
Kemijoki 247, 250, **254,** 256
Keminmaa 188
Kemiönniemi 252
Kerava 129
Kerimäki 146, 295
Kilpisjärvi 253, 269
Kimito/Kerniö 123
Kirkkonummi 128, 281
Kittilä 251
Kökar (Ålands) 208, 267f.
Kokkola/Karleby 184, 282
Koli-Berge 219
Kontiomäki 240
Korppoo/Korpo 123

Kotka   132, 282
Krikniemi/Gerknäs   128
Kristiinankaupunki/Kristinestad   179, 282
Kuhmo   220, 282f.
Kuhmoinen   229
Kuivajärvi   221
Kukkolankoski   190
Kumlinge (Ålands)   208
Kuopio   64, 215, **236ff.,** 283f.
Kustavi/Gustavs   172
Kuusamo   225, 284f.
Kymijoki   27, 132
Kyrkslätt   128

Lahnus   101, 269, 270
Lahti   51, **151–155,** 285f.
Långbergsöda (Ålands)   205
Langenkoski   133
Långö (Ålands)   208, 268
Lappeenranta/Villmanstrand   139, 286f.
Lappland   13, 15, 17, 18, 19, **244–262**
Lappo (Ålands)   208, 268
Lapvärtti/Lappfjärd   179
Lauritsala   141f., 286
Lemböte (Ålands)   207
Lemland (Ålands)   207
Lemmenjoki   256
Lemmenjoki-Nationalpark   261
Lentiira   221
Lieksa   218, 287
Lieksanjoki   218
Lievestuore   233
Lintula   212
Lohja/Lojo   127
Loviisa/Lovisa   131f., 287
Lumparland (Ålands)   207
Luosto   254

Maaninkavaara   226
Maksamaa/Maxmo   183
Mariehamn (Ålands)   191, **194–199,** 200,
   266, 267, 268
Markkina   253
Matkakoski   190
Merikarvia   178
Merimasku   171, 288

Mikkeli/St. Michel   149f., 287f.
Muonio   252
Mustasaari/Korsholm   183
Muurame   229, 279
Myllyjärvi   270
Mynämäki   171
Myyrmäki   50

Naantali/Nådendal   30, 48, **115ff.,** 171,
   268, 288
Närpes/Närpiö   180
Nauvo/Nagu   122f.
Neitikoski   218
Nellim   257
Njurgulahti   261
Norvajärvi   251
Nousiainen   170
Nowgorod   27, 38, 215
Nuorgam   262
Nurmes   216, **219,** 289

Olkiluoto   40
Önningeby (Ålands)   206
Oravainen/Oravais   183
Orrdals klint (Ålands)   205
Osnäs (Ålands)   208, 268
Oulanka-Nationalpark   226
Oulu/Uleåborg   64,170, **186ff.,** 216, 239,
   289f.
Oulujoki   187, 239, 240
Ounasjoki   247, 250, 251
Ounasvaara   250, 251
Överö (Ålands)   208

Paateri   219
Päijänne-See   12, 152, 229
Pallas-Ounastunturi-Nationalpark   252
Palmio   234
Palojoensuu   252
Paltaniemi   240, 280
Parainen/Pargas   **122,** 125, 290
Parikkala   144
Pernaja/Pernå   131
Perniö/Bjärnö   124
Petäjävesi   229, 279
Petsamo   257, 260

Pieksämäki   50, 64, 233
Pielpajärvi   261
Pietarsaari/Jakobstad   183, 290
Pihlajasarri/Rönnskär   92f.
Pinjainen/Billnäs   127
Pirttivaara   224
Pohja/Pojo   127
Polarkreis (Napapiiri)   251
Pori/Björneborg   32, 39, 48, 58, 60, 170, **175ff.,** 290f.
Porkkala   40, 128, 223
Porvoo/Borgå   30, 31, 38, 48, 92, 129, 291f.
Prästö (Ålands)   204
Pudasjärvi   240
Punkaharju   144, 292
Pyhäjoki   185
Pyhämaa   173
Pyhätunturi   226
Pyhätunturi-Nationalpark   254
Pyhtää/Pyttis   132

Raahe/Rahe   185
Ranua   241, 293
Rauhalahti   233f., 283
Rauhalinna   149, 295
Rauma/Raumo   30, 48, **174f.,** 292
Reposaari   178, 291
Retretti   145
Riga   45
Riihimäki   228, 293
Ritoniemi   220
Rovaniemi   50, 62, 223, **247–251,** 293f.
Ruka   226
Rukatunturi   226
Ruotsinpyhtää/Strömfors   132
Rußland   31ff., 38f., 44f., 48, 94, 133, 136, 146, 149, 172, 196, 202, 214, 244, 259
Rymättylä   288

Sääksmäki   159
Saanatunturi   253
Saariselkä   257, 277
Saimaa   12, 140, 238
Saimaa-Kanal   139, 142f.
Salla   226

Sallivaara   261
Saltvik (Ålands)   204f.
Saramo   220, 289
Savonlinna/Nyslott   48, 57, 145, **146–149,** 294f.
Säynätsalo   233
Schweden   27ff., 38, 48, 94, 116, 139, 172, 196, 202, 215, 222, 244, 259
Seglinge (Ålands)   208
Seinäjoki   58, 233
Siipyy/Sideby   179
Sipoo   129
Sirkka   252
Skellefteå   184
Snappertuna   128
Sodankylä   244, 295
Soltuna (Ålands)   206
Sottunga (Ålands)   208
Sowjetunion   42, 44, 126, 128, 222, 223
St. Petersburg   30, 31, 44, 94, 125, **134f.,** 139, 215
Stockholm   30, 31, 116, 268, 269
Stolbowa   30
Storby (Ålands)   202
Sulaoje   262
Sulkava   149
Sund (Ålands)   204, 268
Suomotunturi   226
Suomussalmi   224, 296
Suonenjoki   233
Svinö (Ålands)   207
Sysmä   229

Taipalsaari   141
Taivaskera   252
Taivassala   171
Tallinn   45, 70, **78f.**
Tammisaari/Ekenäs   124, 296
Tampere/Tammerfors   41, 50, 51, 60, 64, 125, **159–168,** 297ff.
– Alexanderkirche   162
– Amuri Arbeitermuseumsviertel   164
– Arbeitertheater   162
– Aussichtsturm   163
– Bahnhof   166
– Domkirche   166

– Finlaysons Palast   165
– Freilichttheater   163
– Frenckells   165
– Häme-Provinzmuseum   164
– Hervanta   167
– Kaleva-Kirche   50, 166
– Kehräsaari   162
– Keskustori   165
– Koskikeskus   162
– Kunstzentrum Mältinranta   164
– Museumszentrum Vapriikkii   165
– Orthodoxe Kirche   166
– Pispala   163
– Pyynikki- Höhe   162f.
– Särkänniemi   164
– Stadtbibliothek Metso   50, 162
– Tampere-Halle   51, 166
– Tampere Kunstmuseum   163
– Tampere Theater   165
– Universität   166
– Viikinsaari   167
Tankari   184
Tankavaara   256, 295
Tapiola/Hagalund   97, 269
Tarvaspää   269
Teijo   124
Tenojoki   261, 262
Tornio/Torneå   170, 189, 299
Torsholma (Ålands)   208
Turkansaari   187
Turku/Åbo   27, 30, 31, 38, 39, 45, 48, 64,
   70, **104–115**, 116, 121, 125, 170, 214,
   234, 268, 269, 300f.
– Aboa Vetus & Ars Nova   112
– Apothekenmuseum   110
– Auferstehungskapelle   50, 115
– Biologisches Museum   113
– Burg (Turun linna)   28, *Abb. S. 48,* 106
– Dampfschiffhafen   107
– Domkirche   29, 48, 111
– Ett Hem   111
– Föri   114
– Friedhofskapelle   50
– Handwerksmuseum Luostarinmäki   113
– Katholische Kirche   108
– Kulturzentrum   112

– Kunstmuseum   108
– Markthalle   *Abb. S. 65,* 110
– Marktplatz   109
– Michaelskirche (Mikaelin kirkko)   108
– Orthodoxe Kirche   110
– Schwedische Universität   112
– Schwedisches Theater   110
– Seefahrtsmuseum   113
– Sibelius-Museum   111
– ›Sigyn‹   107
– Sommertheater   113
– Stadttheater   114
– Stadthaus   110
– ›Suomen Joutsen‹   114
– Wäinö-Aaltonen-Museum   114
Tytyri   127

UdSSR   40, 41
Urho-Kekkonen-Nationalpark   256
Utsjoki   18, 260, 262, 278
Uusi-Valamo   213, 214, 215, 279
Uusikarlepyy/Nykarleby   183
Uusikaupunki/Nystad   30, 172, 301

Vääksy   229
Vaasa/Vasa   35, 170, **180ff.,** 302f.
Valekakoski   159, 303
Vanjalinna   155
Vantaa/Vanda   70, **101ff.,** 275, 276, 303
– Helsinge-Kirche   102
– Internationaler Flughafen   102
– Wissenschaftszentrum Heureka   50,
   Abb. S. 51, 103
Vartius   221
Velskola   100f.
Vuoksenniska   144
Vuonislahti   219

Wyborg   27, 38, 48, 111, 121, 142, 143,
   215, 222, 223, 234

Ylämaa   139
Yyteri   178, 291

Register

341

DUMONT

RICHTIG REISEN

»Den äußerst attraktiven Mittelweg zwischen kunsthistorisch orientiertem Sightseeing und touristischem Freilauf geht die inzwischen sehr umfangreich gewordene, blendend bebilderte Reihe ›Richtig Reisen‹. Diese Bücher haben fast schon Bildbandqualität, sind nicht nur zum Nachschlagen, sondern auch zum Durchlesen konzipiert. Meist vorbildlich der Versuch, auch jenseits der ›Drei-Sterne-Attraktionen‹ auf versteckte Sehenswürdigkeiten hinzuweisen, die zum eigenständigen Entdecken abseits der ausgetrampelten Touristen—pfade anregen.«

Abendzeitung, München

»Zum einen bieten die Bände der Reihe ›Richtig Reisen‹ dem Leser eine vorzügliche Einstimmung, zum anderen eignen sie sich in hohem Maß als Wegweiser, die den Touristen auf der Reise selbst begleiten.«

Neue Zürcher Zeitung

Weitere Informationen über die Titel der Reihe DUMONT Richtig Reisen erhalten Sie bei Ihrem Buchhändler oder beim DUMONT Buchverlag • Postfach 10 10 45 • 50450 Köln.

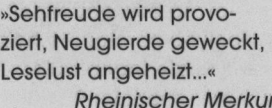

Titelbild: Abendstimmung an einer Bucht der Saimaa-Seenplatte
Umschlaginnenklappe: Impression aus Kuopio in Mittelfinnland
Umschlagrückseite: Eine üppig geschmückte Maistange ist in allen finnland-schwe-
dischen Regionen unverzichtbarer Bestandteil des Mittsommerfestes

Über den Autor: Ulrich Quack, geboren 1956, studierte in Münster und Oslo Deutsch, Geschichte und Skandinavistik. Seit 1979 ist er als Studienreiseleiter vor allem in Skandinavien tätig und bereist Finnland regelmäßig beruflich und privat. Der Autor arbeitete an kulturgeschichtlichen Publikationen und Filmen mit und veröffentlichte Reiseführer zu inner- und außereuropäischen Zielen. Bei DuMont erschien von ihm das Reise-Taschenbuch »Gotland«.

Die Deutsche Bibliothek – CIP-Einheitsaufnahme

Quack, Ulrich
Finnland / Ulrich Quack. – Köln : DuMont, 1997
   (Richtig reisen)
   ISBN 3-7701-3850-3

© 1997 DuMont Buchverlag
Alle Rechte vorbehalten
Satz und Druck: Rasch, Bramsche
Buchbinderische Verarbeitung: Bramscher Buchbinder Betriebe

Printed in Germany   ISBN 3-7701-3850-3